中国社会科学院老年科研基金资助

皓首丹心

——中国社会科学院老专家风采

主　编　刘　红　刘培育　杲文川
副主编　韩志远　李志江　李　毅

中国社会科学出版社

图书在版编目（CIP）数据

皓首丹心：中国社会科学院老专家风采 / 刘红，刘培育，杲文川主编．—北京：中国社会科学出版社，2019. 11

ISBN 978-7-5203-5205-5

Ⅰ. ①皓…　Ⅱ. ①刘…②刘…③杲…　Ⅲ. ①中国社会科学院—专家—先进事迹　Ⅳ. ①K825. 1

中国版本图书馆 CIP 数据核字(2019)第 209209 号

出 版 人　赵剑英
责任编辑　范晨星
特约编辑　王玉静
责任校对　胡新芳
责任印制　王　超

出　　版　中国社会科学出版社
社　　址　北京鼓楼西大街甲 158 号
邮　　编　100720
网　　址　http://www.csspw.cn
发 行 部　010-84083685
门 市 部　010-84029450
经　　销　新华书店及其他书店

印刷装订　北京君升印刷有限公司
版　　次　2019 年 11 月第 1 版
印　　次　2019 年 11 月第 1 次印刷

开　　本　710×1000　1/16
印　　张　49
字　　数　571 千字
定　　价　198.00 元

《皓首丹心》
编 委 会

主　编　刘　红　刘培育　杲文川

副主编　韩志远　李志江　李　毅

编委会成员　（按姓氏笔画排序）

马大正　王也扬　王吉怀　王焕生

石　蕾　刘　红　刘培育　刘淑春

杜晓山　李志江　李　毅　严　平

肖桂森　张　丽　张宪博　宋晓平

林连通　杲文川　罗仲伟　周用宜

胡广翔　顾俊礼　徐世澄　徐素华

唐宝才　黄燕生　韩志远　曾　军

魏　忠

前　言

2019 年是中华人民共和国成立 70 周年，为了展现新中国 70 年以来在哲学社会科学战线取得的伟大成就，宣传离退休科研工作者的先进事迹，弘扬社会主义核心价值观，继承和发扬中国社会科学院的光荣学术传统，推动新时代哲学社会科学学科体系、学术体系、话语体系建设和社科院的发展，我们从 2018 年末开始策划，拟编写出版一本反映社科院专家退休之后仍然不忘初心，退而不休，坚持科研，继续为国家奉献力量的人物通讯集。写出中国社会科学院专家学者离退休后的精神风貌和科研成就，就从一个侧面反映我国社会科学战线取得的辉煌成就。此书是在共和国成立 70 周年之际的一束献礼小花。

中国社会科学院党组、院领导和离退休干部工作局对出版此书高度重视，给予了大力支持和帮助。全院老同志也积极支持此书的出版。

本书共收入中国社会科学院 124 位离退休专家学者的事迹，年龄最长者 98 岁，最小的 63 岁，跨越 36 个年头，他们是几代社科人的杰出代表。全书以年庚排序，长者在先。人物的入选是院属各单位经离退休干部党支部和老专家协会理事讨论，按不超过离退休人员 5% 的比例提名推荐，经各单位党委研究通过，离退休干部工作局和老专家协会协商后产生的。

本书的内容主要集中叙述传主离退休之后的工作与成就。他们中有的人参加党和政府的重要文件起草；有的人为中央政治局领导讲课；有的人在离退休后不断开拓创新，提出富有创建的新见解、新理论、新方法；有的人针对现实问题向党中央国务院提出有价值的政策建议；有的人笔耕不辍，为弘扬中国传统文化不懈努力；有的人获得了各种各样的奖项；有的人为地方政府、工矿企业谋划发展、建言献策；有的人为高校和基层单位出主意、办讲座，多方普及和应用社会科学知识，在提高中华民族文化素质上默默工作……他们在身体状况逐渐下降，甚至在病情严重的情况下，坚持工作，孜孜矻矻，争分夺秒，无怨无悔，实践了“春蚕到死丝方尽，蜡炬成灰泪始干”的人生追求；他们坚持“学术养生”，在用多年积累的知识不断报效祖国的同时，实现人生抱负，愉悦晚年心灵，受到了世人的敬佩和赞扬。

编委会对院党组、院领导、离退休干部工作局、院属各单位党委、离退休干部党支部、老干部工作者和参与此书撰稿、审稿的同志，对中国社会科学出版社致以衷心的感谢！参加此书审稿编辑的几位老专家，以及离退休干部工作局的刘红、曾军、石蕾、徐桂敏同志辛勤工作，在订正差错、润饰文字、统一体例、收集图片等方面做了大量的工作，我们也一并感谢！

中国社会科学院贤人集聚，群星荟萃，肯定有不少大贤因各种原因未能收入此书之中，我们对此怀着遗憾的心情，期待着后来者将他们的事迹补充进来。

本书编委会

目　　录

陈荷夫（1921 年 7 月—　）
　年近百岁尚拼搏 …………………………………………………（1）
陈宝森（1924 年 8 月—　）
　牢记初衷添砖瓦　无须扬鞭自奋蹄 ……………………………（6）
卢兆荫（1927 年 1 月—　）
　学而不倦　退而不休 ……………………………………………（12）
阮西湖（1927 年 10 月—　）
　老而弥坚，不坠青云之志 ………………………………………（18）
王松霈（1928 年 8 月—　）
　为中国生态经济学新学科的创建发展奋斗终生 ………（24）
高　铦（1928 年 11 月—　）
　学术研究浇灌中外友谊之花 ……………………………………（31）
吕一燃（1929 年 1 月—　）
　胸怀家国治学严　边疆研究惠后学 ……………………………（36）
徐崇温（1930 年 7 月—　）
　咬定青山不放松 …………………………………………………（42）
汪海波（1930 年 9 月—　）
　持之以恒　终生奋斗 ……………………………………………（47）

周远廉（1930 年 12 月—　）
学术常青　大爱人生 ………………………………（54）
毛相麟（1931 年 3 月—　）
退休后坚持科研，甘愿奉献 ………………………（59）
何振一（1931 年 8 月—　）
老骥羞伏枥　耄耋向春风 …………………………（65）
刘楠来（1933 年 5 月—　）
一位孜孜不倦的国际法老学者 ……………………（71）
于本源（1933 年 7 月—　）
一位热爱科学事业的老学者 ………………………（77）
张卓元（1933 年 7 月—　）
伟大的工作不是用力量而是用耐心去完成的 ………（83）
李步云（1933 年 8 月—　）
老当益壮播薪火　为谋华夏法治篇 ………………（90）
金宜久（1933 年 10 月—　）
退休后充实的学术生活 ……………………………（97）
张　炯（1933 年 11 月—　）
不忘初心　继续努力 ………………………………（103）
陆南泉（1933 年 11 月—　）
孜孜不倦研究苏联—俄罗斯问题的学者 …………（109）
朱成甲（1933 年 12 月—　）
先驱垂千古　皓首著丹青 …………………………（117）
张　浩（1934 年 1 月—　）
学术征程无终点 ……………………………………（123）
靳辉明（1934 年 1 月—　）
探索和追求真理是学者的天职 ……………………（130）
王兴成（1934 年 2 月—　）
科研无止境　书香伴一生 …………………………（136）

陈启能（1934 年 4 月—　）
一生为了史学 ……………………………………………（142）
吴国庆（1934 年 9 月—　）
治学以“养生”，成果斐然 ……………………………（148）
刘凤翥（1934 年 11 月—　）
锲而不舍钻研解读契丹文 ……………………………（154）
孙一珍（1934 年 11 月—　）
党的浇灌绽开花 ………………………………………（162）
林茂灿（1934 年 11 月—　）
继续探索语音的真相 …………………………………（167）
刘文璞（1934 年 11 月—　）
一个研究人员的退休生活 ……………………………（173）
谷源洋（1934 年 11 月—　）
余生·余热　仍在观察和研究跌宕起伏的
世界经济 ………………………………………………（180）
罗美珍（1934 年 12 月—　）
那片来自闽山的秋叶 …………………………………（187）
孙宏开（1934 年 12 月—　）
走遍万水千山 …………………………………………（193）
田居俭（1934 年 12 月—　）
一个研究员晚年的学术生涯 …………………………（199）
卫志强（1935 年 2 月—　）
当华美的叶片落尽　生命的脉络才清晰可见 ………（206）
徐光冀（1935 年 6 月—　）
废墟上的足迹 …………………………………………（211）
王世民（1935 年 7 月—　）
继续弘扬夏鼐的治学精神 ……………………………（217）

林洪亮（1935年9月— ）
不忘初心 励志前行 ……………………………（223）
侯精一（1935年10月— ）
退休之后：迎来新的研究高潮 …………………（228）
韩岫岚（1935年10月— ）
退休不忘励志 励志就有所为 …………………（235）
余谋昌（1935年12月— ）
退休后的学术生活 ………………………………（241）
杨 泓（1935年12月— ）
考古学田野中束禾人的谦卑工作 ………………（248）
刘海年（1936年4月— ）
中国人权观念和中国人权理论体系的建构者 ………（253）
谭家健（1936年4月— ）
笔耕不辍 更上层楼 ……………………………（259）
罗肇鸿（1936年10月— ）
衣带渐宽终不悔 …………………………………（266）
单天伦（1936年11月— ）
老骥伏枥 皓首丹心 ……………………………（273）
张大明（1937年2月— ）
执着的信念 踏实的脚步 ………………………（279）
刘国平（1937年2月— ）
勤奋治学 老成独到 ……………………………（283）
宋德金（1937年7月— ）
暮年夸父犹追日 皓首丹心勉自强 ………………（291）
宋元强（1937年8月— ）
学问无止境 唯有知不足 ………………………（297）
祁连休（1937年9月— ）
攻坚克难二十载 …………………………………（303）

杨子慧（1937 年 11 月—　）
曲终退隐寻常事　漏尽犹怀报国心 ……………………（308）
滕绍箴（1937 年 12 月—　）
执着探索　五十年如一日 ……………………………（315）
马细谱（1938 年 2 月—　）
莫道桑榆晚　为霞尚满天 ……………………………（321）
张　铠（1938 年 4 月—　）
志合者　不以山海为远 ………………………………（326）
程中原（1938 年 5 月—　）
倾情弹奏三部曲　悉心推演四重章 …………………（332）
李惠国（1938 年 5 月—　）
牢记学者使命　贡献学者智慧 ………………………（337）
张家龙（1938 年 6 月—　）
老骥伏枥　志在千里 …………………………………（343）
杜书瀛（1938 年 7 月—　）
征程正未有穷期　不待扬鞭自奋蹄 …………………（351）
高中毅（1938 年 7 月—　）
老骥伏枥勤耕耘　退而不休“第二春” ………………（357）
田雪原（1938 年 8 月—　）
“我和第二个春天有个约会” ………………………（363）
马大正（1938 年 9 月—　）
中国边疆学的拓荒者 …………………………………（370）
曹剑芬（1938 年 9 月—　）
跨越文理学科鸿沟　勇闯人机对话领域 ……………（376）
耿云志（1938 年 12 月—　）
目标产生动力，方法决定成就 ………………………（382）
白翠琴（1938 年 12 月—　）
笔耕不辍五十余载　民族史园谨谱春秋 ……………（388）

张海鹏（1939 年 5 月—　）

老骥伏枥　追求不止 ……………………………… (394)

杨圣明（1939 年 7 月—　）

好学深思　勤奋治学　独树一帜 ………………… (401)

孟凡人（1939 年 10 月—　）

使命在肩　竭诚奉献 ……………………………… (409)

吴云贵（1939 年 10 月—　）

学术研究使人生更充实更有意义 ………………… (415)

周用宜（1939 年 11 月—　）

圆梦写作不停步　情注笔墨有豪情 ……………… (421)

顾俊礼（1939 年 12 月—　）

老当益壮　不移初心 ……………………………… (427)

陈　瑛（1939 年 12 月—　）

将中华道德优秀因素化入社会主义先进文化中 …… (433)

史金波（1940 年 3 月—　）

不觉夕阳晚　无鞭自奋蹄 ………………………… (438)

刘培育（1940 年 4 月—　）

学术养生　快乐工作 ……………………………… (444)

王宇信（1940 年 5 月—　）

继续在奋斗中享受幸福 …………………………… (451)

金周英（1940 年 7 月—　）

学术生涯没有“退休” …………………………… (458)

冯昭奎（1940 年 8 月—　）

做自己热爱的事业　研究国家人民最着急的事 …… (466)

曾业英（1940 年 9 月—　）

实事求是“还原”历史本来面貌 ………………… (472)

汤重南（1940 年 11 月—　）

淡泊名利　潜心研究 ……………………………… (478)

赵常庆（1940 年 12 月—　）
他做到了为祖国工作 50 年 ……………………………（483）
栾成显（1941 年 6 月—　）
丹心不已　奋战一线 …………………………………（489）
王亚蓉（1942 年 4 月—　）
功崇惟志　业广惟勤 …………………………………（495）
徐世澄（1942 年 5 月—　）
心系拉美一世情 ………………………………………（501）
马维先（1942 年 8 月—　）
锲而不舍，探索历史争议事件真相 ……………………（508）
李树琦（1942 年 11 月—　）
工作·学习·写作 ……………………………………（514）
陶文钊（1943 年 2 月—　）
让学术生命之树常青 …………………………………（519）
邓敏文（1943 年 2 月—　）
为侗族大歌和软田糯稻奔走呼号 ………………………（525）
李毓芳（1943 年 4 月—　）
退而不休追梦人 ………………………………………（532）
谢保成（1943 年 9 月—　）
仍在治学路上 …………………………………………（538）
冯今源（1944 年 1 月—　）
为人民做学问的不老“春蚕” …………………………（544）
杨一凡（1944 年 3 月—　）
致力“三大学术工程”推动法律史学创新 …………（550）
于　沛（1944 年 5 月—　）
丝尽泪干流水去　平生唯存赤子心 ……………………（556）
董志凯（1944 年 8 月—　）
力所能及献余热 ………………………………………（561）

贺学君（1945 年 1 月— ）
一位忠于职守、勇挑重担的学者 ……………………（568）
张梦阳（1945 年 3 月— ）
“孤静斋”里写到老 ……………………………………（574）
薛克翘（1945 年 4 月— ）
生年遇盛世 老来发青枝 ………………………………（579）
唐宝才（1945 年 4 月— ）
以科研成果报效伟大祖国 ………………………………（584）
单光鼐（1945 年 10 月— ）
踏遍青山人未老 风景这边独好 ………………………（592）
胡广翔（1945 年 12 月— ）
退而不休 笔耕不辍 ……………………………………（598）
闵大洪（1946 年 10 月— ）
“卓越学术奖”获得者的黄昏颂 ………………………（604）
杨立华（1947 年 3 月— ）
为霞尚满天 ………………………………………………（610）
杜晓山（1947 年 5 月— ）
关注弱势群体，躬耕小额信贷和普惠金融 ……………（617）
唐 钧（1948 年 2 月— ）
“七零后”专家的两个未了心愿 ………………………（624）
王晓晔（1948 年 10 月— ）
反垄断法研究未有穷期 …………………………………（630）
侯惠勤（1949 年 2 月— ）
我国意识形态研究的领军人物 …………………………（636）
李世愉（1949 年 5 月— ）
在科举制度与土司制度研究上继续耕耘 ………………（643）
杨 团（1949 年 6 月— ）
为社会公平投身三农 为乡村振兴殚精竭虑 …………（650）

赵智奎（1950 年 1 月—　）
推动中国特色社会主义理论“走出去” …………… （656）
刘光明（1950 年 1 月—　）
视千秋笔墨画天地　听万里江河奏华章 …………… （662）
蔡　震（1950 年 2 月—　）
桑榆未晚　夕阳正红 …………………………… （668）
刘迎秋（1950 年 8 月—　）
退而不歇　坚守良知　甘于奉献 ……………… （674）
梁满仓（1951 年 1 月—　）
衣带渐宽终不悔 ………………………………… （681）
杲文川（1951 年 2 月—　）
发挥最大余热是最愉快的 ……………………… （688）
周　见（1951 年 3 月—　）
在比较经营史研究中继续奋力前行 …………… （695）
张友云（1951 年 7 月—　）
从国际交流向学术传播的华丽转身 …………… （702）
谭秀英（1951 年 9 月—　）
编者睿智　辑者仁心 …………………………… （708）
钱　津（1951 年 9 月—　）
持续学术研究的责任与本分 …………………… （714）
黄燕生（1952 年 2 月—　）
游穹苍兮意琅嬛 ………………………………… （720）
李　周（1952 年 9 月—　）
老牛亦解韶光贵　不待扬鞭自奋蹄 …………… （727）
赵　英（1952 年 9 月—　）
经世致用　实事求是 …………………………… （734）
刘小玄（1953 年 1 月—　）
与改革共成长同命运 …………………………… （741）

万　明（1953 年 3 月—　）
书山有路　学海无涯 ……………………………… （745）
林燕平（1954 年 3 月—　）
海归博士与骆驼巷村的情缘 ……………………… （750）
郑真真（1954 年 12 月—　）
退休后的另一种工作方式 ………………………… （758）
魏明孔（1956 年 9 月—　）
学术生涯的后半场刚刚开始 ……………………… （765）

陈荷夫（1921 年 7 月—　）

年近百岁尚拼搏

陈荷夫，祖籍河南尉氏县大马乡胡陈村。1939 年 8 月在褒城地区参加“中华民族解放先锋队”。1945 年毕业于武汉大学法律系。大学期间，受中共南方局青年组领导建立党在武大的工作“据点”，为负责人。1947 年 7 月接受组织派遣，入南京伪国防部做情报工作，并担任南京新民主主义工作队领导成员。1948 年任全国学联（设于上海的地下共产党组织）党组成员、组织部长。中华人民共和国成立后，调任北京工作。参与领导《全民报》的接管和新区土改工作。调团中央组织部，先后在干部科、秘书科担任副科长、科长。1956 年到北京大学法律系任教，从事科研工作。1978 年秋，到中国社会科学院科研局任局级学术秘书，并进行法学、政治学专题研究。相继出版了《中国宪法类编》《选举漫语》和《农民与土地》等专著。曾任中国大百科全书《政治学》常务副主任，为《大百科全书·政治学》卷主编之一。兼任北京市人民政府专家顾问团顾问、北京市"社会经济发展研究所"兼职研究员、全国法学和政治学规划小组成员、中国政治学会理事，以及中国法学会、中国老教授协会、中国学学会会员。享受国务院特殊津贴。2004 年荣获中国社会科学院优秀共产党员称号。1989 年初离休。

当年，陈老离休时，已近古稀之年，本来可以好好休息，过颐养天年的生活。然而，作为一个曾为中华人民共和国成立奋斗过的战士，他最不情愿的是休息。在离休后的 30 年间，他仍然像当年冲锋陷阵的老兵一样，为祖国和人民的事业拼搏着。

陈老学养深厚，离开工作岗位后，主要精力用于政治学理论研究之外，花费不少时间创作旧体诗和钻研诗词。他写的诗词具有鲜明的特点：一是政治主张鲜明，主张什么、反对什么一看便知，不写朦胧诗。二是真情实感的迸发，不是无病呻吟。三是一针见血，击中主体的要害，不拐弯抹角、不知所云。四是不在风花雪月上浪费读者的时间，使每一首诗都能为社会主义建设和人民利益服务。五是尽量遵守旧体诗形式、格律，如果某一句用词有碍于真情实感的表达，宁可不遵守某些规律。六是旧体诗的形式、格律也需要随着时代的进步而不断地变化和革新。他在离休后的30 年间，创作诗词五百余首，陆续出版了《陈荷夫诗文集》《垂虹六记》《晨钟集》《暮鼓集》等诗文集。他的诗词作品广受读者赞誉，认为有创新有突破，通俗易懂。曾有几家艺术团体来信，请他担任院长、副院长、会长等职务，均被他婉拒。中国诗书画出版社称誉他为“中国艺圣”，赠送金字牌匾。在今年金砖五国举行会议期间，国内艺术界赠送他“金砖艺术家”纪念品，表彰其在诗词领域的贡献。

陈老是闲不住的人。母校武汉大学在京成立“北京武大校友会”，决定创办会刊《北京珞珈》，经校友一致推举担任主编。在他心血浇灌之下，会刊每季出版一期，共出版32期，前后历经八年。刊物的主要作者是来自西迁乐山的武大校友，将近三百人。会刊收集了许多抗战时期流亡四川的师生读书学习遭遇的困难，以及老师生活和教学的种种情况，材料十分珍贵。出版以后，深受校方和广大师生的称赞。武大在抗日战争中西迁四川的宝贵资料得以保存。《北京珞珈》曾在社科院新著作展览会上展示，得到社科院专家的好评。在此基础上，他编辑了《武大学运文选》《珞嘉岁月》二书。

陈老是一位热心公益的人。在老伴2017年底去世之前，他们经过商量要办几件事：一是捐赠图书。将毕生藏书捐献给家乡尉氏县图书馆。几年来，他已陆陆续续将3000多册书捐给尉氏县图书馆，还有少部分准备最近捐出，供当地群众阅读。二是设立奖学金。用节省下的50万元在母校尉氏三中设立奖学金，用以奖励本校品学兼优的高中毕业生。三是在家乡建立感恩亭，以感谢党和人民对他的教育和培养。此亭经村党支部批准后修建，现已竣工。

2015年底，陈老不幸摔倒，大腿骨折。出院后又患肺栓塞，入院抢救，昏迷不醒，在ICU（重症监护室）住了几个月，甚至气管切开上呼吸机和鼻饲。靠顽强的毅力，他挺过来了。以后逐渐恢复，去掉鼻饲，能正常吃饭和讲话。连医生都称为奇迹。ICU主任说：“在我们医院像这么高龄的老人

陈荷夫的著作

能够起死回生，走出 ICU 尚属首例。”

陈老说，是“四信”的力量在支持着他拼搏奋进。

一是信仰。他信仰马列主义不是从现在开始的。在读中学的时候，他参加了党领导的外围组织：“民族解放先锋队”和“青年救国会”等，看了相当数量的马列著作。一开始看不理解，甚至看不懂，看多了逐渐了解了它的内容，逐渐树立了正确的世界观、价值观、历史观和人生观，认识了世界是按照自身的规律向前发展，这种规律是任何人改变不了的。他在白区工作时，曾被敌人逮捕过，依然立场坚定、毫不动摇。新中国成立以后也遇到一些困难，但对马列主义的信仰始终不变。

二是信念。信念是信仰的产物，有什么样的信仰就会以什么角度看问题，就会根据什么样的信念去解决问题，也就是站在什么样的立场上去处理问题。如果马列信念不牢，必然遇见事情态度摇摆，拿不定主意，在遇到困难时，甚至会走偏、走错、丧失立场。

三是信心。信心是以信念为基础的。信念不牢的人很容易丧失信心，缺乏前进的勇气，在激烈的现实斗争中，不是败于敌人，而是败于信心不足。信心是胜利的前导，没有信心什么事也干不成，犹豫不决是成功的大敌。其著作的思想性主要表现在这里。我们要民族复兴必须沿着既定方针毫不畏惧地走下去。写作也是如此，遇到困难便搁笔，也会一事无成的。

四是信任。大的来说，对党要信任，党的决策是根据广大群众的意见决定的。一般来说是群众智慧的产物，不是某一个人一拍脑勺儿就做出的，即使有少数错的决定迟早也会得到改正。小的来说，人与人之间要互相信任，不要过多怀疑。只有对党信任才能全心全意为党工作，毫无保留地为人民服务，成为人民忠实的勤务员。

陈老表示，每当想起我国在改革开放中所取得的伟大成就，就感到自己还“宝刀”未老，仍能拼搏。98 岁高龄的陈老表示，时刻听从党的召唤，冲向前去！陈老正是这样做的，他还准备奋力一搏，出版最后一本书，书名已经起好叫《终搏集》。

陈宝森（1924 年 8 月—　）

牢记初衷添砖瓦　无须扬鞭自奋蹄

陈宝森，北京人，中国社会科学院荣誉学部委员。1946 年 4 月入党，在上海从事地下工作，1947 年 2 月毕业于圣约翰大学政治系。1949 年上海解放后参加军事接管工作，历任华东军政委员会财政部物资局办公室副主任，财政部华东财政干部学校副教务长，财政部财政科学研究所研究员。1982 年调入中国社会科学院美国研究所工作。1992 年享受国务院颁发的政府特殊津贴。

著有《美国经济与政府政策——从罗斯福到里根》（获吴玉章奖，社科院优秀成果奖）、《美国跨国公司的全球竞争》（获社科院优秀成果奖）、《美国制造业复兴的启示》、《当代美国经济》、《剖析美国“新经济”》（获社科院优秀成果奖)、《西方财政理论研究》；与他人合著《美国经济周期研究》《中国的财政》《社会主义价格问题》《财政学》；主编《亚太经贸事典》《美国跨国公司在华投资的考察》（获社科院优秀成果奖）等多部著作和论文。

1992年68岁的陈宝森先生离休，至今已有27年的时间。通常，人们在这个年龄段告别了紧张的工作已开始享受离退休的休闲生活，但他却还孜孜不倦地在自己的专业领域辛勤耕耘，不断有作品问世。例如，2018年他以94岁的高龄在《人民日报》的“大家论坛”上发表文章，分析评论美国经济发展的最新态势。

在被问到是什么力量推动着他离而不休、永葆工作热情时，陈宝森回答：这是我们这一代人的特征，是革命的人生观和世界观使然。我们在参加革命时曾立下誓言，要为伟大的理想奋斗终生。所以改革开放前我们的想法都是革命到底，小车不倒只管推。改革开放后国家实行离退休制度，他坦言，开始想不通，后来理解了。因为要建设现代化国家，人事制度必须有利于社会的新陈代谢，社会才有勃勃生机，国家才能长盛不衰。人的衰老是自然规律，离退休制度是符合自然规律的，但他认为每个人的生理状态不同，有的人体能到60岁后以休息为好，有的人还能做点对国家和社会有益的事，只要有需求，国家也不是限制得很死，因为它是积极因素。所以，离休后，于1993年开始他被返聘了很长一段时间，工作中虽然感觉身体还可以应对，但也深切体会到了生理体能在逐渐退化。2004年国家政策规定70岁以上就不被返聘了。离休在家，自己写些东西感觉尚好，所以直到现在他都坚持在家每天工作一段时间。陈宝森觉得这样生活很充实，也有益于脑健康。他强调，之所以能坚持工作的一个最重要因素，就是看到国家兴旺发达，感到心情振奋，觉得他们这一代人是中国由站起来到富起来，再到强起来的见证人，有始终不离开这个历史洪流的热情，只要能为社会添一块砖加一片瓦，就会努力成为中华民族伟大复兴的积极参与者。所以他把自己离休后的生活概括为两句话，这就是“牢记初衷添砖瓦，无须扬鞭自奋蹄”。

许多年轻人看到陈老离休后的学术活动范围很广，比如在六七十岁的时候还赴美国做学术调研，八九十岁的时候还赴全国各地参加“中华美国经济学会”的年会等各种学术活动，均感叹他真可谓老骥伏枥，初心不改，是后辈人的榜样。因而，对他离休后的工作产生了了解的兴趣和愿望。于是，陈宝森对年轻人介绍说，自己是在 1982 年从财政部财政科学研究所调到社科院美国研究所的，1992 年从美国所离休。离休后被返聘延续到 2004 年，总共是 22 年的时间。离休后所做的事情比前一段要多些，离休后不仅在美国所也同其他科研单位搞协作，活动范围更大。不过主要脉络不离本行。概括起来主要有下面几个方面：首先，是做美国经济课题。开始是继续原来的研究课题，即到美国搞经济调研，两个重点：一个是美国政府的经济政策，另一个是美国经济周期。1984 年到 1989 年陆续两次到美国实地调查研究。在此期间，完成了《美国经济与政府政策——从罗斯福到里根》。但一本书不可能完全反映所有的研究结果，1992 年离休以后，就继续在前面的研究基础上不断拓展深化。与南开大学合作出版《美国经济周期研究》（1993 年）一书。自己又写了《美国总统与经济智囊》（1996 年）。在此之后则是根据美国经济形势的发展，做不同课题的调查研究。1993 年同社科院财贸所合作，对跨国公司对华投资做调研，提交了《美国跨国公司对华投资考察报告》（1994 年），以及《美国跨国公司的全球竞争》（1999 年）、《美国制造业复兴》（1999 年）、《美国“新经济”剖析》（2003 年）、《西方财政理论研究》（2005 年）、《当代美国经济》（2011 年）、《美国矿业的调整、转型和发展战略》（2013 年）等著作。

其次，是跟踪美国经济形势。众所周知，美国经济的变化对世界经济都有影响，所以观察美国的经济形势是国家经济决策的需要。研究美国经济的人当然更是责无旁贷。原国家计委现在的发改委每年都定期找各研究单位讨论国际经济形势，也邀请陈宝森出席。为此，他都根据平时积累的信息认真分析研究，提出自己的观点供决策者参考。党中央政策调研机构也有这样的咨询会议请陈宝森参加。例如，在美国金融危机爆发伊始，中央召集经济学家听取意见，他就受邀与会汇报美国经济形势。

在人们看来，陈宝森离休后的工作和所发挥的影响，与他在职时没有太大的差别。例如在离休后曾先后担任中国财政学会理事、国务院发展研究中心世界发展研究所研究员、中国国际问题研究基金会受聘研究员、中国改革开放论坛理事、中国美国经济学会副会长、顾问。陈宝森认为：学术在于交流。他在离休后仍然常有定期的讨论会和年会要参加并交流研究成果，或者参与国际交流的外事活动，如去英国和新加坡考察和参加会议。2003 年前后，中美因贸易逆差而摩擦加剧。外贸部美大司委托陈宝森负责研究《美国全球贸易逆差和中美贸易逆差》课题，他同几位同志组织了课题组，做了深入分析研究，写出了 10 万字的研究成果，并在外贸部召开的会议上做了报告。

在陈宝森离休后，还经常能看到他在各大媒体上的文章，做一些美国经济知识的科普工作。由于中国读者对了解美国市场经济的成功经验和存在问题有浓厚兴趣，对美国经济形势也非常关心，所以报纸杂志经常邀请他写文章，约稿的单位包括《世界知识》《经济参考报》《经济日报》《法人杂志》《中国战略观察》《瞭望》等。他也曾应邀为《人民日报》和《求是》杂志供稿。这些文章汇集在《中美经济竞合论》的文集中。与此同时，中央人民广播电视总台国际频道和新华社的电视部门也常邀请他做节目。这类活动大约持续到2004年。

陈宝森的著作

此外，虽然他离休后不再带研究生，但还是给各单位研究生讲课。如财政科学研究所研究生部、中央党校各地培训、外交部外交人员培训班、中国会计学院等。

在人们对陈宝森在工作上的激情、热情与真情感到钦佩时，他表示，近年来，自己的听力、视力、腿力都有所下降，外部的学术活动很少参加了。但是感觉脑力还行，他还有一个宏愿没有完成，就是要补课。他觉得自己虽然搞了20多年的美国经济，但对美国的历史和经济史了解得还是太少，在1988年出版的《美国经济与政府政策——从罗斯福到里根》，只研究了10位美国总统的经济政策，而且认识也比较皮毛。美国历届政府的政策导向对美国市场经济的发展起到了很大的作用。进步势力与保守势力在国内经济政策上的斗争推动着美国经济在颠簸中不断向前发展，才有了今天比较成熟的市场经济和超级经济大国的地位。现在存在的问题，也依然受到联邦政府经济政策导向的巨大影响。因此，他认为，有必要从头到尾把美国历届总统的经济决策认真学习、钻研一下，看看美国历届政府的决策和美国市场经济相互作用、相互制约的规律性。这对我国的改革开放事业是有用的，对在什么条件下才能被确认是市场经济的话语权问题也是有意义的。但这件事对自己来说是一个浩大工程。目前已经做了一些工作，边学习、边写点心得。但他谦逊地表示力量有限，能不能走到底，获得成果，自己也没有把握，不过决心是不会动摇的。看到习近平总书记给中国历史研究院的贺信，其中指出“历史研究是一切社会科学的基础”，他备受鼓舞，希望自己所关切的课题也能得到各方面的支持。

卢兆荫（1927 年 1 月—　）

学而不倦　退而不休

卢兆荫，福建莆田人。1949 年毕业于福建协和大学历史系。1957 年 3 月进入中国科学院哲学社会科学部（今中国社会科学院）考古所工作。1958 年开始从事汉唐考古发掘和研究工作，1958—1963 年先后发掘唐长安城大明宫、兴庆宫和西市遗址，1968 年 6—9 月主持发掘河北满城汉墓。曾主编考古学专刊《西安郊区隋唐墓》和《满城汉墓发掘报告》（上、下册）。1978 年 8 月起任编辑室主任，1979 年 9 月起任副研究员，1985 年 7 月起任研究员，曾兼任中国社会科学院研究生院教授、《考古》杂志副主编，以及中国文物学会玉器研究委员会副会长。1992 年享受国务院政府特殊津贴。1988 年 12 月退休。

退休后，卢兆荫仍不停歇地工作。他被返聘通读《考古》月刊的每期校样，承担学术把关的责任。《考古》以其科学性、学术性、资料性强和严谨的风格赢得了海内外读者的赞誉，并多次获奖。《考古》月刊取得的成绩，“与卢兆荫几十年如一日、一丝不苟、认真负责、默默无闻的编辑工作分不开”。（见安家瑶撰文，王巍主编：《20 世纪中国知名科学家学术成就概览》考古学卷第一分册，第 476 页。）

卢兆荫主编的《满城汉墓发掘报告》（上、下册），1980 年由文物出版社出版，出版后不久即脱销。1993 年 12 月 8 日，该书获中国社会科学院 1977—1991 年优秀科研成果奖。他参与编写的《中国考古学·秦汉卷》（撰写第十章第六节《秦汉玉器与玉器加工工艺》），2010 年由中国社会科学出版社出版，该书获第四届郭沫若中国历史学奖二等奖。他参加编写的《中国玉器全集》（担任秦·汉—南北朝卷主编），1993 年由河北美术出版社出版，以后曾再版发行，并获得 1995 年中国图书奖和 1996 年国家图书奖。此外，卢兆荫还于 2015 年审阅《中国考古学·三国两晋南北朝卷》全稿，该书为中国社会科学院创新工程 2018 年度重大科研成果，于 2018 年由中国社会科学出版社出版。该书的主编在“后记”中说：“全书发排后，请卢兆荫审阅全稿，他以 88 岁的高龄，一丝不苟地审读全部文稿，提出了许多重要的修改意见，在此我们深表敬意。”

卢兆荫退休后，在承担返聘任务之余，还继续从事科研工作，除上述获奖的著作外，从 2000 年至 2019 年间，还撰写出版了多部学术专著，主要有《古玉史话》，2000 年由中国大百科全书出版社出版，属《中华文明史话》丛书，被列入“九五”国家重点图书规划，修订本于 2011 年由社会科学文献出版社出版；《满城汉墓——中国重大考古发掘记》，2005 年由生活·读书·新知三联书店出版；《玉振金声——玉器·金银器考古学研究》，2007 年由科学出版社出版；《发现满城汉墓》，2011 年由浙江文艺出版社出版；《稽古文存——卢兆荫汉唐考古文集》，2018 年由中国社会科学出版社出版；《回眸满城汉墓——西汉中山靖王陵》，2019 年由三秦出版社出版。

卢兆荫退休后的另一任务是，应邀参加有关汉代考古、汉文化、古代玉器及中国玉文化的学术会议。例如：2001 年 5 月在沈阳召开的“中国古代玉器与传统文化学术研讨会”，2004 年 8 月在济南召开的“汉代考古与汉文化国际学术研讨会”，2005 年 9 月在江阴召开的“第五届中国玉文化玉学研讨会”，2006 年 10 月在西安召开的“汉长安城与汉文化——纪念汉长安城考古五十周年国际学术研讨会”，2008 年在北京召开的“汉代文明国际学术研讨会”，2009 年 12 月在珠海召开的“中国玉文化名家论坛”，2010 年 4 月在北京召开的“世界著名博物馆藏中国古玉论坛暨《中国传世玉器全集》首发式”，2010 年 7 月在海拉尔召开的“海峡二岸三地 2010 海拉尔中国玉文化名家论坛”，2012 年 7 月在神木召开的“第二届石峁玉器研讨会”，2013 年 11 月在合肥召开的“玉之德论坛——第二届中国当代玉文化高层论坛”，2014 年 12 月在徐州召开的“汉代陵墓考古与汉文化国际学术研讨会”，2018 年 10 月在徐州召开的“汉代玉文化国际学术研讨会”，等等。他参加学术会议，通常都要提交论文，并参与学术讨论。在近几年的会议中，卢兆荫均为与会代表中年龄最大者。

多年来，采访过卢兆荫的新闻媒体单位有：中央电视

卢兆荫的著作

台、北京电视台、天津电视台、辽宁广播电视台、湖南电视台、福建电视台、凤凰卫视、凤凰卫视美洲台、凤凰卫视欧洲台，以及《人民日报》《北京日报》等。采访的内容涉及满城汉墓、金缕玉衣、汉代玉器、唐代金银器、玉德学说、中国玉文化等诸方面。中央电视台采访的次数最多，该台科教节目制作中心《大家》栏目曾两次采访。

总之，随着田野考古工作时代的改变，卢兆荫研究的对象前后也有变化。20 世纪五六十年代，他在西安发掘唐代遗址，并编写西安郊区隋唐墓的发掘报告，接触到唐代金银器，产生了兴趣。唐代是金银器的鼎盛时期，作为唐代都城所在地的西安地区，在新中国成立后陆续出土了许多金银器，极大地丰富了学术界对唐代金银器的认识。卢兆荫先后发表了数篇论文，运用考古学的方法，对出土的唐代金银器进行详细的考察、研究，根据器物的造型和纹饰，将唐代金银器分为盛唐、中唐、晚唐三期，并归纳出每期的主要特点。卢兆荫对唐代金银器的分期，超越了以往外国学者根据传世品所作的结论。此外，卢兆荫还对唐代金银器的产地之一——宫廷手工业作坊“文思院”，以及唐代用金银器进奉、馈赠的社会风气等进行了深入的探讨。

卢兆荫认为，考古工作者对发掘出土的器物，不仅要编写发掘报告，全面、系统、科学地公布出土资料，以供学者研究、参考。同时，自己也要对出土文物进行力所能及的探讨和研究。他主持发掘的满城汉墓出土了许多精美的玉器，首次发现保存完整的玉衣。汉代是中国玉器发展史上的重要时期，用于丧葬的玉制品有了明显的发展，最具特色的汉代葬玉是皇帝和皇室贵族死后作为殓服的玉衣。在汉代文献中记载过皇帝和贵族死后殓以“玉衣”（或称“玉匣”），但其形状如何，从汉代以后便不为人知了。满城汉墓出土两套“金缕玉衣”，为解决这个问题提供了契机。卢兆荫根据考古资料，结合文献记载，深入探讨了玉衣的起源、使用制度、制作、形制等方面问题，解开了汉代以后长期存在的“玉衣”（玉匣）之谜。卢兆荫对玉衣的研究成果得到中国学术界的充分肯定和高度评价。

卢兆荫研究玉器是采用考古学的方法，研究的对象主要是科学发掘出土的玉器。用考古学方法研究玉器更能揭示玉器本身所携带的信息和玉器所反映的当时的社会观念、意识形态等深层问题。卢兆荫对汉代礼仪用玉、丧葬用玉、佩戴和装饰用玉等做了深入研究，提出从新石器时代到汉代，在中国玉器发展史上出现过四个高峰：新石器时代晚期的玉器、殷商玉器、战国玉器和汉代玉器。卢兆荫认为，玉德学说与儒家的政治思想关系密切，从东周到汉代，儒家学派赋予玉许多美德，将玉道德化，逐渐形成具有中国特色的玉德学说。卢兆荫的研究也涉及东汉以后魏晋南北朝及唐代的玉器，指出东汉以后玉德观念趋于淡化；隋唐以后，人们对玉的观念有了显著变化，玉的神秘感、神圣感逐渐消失，玉器走向世俗化、生活化。卢兆荫关于玉器的研究成果有力地推进了中国玉文化的研究，受到国内外学术界的重视。

2019 年，卢兆荫已是 93 岁高龄。回忆满城汉墓的著作于 2019 年 1 月出版（上文已述及）。至今他还承担审稿的任务。他认为，作为科研人员，只要身体还好，不论年龄多大，都应该坚持力所能及的工作。考古所领导至今还保留着他在所里的办公桌，这充分体现了领导对卢兆荫的亲切关怀。

（卢红）

阮西湖（1927 年 10 月—　）

老而弥坚，不坠青云之志

阮西湖，福建省漳州人。1948 年 9 月 1 日，高中期间加入中国共产党。1949 年高中毕业后，经香港辗转到北平市，进入华北人民革命大学学习，并随校到天安门广场参加开国大典，聆听毛主席在天安门城楼上宣布中华人民共和国中央人民政府成立。1950 年 7 月，到中央民族学院筹备处工作。1952 年调干进入北京外国语学院学习。1955 年毕业于北外俄语系，回中央民族学院担任苏联语言学家翻译。1958 年进入中国科学院哲学社会科学部（今中国社会科学院）民族所工作。先后任世界民族室主任、《民族译丛》副主编兼编辑部主任。兼任中国世界民族研究会秘书长、常务副会长、名誉会长、第 14 届国际人类学与民族学联合会执行委员、中国加拿大研究会会长、国际都市人类学会执行委员、第16届人类学与民族学世界大会筹委会顾问、中国华侨历史学会常务理事、中国国际友好联络会理事、社科院澳新及南太平洋研究中心理事、中国都市人类学会副会长等。主要代表作有《加拿大民族志》《澳大利亚民族志》。1988年12月离休。

对于在世界民族研究的领域倾注大量心血的阮西湖，离休后仍然孜孜不倦，始终不放弃自己的专业，不顾年老体弱，再创辉煌。2002年完成《人类学研究探索：从世界民族学到都市人类学》，2004年撰写《20世纪后半叶世界民族关系探析》，2016年出版《人类学在中国的创新与发展回顾》，三部厚重著作是一位高龄老学者奉献给社会的宝贵财富。为表彰他的学术贡献，2002年中国都市人类学会和中国世界民族学会曾举办“庆祝阮西湖教授从事科研工作50周年会议”，中国都市人类学会出版专刊予以表彰。然而，他并没有志得意满，从而止步不前。他仍一如既往，继续从事科研事业。因此，才能结出累累硕果。

阮西湖对中国的世界民族学学科的建立和发展，做出了很大贡献。早在20世纪70年代末，他受牙含章老所长的委托组建“中国世界民族研究会”，以后长期担任学会的领导工作，对学会的发展付出了很大精力。同时，也实现了老领导嘱托的从学会起步，最终实现“组建中国的世界民族学科”的目标。

他尤其关注民族理论的创新，在这一领域不断地探索。曾于1984年提出“社会主义民族不科学”的论断，指出如果我们使用社会主义民族，那么港澳台同胞就成了资产阶级民族了。二者无法统一。这就不利于中华民族大团结和祖国统一。在此基础上，1999 年他又提出了构成民族的四个新要素，即共同的民族意识、共同的文化、共同的语言、共同的历史渊源。这四个要素与过去斯大林提出的四要素有所不同，首先是没有共同的地域。这一理论形成的初因是有位老华侨曾问他："我们华人想形成一个民族，但华人没有共同地域，是否可形成民族?"他给予肯定的回答。他认为，尽管华人在不同国家都是分散居住的，但现实说明他们是一个民族集团。在阮老的论著中，涉及加拿大、美国、澳大利亚等地华人的论述，都一律称之为民族。核心是他们有强烈的共同民族意识。阮西湖认为，共同的民族意识包括以下几个方面：一是对传统文化和共同语言的感情（如春节），二是对维护民族利益和安全的强烈愿望，三是对民族光荣历史的自豪感，四是对同族人的自然亲切感情和对本民族过去杰出历史人物的崇拜，五是对本民族在一国之内的地位和发展的关心。2014 年，阮西湖又提出"小民族不会消失"理论。不少国家里都生存着人数很少的小民族，如北极圈周边加拿大、美国、俄罗斯，还有丹麦的因纽特人。他们人口很少，但依然生存下来了。澳大利亚的土著民族人口也很少，美国和加拿大的印第安人人口也不多。有人说，印第安人没有前途。但阮西湖在加拿大印第安人地区调查时发现，印第安人的民族意识很强烈。美国虽然一直实行同化政策，但迄今为止仍有 173 个民族存在。日本对阿伊努族进行一百多年的同化，但该族迄今为止仍然存世。可见，小民族是不会消失的。同年，他又提出"多民族国家将长期存在"的观点。他认为全世界有 3000 多个民族，国家只有 194 个，而且小民族又不会消失。那么这些民族将长期存在下去，这是不可改变的现实。人类学家的一项任务就是研究多民族国家内部，如何使各民族和谐相处的理论。阮西湖这些有关世界民族理论的探索意义重大，为世界民族研究创新与发展做出了积极贡献。

阮西湖非常重视马克思主义理论对于世界民族学研究的指导作用。他说，马克思和恩格斯一直很重视世界民族问题，从他们关于殖民地民族问题的论著中，可以反映出他们的思想和看问题的方法。诸如，他们对爱尔兰、波兰、匈牙利、捷克、日耳曼等民族都有深刻论述。马克思在读摩尔根《古代社会》时，还作了详细笔记摘要。他认为，我们通过学习这些理论，对启发和指导我们的科研工作是非常重要的。阮西湖之所以能在科研领域不断取得优异成绩，与他重视理论学习是分不开的。

作为从事世界民族研究的学者，他注重在世界舞台上发挥作用。他曾与联合国教科文组织合作，召开过两次反对南非种族隔离制的国际会议。这两次会议对世界人类学发展有很大影响，正如教科文组织奥卡拉夫人所说："两次选择中国作为会议的东道国，不仅考虑到中国是第三世界坚决反对种族主义的大国，而且也是实现了各民族平等的大国。"1994 年，南非反对种族隔离制斗争胜利之后，建立了新南非，但保留了与中国台湾的"外交关系"。由于中国召开了两次反对南非种族隔离制国际会议，支持南非人民反对种族隔离制度，对南非影响很大。曼德拉总统领导的新南非执政党"非国大"，遂与中国台湾政权断交，转而与中华人民共和国建立外交关系。从而使中非两国之间的发展走上了康庄大道。可以说，这是阮西湖和中国的世界民族学学者对我国外交工作的一大贡献。

阮西湖不顾年迈，多次出访国外，进行实地考察。在加

阮西湖参加世界民族学会

拿大进行访学时，他注意到民族社区研究的重要性，撰写了《多伦多大都市少数民族居住区的形成及其民族特点的保留和失落》一文。该文发表后，引起社会上很大反响。美国著名人类学家索萨尔提出在中国召开都市人类学国际会议的愿望。经过阮西湖的努力，在北京组织召开了第一届国际都市人类学会议，胡绳院长亲自出席并做了重要发言，会议取得圆满成功。借此次国际会议之机，阮西湖因势利导推动中国都市人类学建立与发展。1990 年，经过不断的努力，中国都市人类学作为人类学的一门分支学科在中国诞生。学科建立后，由国家民委牵头，成立了“中国都市人类学会”。1991 年，他主编的《都市人类学》一书出版，不断推动都市人类学在全国发展。

都市人类学会成立后，在中国相继召开了两次国际会议：一是“国际人类学与民族学联合会 2000 年中期会议”，于当年7月下旬在北京召开。阮西湖作为国际联合会执委，提出以“城市民族文化维护与相互影响”作为会议主题。这是中国首次承办国际人类学与民族学联合会会议，共有45个国家的360多名代表参会，其中国外代表有170多人。会议取得成功，联合会主席、英国人桑德兰说，他在国际人类学与民族学联合会工作了20多年，这是他参加过的最好的一次中期会议。二是2009年7月下旬，召开以“人类发展与文化多样性”为主题的“第十六届国际人类学与民族学联合会大会”。此次会议在昆明召开，来自92个国家和地区的4000多名中外学者参加了大会。会议期间，除了主旨发言，还举办了专题会议、名家座谈、影视展映、学术考察、文化活动等。阮西湖力促两次会议成功举办，为推动我国人类学与民族学研究的深入发展做出了贡献。

阮西湖从70年前站在天安门广场参加开国大典时起，就励志为共和国奋斗终生。如今，在新中国成立70周年之际，他衷心地祝愿祖国富强昌盛。

王松霈（1928 年 8 月—　）

为中国生态经济学新学科的创建发展奋斗终生

王松霈，天津市人，中国社会科学院荣誉学部委员、研究员、教授、编审。1951 年清华大学经济学系毕业，留校任教。院系调整后在中央财经学院、中国人民大学、中国农业科学院农业经济研究所工作，1978 年到中国社会科学院经济所、农村发展所工作。他研究农村经济学 69 年，经历生态经济学自创始至今 39 年全过程，是我国生态经济学的开拓者、创建者、奠基者和学科带头人之一。曾任中国生态经济学会副理事长兼秘书长、中国生态经济研究院院长，“经济研究”“中国农村经济”（创办）等 5 个学术刊物编委和负责人。享受国务院政府特殊津贴。入选《中国当代名人录》、《中国当代经济学学者辞典》、《世界名人录》、美国《世界名人录》、英国剑桥国际传记中心《世界专家名人录》等。发表执笔研究成果426万字，其中专著（含合著）67种，7种获奖；论文428篇，多篇获奖；主编和参编撰写大型辞书15部，其中《生态经济建设大辞典》等2种任主编，《中国大百科全书》（一、二版）等4种任学科主编，2种辞书获奖。

王松霈工作70年来一直从事经济学研究。50多岁将近退休前，又承担了研究和创建中国生态经济学新学科的任务。退休后30年，一天也没有停歇地继续为之努力奋斗。现在中国的生态经济学从无到有已经建立发展起来，正在指导我国经济社会可持续发展中发挥着越来越大的作用，在国外也产生了很大影响。这一成就的取得与王松霈退休后30年的继续努力是分不开的。作为一名有责任心的中国社会科学研究工作者，他退休后的大量工作，是继续推动他所提出的中国生态经济学建立发展“五步走”的设想。分别来看：

第一步和第二步，建立中国生态经济学基本理论。建设具体指导实践意义的生态经济管理理论。我国从无到有建立生态经济学理论和理论体系的工作，是由王老主持的三个重点课题，组织撰写的出版三本专著推动的：一是主持中国社会科学院“七五”重点课题，组织撰写出版《生态经济学》专著，许涤新先生任主编，开始建立我国生态经济学基本理论阶段。二是主持“八五”国家社会科学基金重点课题，主编出版《走向21世纪的生态经济管理》专著，进入建设具有指导实践意义的生态经济管理理论阶段。三是主持中国社会科学院老年科研基金重点课题独著出版《生态经济学》，第一次系统总结20年来我国运用生态经济学理论指导实践的经验，提升生态经济学理论，体现了我国提高生态经济学理论水平，服务于经济发展实践的需求。同行专家认为这是我国“生态经济学有代表性的著作”。这三本生态经济学专著，第一本在他接近退休的1987年出版。第二、第三本则是在他退休后的第8年和第11年，于1997年和2000年，相继出版问世的。

第三步，用生态经济学理论指导我国经济发展实践。王松霈做研究一直遵循“理论联系实际，重在指导实践”的指导思想。退休后，在体力已经减弱的条件下，仍然继续深入实践。已走过我国全部34个省、自治区、直辖市，以及港澳台地区。退休后他的研究主要是贯彻党的指导思想，用生态经济学理论促进可持续发展在我国的具体实现。他研究提出，生态经济学与“科学发展观”在基本理论上息息相通。与党的“新时代中国特色社会主义”思想，特别是习近平总书记的“绿水青山就是金山银山”科学论断，在理论上也直接相对应。以生态经济学理论为指导，他提出“我国经济要实现生态转型”的对策建议：一是建立“经济是主导，生态是基础”的国民经济发展指导方针，二是树立“在利用中保护，在保护中利用”的资源利用指导思想，三是提出从人与自然的关系上继续深化经济改革，建设生态文明的方向和途径等。与此同时，他也用生态经济学理论，广泛地服务于各部门、地区和企业可持续发展的具体工作，包括国家林业局、海洋局、民族事务委员会等多个部委，以及江苏建设生态省，海南、湖南、黑龙江、北京、山西、江苏、河南等省市建设生态市、生态县、生态乡（镇）、生态企业等工作。

第四步，促进提高全民生态经济意识。他退休后继续积极参加各种学术活动，应邀参加各大媒体，包括中央电视台和江苏台的专家访谈和专家咨询等活动，宣传介绍生态经济学理论知识。同时也积极组织大型的学术普及讲座。退休后的一项突出工作是，1993 年受中央人民广播电台理论部邀请其负责组织“经济与生态协调发展”系列广播讲座。共 23 讲，历时 4 个月。播出后出版了《生态时代的呼唤——经济与生态协调发展》生态经济学普及读物，发行 1 万册，影响深远，以至瑞典科学院的专家也给他来函表示赞扬和关注。

第五步，推动中国生态经济学走向世界。20 世纪 90 年代初，王松霈代表中国生态经济学会与国际生态经济学会建立整体的正式联系，努力推进中国与国外的生态经济学术交流。退休后的条件有限，但也到了印度、加拿大、美国、肯尼亚等 26 个国家进行直接考察和学术交流，并建立联系。他与国际生态经济学会前十届的主席都熟悉，并应邀担任了一些学术工作，包括担任国际生态经济学会学术刊物《生态经济学》（英文）的特约审稿人，国际生态经济学会所属“塌陷生态经济研究中心”主任，以及参加另一国际学术刊物《生态经济学与统计学》（英文）首建的国际编辑部（由 8 个国家，包括中国的专家组成），并担任副主编和专刊主编等。通过交流，国外对中国的生态经济学发展很重视，也很钦佩。例如国际生态经济学会的第三任主席 John Proops 就曾当面向王松霈表示：“与国际生态经济学会比较，中国的学会建立早，《生态经济》刊物早，会员人数比国际学会在世界各国的会员总数还要多。”2014 年第九届主席 Marina Fischer-Kowalski 邀请王松霈出席在冰岛召开的国际生态经济学会年会。会上由王松霈邀请中国专家们参加，并主持召开了一个专门介绍中国生态经济学发展的国际研讨会。这时王松霈已经 86 岁，仍然远涉重洋到了北极圈，为推动中国生态经济学进一步走向世界，不停地努力工作着。

2018 年，王松霈 90 岁。他又依托中国社会科学院老年科研基金资助一万元的“小课题”，做了一项具有全国和世界意义的“大研究”。他总结自己过去的研究成果，已经完成一部《生态经济协调，建设生态文明》的 20 万字专著书稿，正在出版过程中。其中提出一个重要的研究成果：在我国建立“生态与经济协调”战略指导思想。世界环境与发展运动和联合国每隔 20 年就召开一次会议，但三次会议都没有提出一个正确指导思想，王松霈具体解决了联合国 40 多年来没有解决的实现可持续发展具体途径的世界难题，做出了突破性的重要贡献。

王松霈在学术活动中

他的这一专著在撰写过程中，就产生了比较大的影响。2017 年人民日报就专著的核心思想向他约稿。当年 4 月 27 日在其理论版用《以绿色发展理念引领生态文明新时代》的题目发表。后被人民网、新华网、中国社会科学网等 212 处全国刊物网站全文转载。同时，北京出版集团也邀请他主编出版一套《生态文明丛书》。以这部生态经济学专著为基础，全面包含中国特色社会主义“五位一体”建设总布局各领域，包括生态哲学、生态经济学、生态文化学、生态社会学、生态法学、生态文学、生态美学等七部专著。由王松霈邀请各领域知名专家撰写。目前都已交稿，并已获得国家出版基金资助，正在出版过程中，也将具有比较大的学术影响。

此外，王松霈也结合他应邀担任海南省政府（发展与改革委员会）和儋州市政府顾问，2019 年主持《海南省 40 年来生态文明建设实践》课题研究的契机，探索海南（我国第一个生态省）长期建设生态文明取得成就的客观规律性。为今后更好地完成中央赋予该省的建设国家生态文明试验区和中国特色自由贸易区（港）重大任务提供理论指导。由此所产生的我国生态文明建设省级成功样板，对我国和世界经济社会切实实现可持续发展和成功进行生态文明建设，都将是一个具有开创性的贡献。

王松霈退休后继续工作 30 年，亲身组织和经历了中国生态经济学发展史上出现的 23 个“我国第一次”。其中一半以上的“第一次”，都是在他退休后的继续工作中出现的。与此同时，他退休后出版了 210 万字亲自执笔、公开发表的研究成果，相当于退休前 38 年的字数。其中包括专著（含合著）39 部（占一生全部专著的 70%），论文 216 篇（占 51%），辞书 8 部（占 53%）。其中五部专著获奖，占全部获奖专著的 70%。两部辞书获奖，都是在退休后。总的来看，他一生的研究成果，一半以上是退休后提出的。他所从事的开拓创建中国生态经济学新学科的工作，2/3 以上是他在退休后做的。目前他的身体健康状况良好，在注意“学术养生”的同时，也决心为中国生态经济学新学科的不断发展鞠躬尽瘁，奋斗终生。

（金秋）

高　铦（1928 年 11 月—　）

学术研究浇灌中外友谊之花

高铦，译审。出生于上海，祖籍江苏省金山县（现为上海市金山区）。1952 年毕业于复旦大学外文系，同年分配至北京参加亚洲及太平洋和平大会翻译工作，会后留在中国保卫世界和平委员会从事亚洲研究与翻译。1956 年参加中共八大翻译工作，随后到中共中央对外联络部从事美国研究与翻译。1976 年调入中国社会科学院拉丁美洲研究所工作，研究方向为拉美与第三世界发展。曾担任拉美所经济室主任、学术委员会主任、社科院第三世界研究中心秘书长、社科院研究生院硕士生导师、全国翻译系列高级职称评审委员会委员、中国翻译工作者协会全国理事会理事、中国国际经济合作学会理事。1992 年享受国务院政府特殊津贴。1988 年 12 月退休。

退休以后，高铦主要从事第三世界发展研究与社科领域学术翻译。此外，还参加中国近代史南社研究，担任中国南社与柳亚子研究会副会长、国际南社学会发起人及理事。1988—1990 年被美国圣母大学凯洛格国际问题研究所聘为“杰出研究员”，2002 年被中国翻译工作者协会授予“资深翻译家”称号。1999 年起，被社会科学文献出版社返聘协助工作至今。

第三世界发展是全球发展的重要方面，是高铦关注的中心。多年担任第三世界研究中心秘书长的职务，使他同国际上许多有关机构和学者保持联系。退休以后，他继续推进这方面的活动，并有所扩大。

高铦通过出访讲学、研究和参加会议，扩大国际学术交流和加深研究。其范围涵盖了巴西、阿根廷、委内瑞拉、韩国、印度、美国、法国、荷兰、丹麦、瑞典、克罗地亚等国。例如，通过 1988—1990 年在美国圣母大学凯洛格国际问题研究所的工作与研究，以及与美国若干院校、研究机构的交流收获，结合多年来在社科院拉美所的调研基础，他回国后撰写了调研报告《第三世界发展理论探讨》。报告小结了多年来对这一领域的资料汇编与评述，1992 年由社会科学文献出版社出版，并得到圣母大学名誉校长贺天赐的赞誉，圣母大学后来在 1996 年专门组团来华访问社科院，并建立了学术交流关系。1991 年他在美国加州大学河滨分校的开课讲学，受到青年学生（选课学生中很多来自发展中国家及美国少数族裔）的欢迎。1993 年在北欧亚洲研究所的研究讲学，在法国的经济合作与发展组织发展中心的访问讲学，以及此

2018 年高铦与阿明合影

后多年间在许多大专院校及研究机构的访问和参加国际会议，都对扩大和促进学术交流，起到积极的推动作用，并加深了同国际学者的交往和友谊。

这里讲一个有意义的事例：在国际第三世界发展研究学界有一批相当活跃的左翼学者，他们的学术观点在世界上有较大影响。其中突出的是德裔的贡德・弗兰克、埃及的萨米尔・阿明、美国的伊曼纽尔・沃勒斯坦和意大利的乔瓦尼・阿里吉。他们研讨的领域从发展研究延伸到相关的世界体系、资本主义、南北关系等方面。国际学界戏称他们为“四人帮”。高铦在学术上和他们有相同的关注，在上述国际活动中有许多交集，因此相互形成密切的友谊，他们的代表性著作都交给社会科学文献出版社发行中文版。其中，弗兰克与阿明同高铦的学术友谊尤为深厚。弗兰克关于第三世界发展问题和南北关系的论述影响深远，他提出的“不发达的发展”警句成为第三世界发展研究的名言；高铦较早得识弗兰克，在这一学术领域与主题上获益匪浅。阿明与高铦也较早相识，书信和会议交往频繁，阿明还推荐丹麦院校邀请高铦出访讲学，在《不平等的发展》一书最新版上题称："赠给我斗争中的兄弟高铦"，反映他们把他视为战斗队伍中的一员。

说到翻译工作，高铦到社科院以前以口译为主，到社科院以后则以笔译为主。出版的第一本译作（合译并校订）是美国爱德华·威廉斯所著《从发展角度看拉丁美洲的政治思想》（1979 年商务印书馆出版）。退休后他的翻译书目仍然以社科学术领域为主。初步计算，退休后出版的译著（包括独译与合译），不包括再版与重印，有 15 本，超过了退休前 10 本的数量。有些译著再版或重印多次。如阿明的《不平等的发展》，商务印书馆再版 2 次，台湾重印中文繁体字版一次，社会科学文献出版社又出最新版一次，并收入"社科文献学术译库"。贝尔的《后工业社会的来临》一书，商务印书馆出版首部中译本，台湾重印中文繁体字版，新华出版社随后正式出版发行，并收入其"影响世界的著名文献"专集，江西人民出版社和后浪出版公司再版推出该书的最新版本。另一些译著得到我国著名学者的推荐，如意大利梅洛蒂的《马克思与第三世界》即由人民大学吴大琨教授大力推荐并撰写中文版前言。

国际会议的研讨、发言与提供论文是切磋学术研究和扩大学术交往的重要途径。高铦在这方面得益良多。例如巴西关于第三世界发展研究和依附论的著名学者特奥托尼奥·多斯·桑托斯领导的 REGGEN 组织（隶属于联合国教科文组织），就多次邀请高铦在国际会议上发表论文和研讨发言，并正式吸收他为该会成员。又如克罗地亚的国际文化研究与联络网（Culturelink，也为联合国教科文组织下属团体），也吸收高钴入会并在该组织刊物上多次发表其学术论著。这些确实可以反映：学术研究浇灌了中外友谊之花，中外友谊缔结了学术研究之果。

吕一燃（1929 年 1 月—　）

胸怀家国治学严　边疆研究惠后学

吕一燃，出生于福建省南安县水头镇朴里村，1956 年毕业于北京大学历史系，同年 7 月到中国科学院历史研究第三所（今中国社会科学院近代史研究所）工作。1956 年至 1987 年，在近代史研究所工作，1987 年被评为研究员。1987 年至 1994 年，先后任中国社会科学院中国边疆史地研究中心（后更名为中国边疆研究所）主任、学术委员会主任，此间曾任《中国边疆史地研究》杂志社社长、《中国边疆史地研究报告》（季刊）主编、《中国边疆史地研究丛书》《边疆史地丛书》《中国边疆史地文库》主编、中国中俄关系研究会副会长。1992 年享受国务院特殊津贴，1994 年退休，2011 年获中国社会科学院荣誉学部委员称号。他长期从事中国边疆史地研究，并致力于中国边疆史地学科的建设和发展。退休前发表学术论文50余篇，主要著作有《中国北部边疆史研究》《马克思恩格斯论国家领土与边界》，合著《沙俄侵华史》，主编《南海诸岛：地理·历史·主权》。《沙俄侵华史》获中国社会科学院优秀科研成果奖。《中国北部边疆史研究》获黑龙江省优秀图书一等奖、第十二届中国图书奖。

吕一燃在1994年光荣退休，20多年来一直关心国家大事，孜孜不倦地从事中国边疆史地研究，不仅以丰硕的科研成果，贯彻党中央有关边疆工作的战略部署，为维护国家主权、促进边疆地区繁荣、发展服务，而且关心中国边疆史地研究的学科发展，关心年轻学者的成长、成才。

他在退休后笔耕不辍，不仅发表《中华民族凝聚力与近代中国边疆》《关于早期中俄东段边界的若干问题》《近代中国政府和人民维护南海诸岛主权概论》《日商西泽吉次掠夺东沙群岛资源与中日交涉》《民国时期中国人民收回澳门的斗争与中国政府的态度》《清代中俄关系史——中国研究之回顾与展望》等学术论文20余篇，而且先后出版《中国海疆历史和现状研究》《北洋政府时期的蒙古地区历史资料》《中国边疆史地考论》，主编《中国近代边界史》《南海诸岛：地理·历史·主权》《中国海疆史研究》。这些论著既有理论研究的高度、学术研究的深度，又领域宽广，涉及近代中国边界变迁、陆疆研究、海疆史地（包括澳门、台湾史地）、中俄关系史等多个领域，对中国边疆史地学科的建设、发展产生了重大影响，得到学术界的好评，并为维护我国领土主权完整、国家安全做出重要贡献。

《中国近代边界史》是国家社会科学基金“七五”规划

重点项目，1987 年获准立项。此后 20 年间，他带领十余位边界问题研究专家组成的学术团队，对边界条约签订前中国边界之所在，边界条约文本之歧义，条约本身之矛盾，边界线之走向等等，都进行了深入的分析、考订和论证，数易其稿，最终形成 120 万字的学术巨著。《中国近代边界史》系统地阐述了自 1840 年至 1949 年一百多年间中国边界变迁的历史进程，是我国第一部最全面、最系统、最详细的中国近代边界史学术专著，具有重要的学术价值和重大的现实意义。该书出版后，学术界给予高度评价，薛衔天研究员评价此书“从多方面深化和发展现有研究成果，将前人的研究向前推进一大步”。周伟洲教授称赞它“在中国近代边界史研究中具有里程碑意义”。此书在 2010 年获第二届中国出版政府奖图书奖，2011 年获第四届中国社会科学院离退休人员优秀科研成果一等奖。

《中国边疆史地考论》是“中国社会科学院学部委员专题文集”之一，收录了他的近 30 篇学术论文。此书包含领土与边界研究、俄国与中国边疆、边疆民族研究、边疆历史人物研究、东北城市城站研究、边疆科技研究、中国边疆研究史等七个主题。其中，一些论文言前人所未言，具有填补研究空白或澄清事实的重要价值，如《俄国强占拉哈苏苏与中俄交涉》、《图里琛〈异域录舆图〉托讷山碑非中俄界碑考》等。有些文章驳斥了境外“学者”的不实之词，如《驳柳条边“国界”说》《历史资料证明：钓鱼岛列岛的主权属于中国》等。他这些论文既是学术考证、研究的成果，又充满维护国家统一、保卫神圣国土的爱国热情。比如，连横在日本殖民统治之下坚贞不屈、热爱祖国，是台湾地区知识分子的楷模。他怀着对连横的景仰之情，专门撰写《日本殖民统治时期的台湾爱国文人连横》一文，向这位杰出的爱国志士致敬！在宝岛上某些“台独”分子妄图“去中国化”的背景下，这篇文章无疑具有重要的现实意义。

他治学严谨、精益求精，既在具体的学术研究中强调实事求是、充分占有史料，又注重学术成果的完善、深化。比如，他主编的《南海诸岛：地理·历史·主权》，2012 年出版后，受到学术界同行的重视和好评。2014 年，他吸收了最新的研究成果，在第 2 版中增补十多幅图片和《日商西泽吉次掠夺东沙群岛资源与中日交涉》《近代中国政府和人民维护南海诸岛主权概论》两篇文章，并摘录了陈天锡《西沙岛东沙岛成案汇编》和沈鹏飞《调查西沙群岛报告书》中的部分资料。在该书“后记”中，他专门介绍了《西沙岛东沙岛

吕一燃的学术成果

成案汇编》和《调查西沙群岛报告书》的版本，强调它们的史料价值："我们摘录其中的一部分，对读者了解当时中国经营西沙群岛、东沙群岛的情况应该是有帮助的。"

他长期致力于学术研究的学科建设、人才培养，无论是担任中国边疆史地研究中心领导期间，还是退休后，他都始终关心中国边疆史地研究的学科发展，关心年轻学者的成长、成才。2004 年以来，中国边疆研究所采取"一对一"结合，"传帮带"的方式，请离退休专家帮助年轻学者成长。他积极参与，对青年同志关爱有加，传授治学的经验、方法，引导他们不断进步、成长。他对青年同志常谆谆教诲：中国边疆史地研究必须首先坚持马克思主义基本理论的指导，还要充分占有原始资料，"没有充分的第一手资料，没有真凭实据，不管如何巧言善辩，妙笔生花，都难以得出正确的结论"。他还提醒年轻学人："实事求是，反映历史本来面目，是研究历史问题的出发点和最终要求。为了某种需要，或为了证明自己的主观臆断，而篡改史料，伪造历史，歪曲历史，其作品是没有生命力的，必定是短命的。"

他长期从事领土与边界、海疆研究，并关注中国边疆研究所的海疆研究人才培养。2012 年前后，他观看中央电视台播放的有关海疆节目时，看到有一位叫"王晓鹏"的青年海疆问题专家发言。他觉得这位年轻学者学术功底扎实，后来得知此人为本所毕业的研究生，遂向所里建议多引进王晓鹏这样优秀的年轻学者，加强海疆研究。2018 年 5 月，在中国边疆研究所成立 35 周年之际，所里特别邀请他参加"五四青年节座谈"，他看到王晓鹏在座，非常高兴。在座谈会上，他结合自己学术研究的经历、经验，介绍了中国边疆史地研究中心初创时期的概况，35 年中国边疆研究所发展历程，对比当前良好的科研环境，希望青年同志严谨治学、精益求精、勇于创新，强调“研究中国边疆史地问题，不应在原地踏步，不应以重复别人说过的话和做过的结论为满足，应在前人研究的基础上有所进步，有所发现，有所提高，或提出新看法，或解决新问题，或开拓新领域，或提供新资料”。

（孙宏年）

徐崇温（1930 年 7 月—　）

咬定青山不放松

徐崇温，出生于江苏省无锡市，祖籍江阴。1952 年毕业于上海东吴大学法学院后，曾任人民法院审判员、人民检察院检察员。1956 年考入中国科学院哲学研究所当副博士研究生。留所后，先在历史唯物主义研究室工作；1964 年被调至现代外国哲学研究室，任室副主任兼中国现代外国哲学学会副理事长兼秘书长；1983 年被调至马克思主义哲学史研究室，任室主任，兼所学术委员会副主任。发表著作 17 种，其中《西方马克思主义》（1982），获中国社会科学院 1979—1991 年社会科学优秀成果奖；《民主社会主义评析》（1995 年）获第二届中华优秀出版物图书奖；《国外马克思主义社会主义研究丛书》42 种（主编），获全国城市出版社优秀图书奖；

《全球问题和“人类困境”——罗马俱乐部的思想和活动》（1986），获第一届北方十五省市哲学社会科学优秀图书奖。

徐崇温1996年退休后继续从事研究工作，研究重点逐渐转向中国特色社会主义。截至2017年，发表著作17种，其中《当代社会主义的若干问题——国际社会主义的历史经验和中国特色社会主义》（1997），《解放思想，实事求是，不断开拓马克思主义的新境界》（论文，1998），《西方马克思主义理论研究》（2000），在中宣部第七、八届社会主义精神文明建设“五个一”工程奖上三次获奖；《中国特色社会主义理论体系研究》（2011），获第三届出版政府奖提名奖，第九届中国社会科学院优秀科研成果奖；《当代资本主义新变化》（2004）、《民主社会主义评析》（2007年增订版）、《中国的和平发展道路》（2009），获首届、第二届、第三届中华优秀出版物（图书）奖；《当代外国主要思潮流派的社会主义观》（2007）、《中国的和平发展道路》（2009）入选国家新闻出版总署第二届、第三届“三个一百”原创图书出版工程；《民主社会主义评析》（2007年增订版），获中国社会科学院第四届离退休干部优秀科研成果奖一等奖。

徐崇温在2006年被评选为中国社会科学院荣誉学部委员，兼任中国中共文献研究会名誉理事，北京市中国特色社会主义研究中心学术顾问，中国社会科学院马克思主义研究院特聘研究员。

徐崇温的上述论著名目繁多，但是其焦点则聚集在中国特色社会主义研究上，客观地论证了马克思主义与中国实际相结合的世界意义及其影响。

在《中国特色社会主义理论体系研究》一书中，徐崇温

徐崇温在学术活动中

把中国特色社会主义理论体系的研究，放在世界社会主义运动史、中国新民主主义革命史和社会主义建设史的大场景中，联系东欧剧变、苏联解体的教训和我国改革开放几十年来的巨大成就和实践经验，透过对马恩列原著及我们党和国家几代领导人观点的精确引述，立体地呈现出中国特色社会主义理论体系的全貌，使人们清晰地看到中国特色社会主义理论和道路凝结着几代中国共产党人带领人民不懈探索实践的智慧和心血，它既符合中国国情，又符合人类文明发展潮流；虽然思考的是理论，但关注的却是实际，其着眼点是中国，辐射的却是世界。

《中国特色社会主义理论体系研究》一书还钩沉辨析、着力构建社会主义核心话语体系。例如针对人们在学习中国特色社会主义理论体系初期所产生的疑惑，作者强调指出，邓小平是建设中国特色社会主义道路的开辟者，而毛泽东的先行探索则是其思想来源或为其提供思想启示，这两者一脉相承、与时俱进，但又是两个并不直接延续的过程。针对有的人所谓“中国特色社会主义属于民主社会主义”的谬说，作者用大量无可辩驳的事实明确指出，中国特色社会主义与民主社会主义是两条道上跑的车。针对有的人所谓“科学社会主义与民主社会主义同祖、同根，本是同义语”的谬说，作者引经据典地严肃指出，科学社会主义与民主社会主义既不同“祖”，也不同“根”，更不是“同义语”。和平发展是中国特色社会主义贯穿内外的标志性特征，是人类追求文明进步的一条新路，中国特色社会主义理论体系是马克思主义中国化的最高成果。它表明我们摸索出了将进一步预示社会主义是必由之路、社会主义优于资本主义的可持续的社会发展模式。该书的出版有助于让中国特色社会主义理论成为广大干部群众思想和行动的罗盘和坐标，有助于用生动的感性事实激发人们的理想热情，使人们在繁纷复杂的理论环境下激浊扬清，保持清醒头脑，进一步增强对党的信任，并坚定走社会主义道路的信心。

在《中国的和平发展道路》一书中，徐崇温阐释了和平发展不仅是我国的国际战略，而且是中国特色社会主义的重要组成部分，它体现了我国对内政策与对外政策的统一，体现了我国走和平发展道路的国际战略，与科学发展、和谐发展的社会主义现代化战略相互联系和相互支撑的统一。所以，需要把中国和平发展道路的研究，提升到社会主义理论和实践的相应的高度，提升到中国的发展战略和方向的高度。

徐崇温认为，中国坚持和平发展道路，不仅有时代主题转换为和平与发展所决定的方面，更有社会制度所决定的方面。也就是说，它更是由我们以马克思主义为立党立国的根本指导思想，实行卫护和平的社会主义制度所决定的方面。马克思早就指出，和旧社会相对立的“这个新社会的国际原则将是和平，因为每一个民族都有一个统治者——劳动”。邓小平则指出，正是“这个社会制度的性质决定了我们对外奉行和平外交政策”。正因为和平发展是中国特色社会主义贯穿内外的标志性特征，因此，中国所主张和实践的和平发展道路，就与世界发达资本主义国家通过掠夺、扩张乃至发动侵略战争来实现现代化的历史形成鲜明对照，它所标志的是人类追求文明进步的新路。所以，当西方有些人污蔑中国正在发动咄咄逼人的攻势夺取全球经济霸权，敦促美国全力制止中国前进的步伐时，即使在西方世界也被斥责为“夸张造作的胡言乱语”。

徐崇温指出，中国坚持走和平发展道路，说的是在中国基本实现社会主义现代化的历史时期里，我们将对内不断发展生产力的根本战略和对外主张走和平的道路来实现社会主义现代化，实现中华民族的伟大复兴。但是，在还存在着霸权主义、强权政治的世界里，又要求我们在实践这条道路的时候，在事关国家主权和核心利益的问题上坚持原则，坚持斗争，增强国防实力作为处理主权纠纷的后盾。

《中国的和平发展道路》一书出版以后，在报纸上被评价为“填补空白的理论原创和对于国家战略的精辟阐述，在很多方面都有前进和突破，具有很高的学术价值”。

（2009 年 10 月 30 日《光明日报》）

汪海波（1930 年 9 月—　）

持之以恒　终生奋斗

汪海波，安徽宣城人，1956 年中国人民大学经济系研究生毕业。其后相继在中国人民大学和中国科技大学任助教、讲师和政治经济学教研组组长。1981 年调入中国社会科学院工业经济研究所，曾任研究员、博士生导师，工经所党组成员，所学术委员会副主任，研究生院副院长，经济管理出版社社长和总编辑。1984 年中国工业经济学会成立时任副秘书长。中国社会科学院荣誉学部委员。退休前，在报刊上发表文章 386 篇，出版专著 5 本：《中国工业经济问题研究》，云南出版社，1984 年，20 万字；《新中国工业经济史》（合著），经济管理出版社，1986 年，42.5 万字；《中国积累和消费问题研究》，广东人民出版社，

1986 年，23 万字；《社会主义商品经济问题研究》，经济管理出版社，1988 年，39.8 万字；《中国经济效益问题研究》，经济管理出版社，1990 年，42.8 万字。参与《论经济结构对策》一书写作，1985 年获孙冶方经济学奖。参与《对“六五”时期建设和改革问题的思考》写作，1987 年获孙冶方经济学奖。参与国务院发展中心《2000 年中国经济》研究，1989 年获国家科技进步一等奖。1991 年享受国务院政府特殊津贴。

汪海波 1995 年退休后，科研工作一直延续。步入耄耋之年，仍然孜孜不倦、持之以恒地耕耘着自己所热爱的科研事业，获得丰硕成果。1995—2018 年，他在报刊上发表文章 213 篇。出版专著 6 本：《中国经济发展 30 年》（1978—2008），52.3 万字，中国社会科学出版社，2009 年；《中国现代产业经济史》（1949—2009）第二版（合著），80.7 万字，山西经济出版社，2010 年；《对党的经济纲领的历史考察》，43.8 万字，中国社会科学出版社，2012 年；《对科学发展观思想根源的历史考察》，23.8 万字，中国社会科学出版社，2015 年；《新中国工业经验史》（第三版），（合著），77.3 万字，经济管理出版社，2017 年；《中国经济体制改革》（1978—2018），43.4 万字，社会科学文献出版社，2018 年。出版《汪海波文集》（1—12），659.5 万字，经济管理出版社，2011—2017 年。

退休后，他力图在科研工作中坚持的原则一是坚持研究工作为贯彻党在社会主义初级阶段的基本路线服务，与此无关的题目不选。比如，《中国经济体制改革》（1978—2018）是在改革开放 40 周年之际为总结这期间改革开放经验而写，

《对党的经济纲领的历史考察》也是在建党 90 周年之际为总结这方面经验而写的。

二是坚持在马克思主义（包括中国化马克思主义）指导下，从实际情况出发，从中总结出具有新意的观点，着眼于理论创新，没有新意的文章不动笔。比如《7.5%的预期经济增长目标重在落实》一文（载《国家行政学院学报》2012 年第 13 期）就是依据改革后经济发展经验的总结，提出潜在经济增长率与现实经济增长率的关系，是本质和现象的关系，从长期看，后者必须围绕前者这个中心波动，这是一条客观规律。并依据我国情况的分析，提出当前我国经济潜在经济增长率是 7%左右。因而年度现实经济增长率的预期目标定为 7.5%是适宜的。又如，《中外产业结构升级的历史考察与启示》一文（载《经济学动态》2014 年第 6 期）也是依据世界产业结构升级历史经验的总结，分析了古代、近代和现代社会产业升级的客观发展过程，并把近代和现代产业结构升级的基本规律归结为第一二三产业依次在社会生产中上升到占主要地位的过程，以及劳动密集型、资金密集型和知识密集型产业依次在社会生产中上升到占主要地位的过程。

三是坚持辩证法本质的批判的革命精神。历史唯物论认为，生产力决定生产关系，经济基础决定上层建筑。因此，生产力是决定社会发展的唯一的根本力量。但 2011 年我国有学者发表了与此相左的观点。按照这种观点，决定社会发展的根本力量，不只是生产力，还有经济基础和上层建筑。为此，他撰笔发表了《必须坚持“唯生产论”——对“论社会主义生产力和价值标准的统一”一文的商榷意见》（载《经济学动态》2011 年第 6 期），批评了这种观点，还原历史唯物主义的真面目。又如，我国长期存在投资率过高消费率过低的客观事实，这是经济结构失衡的根本问题。但2012年我国有学者发表否定这个客观事实的文章。为此，他发表了《评“迷思论”》（载《中国延安干部学院学报》2013年第1期）和《再评“迷思论”》（载《中国经济时报》2013年2月26日和28日）两篇文章，批评了这个观点，并强调调整投资和消费的比例关系，是当前经济结构调整的基本方面。

汪海波的获奖作品

四是坚持在研究工作中运用马克思在《资本论》运用的体现唯物辩证法的研究方法。包括抽象法、逻辑方法与历史方法、理论分析与实证分析和定性分析与定量分析相结合的方法，以及从特殊到一般，再从一般到特殊的方法。比如，他对社会主义市场经济这一复杂经济概念的分析，就是因为运用了抽象法，使它得到了清晰的完整的说明。再如，在工业经济史的研究中，就是因为运用了逻辑和历史相结合的方法，使得全书结构（包括各篇、章、节的先后顺序）显得井井有条。又如，他撰写发表的关于经济增速、产业结构、投资与消费、经济周期等方面的文章都体现了实证分析和理论分析以及史论相结合的特点。在运用定性分析与定量分析相结合的方法方面，他修正了我国学界流行的多种经济数量模型。比如，他提出将流行的"通胀率 = 物价上涨率"的模型，修正为"通胀率 = 物价上涨率 - 由非供求因素导致的物价上涨率"；同时对流行的通缩率模型也做了相对应的修正。另外，他还注意从特殊到一般、再从一般到特殊方法的运用。比如，他对转轨时期政府经济职能以及我国新型工业化道路的分析，都是因为运用了这一方法，使它得到了深入、系统、有力的说明。

他撰写的学术成果获得较大的社会反响。《中国经济时报》在"理论周刊"栏中以"学海扬波——访著名经济学家汪海波"为题，分上下两篇以两版篇幅介绍了他的治学经历、成就和经验，载于该报 2013 年 9 月 18 日、10 月 9 日。他写的《中国现代产业经济史》（合著）经山西人民出版社推荐，被教育部确定为"高等院校产业经济史教程"。他撰写的《对党的经济纲领的历史考察》经中国社会科学出版社推荐，被新闻出版署确定为"迎接党的十八大主题出版重点出版物"。《20 世纪中国知名科学家学术成就概览》是"国家重点图书规划项目"。该项目总主编钱伟长聘他担任该书经济学卷的副主编之一，并将他的学术成就列入该书（1 万多字，科学出版社，2014 年）。他撰写的《中国经济体制改革 1978—2018》被定为“十三五”国家重点图书出版规划项目。社科院经济研究所学者叶坦在她的论文中指出：“在当今中国经济学界……可以举出一些在现实经济方面著作等身声望卓著，同时研究经济史学硕果累累‘树大根深’的名家，仅举三位。第一位厉以宁先生，第二位汪海波教授，第三位张卓元教授（详见《经济学动态》2013 年第 10 期第 85—88 页）。”他撰写的《中华人民共和国工业经济史》于 2003 年分别获山西省社会主义精神文明建设“五个一工程”优秀作品奖和中国社会科学院离退休人员优秀科研成果三等奖；《中国现代产业经济史（1949—2004）》《中国经济 30 年（1978—2008）》《对党的经济纲领的历史考察（1949—2011）》《中外产业结构的历史考察》分别于 2009 年、2011 年、2015 年和 2017 年获中国社会科学院离退休人员优秀科研成果二等奖；《中国工业化道路》（论文）于 2013 年获中国社会科学院离退休人员优秀成果三等奖。2014 年，汪海波获“中国社会科学院离退休干部先进个人”荣誉称号。

汪海波退休后，除继续从事科研工作外，还长期担任《中国经济年鉴》总编辑，并长期受聘国家行政学院教授，开办经济专题讲座，均获得好评。

汪海波如今已是 89 岁高龄，他平时积极参加工经所离退休干部党支部组织的政治学习等各项活动，通过学习贯彻党的十八大、十九大和习近平总书记系列重要讲话精神，坚定了自己的理想信念。自觉维护改革发展稳定大局，正确理解和积极宣传党和国家大政方针，自觉践行社会主义核心价值观，能够把我党现行的方针政策与自己从事的科研工作相结合，以历史的眼光、辩证的思维正确看待经济、社会发展中出现的矛盾和问题，在经济理论研究和政策研究方面做出了新的贡献。汪海波平时严于律己，始终保持和发扬党的优良传统和作风，事迹突出，成绩显著，在工业经济研究领域有较大影响，受到广大干部职工和离退休干部的普遍赞誉。

周远廉（1930 年 12 月—　）

学术常青　大爱人生

周远廉，四川资中县（今资中市）人，1955 年四川大学历史系毕业，同年进入中国科学院哲学社会科学部（今中国社会科学院）历史所工作，主要研究方向为清史。1992 年享受国务院政府特殊津贴。主要科研成果：专著《清朝开国史研究》《清朝兴起史》《清代八旗王公贵族兴衰史》、《清太祖传》、《乾隆画像》《乾隆皇帝大传》《顺治帝》《清高宗弘历》。合著《清代租佃制研究》、《皇父摄政王多尔衮全传》、《中国封建王朝兴亡史》（八卷本，主编）、《中国通史·第 17 卷、18 卷》（分卷主编）、《清朝通史·第 8、9 册》等。发表学术论文《关于清代皇庄的几个问题》《关于 16 世纪 40—80 年代初建州女真和早期满族的社会性质》《后金八和硕贝勒

“共治国政”论》《关于八旗制度的几个问题》等。出版长篇历史小说:《香妃入宫》《乾隆皇帝下江南》《天下第一清官》等。1991年退休。

周远廉先生1930年出生在四川资中县的一个普通家庭，虽然成长于战争年代，但由于偏安一隅，尚能安静读书，完成学业。1951年顺利考入四川大学，1955年毕业后分配到中国历史研究所工作。到历史所后，周先生十分重视“打基础”工作，十年如一日，潜心钻研基本文献，通读了《明史》《明实录》《明经世文编》《清实录》《清会典》等书，查阅了许多明清文集、笔记、方志和清代档案，收集了大量史料，为日后的满学、清史研究打下了坚实基础。从60年代初期，周先生开始发表个人专著和文章，并取得骄人成绩。据先生讲，那些年，他在未领取科研经费和出版补贴的情况下，个人出资70余万元，出版清史学术著作16部（900余万字）和清史小说4部（160余万字）。其中，《中国封建王朝兴亡史》《乾隆皇帝大传》等书，分别荣获第十一届“中国图书奖”“全国优秀畅销书”等多个奖项。《人民日报》《光明日报》《中国社会科学》《历史研究》《中国图书评说》上曾刊发书评，评介先生的研究成果。同时，人民网、光明网、中国新闻网、新浪网、《北京晚报》等媒介，还对《清朝兴亡史》作了专题报道，产生了良好的学术效应。特别需要说明的是，先生在闲余之时，还专注于清史小说的研究与创作，而且反响较好。用周先生的话讲：“我的主业是清史，但也写些清史小说，我的小说有武侠、有爱情、有断案，但讲的都是治国安天下，以及人的品质、官的职责和如何让老百姓的日子过得好一些的故事，有一定的趣味性，不张冠李戴，不把死的活的都放在一起，该发挥的发挥，该改的改，但历史的基本史实、人物和年代不能乱，一切都以历史研究为基础。”据了解，近年由作家、电影评论家、四川大学文学与新闻学院影视艺术系教授峻冰先生根据周先生同名小说改编的《天下第一清官》《乾隆皇帝下江南》《宁远大将军岳钟琪》三部剧本，颇受欢迎。

周先生目前在四川老家的居所比较宽敞，但我们却看不到华丽的摆设，大多是书籍，尤其是客厅的一壁书橱，颇为壮观，里面排满了清史档案、书籍和各种发黄的资料，特别是在《雍正朝汉文朱批奏折汇编》《明实录》等文档书橱里，密密麻麻地夹着发黄的卡片和便条。周先生解释说，做卡片是他们那一代学人的基本功，这些都是长年积累下来的，也是老师生前教导的。周先生自幼天资聪颖，勤奋好学，不仅得到过蒙文通、徐中舒、缪钺、王毓铨、杨向奎等先生的悉心教导，而且还参与过新修《清史》审阅，收集、编辑过“乾隆朝刑科题本租佃关系史料”，抄录过孔府档案，撰写过

2018 年，历史所领导到四川看望周远廉

《孔府研究》，编辑过《清史论丛》，参与并承担过国家重点项目及院所集体项目和交办的课题任务，学习过满文及相关辅助学科。直到现在，周先生仍笔耕不辍。正如他自己所说："忆昔思今，辛勤耕耘，颇有收获，于国、于清史、于读者，都有所裨益。"

此外，周先生还有着满满的爱心与社会责任感。2008年，周先生迁居四川原籍生活后，除继续从事科研工作外，还做了几件大事。一是积极支持当地教育事业。2010 年至今，周先生与老伴杨学琛为彭山区"保胜中小学"无偿捐献爱心款 12 万元。当年 4 月下旬，周先生夫妇又为母校（四川大学）无偿捐赠了《清实录》《中国通史》《康熙汉文朱批奏折汇编》《雍正朝满文朱批奏折全译》等近 200 册图书。二是积极为当地改革发展出谋划策、发挥余热。一方面提供智力支持；另一方面以自己的学术影响和学术鉴别力，积极支持并指导当地在古迹遗存方面的发掘和保护。如在彭山区江口镇明末战场遗址的界定上，特别是对江口沉银的"金银财宝"数量的估计上，周先生就曾指出：张献忠沿陕西，过河南、河北，入湖北、湖南，再进入四川，一路所获财宝不可计量。他还指出：张献忠确实是个有钱人，目前已知出土的宝物，还远远不是张献忠宝物的全部。同时，他对张献忠的功过也作了客观的评价，说张献忠有过，但也有功。三是写碑立碑。2017 年底至 2018 年 4 月初，周先生写了 3400 字的"不忘历史、不忘祖先《清代名人简录》"碑文，并诚请匠师精刻后立于彭山区保胜乡，立碑共计四座，个人捐资十余万元。周先生的善行义举在当地传为美谈并引起强烈反响。其间，眉山市领导高度赞扬周先生的爱国情怀，眉山市电视台、彭山区电视台、《眉山日报》以及成都媒介都作了专题报道。对于写《清代名人简录》、刻碑，周先生曾用六个字表达了他的心情：震惊、庆幸、崇敬。这是他爱国、爱乡、敬贤、弘扬中国传统文化的集中体现。

周先生和许多老年人一样也有多种老年病，但他的赤子情怀、学术追求和乐观的人生态度，让我们赞叹不已！用周先生的话讲，他现在有“专职司机”（外出、看病皆由侄孙接送）、“定点医院”（因先生对彭山区的贡献，区领导对先生关照有加）、“专职厨师”（侄媳一日三餐照护），还有个人的“居住空间”（书房、卧室）、“铁杆粉丝”（街坊邻里十分敬重先生，都乐意为先生帮忙）。周先生表示，他现在虽然远在四川，但时时刻刻关注着院所的发展和变化，他为院所取得的辉煌成就感到无比自豪和欣慰，他十分感谢院所领导及单位同人们的关心和牵挂。他同时表示，现在身处新时代，生活一天比一天好，一定好好生活，珍惜光阴，力争在百岁之前完成自己最后一部专著。

（崔文科）

毛相麟（1931 年 3 月—　）

退休后坚持科研，甘愿奉献

毛相麟，研究员。出生于湖北武昌。1937 年抗日战争爆发后随母亲迁至四川宜宾乡下。1947 年，父亲转到四川大学任教，全家搬到成都。1949 年，考入四川大学外文系。1950 年 6 月加入新民主主义青年团（后改名为共产主义青年团），1953 年川大毕业后分配到中共中央对外联络部。1955 年调至中国外轮代理公司烟台分公司。1962 年初经中联部调至拉美研究所。1971—1976 年借调至中联部欧美澳组。1977 年回拉美所。1981 年加入中国共产党。曾任研究室副主任，所学术委员会委员，所刊编委会委员，机关党委会委员兼支部书记，研究生院教授，中国科社学会世界社会主义专业委员会理事，美国《拉丁美洲研究手册》国外通讯编辑。研究方向为古巴和加勒比地区、拉美的共产主义运动。曾任美国哈佛大学、加拿大卡尔顿大学、牙买加西印度大学访问学者。1991年退休。退休前的主要著作有:《世界格局变化中的古巴》(研究报告,获社科院院级奖)、《中美洲加勒比国家经济》(第一主编,所级奖)、《世界社会主义思想通鉴》(第八卷,第二主编)、《加勒比地区社会主义运动刍议》(在哈佛大学的讲演)、《古巴的社会主义革命和建设》(论文,合写,所级奖)、《拉丁美洲国家经济发展战略研究》(合著,社科院院级奖)等。曾获加拿大温莎大学荣誉教师称号。

1991年4月毛相麟退休。然而在此之前的20世纪80年代末,世界上发生的最大事件就是苏联和东欧社会主义国家发生剧变,这些国家先后改变颜色。在这股浪潮面前,古巴能不能坚持社会主义道路成为人们关注的问题。例如西方媒体纷纷预言,古巴社会主义政权将必垮无疑;我国国内人士对此也很担忧。基于20世纪80年代中期开始对古巴多年的研究和形势跟踪,毛相麟撰写了《苏东局势变化影响下的古巴及其前途》(1990年5月23日印发),供中央领导参考。于是他成为较早提出"古巴能够坚持"这一观点的人之一。后来古巴形势的发展证实了这一预测。

时至1991年,古巴的形势依然严峻,需要不断地跟踪观察与研究。而对于即将退休的毛相麟来说也恰好面临着选择:一个是接受所里的返聘继续研究古巴问题;另一个则是有到南方某大学教英语的机会,而且月薪是他那时工资的十倍还多。如果真能成行,几年下来其收入则非常可观,前景的确诱人。因此,1991年退休后,何去何从?再次处于人生十字路口的毛相麟不禁思绪万千。早在儿时他就立志为社会多做点事以报效国家，几十年来未忘初衷，但是在临退休时回顾过去，感到所做的事太少了。如继续已有的事业，意义较大，可是在经济上却毫无补益；如去从事收入丰厚的工作，则社会意义很小。反复权衡之后，他终于决定选择前者，接受所里的返聘，并同意所领导推荐的担任国务院发展研究中心欧亚社会发展研究所（含古巴）特约研究员职务。此后数年中，写就了多份研究报告。也在返聘期间完成了多项所里交办的任务。

工作过程中毛相麟感到，仅仅提供形势报告是不够的，还需要有系统而全面的介绍。无论是做出决策还是借鉴经验都离不开对背景的了解。于是，1996 年他萌发了要就古巴写一本书的念头，主要是阐述古巴的社会主义制度，以便将多年来的心得体会总结出来。1997 年，在社科院和拉美所两级领导的支持下，应古共中央亚洲和大洋洲研究中心的邀请，毛相麟对该国进行了富有成果的访问和考察。回国后，以《古巴的社会主义研究》为题，向国家哲学与社会科学规划办正式提出课题申请并获得立项批准。1999 年结束返聘后，从 2000 年起，开始为这一国家项目而工作。《古巴社会主义研究》一书于 2005 年 10 月出版后，得到古巴驻华使馆官员的好评。古巴大使在序言中赞扬了此书的“严肃性和客观性”；古巴参赞称此书是“中国第一部系统阐述古巴社会主义制度的学术著作”。卡斯特罗主席得知后指示下属，他要看西班牙文译本。于是，古巴驻华使馆通知毛相麟，希望能组织人力，尽快翻译此书。听取了毛相麟汇报的拉美所领导主持了这项工作，历时一年完成了翻译，并将译本交给古方（原拟在古巴出版，但后因古方经济困难未能如愿，因此转由我国出版）。2014 年 5 月《古巴社会主义研究》西文版在中国问世。此书是拉美所以至我国拉美学界迄今为止唯一的一部将全书译成西文的学术著作。为满足国内外读者的需要，该书于2017年2月进行了第2次印刷。2017年，土耳其的国际出版社约请该国学者德尼兹·克孜切奇（Deniz Kizilçeç）将西译本转译成土耳其文，已于2018年出版。

由于国内外读者希望了解近十余年来古巴的巨大变化，出版社约请毛相麟出《古巴社会主义研究》第二版（修订版），于是，他在2011年向中国社科院老年科研基金申请课题立项，并邀请了一位在职的中年学者为其合作者一道全面修订此书。修订工作现已完成，全书约35万字，于2018年5月通过结项，并于2019年3月获得社科院老年科研基金的出版资助。

退休后，在返聘期间，毛相麟完成了多项所里交办的任务。返聘结束后，除了围绕《古巴社会主义研究》（获院离退休人员优秀科研成果奖二等奖）一书的撰写、修订和出版

毛相麟著作的中西土三种版本

左图为拙作中文版，按菲德尔·卡斯特罗要求，译成西班牙文，中图为西文版，土耳其学界按西文版译成土文，右图为土文版。（毛相麟）

西班牙文版、土耳其文版等事务外，他还出版了《古巴：本土的可行的社会主义》（独著）、《世界社会主义思想通鉴》（第八卷第二主编）、《拉丁美洲的共产主义运动》（合著，所级奖）、《拉丁美洲的经济发展》（合著，院级奖）、《现代化战略选择与国际关系——拉美经验研究》（合著，院级奖）等。在学术上做出的两个贡献是：其一，同两位同人一道，在国内学界较早提出“民族社会主义”概念（1993 年）；其二，批评了对格瓦拉出走原因的错误分析（1997 年）。他继续以国外通讯编辑身份向美国《拉丁美洲研究手册》供稿，推荐我国出版的有关拉美的优秀著作，直到 2016 年。从 1994 年中国社科院世界社会主义研究中心成立时起，担任其特邀研究员；从 2006 年中国社科院拉美所古巴研究中心成立时起，担任其顾问至今。

毛相麟退休后，获国务院颁发的政府特殊津贴（1992 年）；被吸收为古巴何塞·马蒂文化协会名誉会员（2001 年）；被收入世界文化艺术研究中心、美国海外艺术家协会（协助）编辑的《世界名人录—中国卷（三）》，中国国际交流出版社、世界人物出版社出版（1998 年）；被收入英国国际传记中心出版的《有成就者人名录》第 17 版（1996/1997 年），《本年度国际人物人名录》（1999/2000 年）；印度国际编辑社出版的《亚洲可钦佩的成就者人名录》第 1 卷（2007 年），《亚洲/美洲名人录》第 5 卷（2008 年），《亚洲/太平洋地区名人录》第 10 卷（2010 年）等。

毛相麟今年已 88 岁了。在回顾一生时他说：“我的学术生涯起步较晚，我的主要的和重要的成果都产生在退休以后。退休后坚持搞科研确实存在不少困难，然而在克服各种困难时有两个人的形象一直激励着我。一个是我大学的同班同学林学逋。1950 年上半年他离校参军。他是在我当团小组长时入团的。抗美援朝开始后，他们的部队入朝参战。1952 年，在第五次战役中他不幸受伤被俘。在战俘营里他同美国侵略者和蒋帮特务的迫害进行了坚决的斗争，最后被敌人残暴地剖腹挖心，英勇牺牲，成为共和国的一名烈士。他的英勇事迹一直鼓舞着我。另一个人就是我的父亲毛坤，他出生于四川边远山区的一个佃农家庭，年少时经过刻苦学习，奋发图强，后来成为教授和专家。我常想，我此生无论做出何等的努力都难以达到他在他的那个专业中所达到的高度，因而我常感惭愧。他的敬业精神和做学问的严谨态度是我学习的榜样。”

毛相麟从 1948 年就读成都成城高中起开始受到进步的老师和同学的影响。几十年党的教育，使他懂得了人生的价值在于奉献，即要努力实现“予多于取”。是党给了自己觉悟、智慧、信心和力量，当知恩报德。所以他深信，人的抱负和理想只有完全融入党所领导的伟大事业中才能得到最有意义的体现。人应该有“卒子精神”，也就是说，正确的理念一旦被认识和确立，就要勇往直前，绝不后退和动摇。退休后，他曾在一次会上讲，“我永远不能忘记自己是两员，即共产党员和研究员。是党员，就要时刻按党员的标准要求自己；而是研究员，就要时刻想着还能为党、为国家、为社会做点什么。”这就是为什么他退休后到望九之年仍一直坚持搞科研的原因。当前，我国已进入习近平中国特色社会主义的新时代，全国上下意气风发，向着党所指引的实现中华民族伟大复兴的目标迈进。他说，虽然自己已年迈，多病缠身，来日无多，但心情舒畅，正在同时间赛跑，决心坚持践行“生命不息，奉献不止”的座右铭，以自己的余生为实现我国的强国梦而继续尽其绵薄之力。

何振一（1931 年 8 月—　）

老骥羞伏枥　耄耋向春风

何振一，辽宁省海城人，毕业于吉林大学经济系，1947 年参加革命工作，1950 年参加抗美援朝。1952 年到吉林大学学习，1956 年被调至中国科学院哲学社会科学部经济研究所财政金融组工作，任苏联专家助理。现为中国社会科学院荣誉学部委员，财经战略研究院研究员、教授、博士生导师。曾任财政与贸易经济研究所学术委员、学位委员，财政金融室主任。曾为政府兼职：全国人大常委会财经委员会《中华人民共和国政府采购法》起草小组顾问，国务院学位办、国家教委学位及研究生教育评估工作专家，纺织部经济中心顾问，机械电子工业部政策研究中心特邀研究员，北京市社科联委员，新疆维吾尔自治区经济中心顾问。曾为社会兼职：多所高等院校名誉或者特聘教授等职；担任中国财政学会顾问、常务理事、副秘书长，中国税务学会常务理事、副秘书长，中国国有资产管理学会常务理事，北京财政学会副会长，中国工经协会个人会员。著作有《工业企业经济核算制理论与方法》《理论财政学》《构造有中国特色的市场经济财政体系》等。

何振一在1999年10月退休，退休前的40余年在财政、企业财务科学理论领域创新之作颇丰，得到财税部门的肯定。专题直接咨政性研究成果方面，得到历届政府中央领导及部门领导肯定，并在改革决策中被采纳或被作为主要参考方面的有20余项。1992年享受国务院政府特殊津贴。

何振一在接到退休证时心里很高兴，感到退休了，不仅摆脱了行政职务的烦劳，自己已是近70岁的老人，完全可以不再搞艰苦的科研工作，趁自己的腿脚还好，可以自由地到名山大川去旅游，享受祖国大好河山之壮美。这样既可增加知识，又可有利于健康，多活几年，享受中国特色社会主义建设取得的丰硕成果。可是，他冷静思考一下，又想到全国人民都在党的领导下，为加快实现中国梦而夜以继日地奋斗着，自己不到70岁，身体尚好，怎能放弃科研工作，坐享其成呢？于是就放下旅游的念头，决心退而不休，继续投入科学研究之中，努力奋斗，一定要取得不亚于乃至超过在职时的理论创新和咨政成果，以报答党和人民对自己的培育之恩和期望。他决心已定，即刻开始了科研工作，但他又碰到一个困难，就是他的成功的科研模式，是调研先行，科学思维与换位思考的社会科学的治学方法，要调研就要有经费支持，可是退休人员与在职人员的区别就在于，收入要比在职时降低，外出调研的开支不能到单位报销。这样调研时的经费就没有来源，自己掏腰包又负担不起，靠中国社会科学院老干部工作局设立的科研基金资助，也不成，不仅额度有限，而且一年只能申请一个课题，而不能同时申请多个课题，适应不了他研究工作的特点。就在为难时，原国土资源部派人来找他，商量能否承担一个研究项目的问题。这件事使何教授非常高兴，感到退休后接受横向课题研究，这是解决研究经费问题的好出路，他欣然答应了。于是他随来人一起去国土资源部接收课题研究项目，当时的课题是“中国土地价费税问题和改革对策研究”，此课题是已经两次委托别人研究而失败了的项目。但何教授胸有成竹，勇敢地接收了项目，并签订了合同。他第一个想到的不是研究的困难，而是想要尽量少的经费，为国家节约。他要了比前两次研究经费少得多的数额，但却出色地完成了课题研究任务，提交了15 万余字的专著一部。由于合同规定科研成果所有权归国土资源部，作者无权自行出版或发表，为此国土资源部召开一个隆重的课题成果验收和研讨会。会议吸收了相关部门代表和知名教授参加，与会者一致赞成课题成果质量和对土地价费税改革的指导价值，原部长李元作了充分肯定的发言。课题成果后来在改革实践中有了充分的采纳从此之后何教授对其退而不休的决定信心满满。

不久他又接受财政部财政监督局的邀请，为财政部用于培训监督干部写作一部《财政监督》教材，担任无偿的审稿任务。具体要求是：和书稿的编写成员住在一起，边提出的问题和改进的意见，边由编写人即刻修改。何振一首先通读了一遍书稿，发现这是中国财政学界从来没有的一部系统的财政监督理论专著，很有价值。但何教授又感到该书对财政监督范畴的内涵认识存在片面性，只认为财政监督是财政部对花钱单位的监督，而不承认财政系统内部也有被监督的问题。因此，何振一感到书稿改写难度很大，但书稿又急需，也有用于培训的价值，因此何教授向财政监督局提出一个对书稿的修改意见，只需从写作技术性方面修改和完善就可以尽快先拿出去出版，以便急用。而后再编一本对财政监督更全面认识的书稿。财政当局欣然接受了此建议。这样就顺利地出版了新中国成立以来第一部财政监督理论专著。该书出版后，财政部就即刻组织编写新书，以满足财政监督改革发展的需要，写作班子保留下来，何振一也被邀请留下来，做无偿指导。由于财政工作者没有财政系统内部要有监督的认识，在社会上财政理论界也没有这方面论述，为了承担起新书编写的指导作用，何振一首先就要承担起财政系统内部监督的研究，他先后完成财政内部专职监督及其职能定位；财政内部制衡理论与实践的探索，财政防腐体系建设目标模式及其基本构成要素浅析等数篇文稿，并在课题组内宣讲的同时，又将其发表于全国唯一“财政监督”的杂志上。以便编写组编书的参照，何振一的文章都得到监督局领导和编写组成员的重视，特别是关于《财政防腐体制建设的目标模式及其基本构成要素浅析》一文，中纪委驻财政部纪检组组长贺邦靖看到后特别重视，立刻着手建设财政部内部监控体系工作，为此贺邦靖特别接见何振一，对其没有报酬的奉献精神表示敬意，并特别批两万元奖金给他。

除以上咨政成果外，何振一的咨政研究成果，还有十余项得到中央和地方领导肯定和接纳，特别值得一提的是，他的咨政研究并不仅仅限于正面的咨政，也十分勇于提供反向的咨政文稿，例如他得知财政部为降低房价，想用开征物业税代替土地出让金的征收办法，经他研究之后，认为此项改革不可为，因此，向原财政部长金人庆提出了《物业税与土地出让之间不可替代性简论》咨政一文，金人庆阅后充分肯定了这个意见，决定停止这项改革，并向作者致电表示感谢。

2017 年何振一获得中国财政理论研究终身成就奖

何振一退休后依然致力财政基础理论创新研究，他认为理论创新乃是咨政研究成功的支撑手段，因此，退休后无论研究任务多忙，他从不忘理论创新工作，在退休后，他一是增补了《理论财政学》，增补了财政职能形态研究篇，修补了财政效果研究篇和加强了财政本质论的研究。从而出版了《理论财政学》第二版。二是接受财政部原部长项怀诚的委托，主持财政部有关司局领导同志编写一套丛书，即公共财政概论、公共支出、公共收入、公共预算、公共财产管理、公共债务等六卷本，作为公共财政建设的参考书。三是完成《中国公共财政支出结构改革》理论专著，此书由社会科学出版社出版，此书出版后，即刻就被财政部主动索取，用以改革参考。与此同时，又先后发表财政基础理论论文两篇，一篇是《社会主义财政学创新中的几个理论认识问题》，书中批评了否定马克思主义理论在社会主义财政学创新中指导地位的错误观点；另一篇是《论科学发展观与财政》，被纳入中国社会科学院《马克思主义研究丛书》。

当问何振一做学问成功之道是什么时，他笑笑说，说起来也较复杂，但如果用一句话来表达，那就是要永远牢记做学问是为人民。财政部和中国财政学会认为何振一在中国财政理论研究方面成就突出，于2017年向他颁发了最高奖项中国财政理论研究终身成就奖，由财政部长、中国财政学会会长亲自颁发获奖证书和奖牌。

刘楠来（1933 年 5 月—　）

一位孜孜不倦的国际法老学者

刘楠来，江苏丹阳人。1955 年东北人民大学法律系毕业。1961 年莫斯科大学法律系研究生毕业，获法学副博士学位。同年进入中国科学院（今社会科学院）法学研究所工作。曾任国际法室主任，图书馆馆长，中国社会科学院人权研究中心副主任、国际法研究所研究员，研究生院教授、博士生导师。1992 年享受国务院特殊津贴，2002 年退休，2006 年当选中国社会科学院荣誉学部委员。主要社会兼职：曾任全国海洋资源研究开发保护专家组成员、全国哲学社会科学规划（评审）法学组成员、中国国际法学会副会长、中国海洋法学会常务理事、中国海事仲裁委员会委员、《中国国际法年刊》主编。现任设在海牙的常设仲裁员、外交部国际咨询委员会顾问、国家海洋局海洋事业发展高级咨询委员会委员。主要研究领域：国际法、国际海洋法、国际人权法，参与我国主要海洋法律《中华人民共和国领海及毗连区法》《中华人民共和国专属经济区和大陆架法》《海域使用管理法》等起草工作，主持关于我国加入国际人权公约等项目研究。

已经86岁高龄的刘楠来，依然活跃在我国国际法研究的前沿，从事他热爱的国际法理论和咨询工作。他时刻关注国际国内形势，不断地就一些热点问题撰写学术论文和研究报告。他先后受聘外交部国际法咨询委员会顾问、边海问题咨询专家，国家海洋局国家海洋事业发展高级咨询委员会委员、法律顾问，参与我国有关国际法等重大问题的讨论。他经常到各地讲学、参加学术会议和有关部门组织的各种会议，交流研究心得。他是“公认精通国际法问题，享有最高道德声望”的著名学者之一。由我国政府指定担任设在海牙的仲裁法院仲裁员，在国际上担任明断是非，主持正义的法官职务，这不仅仅是他的荣耀，也代表了中国政府的威望。

退休以来，刘楠来有许多有分量的研究成果问世，包括学术论文约20篇，中国社会科学院和中办法规局刊发的《要报》10篇，提交有关部门的专题研究报告3份。其中，1篇论文获好作品二等奖，5篇《要报》文章获得中国社会科学院优秀信息对策奖（一等奖1篇，三等奖4篇）。

退休之后，刘楠来十分关注我国面临的严峻的海洋争端形势，有关南海法律问题的研究成果斐然。发表了有关海洋法的论文6篇、《要报》研究报告8篇、专题研究报告2份。南海断续线的法律性质是一个关系到我国在南海主张什么权利的基本立场和政策的大问题，而在我国一直存在几种不同

习近平主席与刘楠来握手

的观点。刘楠来在上述论文和《要报》中，从事实和法理上对这一问题进行了论证，认为将断续线定性为岛屿归属（范围）线是唯一有理有据、实际可行的选择，也最符合我国的利益。他认为，2016年7月12日我国政府发表的《关于南海领土主权和海洋权利的声明》实际上向全世界正式宣告了南海断续线是岛屿归属线的立场。刘楠来关于阐述这一观点的《关于南海问题的法理分析》的研究报告获得中国社会科学院对策研究一等奖。

对于南海仲裁案，从菲律宾知会我国准备提起仲裁到裁决出笼的各阶段，刘楠来多次参加有关部门召开的会议，对有关问题进行深入分析、研究并提出对策。对于南海仲裁裁决，他在法理上进行了深入而有力的批驳，并为新华社提交了有关材料。

刘楠来还经常利用国际学术交流的机会，在国际上宣传我国海洋法律政策，尤其是从法理上阐述自己对有关问题的看法。2009 年，刘楠来去美国海军战争学院参加中美海洋战略研讨会。虽然中美双方就南海及其相关问题进行了针锋相对的辩论，但美方会议召集人会后表示，“我欣赏刘教授说理的风度”。

自 2012 年起，他连续不断地参加一年一度的中越人民论坛。他利用这一高端平台，深入阐述我国有关南海的主张及政策，宣传、解释共同开发制度，为管控中越海上分歧，促进海洋合作建言献策。

杨洁篪政治局委员接见为祝贺史久镛和张月姣当选改革先锋而召开的国际法研讨会参加人员的合影，前排右二为刘楠来

刘楠来在国际人权法研究领域也取得了高水平的成果。退休后，他主要就人权与主权的关系、国际人权条约的实施等问题进行深入研究，发表了相关学术论文 5 篇，《要报》研究报告 1 篇。人权和主权是国际人权法及国际法中的两个基本概念。关于两者的关系，国内外历来存在“人权高于主权”和“主权高于人权”两种观点的对立。刘楠来在其《论人权与主权的关系》一文中，着重对“人权高于主权”的观点进行了批驳，在对理论和现行国际人权法规定深入分析的基础上，提出了以下观点：“人权与主权并不是一对相互冲突，甚至相互对立的概念。恰恰相反，在它们之间存在着内在的同一性和统一性。在当代国际人权保护制度中，人权与主权是并存的，都拥有应有的地位，共同地为着世界和平和正常的国际秩序，为增进人权的正义事业发挥着积极作用。”这样，他在上述两种对立的观点之外，提出了第三种观点，明确阐述了人权与主权之间的辩证关系。该文最初是用于外交部组织的“中国与非洲国际人权研讨会”的发言，后被《中国社会科学院报》刊发，《紫荆》杂志转发且被评为该杂志好作品奖评论类二等奖。

外交部国际法咨询委员会全体成员的合照，前排左四为刘楠来

他在国际条约与中国法制建设问题上也颇有研究。我国宪法就国家机关缔结国际条约的职权问题作了规定，但是，关于我国缔结或参加的国际条约在我国法律体系中的地位，或者说，这些国际条约与我国国内法的关系问题，却一直没有得到解决。刘楠来认为，在我国决定实行依法治国方略，要求进一步完善有中国特色的法律体系的背景下，这一问题已经到了必须解决的时候了。他发表的多篇文章和《要报》研究报告中，就有关的法律问题进行了深入分析，较早地提出了我国缔结或参加的国际条约应纳入中国法律体系的意见，并充分阐述了理由。

近年来，刘楠来又多了一项工作，利用现代信息技术与同行进行学术交流。他经常在国际法微信群，国际法所、法学所等微信群里跟同事们讨论问题。年轻人很喜欢跟他交流，不仅因为他对很多问题都有深刻的见解，而且平易近人。他通过微信，传播正确观点，引导大家及时关注和研究诸如外商投资等领域的重大问题。在微信的字里行间流露着老一辈学者的拳拳爱国之心，并体现了他作为党中央国务院思想库智囊团成员的责任担当。

2015 年 11 月，刘楠来在河内参加中越人民论坛期间，与中方代表团成员一起受到来访的习近平总书记的接见。这是党和国家领导人对我院离退休专家学者老有所为、为国争光的肯定和激励。

（王翰灵）

于本源（1933 年 7 月—　）

一位热爱科学事业的老学者

于本源，天津市蓟州五百户乡柳河套村人。1956 年 9 月至 1957 年 8 月，在北京俄语学院留苏预备班学习。1957 年 9 月至 1962 年 8 月，就读于中国人民大学哲学系。1962 年 9 月至 1966 年 4 月，北京大学哲学系研究生，毕业后留系任教。1974 年 8 月，被调至中共中央组织部研究室工作，任处级调研员。1983 年 8 月，被调至中国社会科学院世界宗教研究所。一年后，遵照所领导决定，与曹琦、彭耀一起筹备成立当代宗教研究室，与中共中央统战部、国务院宗教事务局、公安部、北京市民委宗教局等单位建立友好联系与合作关系，从事田野调研，开展当代中国宗教研究。曾参加对北京天主教情况调查，写出调研报告，为北京市天主教堂相关政策的贯彻落实做出了积极贡献。此后发表过《宗教信仰自由与无神论宣传》《德国宗教税》等文；一篇关于苏联东正教的长文曾在中央统战部内部印发；参加了由江流等院领导主持的“苏联剧变研究”课题组，负责其中宗教问题的资料收集整理与文稿撰写工作，1994 年出版发行并获奖。先后任所办公室主任、行政副所长、所党组成员、所机关党委书记等职。1994 年退休。

于本源在职时，因长期忙于组织分配的党政事务工作，没有更多的时间从事自己所钟爱的科研事业。1994 年退休后，他可以专心搞科研了，便积极申请到一个院长基金课题：对清王朝宗教状况和政策的研究。他认为，作为一名当代中国宗教研究工作者，应该首先了解中国宗教的历史，特别是中国由封建社会走向半封建半殖民地过程中宗教的历史和政策，清王朝和民国初期正是这样的时期。此时的中国，不仅有儒学、道教、佛教、伊斯兰教，还特别多了一个以列强为背景的基督宗教，包括天主教、基督新教、东正教三大教派。如果对于这种时代背景若明若暗、缺乏深刻的了解，那么当代中国宗教现状中很多问题就很难理出头绪来，就不可能看得清其症结所在。然而，要研究这一课题又谈何容易，不是说下决心就可以轻松完成的，需要阅读大量的历史资料，不仅要收集近代以来的相关书籍，而且特别需要通览清王朝的历史文献、大量有关名臣文集，还要阅读“四书”中《尚书》和《礼记》的有关内容。这对于一位年逾花甲的老人而言，其艰难程度是不言而喻的。老于没有在困难面前停止脚步，他以踏踏实实的工作态度，一步一个脚印地执着前行，最终写成 33 万言《清王朝的宗教政策》一书，1999年由中国社会科学出版社出版，并荣获宗教所优秀著作奖。

为提高社科院学术刊物质量，1996年院里成立期刊评议专家组。老于因其忠诚事业的品格和认真负责的工作态度，被聘为期刊评议专家组成员。期刊评议由院科研局管理，一季度一次评议会，每次都要写出评议报告。由老于负责的刊物有10种，主要有《世界宗教研究》《世界宗教文化》《科学与无神论》《国外社会科学》；其他6种刊物有关宗教问题的文章，也完全由他审读。审读文章主要看内容，还要看其编辑与错别字等问题，对质量高的文章给予推荐，对质量低或有某些问题的文章，提出审读意见。这是个费时、费力的工作。但他认为，期刊是社科专家学者发表论文的重要平台，也是社科院对外的重要门面，必须认真对待，丝毫不能马虎。因此由他负责的刊物，不管文章长短，都坚持认真审读，一丝不苟，兢兢业业，全力以赴。有一年，他去日本探亲6个月，就让把期刊寄到日本，他坚持挤时间审阅全刊，按时写出审读报告，寄回院科研局。在审读工作中，他和自己负责的《国外社会科学》《科学与无神论》等刊物编辑部建立了良好关系，这些编辑部开会常常请老于参加，一起讨论办刊问题。老于也不负所望，每次开会时都知无不言、言无不尽，坦诚地、实事求是地提出自己的意见和建议。为此，有的期刊编辑部对老于心存感谢，要给他审读费，都被他一一拒绝。他说：“我这样做，一是因为院里已经给了我一定报酬，再一个也是避开期刊评奖时为其多说好话的嫌疑。”

当年，老于快退休时曾参加中央统战部和国务院宗教事务局《当代中国宗教工作》课题组，负责有关当代中国宗教

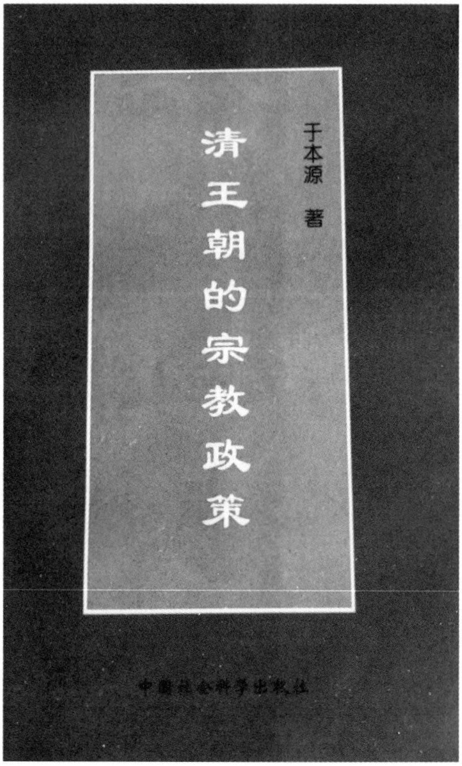

于本源的著作

研究部分。这是一项国家级的大课题，由王兆国同志亲自担任主编。老于退休后，就全身心投入这项课题的研究之中。当代中国宗教政策性、政治性很强，具有群众性、长期性、民族性、国际性、复杂性的特点，要求研究者必须要胸有全局，深刻把握党在社会主义初级阶段的基本任务和基本路线，对当代我国宗教的整体形势有全面深刻的了解与把握，既要看到我国各种宗教在新中国成立以来的进步与正常发展，也要看到当前涉及宗教的各种问题及表现。改革开放以来，当代中国宗教研究的学术成果越来越多，层出不穷，研究者有学术界的，也有宗教界的，还有党政部门的干部，各有各的角度，各有各的立场、观点和方法，结论也都不尽一致。老于在认真学习党的宗教工作基本方针的基础上，注重收集我国各种宗教的现状资料，收集学术界当代中国宗教研究的各种观点，通过自己认真梳理，终于圆满完成了任务。该书于1999年出版。

退休后的老于先后担任宗教所离退休干部党支部书记、中国社会科学院期刊评议专家组成员、中国社会科学院老专家协会理事等职务。在兼任这些工作的同时，老于还挤出时间参加了两部著作的编撰工作：一个是中国人民大学罗国杰主编的《伦理学百科全书》，其中“宗教卷”是由老于担任主编；另一个是他在担任社科院老专家学会理事期间，参加了《中国哲学社会科学发展历程回忆》项目工作，是其中哲学宗教学卷的副主编，负责宗教研究方面文章的组织和编辑工作（2014年出版）。应该说，这对于老于来说，已经是很不容易了。然而，更加不容易的是，他做这些工作的时候，还要精心伺候老伴。老伴本来就患有心脏病，现在又患上恶性淋巴肿瘤，先后做了8次化疗。每次老伴住院，老于都要为她做饭、送饭、白天陪护和耐心开导。这期间期刊审读都是在医院陪护时和晚上回家后进行的。不久，老伴又患了更严重的癌症，老于不得不全力以赴伺候老伴，只好退出专家评议工作。2014年老伴去世，热爱科研事业而痴心不改的老于本想再研究一个课题，且做了一定的准备。但一场大病使他的身体彻底垮了，基本丧失了自理能力，连走路都很费力了，只好住进孩子的家里，再不能承担科研课题了。对此，老于心有不甘，但又有什么办法呢?！他不无遗憾地对笔者说：“唉，再见了，我的科研事业!”然而我却要对老于说：“老哥哥，您已经用实际行动和科研成果实现了自己的人生价值，捍卫了一位老共产党员和老学者的人格尊严，是我心目中的楷模和标杆，应该了无遗憾了。”衷心祝愿老于早日恢复健康，与我们共同迎接中华民族伟大复兴中国梦的实现！

（富芳）

张卓元（1933 年 7 月—　）

伟大的工作不是用力量
而是用耐心去完成的

张卓元，广东省梅县人，1954年毕业于中南财经学院，此后分配到中国科学院（后为中国社会科学院）经济研究所工作，主要研究领域：政治经济学、经济体制改革、经济思想史。自 1983 年起先后担任中国社会科学院财贸经济研究所、工业经济研究所、经济研究所所长，孙冶方经济科学基金会秘书长、理事长、荣誉理事长，现为中国社会科学院学部委员、经济研究所研究员。第九、第十届全国政协委员。多次荣获孙冶方经济科学论文奖和著作奖、中国社会科学院优秀成果奖、薛暮桥价格研究奖、吴玉章人文社会科学终身成就奖、中国出版政府奖。张卓元多次直接参与了我国经济改革路线图和时间表的制定过程。从 1991

年参加江泽民总书记主持的11次酝酿社会主义市场经济体制专家座谈会算起，张卓元先后13次参与党的重要文件起草工作，是公认的改革稳健派。

心系改革

张卓元1998年卸任经济所所长后，仍然是中国重要经济政策制定的参与者和见证者，他参与了党的十六大、十七大报告和十六届三中全会、十八届三中全会等重要文件的起草工作。在2013年参加十八届三中全会写作组时，张卓元已年逾80。

在“十八大”召开之前，张卓元多次对十六届三中全会文件落实不力导致改革迟滞忧心忡忡。他在接受记者采访时指出：“十六届三中全会关于完善社会主义市场经济决定是一个很好的决定，也是一个顶层的设计，这个最大问题就是决定出来以后落实得不理想，例如要在更大程度上发挥市场在资源配置中的基础性作用，但事实却相反，政府直接配置资源在加强。”2012年，张卓元对十八大之后的改革提出展望，“中国社会进入利益格局调整的关键阶段，市场化改革进入深水区、胶着期和关键时期。中央应该加强对改革的领导和推动，更加重视对改革的顶层设计和总体规划，坚决防范改革方案和进程受到一些部门、地区利益集团和少数既得利益者的左右”。他提出改革不仅需要顶层设计，更需要顶层推动和顶层实施。他多次撰文呼吁改革要有急迫感，全党要以更大勇气进一步推进改革。

张卓元在1998年就开始关注环境问题。在全国政协九届一次会议上，张卓元联合其他七名政协委员提交提案，呼吁每天在全国百万人口以上的大城市发布空气污染指数，以此促进各地政府抓紧治理空气污染。当时的国家环境保护总局采纳了该提案，并陆续在全国开展空气质量的日报工作。随着我国经济增长的资源环境代价越来越大、人与自然的关系也日趋紧张，张卓元在十七大后多次撰文指出这是我国经济发展方式转变缓慢造成的，是由于政府过多地介入经济活动和主导资源配置产生的。他提出改革是加快转变经济发展方式的强大动力，政府改革是未来改革的关键，他指出“政府要有所为，有所不为，做好自己该做的事，而不要越俎代庖；政府应是一个公正的裁判员，而非集裁判员和运动员于一身”。

硕果累累

张卓元长期关注中国经济体制改革，参与了我国重要改革阶段的理论创新过程。2018 年中国社会科学院为纪念改革开放 40 周年举办了“与改革开放同行”系列智库论坛，在首场论坛上张卓元做了“中国经济改革的两条主线”的演讲。他指出，企业改革和价格改革、所有制改革和经济运行机制改革是中国经济改革的两条主线；整个中国经济改革进程就是沿着这两条主线不断展开和深化的。这两条主线如同一个硬币的两面，没有主次之分，同等重要，应协调配套进行。张卓元这篇演讲高度概括了中国改革开放 40 年的经济学逻辑，既显示了历史和逻辑的统一，更显示了简洁有力的思想之美。之后，以这篇演讲为基础的论文《中国经济改革的两条主线》发表在《中国社会科学》2018 年第 11 期上。

张卓元长期关注经济理论界的动态，尤其在60岁之后投入大量精力进行经济思想史研究。从20世纪90年代末到2018年，他牵头主持完成了《论争与发展：中国经济理论50年》（1999年出版）、《新中国经济学史纲（1949—2011)》（2012年出版）、《中国经济学40年（1978—2018)》（2018年出版）等一系列重要经济思想史著作，他完成了大部分内容的写作。在《新中国经济学史纲（1949—2011)》一书中，张卓元概括出新中国成立以来中国经济学的六大进展，包括：（1）确立了社会主义初级阶段理论；（2）确立了社会主义市场经济论；（3）所有制理论确认公有制为主体、多种所有制经济共同发展平等竞争，股份制是公有制主要实现形式，分配理论确立了按劳分配与按生产要素分配相结合；（4）探索国民经济从封闭半封闭走向开放，以开放促改革、促发展，“引进来”与“走出去”互相结合，逐步形成顺应经济全球化的对外开放理论；（5）经济增长与发展理论越来越受重视，着力研究实现什么样的发展、怎样发展问题，研究中国工业化、城市化、现代化的规律性；（6）经济学方法重大革新。张卓元高屋建瓴地概括，条理清晰又高度凝练地总结出中国经济学人的探索之路。《新中国经济学史纲（1949—2011)》同时获得了第三届中国出版政府奖和第九届中国社会科学院优秀科研成果奖。

2013年张卓元获得吴玉章人文社会科学终身成就奖时，颁奖词写道：“30余年不间断地紧跟改革步伐的理论探讨，成就了他‘稳健改革派’的尊崇地位；他有关中国改革的一系列理论研究成果，构成中国转型经济学的重要内容；他关于中国经济思想史的系列著作，成为中国经济学的重要文献。”

治学有道

张卓元从事经济研究60多年，他曾经说过，自己之所以能做出一些成果，大体有四个因素。

一是“对经济研究有兴趣”。张卓元在高三读了课外书苏联经济学家列昂节夫的《政治经济学》后，对经济学产生浓厚兴趣，从此矢志不移。时至今日，他持续保持对经济形势、经济政策和经济学界的关注。长期的积累和跟踪，重要的经济数据，他可以脱口而出；国家经济政策的来龙去脉，他能够娓娓道来；重要领域的理论争鸣，他及时归纳并摘录到最新作品中。

二是“自己还算勤奋努力”。张卓元卸任经济所所长后，尽管已步入耄耋之年，但除了参加中央重要文件的起草，每年都有重要论文发表。张卓元曾跟人谈及他利用时间的方法，经常是早上四五点起床后，可以有两个多小时专心读书写论文，丝毫不影响开会和文件起草。在张卓元80岁之后数次著作研讨会上，多名社科院领导对张先生的高产钦佩不已，感叹张先生作品的数量和质量，正当年的研究人员也没几人能够赶上。

三是“有幸分配到社科院经济所工作”。在社科院经济所工作至少有两层含义，第一是接受前辈学人的教诲和熏陶。张卓元多次谈及孙冶方的治所方法，强调经济研究要紧密联系经济建设实际，要敢于标新立异，反对教条主义，只抓研究工作。在20世纪50年代张卓元担任骆耕漠的助手时，骆耕漠一直鼓励张卓元写文章大胆发表意见，张卓元的文章观点受到批判时，骆耕漠更是直接挺身揽

张卓元在自己的图书广告前留影

责。张卓元还受到于光远、巫宝三、严中平、汪敬虞、杨坚白等诸位前贤学术思想的熏陶，不仅学到了知识，更获得了勇于探索、标新立异、坐冷板凳、坚持真理的精神和学风。第二是社科院在国家经济政策制定中发挥独特的作用，张卓元认为这种独特的平台给了他很多的机会。

四是“身逢盛世”。张卓元直言：“我的主要成果都是改革开放后做出的，这个时代为经济学研究提供了施展才能的舞台，我只是在这个大背景下做了一点点成果，为中国的社会主义现代化建设贡献微薄的力量。”

“伟大的工作，并不是用力量而是用耐心去完成的”，英国作家塞缪尔·约翰逊的这句话恰当地描述了张卓元的学术探索之路。他自认为智商平平，固守在自己的研究领域。学术之山高而不险，张卓元正是其间的攀爬者，行而不辍，乐在其中。

（程锦锥）

李步云（1933 年 8 月—　）

老当益壮播薪火　为谋华夏法治篇

李步云，湖南娄底人，毕业于北京大学法律系，研究生学历。早年曾从事党的地下活动。1949 年参军，1950 年 10 月参加抗美援朝战争，1952 年负伤回国。1955 年 1 月转业。1957 年 9 月至 1965 年 6 月在北大法律系读本科和研究生。1965 年 8 月至 1967 年 2 月，在北京大学任教。1967 年 2 月至 2001 年 4 月，在中国社会科学院法学所工作，任研究员、《法学研究》主编、公法研究中心主任、法理研究室主任、人权研究中心副主任等。其间 1980 年至 1981 年被借调中共中央书记处研究室工作，负责起草叶剑英委员长有关宪法修改的讲话和文件，参与了 1982 年宪法的起草和讨论。1995 年 9 月被遴选为博士生导师。研究方向为理论法学、人权法学等。率先呼唤保障人权，系统提出依法治国的理论框架与制度构想，推动法学界拨乱反正，被誉为“敢为法治开第一腔”的学者。曾主持“宪法比较研究”和“立法法研究”等重大课题。1992 年享受国务院政府特殊津贴，2001 年获中宣部、司法部“全国三五普法先进个人”称号。兼任中国法学会法理学研究会顾问、比较法研究会顾问、中国行为法学会会长等。2001 年 4 月，从社科院退休。2006 年 8 月获中国社会科学院首批“荣誉学部委员”称号。

“莫道桑榆晚，为霞尚满天。”李步云先生被誉为“法治三老”之一，现已 86 岁高龄，仍然为法治奔走呼号，堪称法治人权的“终身传道者”。

李老从社科院荣休后，先后受聘担任湖南大学法学院名誉院长、教授、博士研究生导师，法治与人权研究中心主任。2002 年，他作为发起人和中国证监会的首任主席刘鸿儒一起创立了上海金融与法律研究院，后曾担任院长。2004 年至 2019 年，先后受聘担任广州大学法学院名誉院长、广州大学人权研究中心主任、广东财经大学特聘教授。兼任最高人民检察院专家咨询会委员，中共中央党校、中国政法大学、西南政法大学博士生导师，中国法学会学术委员会荣誉委员、行为法学会、法理学研究会、比较法研究会顾问等。他多年的学术研究形成了依法治国和保障人权的理论体系，为法治、人权入宪做出了独特贡献。他退休后出版的代表性著作有：《李步云学术精华》（文集七本）、《法理探索》、《法治新理念：李步云访谈录》、《法苑春秋》，英文著作《宪政与中国》等。合著有

《人权法的若干理论问题》等。主编的著作有《WTO与中国法制建设》《信息公开制度研究》《地方人大代表制度研究》等。在法学权威期刊发表论文有《论法与法律意识》《什么是良法》《论宪法的人权保障功能》《论行政权力与公民权利关系》，等等。2019年，发表长文《法哲学的体系和基本范畴》，构建了中国学界第一个完整的法哲学体系。

李步云在学术活动中

他的论著屡获大奖。论文《中国特色社会主义人权体系论纲》，2017年荣获第四届“中国法学优秀成果奖”论文类一等奖。中国法学优秀成果奖是经党中央、国务院同意设立的中国法学会三大奖项之一，他作为获奖代表在发表获奖感言时，热泪盈眶，刚说几句话便哽咽不已。这位见过无数大风大浪的老人，回忆法治跌宕起伏的历程和自己终生追求法治的人生经历，感慨良多。全场响起阵阵掌声，向这位老学者，也向中国的法治之路致敬。《迈向法治新时代——我的治学理念和实践》，作为“中国法治实践学派书系”之一，荣获人民出版社2017年度十大优秀学术著作。《法治与人治问题讨论集》，2014年荣获法治周末报社、凤凰网、广西师大出版社共同举办的“法治的突破：1978—2014影响中国法治图书”奖项。主编教育部高等学校第一部《人权法》统编教材和《警察执法与人权保护》专用人权教学教材，组织编写14本人权知识系列读本（警察、法官、检察官、未成年人、妇女等），创办了《岳麓法学评论》等知名法学刊物。他退而不休，佳作迭出，展现了“生命之树常青，理论之树常青”的学术风景。

他播火传薪，广育人才。退休后，他辗转湖南大学、广州大学、广东财经大学多所学校，被誉为“退休后最为忙碌的法学家”。2016年广州大学还专门设立了“步云班”，培养优秀学生。他第一次在全国率先给法学本科专业开设《人权法》课程。作为一个高龄老学者，他还紧跟网络潮流，拍摄了“什么是人权”网络课程，并在教育部成功申报“国家精品网络课程”。还开了一门慕课《人权法学》，用网络技术普及人权知识。收看慕课的除了在校学生，甚至还有不少海外华侨。

2013年8月23日，为纪念他为中国法学事业所做的巨大贡献，由淳大投资有限公司、上海金融与法律研究院捐资设立“李步云法学基金”与“李步云法学奖”，每年评选和颁奖1次，颁发给国内国外对中国法学学术研究做出重要贡献的学者。该奖已经颁发6次，成为中国法学界最有影响力的奖项之一，推动了中国法学事业和教学事业的发展。

李老曾居庙堂之高，推动人权入宪，捍卫良法善治，为法治的顶层设计献计献策；他也处江湖之远，在每一个角落散播法治薪火。他著作等身，更身体力行，年近九十还是“空中飞人”，“不知疲倦”，推动法治行程。

他投身人权教育，被誉为人权法旗手。2010 年，他建议国家建立若干个“国家人权教育与培训基地”，被中央领导采纳，随后中国政法大学、南开大学和广州大学三个大学的人权研究与教育中心被纳入第一批“国家人权教育与培训基地”，为人权研究打造了国家级平台。他为上百家省部级单位的领导讲授法治和人权课，开展了几十期人权培训班，足迹遍布全国。

2018 年，他向全国人大提起了一项审查建议，指出浙江法院越权制定司法解释性质文件。随后，全国人大常委会法工委法规备案审查室专门复函，督促有关部门纠正地方法院越权制定司法解释性质文件。在他的奔走推动下，错误的规定被废除。耄耋之年仍然在为法治第一线冲锋陷阵，义举再次感动社会。

他对法治和人权的贡献也赢得了社会的崇高评价。他先后荣获教育部、国务院学位委员会“全国优秀博士论文指导教师”称号，入选南方媒体集团等评选的“改革开放 30 年 120 名风云人物”，当选中国经济体制改革研究会等单位评出的“改革开放 30 年 120 名社会人物”，中央政法委、中宣部等四部委颁发的“双百活动最佳宣讲奖”“当代中国法学名家”称号，中国国际经济技术合作促进会等单位授予的“建国 60 周年共和国建设 100 名功勋人物”称号，中国法学会授予的“全国杰出资深法学家”称号，中国科学院评选为“20 世纪中国知名科学家”，法律出版社、南方周末等单位评选的“中国法治影响力人物终身成就奖”。

李步云与研究生合影

为了人权与法治，他四处奔波。有人称他为“脑不停地想、腿不停地跑、笔不停地写、嘴不停地讲”的“四不停”教授。但凡涉及知识与学术话题，他仍如数家珍，张口即诵，其思路之清晰，让听众无不折服。最高人民法院江必新副院长在为庆贺李步云教授八十华诞发来的贺信概括了八个字“大师耄耋，犹胜青春”，这之后屡屡被媒体引用作为李步云先生报道的标题。

李老的思想在国际国内都引发重大反响。一位法学家说他总“在最需要的时候，提出适当的理论、学说，引导这个国家的法治事业向前发展”。日本学者称他为中国人权法旗手，《人民日报》称他为“敢开第一腔的法学家”“法治梦的追寻者”，现任宁夏回族自治区党委书记石泰峰评价“他影响了‘文化大革命’后进入法学大门的一代人。可以说，是整整一代人”。另一位著名法学思想家郭道晖教授曾用一副对联形象刻画了李老的贡献与情怀：“为社稷代草诏，力促革新弊政；为百姓上奏本，敢步屈子后尘。”

时代车轮滚滚向前，中国已经步入新时代。我们相信，李步云这位为法治梦、中国梦奋斗终生的“法治老将”还将重新出发，为法治再写新篇！

（蒋海松）

金宜久（1933 年 10 月—　）

退休后充实的学术生活

金宜久，祖籍安徽寿县，出生于上海市。1952 年，毕业于上海市立晋元中学并留校任教。1955 年，调上海教育行政干部学校。1956 年，考入北京大学哲学系；1960 年，调东方哲学史教研室，为开设阿拉伯哲学史备课；1961 年获大学毕业证书。其后，进北大东语系学习阿拉伯语。1964 年春，世界宗教研究所成立，受中国科学院哲学社会科学部（简称“学部”）和北京大学双重领导，东方哲学史教研室同时转入宗教所。1964 年秋，受教育部派遣，赴上海外国语学院出国留学生预备部学习。1965 年秋，赴埃及进修阿拉伯语。1967 年春回国时，宗教所已脱离北京大学；1978 年后，“学部”更名为中国社会科学院。他的主要研究方向为伊斯兰教。历任助理研究员、副研究员、研究员，硕士研究生导师和博士研究生导师。1992 年享受国务院政府特殊津贴。1996 年退休。2006 年当选院荣誉学部委员。

在安逸的退休生活中，仍有学术活动“缠身”，这是金宜久最引以为豪的事情。

1996 年退休时，金宜久正承担国家社科基金“九五”重点课题“伊斯兰教与国际政治关系研究”。该课题乃此前有关伊斯兰教历史、理论、现状研究的延续、深化和扩展，研究的目的在于表明伊斯兰教与社会、政治有着密切关系，同时又应严格区别伊斯兰教与那些在伊斯兰名义下从事的种种事件，特别是暴恐活动，并予以理论说明。在研究过程中，金宜久曾向社科院有关领导报告相关情况。1999 年 11 月，《中国社会科学院要报·信息专报》（第 134 期）以《新疆分裂分子秘密建立“伊斯兰解放党”》为题，上报中央。最终研究成果有二：一为 2000 年他主编的内部报告《20 世纪 90 年代国际政治中的伊斯兰》；二为 2001 年出版的以他为第一作者的合作成果《伊斯兰与国际热点》。

2001 年 6 月，受宗教所科研处之托，金宜久组织院内外专家申请国家社科基金“十五”重点课题“当代宗教极端主义研究”。项目获准后不久，爆发“9·11”恐怖袭击事件，更显此项研究的重要性和必要性。最终研究成果有二：一为研究报告，含组织新疆地区有关人员完成的《新疆地区伊斯兰极端势力研究》（2004，审定），《伊斯兰极端势力研究》（2005，主编）；二为专著《当代宗教与极端主义》（2008，主编）。

研究伊斯兰教中国化，同样是此前研究成果的延续、深化和扩展。20 世纪 80 年代初，在一次伊斯兰教学术研讨会上，有的学者否认伊斯兰教中国化的提法和事实。中央提出宗教与社会主义社会相适应问题后，学界对宗教中国化问题的认识有所深化。90年代中叶，金宜久旧话重提，以《伊斯兰教在中国的地方化和民族化》一文表明，就世界范围而论，伊斯兰教有其统一性以别于佛教、基督教而为世界宗教；但在不同国家或地区，因所处地域、信奉民族文化传统的差异，则显现其地方化、民族化的特性。

研究中国“回族四大著作家”（王岱舆、马注、刘智、马复初）的汉文著述，则是表明此乃伊斯兰教中国化的实例。其成果有《中国伊斯兰探秘·刘智研究》（1999），中国人民大学出版社学术出版中心将其纳入“当代中国人文大系”（2010年再版）。以后有社科院老年科研基金课题研究成果《王岱舆思想研究》（2008）和《苏非主义在中国》（2013）。其间，有一股伊斯兰教“阿拉伯化”“非中国化”的话语和思想在一些地区流传，金宜久撰写《再论伊斯兰教在中国的地方化和民族化》（2013）和《三论伊斯兰教在中国的地方化和民族化》（2015）两篇论文，分别从中国伊斯兰信仰主体的转化、地方化和民族化的具体表现、为何要坚持中国化、何谓“去中国化”等不同方面，确认中国化乃不以人的意志为转移的、合乎宗教流传的规律性发展。再后，金宜久完成社科院创新工程课题《中国伊斯兰先贤·马注思想研究》（2016），社科院老年科研基金课题（2018）《中国伊斯兰经师·马复初汉文著述探析》已经结项，正申请基金资助出版。

金宜久退休后，多次应邀参加中央党政军机关和高等院校举办的有关讲座，就伊斯兰教历史、理论（含相关经典）、“二战”结束以来伊斯兰教与政治关系、伊斯兰复兴以及宗教极端主义问题等，进行探讨并阐释其基本主张、兴起原因、发展现状、表现形式及其危害等。例如 2003 年和 2010 年，两次参加由中央国家机关工委、文化部和社科院主办，国家图书馆承办的“部级领导干部历史文化讲座”，国家图书馆出版社已将其汇集出书。

在此期间，金宜久应邀赴各地参加有关部门组织的国内、国际研讨会。如多次参加中国统一战线理论研究会甘肃研究基地组织的研讨会；2002 年作为宗教所代表团成员，受香港城市大学之邀赴香港参加研讨会；多次参加国务院国际问题研究中心民族研究所在各地主办的研讨会，并于2004 年作为其代表团成员赴意大利参加研讨会，有幸参观天主教梵

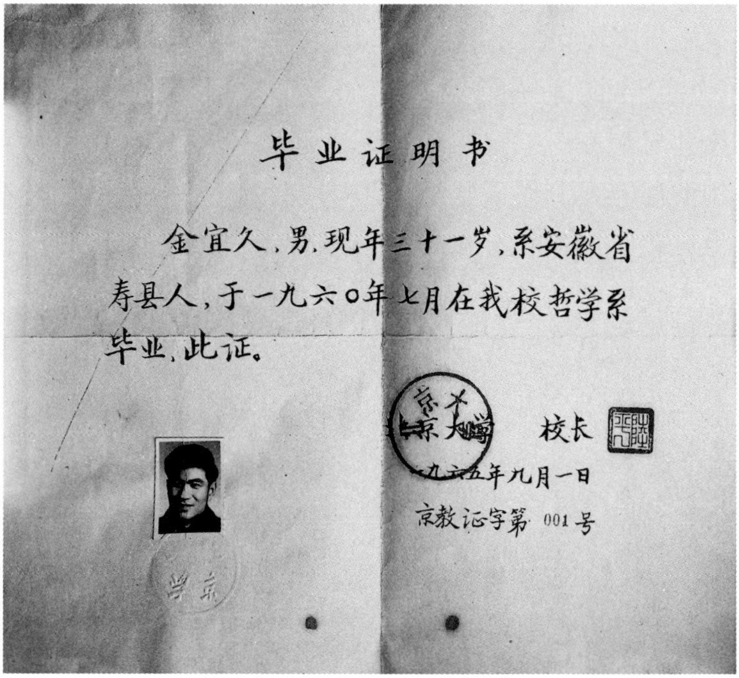
毕业证明书

金宜久，男，现年三十一岁，系安徽省寿县人，于一九六〇年七月在我校哲学系毕业，此证。

北京大学 校长

一九六五年九月一日

京教证字第 001 号

金宜久的大学毕业证明书

蒂冈国务院；2006 年，作为中国无神论学会代表团成员，赴美国多地参加研讨会等。1999 年，参加先由李慎明副院长、后由李铁映院长率领的院代表团赴新疆多地考察。

在此期间，金宜久还受中央社会主义学院和国家宗教局之聘，为其相关培训班讲授伊斯兰问题。2005—2008 年，受中央民族大学之邀，为哲学与宗教学系博士生授课，并为之培养博士生；参加中央民族大学“985 工程”当代重大民族宗教问题研究中心的活动，主持相关课题研究和社会调查，有内部报告《甘肃地区伊斯兰教门宦制度与社会和谐的关系研究》（2009，主编）。受中国人民大学戴逸主持的国家清史工程（2007—2012）之邀，参加典志组工作，审读不同典志的文稿，并主审有关典志。

此外，审阅相关的著作、论文和博士论文。如 2016 年审阅中办的《沙特阿拉伯》；2019 年评审国家社科基金重大委托项目《新疆通史 · 宗教卷》等。

退休前完稿、于退休后出版的有：《伊斯兰教与世界政治》（1996，主编）、《伊斯兰教辞典》（1997，主编）。

应出版社之约，据《宗教大辞典》和《伊斯兰教辞典》相关词条简编的《伊斯兰教小辞典》（2001，主编）；由于国际形势发展或社会需要，为《当代伊斯兰教》增补内容（2004 年再版，主编）；出版社再版的《伊斯兰教的苏非神秘主义》（2009）。

应中国青年出版社之约，编著《认识宗教》（2004）；应台湾三民书局之约，编著《简明伊斯兰史》（2004）；为适应民族干部需要，在民委培训民族干部讲座基础上编著《当代伊斯兰问题》（2008）。应民族出版社之邀，主编相关学者论文《当代中国宗教研究精选丛书——伊斯兰教卷》（2008）、

该文集后有外文版 *Religious Studies in Contemporary China Collection · Islam*（2018，荷兰 BRILL）。

再版的著作还有：《伊斯兰教史》（主编，2006）；《伊斯兰教概论》增补内容并更名为《伊斯兰教》（主编，2009）；《伊斯兰教文化面面观》（主编），1993 年曾获院首届优秀通俗读物奖。江泽民同志视察西北军区时，向军级将领推荐此书。2006 年增补内容后，更名为《伊斯兰教文化 150 问》，在北京出版。

中国社科院为从一个侧面展示学者的治学之道，选编荣誉学部委员文集，金宜久应约将所撰伊斯兰教与国际政治的论文汇集，以《伊斯兰与国际政治》为题，于 2013 年出版。

回顾改革开放 40 年来的情景，特别是退休后的学术生活，金宜久收获多多，令人钦佩。特此记述，以迎接新中国成立 70 周年大庆的美好时刻。

（晓寒）

张　炯（1933 年 11 月—　）

不忘初心　继续努力

张炯，福建省福安人。中国社会科学院文学研究所研究员，中国社科院荣誉学部委员。1955 年入北京大学学习，1960 年分配到中国科学院文学研究所（今中国社科院文学研究所）从事文艺理论研究。1977 年任《红旗》杂志文化组负责人，1979—1998 年先后任中国社科院文学所当代文学研究室主任、副所长、所长，并兼少数民族文学所所长以及中国文学函授大学校长。1988 年评为研究员，享受国务院“政府特殊津贴”。曾当选中国当代文学研究会会长、世界华文文学学会副会长、中国作家协会副主席等。现为中国作家协会名誉副主席。曾任《作品与争鸣》主编，《中国当代文学研究》主编，《文学评论》副主编、主编，《中国现代文学研究丛刊》顾问。在职期间著有评论集和专著 12 种，主编文学史专著及多卷本丛书 11 种。2006 年离休。

进入 2019 年，张炯 86 岁了。

73 岁那年，组织上才批准张炯离休。手续虽然办了，他心里并没有想就此休息。前贤许多不服老的言行时时激励着张炯，比如曹操写的“老骥伏枥，壮心不已”，又比如周恩来总理说的“共产党员应该活到老，学习到老，工作到老，战斗到老”，等等。作为一名老党员，张炯对周总理的教导更是牢记在心。张炯 1948 年参加革命，在部队工作了六年，1955 年国家号召向科学进军，他获准考入北京大学中文系，1960 年一毕业就分配到中国科学院文学研究所，从此才走上学术研究的道路。张炯先跟著名美学家蔡仪先生学习文艺理论，参加高校文科教材《文学概论》的编写。他记得，1962 年周扬同志跟《文学概论》编写组的几个年轻同志座谈，语重心长地说：“我们这代人因为闹革命，读的书就不如鲁迅、郭沫若他们多。鲁迅有家学渊源，郭老 19 岁去日本前，把四书五经都读完了。所以现在你们这一代，一定要多读书，要超过前人，这样，学术才能发扬光大。”当时，张炯很是感动，觉得自己底子薄，更应努力才是。不料不久以后，他被安排去安徽农村参加社会主义教育运动，后来又留在农村做基层工作，接着“文化大革命”就开始了。1976 年“四人帮”粉碎以后，张炯借调到党中央理论刊物《红旗》杂志做了两年编辑，改革开放后才回到文学所。张炯痛感损失了十多年宝贵的学术研究时间，也迫切希望能够扎实地做些学术研究工作。可是，又让他担任一些行政工作和学术社团工作，真正能做学术研究的时间仍然不多。不过，改革开放使得社科院可以“走出去”和“请进来”，从而扩大了研究所的学术研究视野和学术活动平台，许多大规模的研究项目也得以展开，张炯从中得到许多教益。20 世纪 80 年代，他主要追踪当代文学并着手编写当代文学史，90 年代则将大部分精力转向中国文学通史的编著。1998 年后，张炯从所长的岗位上退居二线，可以从事学术研究的时间多了。离休后，才真正体会到一身轻的滋味。他自觉没有多大的雄心壮志，但还是想做一些文艺理论和世界华文文学方面的研究，也想写点文学作品，于是下决心好好地锻炼身体，坚持每天锻炼一小时，写作五小时，阅读三小时。

文学所曾经大师云集，师范长存。张炯深感像何其芳、蔡仪先生作为共产党员专家，他们的勤奋、严谨的治学精神，固然足为后学的模范；像俞平伯、钱钟书、季羡林、余冠英、卞之琳、杨绛等博学的前辈，他们的淡泊人生、孜孜不倦的治学态度，同样启迪和鼓舞着我们。在这些大师的激励下，离休后的十多年，张炯完成的科研成果确实比在职的时候多。其中，主要的成果是主编出版了《中国文学通史》12 卷，皇皇巨著被中国社科院作为全院的重大学术成果之一，向社会推荐。

1958 年，何其芳先生有感于过去的中国文学史著作，基本写的都是汉族文学史，就提出应该编写一部包含我国56 个民族的中国文学史。但那时研究少数民族文学的专家很少，没有条件编写。1994 年，张炯兼任文学所和少数民族文学所的所长，发现少数民族文学所就有 18 个民族文学的研究专家，而且编写出版过20 多种族别文学史。那时文学所还成立了海外华文文学研究室，对台港澳地区的文学有所研究。那时张炯主编的三卷本《中国当代文学史》刚好完稿，陈晓明同志向张炯建议，鉴于文学所已出版过《中国文学史》和

张炯在家中

《中国现代文学史》，现在又成立了近代文学研究室，加上《中国当代文学史》，各时段的研究人才都有，综合起来，应该有条件完成一部从古到今、涵盖56个民族的中华民族的文学通史。张炯一听，这正是当年何其芳先生想做而没有条件做的工作啊！于是，张炯很快召开两个所的学术委员会以统一思想。结果，大家都同意这个设想，决定启动编写工作。经过三年努力，1997年《中华文学通史》十卷由华艺出版社出版，中国社科院汝信副院长主持了在人民大会堂举办的首发式和学术研讨会，与会的著名学者钟敬文、马学良、朱寨、严家炎、费振刚、郭志刚、谢冕和德国汉学家梅拉·伊娃等对本书都予以充分的肯定。

张炯离休后，鉴于《中华文学通史》尚有不够完善之处，各时段的文学研究也都有了新的进展，原书中的某些内容需要补充和更新。张炯和邓绍基、郎樱三人又担负起总主编的责任，于2007年重新组织编委会，聘请新的撰稿人，并得到江苏凤凰出版集团公司的支持，2011年出版了新著12卷本《中国文学通史》，每卷还编有索引，以便读者查阅。该书出版后立即获得南京图书馆的大奖。首次编写出全面反映我国古今文学成就的大文学史专著，为促进国家统一和民族团结做了件好事，也实现了当年何其芳先生的夙愿。

离休后，张炯除了主编上述《中国文学通史》以外，还带了四个博士后、一个进修学者，出版了五本评论集，分别是《文学评论与对话》《文学多维度》《走向世纪之交》《写在新世纪》《世界华文文学与中国》；出版了四本专著，分别是《先进文化与当代文学》《论马克思主义与文学》《文学透视学》《文艺座谈会——从延安到北京》；还有两本个人文学作品集《迟开的梨花》《从神州到世界》；主编了《新中国文学六十年》《延安文艺大系·报告文学卷》《世界华文文学研究文库》《张炯文存》，与吴子林共同主编《闽籍学者文丛》。此外，还担任了《中国大百科全书·中国文学卷》第二版和第三版的副总编。曾受中国文联出版公司之聘，担任《新文艺大系（1966—1976）》总编辑。目前受山西教育出版社委托，主编《中国类型文学史书系》，个人完成书稿《现当代中国小说史》（65万字）已交付出版社。

张炯还作为重要成员，参加中央马克思主义研究与建设工程的首批重点项目《文学理论》一书的讨论和修改工作。最近三年，他又创作了酝酿数十年的、革命斗争题材的长篇小说《巨变》近40万字。近些年来，张炯在《人民日报》《光明日报》《文艺报》《文学评论》《文艺研究》《文艺争鸣》《文艺理论与批评》《当代作家评论》等全国性报刊发表而尚未结集的论文近200篇。12年中，完成的工作量达2000余万字。

张炯的著作曾获中国图书奖、中国社会科学院优秀科研成果奖、当代文学优秀成果奖以及英国剑桥国际传记中心颁发的"20世纪成就奖"。《社会主义文学艺术论》《新中国文学史》《新中国文学六十年》《文学透视学》《中国文学通史》等专著，报刊和网络均有评介。此外，他的长篇论文《论马克思主义文艺理论及其面临的挑战》曾获中国作家出版集团奖和中国作家协会鲁迅文学奖，并被《新华文摘》和人民大学复印资料转载。评论《燃起社会主义精神文明的火焰》一文获昆仑文学奖。《关于文学新潮的若干思考》一文在《文学评论》刊登后，《文艺报》《新华文摘》转载，并被《中国社会科学》译为外文，载于该刊外文版。收入《中国社会科学院学部委员文库》的《论马克思主义与文学》一书曾被中国社会科学出版社分别译为两种外文，在国外出版。

有同志问张炯，您离休后怎么能够完成这么多的工作？张炯回答说，这只能归结为遇到一个好时代。自己的身体好，有一个坚定的信念：作为共产党员，只要不倒下，就应该不忘初心，继续为理想战斗；作为普通学者，也应该为中华民族的伟大复兴添砖加瓦，为国家和人民继续奉献自己微薄的力量。

张炯表示，虽然自己做得还很不够，但一定要不懈地做下去。我们祝愿这位高龄老人健康长寿，也祝愿他学术之树常青！

陆南泉（1933 年 11 月—　）

孜孜不倦研究苏联—俄罗斯问题的学者

陆南泉，研究员。江苏省江阴市徐霞客镇人。1960 年莫斯科财政学院（现俄罗斯联邦财政大学）研究生毕业，同年获经济学博士学位。回国后，先后在中国人民大学与中央联络部执教和从事苏联问题研究。1981 年起在中国社会科学院苏联东欧研究所（现俄罗斯东欧中亚研究所）工作。曾先后任经济研究室、俄罗斯研究室主任，现任中国社会科学院俄罗斯研究中心副主任。长期以来担任中国俄罗斯东欧中亚学会秘书长、副会长与顾问等工作。1986—1987 年、1993—1994 年，先后两次任日本北海道大学斯拉夫研究中心、日本国际问题研究所客座教授。2001 年 5 月退休。退休前个人撰写与主编的专著 18 部，并发表了大量论文与研究报告，合作翻译《苏联财政》《苏联政治经济学》（教科书）等译著5部。1984年《关于苏联经济改革》获中国社科院优秀研究报告二等奖，1997年《俄罗斯农业形势不容乐观》论文获财政部中国财经报二等奖，1999年《中俄经贸关系发展前景研究》专题报告获中国经济发展研究中心三等奖。1992年享受国务院政府特殊津贴。1993年被评为北京市社会科学优秀学会工作者。2011年被选为中国社会科学院荣誉学部委员。

陆南泉退休后一直坚持研究工作，继续活跃在研究工作前沿，不仅积极参加学术研讨会，还应邀在很多高校讲座，并发表大量论文，个人撰写及主编13部专著：《苏联兴亡史论》（任第一主编，2002年人民出版社）、与薛君度合作主编《俄罗斯西伯利亚与远东》、（2002年世界知识出版社）、《苏联经济体制改革史论（从列宁到普京）》（独著，2007年人民出版社）、《苏联真相——对101个重要问题的思考（上中下三册）》（任第一主编，2010年新华出版社）、《中俄经贸关系现状与前景》（独著，2011年中国社会科学出版社）、《走近衰亡——苏联勃列日涅夫时期研究》（主编，2011年社会科学文献出版社）、《苏东剧变之后——对119个问题的思考》（第一主编，2012年新华出版社）、《俄罗斯经济二十年（1992—2011）》（主编，2013年社会科学文献出版社）、《论苏联、俄罗斯经济》（独著，2013年中国社会科学出版社）、《转型中的俄罗斯》（主编，2014年社会科学文献出版社）、《苏俄经济改革二十讲》（主编，三联书店2015年版）《俄罗斯中东欧中亚转型丛书》（俄罗斯政治、经济、中东欧、中亚四卷本，总编，2015年东方出版社）、《俄罗斯转型与国家现代化问题研究》（独著，2017年中国社会科学社出版社)。

由于退休后继续辛勤笔耕,且在中俄关系、苏俄经济改革等方面多有研究建树,陆南泉获得了来自社科院的多种奖励。例如《新条件下推进中俄合作的重要性与新思路》论文,获中国社会科学院离退休人员优秀科研成果奖三等奖(2008 年),《中俄经贸关系现状与前景》专著,获中国社会科学院离退休人员优秀科研成果奖二等奖(2015 年),《苏俄经济改革二十讲》专著,获中国社会科学院离退休人员优秀科研成果奖二等奖(2019 年)。

2011 年陆南泉被评选为中国社会科学院荣誉学部委员,他的主要贡献被公认为在两个方面,即对中国体制改革起了积极的推动作用,为我国的苏联—俄罗斯经济学科从事了重要的奠基工作。

以积极推动中国体制改革为毕生事业

可以说,1960 年从苏联回国后,陆南泉就一直没有离开过苏联经济问题的研究,而且,从 1978 年至今,他就较早地把主要精力放在了研究苏东国家体制改革问题上面。邓小平同志主政后,为了深入研究苏联社会性质,论证苏联是不是社会帝国主义国家,他决定成立国际问题研究写作小组(该小组设在钓鱼台,由胡乔木,宦乡具体负责,小组成员有时任人民日报副总编的唐文瑞、李慎之和何方等人)。陆南泉在 1978 年至 1980 年 12 月参加了该小组的工作。但研究并未得出苏联是社会帝国主义国家的结论。同时,小平同志已在积极准备推行改革开放政策,召开理论务虚会,批判“两个凡是”。这样,陆南泉遂开始转向研究苏联体制改革问题。

通过总结苏联改革的经验教训，对中国改革提出对策建议。作为国内最早联系中国改革来研究苏联改革的学者之一，这期间陆南泉给中央写了8篇内部报告。此后他一直从事这一方面的研究。1979年他撰写的《苏联经济体制改革为何迈不开大步》一文，被时任中央党校副校长的胡耀邦同志批示在《理论动态》发表，并被很多刊物转载。同年，在为《人民日报》“理论宣传动态”撰写的《对扩大企业自主权的几点看法》内部报告中，他提出中国的改革首先要把计划权交给企业；其次要解决企业的法律地位，成为真正独立的商品生产者；再次企业职工要有管理权；最后要加紧对经济管理干部的培训，转变思想观念（报告的主要内容在1980年1月1日《人民日报》发表）。现在来看，上述观点根本谈不上有新意，但在当时改革开放的初期提出，并不是一件容易的事情。为了推动中国改革，总结苏联历次改革失败的教训，他在20世纪80年代应各省市体改委与研究单位的邀请，进行了很多次讲演。1996年中央委托时任政治局委员、国务委员与国家体改委主任李铁映访问俄罗斯、爱沙尼亚与哈萨克斯坦三国，考察这三国体制改革情况。陆南泉作为研究人员陪同出访。回国后，对出访了解到有关上述国家国企改革情况向有关部门写了专题报告。

退休之后，陆南泉有了更为充裕的时间，在这方面的研究得以进一步深入地展开。例如在2012年出版的由他任第一主编的《苏东剧变之后——对119个问题的思考》，在2017年出版的他的独著《俄罗斯转型与国家现代化问题研究》等，都是这方面的重要成果。比如说，以长期积累的材料为基础，他在2007年出版的《苏联经济体制改革史论（从列宁到普京）》中，较系统地总结了苏联经济体制改革历史，并对各个历史时期的改革提出了自己的看法。从陆南泉退休后发表的大量论著中可以看到，他从体制改革必要性与重要性视角提出的以下观点是值得人们深思的：第一，从体制模式层面研究苏联社会主义制度，应包含理论、路线与基本政策三个相互联系和相互作用的内容。第二，苏联经济体制模式的形成并不具有历史的必然性，不是唯一的选择，它的形成具有明显的人为的政治斗争因素。第三，历次改革不成功导致这一模式的日益僵化，阻碍机制的日益严重化，从而，到 20 世纪 80 年代末通过改革来完善苏联社会主义已变得越来越艰难。因此，不失时机的改革，是使社会主义具有生命力的必由之路，正如小平同志讲的，“坚持革命开放是决定中国命运的一招”；第四，由于苏联未能及时地进行经济体制改革，其经济建设并没有搞好，苏共既不是先进生产力的代表，也不是先进文化的代表，因此，苏联经济的发展亦难以体现人民的根本利益。这对最终导致苏联解体与苏共垮台所起的作用是不可忽视的。邓小平在东欧一些国家发生剧变后的 1990 年 3 月 3 日与中央几位负责同志的一次谈话中说：“世界上一些国家发生问题，从根本上说，都是因为经济上不去。”后来在 1992 年初，也就是在苏联发生剧变后，邓小平说：“不坚持社会主义，不改革开放，不发展经济，不改善人民生活，只能是死路一条”。第五，苏联剧变表明斯大林式的苏联社会主义模式（包括经济体制模式）的彻底失败，并不意味着“共产主义已经死亡”与科学社会主义的失败。十一届三中全会以后中国通过改革，开始摆脱斯大林模式，坚持走符合中国国情的社会主义道路，从而取得了世界公认的成就，这就是一个证明。第六，苏联几十年的体制改革表明，改革的阻力主要来自高度集权的政治体制、既得利益阶层和“左”的理论上的教条主义，因此，在经济改革过程中，必须推行政治体制改革，排除“左”的干扰。要与时俱进，不断创新，不断发展社会主义理论。中国共产党一再强调要坚持全面深化改革。习近平在十九大报告中指出：“只有改革开放才能发展中国，发展社会主义，发展马克思主义。”他还强调：“坚决破除一切不合时宜的思想观念和体制机制弊端，突破利益固化的藩篱，吸收人类文明有益成果。”这些论述对推动我国社会经济的发展与深化改革具有十分重要的意义。第七，正确对待农民、处理好与农民的关系，是极为重要的现实问题。苏联一直没有解决好这个问题，成为它尖锐的社会经济问题之一。

陆南泉还强调，只要我们客观地、认真地分析斯大林—苏联模式的本质特征及存在的种种弊端，从中吸取教训，并

陆南泉在“斯拉夫国家研究中心”揭牌仪式上致辞

坚持自十一届三中全会以来推行的改革开放的方针，只要我们对社会主义的认识不以苏联模式与中国改革前的社会主义的含义为标准，不停留在这个水平上，而是与时俱进，坚持以马克思主义强调的人的自由全面发展是社会主义的本质的基本观点，并以此为基础把以人为本视为最高价值取向，把发展着的马克思主义的核心理论如富裕、民主、文明、和谐、自由、平等、公正、法制等作为社会主义核心价值观的基本内容，以创新社会主义作为继续深化改革的目标，体现中国特色社会主义本质属性的和谐社会一定能够顺利实现。中国将以良好的、“够格的”、显示强大生命力的、对世界具有极大吸引力的、不同于斯大林—苏联模式的社会主义形象展现在国际社会面前。

我国苏联—俄罗斯经济学科的主要奠基者之一

陆南泉的研究经历表明，他是我国苏联—俄罗斯经济研究的开拓者和奠基人之一，当然，开拓者和奠基人不止他一个，但是，并不是所有同时期研究过苏联—俄罗斯经济的都可以成为开拓者和奠基人。早在1990年他受当时国家教委委托，主编《苏联经济简明教程》（这是一本反映苏联经济基本状况简明读本），作为为高校有关专业用教材的事例，反映了他在我国苏联—俄罗斯经济学科中的地位。

陆南泉是一位极为勤奋的学者。科研成果累累，特别是退休以后，几乎平均一年一部专著。并且在学术上始终坚持实事求是，不唯上、不唯书，只唯实，表现了中国知识分子应有的风骨和科学良心。因为他没有把追求当什么领导作为目标，而是把科学研究和追求真理作为自己的生命。正是由于他端正了自己的人生观，没有把时间和精力消耗在虚荣和过眼云烟之类的事情上，而是集中精力于科研，在科学的大道上义无反顾地一走到底，并取得了突出的成就，因而在本专业领域享有很高的威望。

朱成甲（1933 年 12 月—　）

先驱垂千古　皓首著丹青

朱成甲，《中国社会科学》杂志社编审。江苏省灌云县人。1961 年毕业于北京师范大学中文系，1975 年调入教育部《历史研究》杂志社（1976 年归属中国科学院）；1981 年转入《中国社会科学》文学编辑室。1991 年享受国务院政府特殊津贴。曾任文学编辑室主任。现任中国李大钊研究会理事、《北京党史》顾问。1994 年退休。

朱成甲的学术研究，是从 1978 年党的十一届三中全会以后开始的。

1980 年起，朱成甲着手收集全国报刊上的有关研究文章。经过精心研究，并获作者支持，至 1982 年底，编成了

1977—1981 年的《中共党史研究论文选》，收入研究论文 98 篇，总计约 160 万字。1982 年 12 月 19 日，王首道同志为之作《序》，对于编者的“辛勤工作”的“重要意义”，给予高度肯定与鼓励，并发表于《人民日报》。

该书 1984 年 8 月由湖南人民出版社出版后，在国内外迅即引起高度重视与热烈反响。在国内，被定为高校中国革命史教学的重要参考书；在国外，由美国费正清教授主编、1987 年由英国剑桥大学出版社出版的《剑桥中华人民共和国史》，也列为重要参考书目。

1991 年，朱成甲写作并发表了论文《论毛泽东在党成熟过程中的历史作用》。这篇 2 万余字的论文，较为系统、深入地论述毛泽东、毛泽东思想与党全面成熟的关系与过程。

1994 年，朱成甲退休了。他的学术研究没有因此而止步。

2000 年，中共中央党史研究室邀请朱成甲参加《中国共产党历史》上卷修订稿的审稿座谈会。这次审稿，每一编都邀请有关专家参加座谈，历时约一周。全书共五编，先后进行的五次座谈，只有朱成甲一人被邀全程参加。

2001 年秋，北京大学历史系举办“20 世纪的中国”国际学术研讨会，朱成甲应邀参加。研讨会上，他发表了论文《孙中山的思想理论与 20 世纪中国的历史进程》。该文收入了北京大学历史系所编的《中外学者纵论 20 世纪的中国》（江西人民出版社出版），并被列为全书的第一篇。

朱成甲的李大钊研究，至今已经整整 40 年。对于他的研究成果，侯且岸在《中共党史研究》2015 年第 1 期上有一篇评论文章，题为《殚精竭虑，理性至上——评朱成甲的李大钊研究“三部曲”》。这里所称的“三部曲”，是指《历史研究》1983 年第 6 期所发表的论文《李大钊对袁世凯的认识过程》，河北人民出版社 1989 年出版；人民出版社 1999 年重新出版的专著《李大钊早期思想与近代中国》；中国社会科学出版社 2009 年 10 月出版的《李大钊传》（上）。侯且岸表示："可以毫不夸张地说"，这"在学术界独树一帜，不仅对于我的学术成长助益颇深，而且直接影响到了中国李大钊研究的学术走向，哺育了至少两代学人"。《李大钊早期思想与近代中国》出版以后的一年多时间里，国内外重要报刊发表的评论文章就有 8 篇之多。2005 年，获得中国社科院首届离退休人员优秀科研成果一等奖。

朱成甲在自己的书房

1996 年，中国李大钊研究会为了进一步推进李大钊研究作出了重大规划，决定组织力量，对已经出版的李大钊的各种著作进行重新编注，出版新的《李大钊全集》。朱成甲作为副组长之一，承担着主要任务。

首先，朱成甲对过去出版的文章进行了甄别。对其他文集误收的3篇文章，建议剔除，并写出考证文章《李大钊文集中几篇文章的辨考》，发表于《近代史研究》(1998年1期)。

另外，朱成甲又负责列出全部应注的条目约3000条；在全书5卷本的注释中，他承担了第3—5卷的注释任务。为了收集遗文，朱成甲曾到中央档案馆多天吃住，终于增收重要遗文5万余字，达18篇之多。经过3年多的努力，新的《李大钊文集》注释本由人民出版社出版。1999年10月29日，胡锦涛同志亲临出版座谈会，并讲话祝贺。2006年、2013年，人民出版社以《李大钊全集》的名称又两次出版。2009年，获第三届中华优秀出版物奖。

1996年，李大钊研究会所作的推进李大钊研究的重大规划，除去上述集体课题之外，还有撰写一部《李大钊传》的个人课题。1999年10月，集体课题完成后，《李大钊传》的撰写任务，就落到了朱成甲的身上。

这项任务，朱成甲本想以约50万字的篇幅来写成全传，但涉及的问题实在太多，所以写了62万余字，才写到1917年底，也就是写到1918年1月李大钊进入北京大学以前的人生经历，也就是《李大钊传》(上)。

《李大钊传》(上)重点记述了李大钊在清末立宪运动、辛亥革命、“二次革命”、反袁护国、反段护法等重大历史事件中的表现与重要作用；深入考察他的思想发展由拥护袁世凯到反对袁世凯，由倾向梁启超到反对梁启超，由支持孙中山到超越孙中山直至走向马克思主义的社会历史背景与曲折复杂的艰苦过程；并突出论述在这个过程中所形成的思想飞跃与理论成果，主要是民彝思想、青春思想、民主法治思想与调和思想等。从而使人们看到：李大钊不仅是中国共产党历史上的伟人，而且是中国近代史上的伟人；不仅是革命家，而且首先是思想家与理论家；不仅在中国率先举起了马克思主义的旗帜，而且此前还在中国率先举起近代人本主义的旗帜。

李大钊前半生最难研究，上述内容完全是朱成甲的新开拓。据有的评论者统计，此书的引文即达1500余条，而且80%以上都是传主以外的文献资料。正如有的史家指出的："这是一部学术含金量高、理论辨析精当的历史伟人传记。"

这是朱成甲关于李大钊研究的集大成之作，也是侯且岸所说的"第三部曲"，2009年10月由中国社会科学出版社出版。从1999年接受任务算起，历时10年；从1979年朱成甲的李大钊研究算起，历时30年。书成之时，朱成甲已是76岁。为了使该书能赶在李大钊诞辰120周年的纪念大会以前出版，当他写完最后一个字，已是凌晨两点多钟。2013年，此书获得中国社会科学院第五届离退休人员优秀科研成果二等奖。

原定写50万字的《李大钊传》，结果写了62万余字仅写了李大钊的前半生，这使朱成甲非常愧疚。李大钊研究会会长王学珍同志曾安慰他说："已经很努力了，写成半部也好。胡适的《中国哲学史》就是半部嘛!"此后，王学珍再也没有提起写传的事。朱成甲想："他一定是看我已经是76岁的人了!"但是，半部《李大钊传》却使朱成甲的内心常受到康德所说的"绝对命令"的责备，觉得实在愧对李大钊，以致多次掩涕，在李大钊家乡时甚至痛哭失声。后来，朱成甲又向中国社科院申请了"李大钊与五四新文化运动"这个课题。

1942年，毛泽东说："灾难深重的中华民族，一百年来，其优秀人物奋斗牺牲，前仆后继，摸索救国救民的真理，是可歌可泣的。但是直到第一次世界大战和俄国十月革命之后，才找到马克思列宁主义这个最好的真理。”毛泽东这里所说率先找到马列主义真理的优秀人物，征诸史实，能够相当的应只有李大钊。朱成甲的李大钊研究“三部曲”，特别是《李大钊传》（上）所写的李大钊思想发展与人生道路的那种“特殊曲折经历”，就是为了充分说明毛泽东所说的那种“可歌可泣”的史实与真理；朱成甲就是要使读者从这种“可歌可泣”的曲折历程中，更深刻地理解中国共产主义兴起之源与李大钊之所以率先选择之由！

《李大钊与五四新文化运动》，主要是写李大钊如何走上“登高一呼群山应，从此神州不陆沧”的过程。这个任务完成之后，李大钊此前的那种艰苦曲折的探索历程的意义，就会更加鲜明。

如今已是 85 岁高龄的朱成甲，正以“望崦嵫而勿迫”的心情，努力写作，争取实现这个目标。《李大钊与五四新文化运动》的早日出版，既是他的心愿，也是我们的心愿。

张　浩（1934 年 1 月—　）

学术征程无终点

张浩，山西省阳城县人。1948 年 11 月参加中国人民解放军，在部队工作时，曾先后荣立过小功、集体三等功和大功各一次。1957 年毕业于齐齐哈尔步兵学校（即后来的大连陆军学院），在校期间曾两次荣获优秀学员称号。1958 年转业。1959 年 9 月考入武汉大学哲学系，1964 年毕业后，分配到中国科学院哲学研究所工作。现为中国社会科学院哲学研究所研究员，淮南师范学院思维科学研究所特约研究员，中国思维科学学会（筹）副会长。

除了“文化大革命”无辜失去自由近 8 年外，张浩一直在研究认识论、思维发生学和非理性问题。1995 年 1 月他在离休前曾出过国内第一部研究思维发生学的专著《思维发生学——从动物思维到人的思维》（中国社会科学出版社 1994 年 3 月出版），该书曾被中国思维科学学会评为特等奖。还与人合著了《〈邓小平文选〉中的哲学思想》（广播出版社 1984 年 8 月出版）、《哲学小百科》（中国青年出版社 1986 年 10 月出版）、《毛泽东方法论导论》（国家社会科学基金项目，当代中国出版社 1993 年 12 月出版）等 7 本图书。发表了《思维发展心理探源》和《论人类思维的种系发生与个体发生》（该文曾被中国思维科学学会评为二等优秀学术论文）等论文 82 篇，其中有 5 篇被选入《中国“八五”科学技术成果选》和《中国改革成果通报》，并获得优秀科学技术成果奖和优秀改革理论成果奖。此外，他还发表了《认识物质的一般进程》和《论原始思维的逻辑地位》等译文 6 篇。

张浩没有想到，他这个出生在晋东南大山里，从小放牛、种地，还在铁铺当过学徒，仅时断时续地读过两年村塾的放牛娃，居然能成长为中国社会科学院的研究员。回顾自己成长历程，一是从小受中国传统文化的教育；二是在革命队伍的锻炼。在长辈们的教育下，他从小就知道珍惜时间，刻苦学习。参加革命以后，更是在战斗和工作间隙，利用一切可利用的时间，学文化，增长知识。经常把身边的每一位同志都当成自己的老师。几十年来，他总是把别人用来休息和娱乐的时间，都用来学习。

早在 1964 年大学毕业刚分配到哲学研究所工作时，张浩就给自己定了这样一个人生格言：真诚正直为人，严谨刻苦治学。活到老，学到老，工作到老，并一直在践行自己的诺言。

按常理，工作了大半辈子，正高也评上了，离休后完全可以修身养性，颐养天年。但从1995年离休以后，张浩反而比以前更忙了。先是应约为《中国百科大辞典》写了11万余字的词条；为《20世纪学术大典》（哲学卷）写了1.5万余字的词条，接着又参与了国家社会科学基金项目《反映论新论》的撰写，其中他承担了7章，写了近10万字。

当他正忙于撰写《反映论新论》时，1995年10月接中南工业大学出版社总编辑文援朝先生来信，邀请张浩为他主编的“走出误区丛书”写本《诡辩论》。因为对现实生活中的种种诡辩现象早有看法，觉得能让人们学会辨识诡辩，从理论上批判各种诡辩现象，张浩觉得很有现实意义。因此，尽管当时正忙于写作研究室的集体国家社会科学基金项目《反映论新论》，他还是欣然接受了这个任务。

按丛书要求的交稿时间很紧迫，张浩采取齐头并进的方式：一边赶写《反映论新论》，一边收集《诡辩论》的相关资料，拟定写作提纲并广泛征求有关专家学者的意见，待完成手头任务，把提纲敲定，已到了1996年的国庆节了。经过紧张的一系列准备之后，同年11月初开始写作，计划到1997年7月1日香港回归祖国之前完成初稿。决心已定，他昼夜疾书，经过艰苦的努力，一部35.8万字的书稿终于在1997年6月14日提前完成，该书详细和系统地论述了诡辩的产生和演变；诡辩的本质和特征；诡辩的类型；并从哲学上对诡辩术进行了系统的剖析。同时还介绍了古今中外的著名诡辩术；全面地分析了诡辩产生的社会根源、认识根源和心理根源。指出了如何对诡辩进行理性超越。该书出版后，社会反响很好，因此，出版社将其作为当时唯一值得申报的图书，曾申报过国家图书奖。

张浩写的《思维发生学》出版时，正值他要参加正高职称评定，对他来说，这次评定也是在职的“末班车”了。为了能让评委们尽快看到此书，必须设法缩短出版时间。同时，为了降低成本，出版社也要求减少篇幅，无奈只好割爱，删去了一些章节和许多珍贵的资料及所有插图。谁知该书出版后，社会反响很好，所印数千册很快售罄。此后不断地有读者来信来电话，向出版社和作者索求，并希望能够尽快再版。鉴于此，中国社会科学出版社为了满足广大读者的需求，决定将该书重新修订再版。

2003年末，出版社希望张浩能将此书重新修订，把删去的东西补上再版，以飨读者。此时，他正忙于国家社会科学基金项目《认识的另一半——非理性认识论研究》的资料准备和写作。尽管如此，他还是在百忙中挤出时间，对《思维发生学》做了认真的修订。使原仅28万余字的书变成了一部41万余字的学术专著。此间，他补上了原版中被删去的章节、资料和插图，这就使原本深奥的问题变得浅显一些，使抽象的理论更直观、更具体、更形象，从而增强了该书的趣味性和可读性；同时，也使其较前更系统、更完整了。该书的增订版，于2005年由中国社会科学出版社再版发行。

因为该书是我国第一部全面系统地研究思维发生学的学术专著，在思维科学界有较大的影响，故在2010年又被中国思维科学会收入国家社会科学基金项目“中国思维科学丛书”，由吉林人民出版社出版了精装本。

从“文化大革命”后期开始，张浩就一直在思考这样一个问题：为什么人们经常学习《实践论》《人的正确思想是从哪里来的?》，可是人们的认识却总是不能达到认识与实际相一致，主观与客观相符合，在实际活动中，总是不断地犯这样那样的错误呢？直到21世纪初，张浩才带着这个问题，重新学习了马克思的有关论著，马克思在《关于费尔巴哈的提纲》第一条中就明确指出：旧唯物主义的主要缺点是“对事物、现实、感性，不是从主体方面去理解”。经过对马克思这句话的反复研究，他认为人们之所以会一再地犯错误，就是因为还没有正确地理解和掌握马克思主义的科学的认识理论。在我们以往的认识论论著中，尽管也强调实践在认识中的作用，强调在认识过程中要充分发挥人的主观能动性，但因为没有完全地、深入地去研究主体的具体认识结构及其在认识过程中的机制问题，所以我们的认识论，基本上还是旧唯物主义的那一套机械的、庸俗的、形而上学的、消极的反映论。加上长期以来因受西方传统理想主义的影响，人们又只注重研究理性认识，而忽视了对能够充分体现人的主体性，或主观能动性的非理性认识的研究。也就是说，我们始终没有按照马克思的指示，“从主体方面去理解”人的认识。

有了以上认识之后，张浩就开始有意识地去收集有关资料，研究探讨主观因素对人的认识活动的影响。可喜的是自改革开放以来，打破了学术禁区，国内学术界也开始关注和研究非理性认识论问题，并发表了不少很有见地的文章。可见，必须认真系统地研究非理性认识论问题，已成了学术界的共识。经过充分准备后，张浩在2003年申请了国家社会科学基金项目《认识的另一半——非理性认识论研究》。获准后他即专心写作，至2008年终于完成了近60万字的书稿。经匿名评审：两位专家评良，三位专家评优，顺利地通过了鉴定。并于2010年由中国社会科学出版社出版。该书出版后，即引起了学术界的高度重视，不少学者先后在《人民日报》《光明日报》《中国社会科学报》和《哲学研究》《博览群书》等报刊发表评论，客观地评价了该书的学术价值。

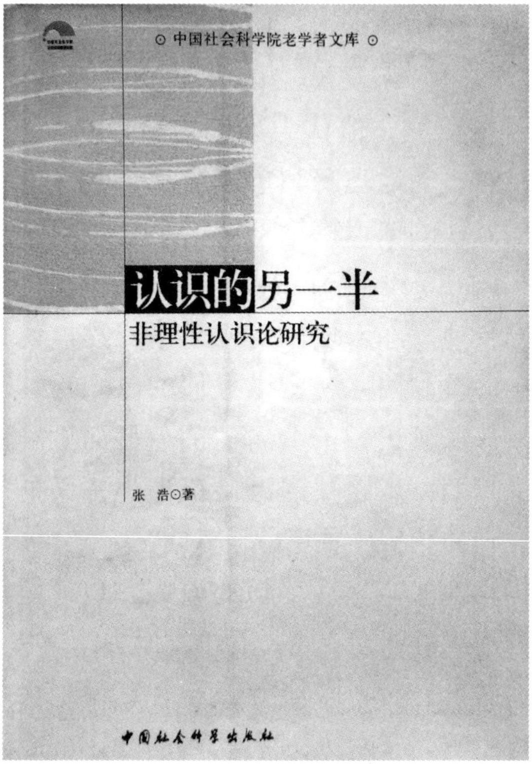

张浩的著作

2008年6月中旬，张浩参加了闵家胤先生主持的“社会：文化遗传基因（S－cDNA）学说”研讨会，会后写了篇1.6万余字的《试论社会——文化发展的若干问题》的论文，论述了生物进化和社会——文化进化相似性的问题，并用事实证明了马克思关于“社会经济形态的发展是个自然历史过程”的科学论断，指出了那些幻想超越社会发展的自然历史阶段，妄图跨越“卡夫丁峡谷”的想法和做法，都是错误的。因此，不能不受到客观规律的惩罚。该文发表在漓江出版社2012年出版的《社会：文化遗传基因（S－cDNA）学说》文集。

在完成最后一项国家社会科学基金课题后，从2009年开始，张浩进入本院离退休干部工作局办的老年大学，学习书法、绘画和篆刻，并先后在《中国社会科学报》上发表了8幅书法作品，还多次参加中国社会科学院和哲学研究所举办的书画展，多幅作品被收入中国社会科学院离退休干部工作局老年书画研究会编的《老年书画集》。

2013年，张浩又申请了一个“改革开放以来认识论研究情况概述”的中国社会科学院老年科研基金项目，拟在总结我国学术界在认识论研究中取得的成就，探讨今后的研究方向。该文发表在《江苏科技大学学报》（社会科学版）2013年第4期，后又收入中国社会科学出版社2014年出版的《中国哲学社会科学发展历程回忆》（哲学宗教卷）一书之中。

2017年10月，受中国社会科学院老年科研基金出版资助，张浩又在社会科学文献出版社出版了一本40多万字的论文集《思维与语言、认识与真理》。阐明了自己在思维与语言、认识与真理关系问题上的独到见解。

离休以来，张浩还先后发表了136篇文章，为同事和学术界的朋友撰写序言、书评、课题结项鉴定、各种推荐意见数十篇。以上成果累计320余万字。

对已经85岁高龄的张浩而言，学术征程无终点。今后，只要健康状况允许，他还打算继续思考和研究一些对民族、国家、社会有益的现实问题。

靳辉明（1934 年 1 月—　）

探索和追求真理是学者的天职

靳辉明，山西省曲沃县（今侯马市）人。中共党员。1960 年毕业于中国人民大学哲学系，后留校从事哲学和马克思主义发展史的研究和教学工作，曾任中国人民大学马克思主义发展史研究所所长。1987 年 7 月任中共中央宣传部理论局局长。1994 年 3 月到中国社会科学院工作，先后任马列所所长，中国社会科学院学术委员、学部委员，马克思主义研究院研究员和博士生导师。曾任国务院学位委员会学科评议组政治学科召集人、全国哲学社会科学规划项目评审组马列·科社学科组副组长，中国科学社会主义学会副会长、中国人学学会副会长等职。第九、第十届全国政协委员。2009 年被评为第四届全国杰出专业技术人才。2015 年 6 月退休。主要论著有：《马克思早期思想研究》、《马克思在历史观上的伟大变革》、《谈谈人道主义和异化问题》、《马克思主义哲学史》（八卷本第一卷主编）、《中国特色社会主义理论体系研究》、《当代资本主义与世界社会主义》（上下卷、主编）、《马克思主义若干重大问题研究》、《靳辉明自选文集》、《马克思主义原理及其当代价值研究》、《思想巨人马克思》等。

他的格言是：真理是知识之光。探索和追求真理是学者的天职，真理有时会为迷雾所遮蔽，但真理的力量就在于，能驱散迷雾为自己开辟继续发展的道路。

靳辉明退休后，一度身体出现了问题，但他探索和追求真理的脚步一刻也没有停歇。他仍旧锲而不舍地工作。

推动和指导马克思主义理论学科建设

从 2004 年秋天开始，靳辉明热心推动和指导马克思主义理论一级学科的建立和发展工作，参加了历届马克思主义理论学科博导论坛以及有关的专题研讨会。退休后，他继续推动和指导这方面的活动。比如，2018 年他出席了在南京师范大学召开的第十二届马克思主义理论学科博导论坛，并作了题为“进一步加强马克思主义理论学科规范化建设和提升高校马克思主义理论教育”的发言；他还参加了在苏州大学召开的“马克思主义与中国特色社会主义”专题研讨会，并作了大会主题发言。2016 年是马克思主义理论学科建立 10 周年，应《人民日报》之约，靳辉明撰写了理论文章：《推动马克思主义理论学科上新台阶——写在马克思主义理论一级学科建立 10 周年之际》，发表在同年 8 月 31 日《人民日报》

上。两个月后，《人民日报》又在《大家手笔》栏目发表了他撰写的《正确地把握和运用马克思主义基本原理》的理论文章。

纪念马克思，坚持不懈研究马克思主义

2018 年 5 月 5 日是马克思诞辰 200 周年。为纪念这个伟大的日子，靳辉明经过多年的刻苦研究，完成并出版了《思想巨人马克思》一书。该书 50 多万字，系统地阐发了马克思思想转变和他一生所做的不朽理论贡献，特别是他的两个伟大发现：揭示历史之谜，创立唯物主义历史观；揭露资本剥削的秘密，创立剩余价值学说。该书还阐明了马克思主义的理论价值及其对人类社会发生的深刻影响，马克思的生平活动和苦难的流亡生活。该书的最大特点是把马克思的生平传记和理论创造有机结合起来，史论结合，以论为主，从历史与逻辑相一致、理论与实践相统一的高度，展现了一个真实的马克思，真正的马克思。2018 年 4 月，中国社会科学出版社召开了《思想巨人马克思》出版发行座谈会，教育部社科司负责人在发言中说，这本书可作为高校理论教师的必读书。《光明日报》等报刊都相继发表了书评。武汉大学原校长陶德麟教授对作者说，“这是中国人自己写的一部马克思传”。11 月 20 日，中国人民大学组织干部学习《思想巨人马克思》，特别邀请靳辉明做讲解报告，受到欢迎。中国社会科学出版社把《思想巨人马克思》评为 2018 年的“优秀著作”。

2018 年我国举行一系列纪念马克思诞辰 200 周年的活动。5 月 4 日在人民大会堂召开纪念马克思诞辰 200 周年大

靳辉明著《思想巨人马克思》

会，靳辉明应邀参加。同日，《光明日报》发表了他撰写的纪念马克思的理论文章《伟大的人生，不朽的贡献》；靳辉明作为总顾问拍摄的《马克思》电影也在中央电视台的电影频道播出。他作为学术顾问参加了由中央编译局拍摄的《不朽的马克思》的影视片，该片在5月4日和5日在中央电视台播放。此外，他还参加了一些单位举办的纪念马克思诞辰200周年的学术研讨活动，并作了发言。靳辉明说："参加这些活动，是作为一个长期研究马克思和马克思主义理论的学者应该做的，也是十分有意义的。"

热情洋溢地宣讲和传播马克思主义

“老骥伏枥，志在千里。烈士暮年，壮心不已。”这首脍炙人口的短诗，可以说是靳辉明退休以后的工作状态和精神风貌的真实写照。虽然他已到耄耋之年，但作为著名的马克思主义理论家和教育家，仍然利用各种场合宣讲马克思主义，在国内外传播马克思主义，激情不减当年。他主编的《马克思主义若干重大问题研究》由社会科学文献出版社出版后，在理论界产生了重大影响，有的高校把它作为研究生教学的参考书。中共中央宣传部推荐该书在国外出版发行，英文版由中国人民大学出版社和新加坡出版集团联合翻译，于2017年出版发行。

该书翻译出版前，靳辉明对该书又做了大量修改，书名改为《马克思主义与中国特色社会主义》。两年前，圣彼得堡大学出版社已全文出版了《马克思主义若干重大问题研究》俄文版。该书作为他主持的国家哲学社会科学基金重大项目的最终成果，在国外的出版发行，在国际上宣传了中国理论界研究马克思主义和中国特色社会主义的最新成果，阐发中国人心中的马克思主义，发挥了很好的作用。

在五四运动100周年前夕，靳辉明应江西省委机关刊物《当代江西》杂志社和中国社会科学网邀请，专门作了“和青年谈马克思主义”的高端论坛。在长达两个小时的宣讲过程中，他旁征博引，循循善诱，全面精辟地阐述马克思主义诞生的时代背景和理论来源，马克思主义基本原理的特征和内容，马克思主义理论价值和当代意义，学习和研究马克思主义基本原理应把握的原则等重大问题，使听众沉浸在马克思主义发展 170 多年的历史长河和博大精深的理论体系中，领悟马克思的伟大人格魅力和马克思主义的科学真理及其改变世界的神奇力量。

（罗文东）

王兴成（1934 年 2 月—　）

科研无止境　书香伴一生

王兴成，中国社会科学院图书馆研究员。江苏省无锡人。1957 年毕业于上海华东师范大学外文系，毕业后留校任教。1963 年调入中国科学院哲学社会科学部学术资料研究室（后为“中国社科院文献信息中心”，现为“中国社科院图书馆”）。长期从事学术情报研究工作，主要研究领域为管理科学，包括科学学与科技管理以及系统论、全球问题研究等跨学科研究开发活动。曾任文献信息中心第二研究室主任，兼任中国科学学与科技政策研究会副理事长、中国管理科学研究院常务副院长等职。退休前的主要科研成果是：主编或主要合作了《科学学教程》《科学学五十年》《科学学与领导科学》《国外社会科学政策研究》《世纪之交的社会科学》

《学科分类研究与应用》等；译著有《科学学译文集》《一般系统论原理》《普通科学学导论》等。1994 年 4 月退休。

跨学科研究持续发力与可喜收获

退休以来，王兴成的科研工作从未停步，继续从事管理科学和相关跨学科研究开发活动，相继发表有关文章和译文 300 余篇。2013 年，他从这些文章中精选 40 余篇，50 万字，结集出版，书名为《跨学科研究——科学学与系统论及全球问题探索》（中国社会出版社）。

其中，《科学学与科技管理的拓荒活动》和《系统论与全球问题及管理学的研究开发》两篇文章较全面地反映了作者在这些领域的学术轨迹与相关收获。《中国古代思想家与现代管理——〈孔子与现代管理〉等书述评》一文对管理研究领域古为今用做出了富有创新意义的探索与尝试；在《全球研究及其哲学思考——“地球村”工程》一书中撰写的三章，分别论述了全球问题的由来与发展及其特点和优势，并对各种全球模型进行了比较研究。该项目的成果列入《当代哲学前沿问题研究丛书》，于 1995 年由中央党校出版社出版。

《跨学科研究——科学学与系统论及全球问题研究》一书出版后，得到院内外学术界关注。中国科技期刊协会副会长、《编辑学报》副主编游苏宁先生写出书评《跨学科研究的先驱学科间融合的结晶》（《科技导报》，2014 年第 32 卷第 22 期）。文中说：“该书不仅全面回溯了我国跨学科研究的发展历程，而且重点介绍了作者亲历的科学学和社会科学管理、知识经济与知识管理以及系统论和全球问题研究等。

掩卷遐思，通过作者的学术研究经历，不仅见微知著地了解了我国跨学科研究历史演变，也洞见了社会科学与自然科学相互融合的成果。”作者本人与游苏宁先生并不相识，至今尚未谋面，却得到如此评价和鼓励，真是难能可贵！

跨学科研究学术活动及成果荟萃

当进入21世纪第一个十年的时候，我国跨学科学术研讨活动——管理科学理论研究和应用开发蓬勃展开，并取得丰硕成果。王兴成亲自参与了此类活动的组织管理，并为其学术成果的编辑出版工作付出了很大努力。中国管理科学研究院主办的“2008中国管理科学大会暨改革开放30年经济社会发展高层论坛”于当年12月13日至15日在北京成功举行。该会对当时我国经济形势和企业管理活动的热点和难点问题及发展趋势进行了系统性和前瞻性探讨。从参会者提交的海量论文中，编者精心选择部分优秀论文，汇编成《改革开放三十年——中国管理科学文献》一书，于2009年3月由对外经济贸易大学出版社出版发行。全书约292万字，大16开本，1206页，堪称巨型文集，集成当代管理研究开发海量信息，值得学界关注。本次论坛由王兴成和陈贵主持，文集的汇编工作也由他们两位具体负责。该会的承办单位为中国管理科学院企业管理创新研究所，负责繁重的会务工作和巨型文集的编辑工作。

中国管理科学研究院主办、企业管理创新研究所承办的“第二届中国管理科学大会”和“第五届中国杰出管理者年会”于2009年先后举行。会后，在这两届学术会议参会者提交的海量论文中精选了数百篇，约240万字，汇编成册，

王兴成的著作

大16开本，1085页，同样堪称巨型文集，蕴含海量学术信息，书名为《中国管理科学成果荟萃》，2010年4月由对外经济贸易大学出版社出版发行。该书由王兴成和陈贵担任主编、姜有文担任副主编。该书的编辑工作量极大，记得当时成捆的书稿用硕大的塑料袋包装，用汽车运抵王家。其中许多稿件王兴成都认真进行编辑加工，修改完善。同时，王兴成作为主编之一为该书作序，其中引述日本智库专家田坂广志在2009年5月号《呼声》月刊发表的文章关于知识资本的观点，用以分析和表述该书的价值和意义。日本智库智慧银行代表田坂广志撰写的论文颇有新意，他在论述知识资本时指出，知识资本具有“不能独有”“自然增长”和“形态改变”三大特征。知识资本通过形态改变，经历知识资本—关系资本—信誉资本—声望资本—文化资本这些形态后成为“广义知识资本”。他进一步分析了这些形态各异的广义知识资本在一定的条件下相互转化、不断衍生、继续增殖的有趣现象。田坂广志得到的理论发现是：随着知识社会的发展，关系资本、信誉资本、声望资本和文化资本较之个人狭义知识资本更加重要。这是因为这些资本不仅在形成过程中需要付出大量努力和时间，而且它们与“社会资本”相融合，能成为企业最重要的资本。

田坂广志关于知识资本的崭新论述大大拓展了人们相关的理论视野。《中国管理科学成果荟萃》的每一位作者通过艰苦的智力劳动创作的每篇文章，必然形成相关的知识资本——狭义的知识资本。而论文的作者应邀参加相应的学术会议，交流学术论文，切磋学术观点，构建学术关系，文集编辑者再将其编辑加工，汇编成册，出版社再按照出版的要求，进行付梓准备工作，直到此书问世。如此说来，一本书或一部文集从文稿的研究、创作到编辑、出版的有机过程，正是广大作者、编者和出版者的狭义知识资本的增殖过程，也是狭义知识资本衍生关系资本、信誉资本、声望资本、文化资本，向广义知识资本大步推进的过程。该书出版之后，再加上读者与作者乃至与编者、出版者的信息交流及知识互动，使其内涵更加丰富充实。这一过程正如一条黄金水道，它涌流的知识财富源源不断，奔流不息！

回顾数十年来王兴成研究员在跨学科研究领域辛勤耕耘，日夜劳作，成果丰硕，其乐无穷。据大连理工大学田宇力教授和王续琨教授的科学计量研究，自 1978 年至 2007 年的30年间，我国科学学元研究期刊论文第一作者发文量排序，第一位为王兴成，共发表有关科学学研究的文章22篇。另据该校资深教授刘则渊、胡志刚、王贤文的知识图谱分析，我国30年间有关科学学的学科发展研究文章的发文量统计排序，王兴成位列第二，共计34篇，同时，又系前10年此类论文比重最高者。

业精于勤，天道酬勤。《左传》云："筚路蓝缕，以启山林。"此乃吾辈同人长期学术生涯的真实写照。

（段坚）

陈启能（1934 年 4 月—　）

一生为了史学

陈启能，祖籍浙江上虞，出生在上海，1959 年 7 月，毕业于苏联（现俄罗斯）列宁格勒大学（今俄罗斯圣彼得堡大学）历史系。1959 年 10 月到中国科学院哲学社会科学部（今中国社会科学院）世界历史研究所工作，研究方向史学理论和俄国史。1985 年被评为研究员，曾担任世界历史所副所长、中国史学会副秘书长、《史学理论研究》杂志主编、《世界历史》杂志副主编，兼任中国史学会史学理论分会会长、中国社会科学院加拿大研究中心主任、中国社会科学院世界文明比较研究中心副主任、国际史学史和史学理论委员会理事等。2006 年被选为中国社会科学院荣誉学部委员。著有《史学理论与历史研究》（论文集）《美国的思想库和美国社会——访美札记》，主编《大英帝国从殖民地撤退前后》《建国以来世界史研究概述》《当代西方史学思想的困惑》《八十年代的西方史学》，合编《现代苏联史论文集》，合译苏联安·潘克拉托娃等著《反对波克罗夫斯基历史观点》。1992年享受国务院颁发的政府特殊津贴。1994 年 10 月退休。1996 年 9 月获中国社会科学院第二届优秀科研成果奖。

“一生为了史学”，这是一篇有关法国年鉴派史学大师布罗代尔的采访记的题目，借用此题来形容陈启能是恰如其分的。

今年已经 85 岁的陈老，他的人生字典里并没有“退休”二字。退休之后，仍一如既往地从事科研工作和参加学术会议。即使是相濡以沫 60 多年的发妻突发心脏病去世，亦未能阻止其继续工作的步伐。

陈老是史学理论研究的开创者之一。早在 1986 年 12 月 3 日，他就在《光明日报》发表《历史理论与史学理论》文章，指出：“近年来我国史学界对理论问题的研讨虽然相当活跃，但却有一个很大的不足，那就是所讨论的问题大都属于历史理论的范围，而很少牵涉史学理论”，“历史理论与史学理论，虽然只有一字之差，但其内涵却是不同的。前者是指客观历史过程的理论问题——后者则是指同历史学有关的理论问题”。文章发表后，引起很大反响和共鸣。此后，他长期担任《史学理论研究》主编，从而推动了我国史学理论学科的建立和发展。

他不仅对中国史学理论研究有很深的造诣，而且对于西方史学和苏俄史学也用力颇深。编纂有《当代西方史学理论》（与何兆武合作），合著《苏联史学理论》，主编《二战后欧美史学的新发展》等。退休后，主编、合著的成果有：《评魏特夫的〈东方专制主义〉》《马克思主义史学初探》《西方史学的东方回响》《史学理论大辞典》《西方历史学名著提要》《西方近代社会思潮史》《往事与沉思》《人文前沿丛书》《新史学译丛》《史学前沿丛书》《历史与理论丛书》《新史学沙龙》等十余部之多。目前，他担任主编的《当代国际史学发展趋势研究》六卷本，正在进行之中。不可想象，如此之大的工作量是由一位高龄老人完成的。这不能不令人钦佩。

陈启能的著作

他山之石，可以攻玉。汲取国外史学的研究成果，对于促进国内学术研究意义重大。陈老始终十分关注域外的研究成果，由他组织译介的国外译著有多种，如德国吕森主编的《跨文化的争论：东西方名家论西方历史思想》，威尔玛·伊格尔斯、格奥尔格·伊格尔斯著《历史的两面：动荡岁月的生活记录》，保罗·利科的《过去之谜》等。这些译著为史学界开启了一扇通往外界之窗，使域外有关史学理论成果，及时准确地呈现在国内学术界，不知惠及了多少学界同人。

组织主持学术会议，促进学术交流与发展，是陈老退休后的一项重要任务。早在20世纪80年代，他参与组织每年一次全国性的史学理论研讨会。在1993年的第十届全国史学理论研讨会上，成立中国史学会史学理论分会，他当选为会长，直至2005年卸任。他作为国际史学会史学史和史学理论理事会理事，经常参与国际学术会议的组织工作，为促进国内外学术交流发挥了很大作用。直至2016年，才因年事已高，而主动提出不再担任理事。

陈老对我国世界文明研究领域也做出了很大贡献。他是成立中国社会科学院世界文明比较研究中心的发起人之一。1994年3月，中心开始筹办，到1999年11月正式成立，他作为负责人之一，参与了中心建立的全过程。中心的具体任务是团结院内外有关专家学者开展世界文明及相关问题的深入研究，接收研究课题，组织各种类型的学术会议，开展学术讨论，举办讲座，接待国外学者，提供必要的咨询和建议等。中心自成立以来共举办6届“世界文明论坛”学术研讨会。其中一届是于2011年9月在英国伦敦举行，会议主题是“世界文明与世界秩序”。此外，多次召开各种类型的研讨会。除“世界文明论坛”学术研讨会外，中心还举行过其他形式的各种研讨会，并承担了12卷本的《世界文明大系》课题，包括《儒家文明》《非洲黑人文明》《日本文明》《伊斯兰文明》《拉丁美洲文明》《古代西亚北非文明》《犹太文明》《印度文明》《美国文明》《斯拉夫文明》《西欧文明》《加拿大文明》等。编辑出版12卷本《世界文明图库》，内

陈启能的奖状

容包括《儒家之光》《走进黑非洲》《西亚北非探源》《樱花之国》《犹太之旅》《神奇的拉丁美洲》《年轻的美利坚》《印度揽胜》《西欧大观》《斯拉夫—东正教的风貌》《伊斯兰的历程》《美丽的加拿大》等。编撰 8 卷本《世界文明与中国》，陈老承担《文明起源》卷，目前正在编写之中。

陈老是我国加拿大研究的开拓者。中国社科院世界历史所是研究加拿大历史的重要机构，但是基础并不雄厚。在陈老的倡导之下，1990 年世界历史研究所成立了加拿大研究中心，他亲自担任中心主任。三年后，中心由所级升格为社科院级，从而填补了社科院国别史研究领域的不足。1996 年，国内成立加拿大研究会，他当选为会长。直至2002 年，他才卸任会长一职。中心和研究会在他的领导之下，做了大量的工作。通过加拿大使馆从加拿大的基金会（SIDA）申请获得不少资助，并开展了与加拿大的合作交流。他曾与社科院内的同事前往加拿大，拜访加拿大不少著名学者，包括加拿大皇家学会会长、女皇大学教授约翰·迈塞尔，加拿大人文科学院院长、多伦多大学教授克雷克·布朗，多伦多约克大学教授拉姆齐·库克，温哥华大学教授、澳门大学前校长林达光等。并考察了志愿者组织、高等法院、法律援助组织、议会辩论、妇女组织、居民互助小组等机构，从而加深了中加双方的沟通。他还多次参加加拿大协会国际理事会的研讨会，组织编辑出版《寻找加拿大丛书》和主编《加拿大地平线丛书》等著作。在他的努力之下，大大提升了国内的加拿大研究水平。

退休后，他曾获得两个奖项：2005 年 7 月，《马克思主义关于人的本质的论断》论文，获得“胜利杯”，由马克思主义理论研究与建设工程征文组委会颁发“荣誉证书”；2012 年 9 月，荣获中国老教授协会颁发的“老教授科研工作优秀奖”。他“一生为了史学”，把史学研究作为毕生的事业，严谨治学，成果丰硕，不愧为学术界的楷模。

吴国庆（1934 年 9 月—　）

治学以“养生”，成果斐然

吴国庆，生于湖北省武汉市，福建省福州人。1959 年毕业于北京外交学院。1959—1961 年，作为我国首位出国学习柬埔寨语的学者，在中国驻柬使馆任柬语翻译，西哈努克访华时担任我国领导人的柬语翻译和西哈努克三位王子在华学习时的柬语翻译。1961—1978 年在北京外国语学院任柬语教师。1978 年调入中国社会科学院世界政治研究所，担任法国研究室主任，研究法国政治与社会。1981 年转入欧洲研究所，1992 年被聘任为研究员，担任过欧洲所专业技术职务评审委员会委员，1993 年享受国务院政府特殊津贴，1998 年被评为欧洲所优秀工作者。先后担任过全国人大常委会研究室特约研究员、中国区划研究会委员。1995 年退休。在职期间的主要独著有《战后法国政治史（1945—1988）》（第 1 版）、《当代法国政治制度研究》，论文主要有《法国社会阶级结构的变化》等十多篇，合著有中国社会科学院重点项目《当代资本主义论》和《中国特色社会主义与当代世界》等 8 部。其中，《法国社会阶级结构的变化》获得中国社会科学院 1977—1991 年第一届优秀科研成果奖，《当代资本主义论》获得中国社会科学院 1992—1994 年第二届优秀科研成果奖。

退休后，晚年生活如何安排，晚年的路如何走？吴国庆选择了以治学作为“养生”之道，力争把学问做深。

吴老认为“学而不思则罔，思而不学则殆”很有道理，以治学为“养生”是延缓智力衰退的最好方式。吴老在职期间对专业做了比较系统的研究，但他并不满足，决心退休后继续把学问做深。吴老还看到，我国研究法国政治、经济和社会问题的人才远远不能满足国内外形势的需要，促使他担起责任，为国家和社会做出贡献。许多前辈学者如钱锺书等都在退休后潜心研究，默默耕耘，为国家和社会奉献一生。他们是吴老学习的榜样。

基于上述的理由，吴老在退休后时间的安排，如同在职期间一样，每天上下午晚上三段时间都在看书、思考、写作，下午 4 点后锻炼身体，夏天夏泳冬天冬游。尽管 80 岁后减少了治学的时间，但几乎每天包括节假日都做安排，做到“学而不厌，思考不倦，笔耕不辍”。正因为把治学作为“养生”，常年不懈怠，所以吴老获得了有关专业的许多新知识和新观点，日积月累，把专业的研究进一步深化了。除此之外，吴老还阅读本专业之外的学术著作，甚至文学和诗词，以便扩大看问题的视野，提高写作文字的水平，同时以学习和研究所得将吴老的人生轨迹经常进行反思。

正因为把治学作为“养生”，吴老的酸甜苦辣和苦甘哀乐，尽显在做学问的过程中。随着年龄的增长，吴老的听力和记忆力有所减退，但唯独对专业的记忆力十分牢固，保持专业上的敏锐力，不辞辛劳地把捕捉到的新信息存入电脑和记在脑海里，从而在吴老的脑海里镌刻有一部当代法国政治和社会编年史，记住了当代法国政治和社会发生的重大事件。每当构思新著作或新文章的题目和架构时，每当新著作或新文章开笔时，吴老往往苦思冥想，殚精竭虑、搜索枯肠、夜不能寐，欲罢不能。许多日子都是在这种痛苦中度过的，那种滋味只有作者能体验到。每当吴老重新阅读过去写作的著作和文章发现错误和纰漏进行修改和补充后，他如获重释，感到精神上轻松，异常高兴。吴老说，他的著作和文章都是在反复修改和补充过程中完成的。每当文章受到重视被中央内部刊物或权威的网站转载时，吴老感到欣慰，认为他的研究所得奉献给了国家和社会。

在退休后的治学过程中，吴老主要安排自己感兴趣和研究比较成熟的课题从事写作。同时，他还参加了有关单位承担的国家级、中国社会科学院级和所级的有关外国政治和社会综合性课题研究并写出研究成果。他还接受有关杂志、皮书、网站的约稿，例如为《人民论坛·学术前沿》杂志写作的《“巴黎的忧郁”：变革、平衡与新的困境》，相继被“紫光阁网”“中国共产党新闻网”“人民论坛网”等转载，网络在相当长时间将该文章作为写作论文的范文；为“欧洲所网”写出《法国的“大国梦”“强国梦”及其受到的质疑和挑战》在该网置顶 1 个月，相继被“中国社会科学网”“中国理论网”等转载。他还多次接受有关单位的邀请在研讨会上做主旨发言，分析法国政治和社会。吴老认为这是作为法国问题研究者应尽的职责和义务。

退休至今，吴老已经写作并出版了9部独著（每部是40万字以上）、5种合著和10多篇文章，超过了在职期间的著作和文章的数量。其中，有3部著作获奖，也超过了在职期间著作获奖的数量。它们是：《列国志·法国》（第1版）和《法国政治史》（第3版）分别获得中国社会科学院第二届和第七届离退休人员优秀科研成果二等奖和中国社会科学院欧洲研究所优秀成果三等奖，《法国政党和政党制度》获得中国社会科学院第四届离退休人员优秀科研成果三等奖。吴老为自己在退休后获得的成就感到高兴和自豪。

在退休后写作的著作中，法国政治史已经出版了4版，包括在职期间写作的第1版和退休后写作的第2、第3和第4版，写作的时间跨度共为30年，其中退休后写作的时间跨度为22年。法国志书出版了3版，写作的时间跨度近20年。吴老的晚年几乎是与《法国政治史》和《列国志·法国》长期地结伴同行。

吴老坚持长期地跟踪、研究和写作战后法国政治史，特别是法兰西第五共和国政治史，主要理由是：第一，我国研究法国近现代史的学者灿若繁星，但从事研究当代法国政治史仅吴老一人，他深感肩负责任，意义重大。他认为，随着当代法国政治日益公开和透明、互联网和信息日益发达、民众和媒体日益加强监督、民众政治参与日益扩大，写作的当代法国政治史具有客观性、真实性和科学性。第二，为研究专业进一步打下坚实的基础。正是依靠这个基础，进一步扩展了吴老研究领域。例如，为《欧洲》杂志写作的《马克思恩格斯与资本主义社会结构理论》就是在对法国社会阶级结构研究的基础上扩展到西方主要国家社会阶级结构的研究而创作的，该文章被《欧洲》杂志置于头篇刊载；为《红旗文稿》写作的《法国执政党关于财富再分配与社会和谐的实践》也是在法国政治史的基础上进行创作的，该文章被中国社会科学院、中组部和政协内部刊物转载。第三，为战后法国政治史不间断地续写而不断代，可以为我国国际问题研究者、外事工作者和读者提供法国政治和社会方面全面的、系统的和完整的知识，提供学者本人的看法、观点、理论和立场。

吴老坚持不懈地续写战后法国政治史而不断代，并在长期的写作过程中使每个版本的质量不断地提高，第 1 版和第 2 版是以政治斗争和阶级斗争作为全书的提挈，第 3 版是以治理和善治作为全书的提挈，第 4 版则是以追寻大国梦强国梦作为全书的提挈，反映了法国政治史不同时代的不同内涵，也反映了作者写作当代法国政治史思维变化的过程。第 4 版法国政治史（1958—2017 年）获得了中国社会科学院老年科研成果评议小组很高的评价，中国社会科学院离退休干部局局长刘红在 2018 年春节前看望吴老时传达评议组的评语认为“在我国学术界十分罕见，是奇书，是极品”。

吴老之所以坚持长期地跟踪、研究和写作法国志书，主要理由是：第一，我国十分重视中法关系，这是因为中法在西方大国中最早建交并长期走在中国同西方国家关系前列，发挥了重要引领作用。中法两国历史和文化长久地相连。为中法关系奉献研究法国的成果，成为吴老义不容辞的任务。因此，吴老持续不断地写作百科全书式的法国志书，平均每四年出版一个新版本，作为“向导”和“桥梁”，帮助我国国际问题研究者、外事工作者和读者走近法国，深入地认识和了解法国。第二，通过法国志书在各个领域全面深入地认识和了解法国的基础上，进一步把法国政治和社会研究深研究透。

由于吴老在写作法国志书过程中比较认真细致，全书结构比较合理，知识比较全面，资料比较新颖，信息比较丰富，数据具有权威性（以法国国家统计与经济研究院每年出版的《法国经济图表》的数据为依据），所以出版单位始终把第 3 版法国志书作为列国志的样书，出版单位组织的列国志书新闻发布会和新版列国志书座谈会上都邀请吴老第一个发言，介绍研究和写作的心得。中国社会科学院欧洲研究所也把法国志书作为写作其他欧洲国家志书的样书。出版单位还与法国大使馆联合举办新版法国志书新闻发布会。社会科学文献出版社把第 3 版法国志书和第 3 版法国政治史作为纪念中法建交 50 周年献礼。

吴老已经 85 岁了，进入耄耋之年，仍然把治学作为“养生”之道，把学问做深的雄心仍然不已。第 4 版法国志书已经交稿，出版单位表示在2019 年内尽快出版，并准备与法国驻华使馆联合举行新书出版的新闻发布会，作为庆贺中法建交 55 周年的献礼。为《法国蓝皮书 · 法国发展报告（2018—2019）》写作的《法国政治体制的走向》也已经交稿，报告将在年内出版。目前，吴老正在收集和积累图书和资料，编写《法国政治史（1958—2022）》写作提纲，将为法国总统马克龙任期治理法国以实现法国的“大国梦”“强国梦”浓墨重彩地描绘，从而使当代法国政治史继续不断代。吴老做学问的雄心壮志，其目的是为国家和社会留下他的痕迹，奉献一颗炽热的心。

刘凤翥（1934 年 11 月—　）

锲而不舍钻研解读契丹文

刘凤翥，字潜龙，河北省盐山县千童镇王朴庄人。1962 年毕业于北京大学历史系中国古代史专业，同年考取中国科学院民族研究所（此研究所 1977 年划归中国社会科学院）东北古代民族史专业的研究生，师从陈述（字玉书，1911—1992）教授。1966 年，研究生毕业后留民族研究所工作，主要从事辽史研究，重点在于解读契丹文字，逐步升至研究员兼研究生院教授。曾任两届北京史学会理事。合著的《契丹小字研究》（中国社会科学出版社 1985 年版、2016 年在韩国出版金泰京翻译的韩文版）获国家教育部优秀成果一等奖。1992 年享受国务院政府特殊津贴。1994 年退休。现为中国社会科学院“登峰战略工程”的绝学（契丹文字）的学科带头人、中国辽金契丹女真史研究会名誉会长。

1994 年 11 月 30 日，刘凤翥去民族所上最后一天班。刘凤翥退休后没有接受返聘，而要集中时间干一些他自己愿意干的事。

刘凤翥研究的契丹文是我国辽朝（907—1125）使用的文字，契丹大字由辽太祖耶律阿保机于 920 年创制。其弟耶律迭剌创制了更适于表达契丹语言的契丹小字。金灭辽后，初期仍使用契丹文字，金朝第六代皇帝金章宗是金朝诸帝中受汉化最深的君主，他在 1191 年的时候，宣布废除契丹文的使用，契丹文逐渐成了谁也不认识的死亡文字，而刘凤翥就一辈子锲而不舍地钻研这门十分难啃的，别人称为绝学的契丹文字学。

研究已经死亡的文字，首先要更多地收集契丹文字资料。从 1975 年至 1994 年的 20 年间，刘凤翥经常去内蒙古自治区的东部和辽宁省的西部的一些旗县和盟市去拓制辽代碑刻。与当地文博单位和个人广结善缘，建立了深厚的人脉关系。他退休后，那些地方如果新出土辽代碑刻，会有人及时告知他有关信息，并且获得去拓制和研究发表的授权。因此刘凤翥仍然经常自费去拓制碑刻。有些单位甚至不等他去拓制就把拓片径直给他。到 2016 年，刘凤翥共获得下列辽代碑刻拓片：契丹小字《耶律迪烈墓志铭》《耶律永宁郎君墓志铭》《耶律慈特墓志铭》等和契丹大字《耶律昌允墓志铭》《永宁郡公主墓志铭》以及契丹大字和汉字《萧孝忠墓志铭》等许多拓片。这一张张拓片，饱含了刘凤翥和妻子的许多艰辛。他是目前全世界收藏契丹文字碑帖最多的藏家，也是辨认出契丹文字最多的专家，因此他被国外同行誉为“契丹文字的首席学术权威”。刘凤翥收集到的拓片均装裱。既用来进行学术研究，又可以去各地展览，以进行宣传和弘扬。例如曾在北京名人俱乐部展览过。2007 年 10 月在北京大学图书馆举行过一周的“契丹文字碑刻精品展”。

为了庆祝中华人民共和国成立 70 周年和澳门回归 20 周年，澳门书法篆刻协会主办、濠江印社协办的《千年绝学——契丹文字碑拓精品展》于 2019 年 5 月 20 日在“澳门回归贺礼陈列馆专题展览厅”展出 10 天。

刘凤翥退休后，由于及时获得新出土的资料和获得收藏单位的授权，仍然夜以继日地解读契丹文字。对每一件新出土墓志，他都写了考释文章。在契丹大字中若干官名和地名的解读上，刘凤翥取得了突破。

1996 年在《民族语文》创刊第 100 期上，刘凤翥发表了《契丹大字中若干官名和地名之解读》。此文获得中国社会科学院第五届优秀科研成果二等奖。

萧袍鲁和耶律习涅二人都是既有契丹大字墓志铭，又有汉字墓志铭。他们的契丹大字墓志铭和汉字墓志铭虽然不是对译的，但肯定有部分相同的内容。他们的汉字墓志铭说耶律习涅的哥哥辟离剌曾任云内州节度使，萧袍鲁曾任开远军节度使。开远军是云内州的军号。开远军节度使等同于云内州节度使。通过与女真字汉语借词亽（州）的对比，刘凤翥释出契丹大字亽为汉语借词“州”，已知契丹大字化可音译“奴”，从而考释出化兂二字拼成音译的汉语“内”，进而解读出契丹大字《耶律习涅墓志铭》第 18 行的支化兂亽异先夭为“云内州之节度使”。契丹大字《萧袍鲁墓志铭》第 9 行的支化兂⿱亽异先夭等同于支化兂亽异先夭，只不过把于意为“州之”亽异二字拼写成⿱亽异一个字而已。以“云内州之节度使”为突破口，从而解读出“静江州”“松山州”“归州”“乾宁州”和“信州”等地名和“辟离剌”等人名以及“金紫崇禄大夫”“观察使”“衙内”等官名。

功夫不负有心人，刘凤翥对四行契丹大字的整体解读，使他喜出望外。那是 2001 年 5 月，刘凤翥拓回契丹大字《耶律昌允墓志铭》和昌允之妻的汉字《兰陵郡夫人萧氏墓志铭》之后，夜以继日地对其进行研究。起先找不到入门的头绪，后来他根据汉字《兰陵郡夫人萧氏墓志铭》提供的耶律昌允官衔为“建雄军节度使、崇禄大夫、检校太师、右千牛卫上将军、知涿州军州事”的线索，又根据其他人汉字墓志中凡担任“知涿州军州事”者一般配套的遥授官、品阶、散官、宪衔、勋、爵、食邑等格式，终于在 2001 年 7 月 31 日将契丹大字《耶律昌允墓志铭》的前四行全部解读出来：乂東（建）美文（雄）岙（军）苐（节度）杲（使）序（晋）

刘凤翥等为澳门契丹文字展览剪彩

□（慈）□（隰）□（汾）□□（等）□（州）□（观）□（察）□（处）□（置）□□（等）□（使）□（崇）□（禄）□（大）□（夫）□（检）□（校）□（太）□（师）□（左）□（千）□□（牛）□（卫）□□（上）□（将）□（军）□（使）□（持）□（节）□（信）□（州）□（诸）□（军）□（事）□□（行）□（晋）□（州）□（刺）□（史）□（知）□（涿）□（州）□（军）□（州）□（事）□（兼）□（管）□□（内）□□（巡）□（检）□（安）□（抚）□（屯）□（田）□□（劝）□□（农）□□（等）□（使）□（御）□（史）□（大）□（夫）□（上）□（柱）□（国）□（漆）□（水）□（郡）□□（开）□（国）□（公）□（食）□（邑）□（七）□（千）□（五）□（百）□（户）□（食）□（实）□□（封）□（七）□（百）□（五）□（十）□（户）□（?）□□（演）□（观）□（音）□（太）□（师）□（之）□（墓）□（志）。从而对近 200 个契丹大字构拟了音值。

刘凤翥还通过契丹文字解读发现了辽代实行双国号的情况。《契丹国志》《新五代史》《东都事略》等汉字文献都说耶律阿保机建国号“契丹”。由于燕云十六州的割入，辽太宗耶律德光于会同元年（938）改国号为“辽”。统和元年（983），辽圣宗复改国号为“契丹”，咸雍二年（1066），辽道宗复改国号为“辽”，直至 1125 年亡国。

在 1934 年出版的《辽陵石刻集录》中，罗福成把契丹小字《道宗哀册》篆盖中的前九个原字□□□□□□□□□组装成□□□□□五个单词，释为“大辽国天祐”。巴图把最后的三个原字□□□组装成□一个字。原字□的音值为 i 是早就被构拟的。俄语中称“中国”为“契丹”即 Китай。尾音

й 读 i。突厥文《暾欲谷碑》第十一、十二行以及《阙特勤碑》东面第四行“契丹”音 kitany。其中的 y 读 i。因此，刘凤翥最早考释出（大）（中央）（哈喇）（契丹）。进一步考释出契丹大字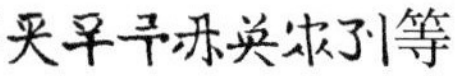等同于契丹小字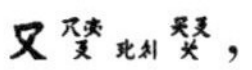，于意均为“大中央哈喇契丹”。起先刘凤翥认为“哈喇”是“契丹”的修饰语。当契丹小字《耶律宗教墓志铭》一开始作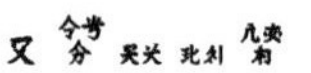“大中央契丹哈喇国之”时，“契丹”置于“哈喇”之前，他一时傻眼了。当他研究契丹大字《耶律祺墓志铭》时，发现其第一行一开始作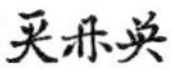（大哈喇国）时，刘凤翥立即意识到“哈喇”不是“契丹”的修饰语，而是国号“辽”。辽代的国号只有“契丹”和“辽”，“契丹”已经释出，则“哈喇”舍“辽”莫属。契丹大字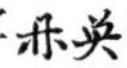等同于契丹小字。它们音译为“哈喇”，意译为“辽”。后来发现契丹文字墓志的辽代国号有时称“契丹·辽”，有时称“辽·契丹”是有规律可循的。凡是汉字文献称国号为“契丹”时，契丹文字中的国号为“契丹·辽”的双国号，即“契丹”置于“辽”之前。例如重熙二十二年（1053）的契丹小字《耶律宗教墓志铭》作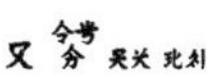（大中央契丹·辽国之）。又如清宁八年（1062）的契丹大字《耶律昌允墓志铭》作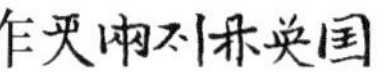（大契丹·辽国）。凡是汉字文献称国号为“辽”时，契丹文字中的国号为“辽·契丹”的双国号，即“辽”置于“契丹”之前。例如大安五年（1089）契丹大字《萧孝忠墓志铭》一开始作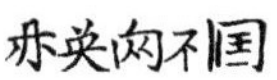（辽·契丹国）。又如大康二年（1076）之后的契丹小字《耶律（韩）高十墓志铭》一开始作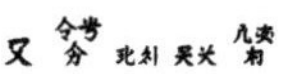（大中央辽·契丹国之）。都是双国号“辽·契丹”，“辽”置于“契丹”之前。

西辽自称“哈喇契丹”，长期以来，学界以蒙古语“黑”解释“哈喇”，把西辽误称“黑契丹”。通过契丹文字的解读才知道“哈喇契丹”就是继承辽朝的双国号“辽·契丹”。

刘凤翥经过10年的努力，撰成130万字的包含契丹大字和契丹小字研究成果和全部传世资料的《契丹文字研究类编》。中华书局2014年以八开本布面精装四册一套的形式出版。此书获得全国优秀古籍2014年度一等奖和中国社会科学院第七届离退休人员优秀科研成果一等奖。

契丹文字是已经死亡的文字，每一点小小的突破，都要花费巨大的气力，刘凤翥在这一领域甘于清贫与寂寞，孜孜矻矻，夜以继日地不懈奋斗了57年，他始终难忘恩师翦伯赞对他的教诲与期望。那是1962年，刘凤翥从北京大学毕业，9月16日晚上，他到历史系主任翦伯赞教授家中辞行。

翦老告诫刘凤翥，到民族研究所后要务必学习一两门诸如西夏文字、契丹文字、女真文字等民族古文字。他认为，现在外国学者研究中国的民族古文字做出一定成绩，而中国却没有什么人研究，这是不正常的，也是暂时的。告别时，雷声阵阵，翦老却执意要送刘凤翥到燕东园的西门才肯停下脚步，并一再叮咛说：“记住我让你学习民族古文字的事，学习了民族古文字不仅不会影响你研究民族史，而且对你研究民族史还有帮助。说不准会让你终生受用无穷。”

2018年是翦伯赞诞辰120周年，刘凤翥4月16日在《光明日报》上发表《翦老的叮嘱让我终生受用无穷》的纪念文章，文章中写道：50多年以来，我一直孜孜以求，一以贯之。终于在 2014 年由中华书局出版了精装四册一套的《契丹文字研究类编》，近期还将由上海中西书局出版 30 万字著作——《女真译语校补和女真字典》。我可以毫不惭愧地告慰翦老的在天之灵了——

“敬爱的翦老，我按您的嘱咐做了。”

孙一珍（1934 年 11 月—　）

党的浇灌绽开花

孙一珍，原名孙懿珍，女，中国社会科学院文学研究所研究员。河北省唐山丰南县（今唐海县）人，出生于乡村的中医世家。1949 年 2 月参加革命，1951 年被保送入天津河北第一师范学校，1954 年考入北京师范大学中文系。1958 年毕业留校，1975 年经何其芳先生介绍调入文学研究所。1991 年被评为研究员，1993 年享受国务院政府特殊津贴。先后发表论文数十篇，撰有《聊斋志异丛论》《明代小说简史》等专著，校点了《于少保萃忠全传》等书，为《中国文学大辞典》《中国大百科全书》等撰写词条数十万字。1992 年离休。

孙一珍 1992 年末离休。法国华裔陈庆浩在韩国奎文阁发现了《型世言》一书的孤本。在国内，孙一珍第一个做了校点，后在四川文艺出版社出版，使这部在异国他乡埋没数百年的小说秘籍，得以与广大读者见面，解决了《幻影》《三刻拍案惊奇》《别本二刻拍案惊奇》的祖本问题。此后，孙一珍进一步研究本书的作者和评者陆氏兄弟（即陆云龙和陆人龙）。她到各大图书馆善本室查看了陆氏兄弟的资料三百余种，以争霄馆名义刻印发行的书籍数十种。1997 年，孙一珍在《文学研究》上发表了论文《陆云龙评选学的时代意义》。经考证，确定了《魏忠贤小说斥奸书》的作者是陆云龙；《辽海丹东录》的作者是陆人龙。修改了原已写好的《明代小说史》初稿，加入“陆氏兄弟及《型世言》”一章。

1996 年，四川文艺出版社出版了孙一珍的《明代小说的艺术流变》一书。四川省《新书目报》在头版头条介绍此书：“本书旨在系统关照小说创作及艺术流变全貌，是一部突破传统古典文学研究既定模式，新视角、高品位的断代小说艺术史。”阐述“小说艺术是怎样植根于明代社会经济结构急剧变化、商业发达、城市繁荣的现实土壤。还将各类小说的繁衍和相互影响，放在古典小说艺术发展的或一段历史长河里，进行比较辨析……故本书不失为一本对广大文学青年、古典文学爱好者、研究家具有切实帮助的理论新著”。2005 年，《明代小说的艺术流变》荣获中国社会科学院离退休人员优秀成果奖。

孙一珍申请《明末白话短篇小说抉美》课题，得到社科院老年科研基金资助，2011 年，这部 30 多万字的专著由中国社会科学出版社出版。此选题得到了中华书局编审傅璇宗先生的支持，并建议加入作家论部分。该书分为上下两编，上编为“高清致远的作家群”，其中第一次把陆云龙、陆人龙、周清原等对明末白话小说做出卓越贡献的人写进专著；下编从真实美、委曲美、赡富美、简洁美、心灵美、戏剧美、人性美、精细美、意境美等众多角度对明末白话短篇小说进行了论述。北京大学教授侯忠义先生、大连图书馆馆长董皓先生等来函对该书给予鼓励。

在写《明代小说史》的过程中，孙一珍对《西游记》的版本演变产生了质疑。离休后她对《西游记》的三种版本，即朱鼎臣本（简称朱本）、杨致和本（简称杨本）、吴承恩本（简称吴本），以及《永乐大典》有关部分做了详细的对照和考证，从内证对前贤的结论提出质疑。充分地证明了《永乐大典》、朱本、杨本、吴本的发展轨迹，先后次序。“《西游记》的版本考证及其发展轨迹”一文收录在《明清小说论赏摭粹》（2017 年出版）中。

孙一珍离休后参加了文学所的集体项目《中华文学通史》、全国高等院校古籍整理研究工作委员会规划的重点项目《孤本小说集成》，并为其撰写以下五部的前言：方汝浩的《东渡记》，吴敬所编辑的《国色天香》，杨尔曾的《韩湘子全传》，钟伯敬先生评《全汉志传》，无名氏的《七十二朝人物演义》等。

孙一珍曾经承担了“六五”重点项目十四卷本文学史（大文学史）明代小说的全部内容。于 1990 年春完成《明代小说史》初稿 44 万字，明代卷主编刘世德先生对该书稿写了五点意见，从章节的设立、观点、资料、文字诸方面给予肯定。原来的论著多将明代小说分为三段，孙一珍首次把明末二十几年单独分出，得到刘先生的赞赏，认为是创新和吸纳了学术界的研究成果。2012 年在社科院老干部局和文学所领导的支持下，得以在中国社会科学出版社出版（此书获中国社科院2015年离退休人员优秀成果奖)。出版后得到了普遍好评，宁夏作协原副主席吴淮生撰文评论说："这是一部全景式的，分量丰厚的断代史小说"；"一、资料是极其宏富完备的，提及的作品在千种以上"；"二、对各类小说版本如数家珍"；"三、明代小说史和其他优秀史著一样，以史为据，在明代小说史实之上立论，史论结合如水乳交融，恰到好处"；"四、从文学评论的视觉进行史论，是本书的亮点之一"；"五、学术论著贵在超越前人，而有理由充足的新见解，这正是明代小说史的又一个闪亮点"；"六、明代小说史还有一个堪可称道之处，那就是论述小说不是囿于既定的断代范围之内，而将其置于小说发展的整个历史长河之中，考察作品之来龙去脉"。

孙一珍与文学所同事合影

孙一珍离休后担任文学所离退休支部副书记，连任三届共12年，为离退休人员服务。在文学所领导和老干部局的支持下，她对百分之八九十的老同志做过家访、庆生，或到医院探视，尽最大的努力为他们排忧解难。

孙一珍发表了回忆性的散文十几万字，诗歌 30 余首。比如《中国作家协会在干校·湖北咸宁干校散记》《那时我坐在黄药眠旁边》《追忆何其芳先生的几件小事》《严文井、聂绀弩这两位长者》《不屈的童年》《古典小说中的忠义观念》等，反响都很好。

1989 年春，应施议对之邀，孙一珍填一首《鹧鸪天》奉和贫字韵，发表在《中华诗词创刊号》上。新中国成立 60 年、65 年的时候，她都写长诗发表。2015 年五一劳动节，孙一珍专门为东城区环卫工人、社区理发员、小时工、东直门派出所民警等写了一组“劳动者之歌”。受到大家的赞扬。

回首过去，展望将来，孙一珍口占一首抒怀：

穷乡僻壤一女娃，雨露滋润渐长大。
一切成就归于党，您的浇灌才有花。

（懿贞）

林茂灿（1934 年 11 月—　）

继续探索语音的真相

林茂灿，中国社会科学院语言所研究员，博士生导师。福建省福清人。1958 年从南京大学物理系毕业后，分配到中国科学院语言研究所，从事声学语音学、感知语音学及一般声学研究。曾任语音研究室主任、语言研究所学术委员会副主任、中国应用语言学会（筹备）副会长等职。美国声学学会会员，中国科学院声学研究所“声场声信息”国家重点实验室专家。1992 年起享受国务院政府特殊津贴。第八、第九届全国政协委员。退休前的研究成果主要有：《实验语音学概要》（吴宗济、林茂灿主编，1989，高等教育出版社）和 60 余篇中英文学术论文，其中林茂灿、颜景助的《音节间 F0 过渡及其感知》（《中国社会科学》，1994）和“On the intersyllablic F0 transition and its perception in Standard Chinese", *Chinese Journal of Social Sciences in China*, 1994, 获 2000 年度中国社会科学院学术论文二等奖。2003 年退休。

当年林茂灿的毕业论文题目是《语音基频自动提取》，这篇论文引起了语言学家吴宗济先生的关注。经吴宗济先生提议，罗常培所长请吕叔湘副所长给南京大学物理系主任魏荣爵先生写信，将林茂灿分配到语言研究所。罗、吕二位先生要求林茂灿研制"音高自动提取"，然后用它研究声调和变调等。从那时起，林茂灿一直按照这个要求努力地做，至今没有停止前进的脚步。

在社科院老年科研基金"基于普通话语料数据库的基频构建与语调研究"（2000—2003）和国家社科基金"汉语疑问句的实验研究"（2003—2006）的支持下，林茂灿以赵元任先生的语调学说为指引，运用英语语调的自主音段—节律（AM）理论开展汉语语调研究，并把研究成果应用于对外汉语语调教学。他通过声学分析、合成和感知试验及末音节互换实验等看到，汉语疑问语气与陈述语气的区分存在于边界音节，疑问语气与陈述语气的区分跟边界音节以外各音节音高活动无关。根据这个认识，他写了三篇论文，分别是《汉语语调与声调》（《语言文字应用》2004 年第 3 期），《疑问和陈述语气与边界调》（《中国语文》2006 年第 4 期）和《赵元任语调思想与边界调》（《中国语言学报》第 1 辑，2008 年）。

在国家自然科学基金"汉语语调模式的研究"（2005—2008）支持下，林茂灿与吴宗济先生合作研究汉语边界调音高与声调音高之间关系。他们在研究中看到：疑问边界调和陈述边界调音高与声调音高之间是叠加关系，从而把语调音高与声调音高分离开了，如下图（左）所示。汉语边界调与声调之间的关系是：疑问边界调为阴平、阳平和去声音高的上升，是把声调音高的起点抬高和终点抬得更高而上升，边界调为上声音高的上升，是把上声的起点和转折点音高抬高及终点抬得更高而上升（粗线），其调型都保持不变；陈述边界调为阴平、阳平和去声音高的下降，是把其声调音高的起点降低和终点降得更多而下降，陈述边界调为上声音高的下降，是把上声音高的起点降低和转折点降得更低而下降，调型保持不变。根据这个认识，他和吴宗济先生合写的论文是，《汉语语调对声调作用的实验探索——谈赵元任先生关于声调与语调的“代数和”思想》，载于《汉语语调实验研究》，2012。

汉语焦点重音，许多学者都做过研究，而林茂灿从研究重音与语法及语义关系出发，得到了汉语焦点重音的声学表现。窄焦点引起的重音是音高凸显：重音落在阴平、阳平和去声上，和落在上声上有不同表现，如下图（右）所示。窄焦点重音落在非上声音节上的声学表现是，音高高点相对其前后的明显抬高，音域加大，时长往往长，而窄焦点重音落在上声的声学表现是，上声音节的音高低点下压，往往呈 V 形，时长长。根据这个认识，他写出了论文《汉语焦点重音和功能语调及其特征》（《中国语音学报》第 3 辑，2011 年）。

2012 年，林茂灿出版了《汉语语调实验研究》一书。书中包括林茂灿等对疑问、陈述、感叹和命令四种语气的研究成果。祖漪清为《汉语语调实验研究》写了书评，发表在《中国语音学报》上，李智强和林其光合写的 Book review，刊登于 Phonetica。该刊的编辑对林其光说，这是该杂志首次

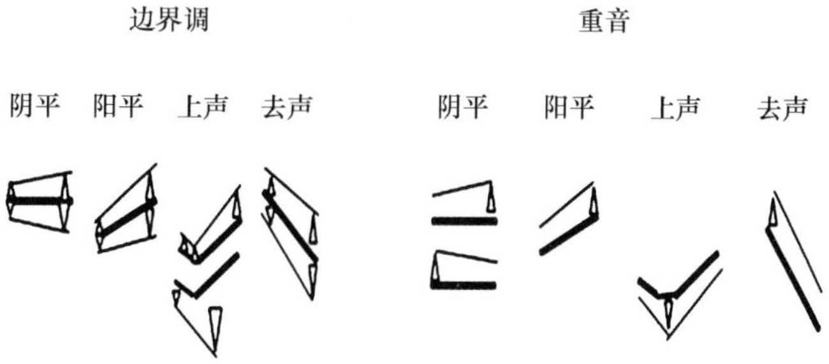

汉语语调音高与声调音高之间叠加关系的示意

刊登的非英语语调书评。

2013 年以后，林茂灿先生为探讨学习者如何克服学习汉语语调产生的“洋腔洋调”和“该降的不降、该升的不升”等问题，开展了汉语语调的对外教学研究。他在对英汉语调做比较研究的基础上，与李爱军先从《相似论》出发又根据语言类型学，研究英汉语调的共性和差异。最近，林茂灿写出了《再谈对外汉语语调和声调教学》一文。《汉语语调研究与对外汉语语音教学文集》（林茂灿、李爱军和李智强，2019）一书，总结了这方面的成果。这些研究成果认为，在对英语（及其他非声调语言）学习者进行汉语语调教学时，应该让学习者看到英汉重音和边界调共性，还要让他们掌握、使用其差异。

英语和汉语疑问边界调的音高曲线都是上升的，英语和汉语陈述边界调的音高曲线都是下降的，这是二者的共性。但是，英语疑问和陈述边界调音高曲线的上升和下降是音高本身的上升和下降，而汉语疑问和陈述边界调音高的上升和下降是相对于该边界音节声调音高曲线相应部分的上升和下降，这是二者的差异。

学习者知道英汉边界调音高都是上升和下降的同时，还要运用其差异，因为学习者在说汉语疑问语气和陈述语气时，如果没有让边界调音高的上升和下降相对于边界音节声调音高曲线相应部分的上升和下降，其语气就不对，就会产生“洋腔洋调”。

英语重音和汉语重音都有高调重音和低调重音，高调重音和低调重音的音高曲线都像山峰和山谷那样，而且，峰顶和谷底的位置都是由音高产生的重音，这是二者的共性。英语重音的峰顶音高和谷底音高是由重读引起的音高高低，而汉语重音的峰顶和谷底音高是重音作用于高调（非上声：阴平、阳平和去声）上和低调（上声）上分别引起其高点音高抬高和转折点音高下压，这是英汉重音的差异；英汉重音的另一个差异是，英语山峰及山谷的起讫点是音高值，念得轻（相对于峰顶和谷底而言），而汉语山峰及山谷的起讫点是音节及几个音节一起念的音阶值，念得轻（相对于峰顶和谷底而言）。

总体来说，学习者学习汉语时，既要掌握他或她母语与汉语在边界调上的共性和差异，还要掌握他或她母语与汉语在重音上的共性和差异，这样学习者说出来的汉语就不会出现洋腔洋调，还会有轻有重、轻重合适。学习者说的汉语，就会给人以抑扬顿挫、轻重缓急的节奏感。

林茂灿等人以上的研究成果，先后在北京语言大学汉语语言研究中心、北京第二外国语大学、北京语言大学韵律语法研讨会和全国英语语音教学国际研讨会上介绍。香港中文大学中文系冯胜利教授指出，林茂灿等“把汉语语调本体研究与对外汉语声调和语调教学相结合的著作，当属首创”。“它为汉语二语习得者如何学好声调和如何克服学习汉语语调产生的“洋腔洋调”和“该降的不降、该升的不升”，提供了专业的理论和具体的方法。”北京语言大学曹文教授认为，“洋腔洋调问题之所以解决不好，一个重要的原因是汉语语调研究的成果少，因而教学上‘很难有所依傍’”。“他们的研究结果，对对外汉语语调教学不但可以‘有所依傍’，而且还能化繁为简。今后对外汉语课堂上的语调教学也许可从重音和边界调这两个‘语言点’切入，进行针对性的操练。”

退休以来，林茂灿在语音学研究上不断取得丰硕的成果，但是仍不满足。他说，有一项研究一直挂在心上，当时没有完成，内心深感愧疚。那是1977 年，吕叔湘先生希望林茂灿用夏青先生的“四世同堂”的话剧录音语料研究汉语语调，当时他对运用活语料研究语调还认识不够，辜负了吕先生的希望。林茂灿殷切希望同人能够运用与“四世同堂”类似，现今人们又喜闻乐见的录音语料做研究，相信会看到赵元任先生在“北平的语调研究”（1929）提出40 种“表情语调”中重要的语音表现及特点，这项研究成果将对语音学做出巨大的贡献。

从青年到中年，从中年到老年，林茂灿一心扑在语音学的研究上，发表的论文和专著，研究所及，始终沿着一个方向不断深入。耕耘有苦，收获有乐。当初，老一辈语言学家指引他走上了语音研究之路，如今，60 多年过去了，他仍然行进在语音研究的大路上，意气风发，斗志昂扬。

刘文璞（1934 年 11 月—　）

一个研究人员的退休生活

刘文璞，籍贯北京市大兴区（原河北省宛平县）。中国社会科学院研究员，荣誉学部委员。曾任社科院研究生院农村发展系教授，博士生导师。1955—1960 年先后就读于原苏联乌克兰农学院和莫斯科季米里亚杰夫农学院农业经济与农业企业管理系。毕业后在中国科学院经济研究所从事农业与农村经济研究，曾任社科院第一、第二届学术和学术咨询委员会委员，中国私营经济研究会常务理事，中国县镇经济交流促进会副会长，社科院贫困问题研究中心副主任，中国农业经济学会理事等。参与主持过的重要研究课题有：1981 年国家“六五”规划课题“中国农业的社会主义发展道路研究”、1988 年国家“七五”规划课题“中国现阶段私营经济研究”、1991 年国际合作课题“地区经济增长与减轻贫困”、1994 年国际合作课题“扶贫经济合作社——河北易县小额信贷实验”等。主要成果，著述（包括合著）：《现代日本农业》《中国农业的社会主义道路再认识》《中国的私营经济和私营企业主》《中国农村贫困地区组织发育与经济增长》《地区经济增长和减缓贫困》《小额信贷原理及运作》《刘文璞文集》《中国公益性小额信贷》；主编：《中国国情丛书——商州卷》《中国国情丛书——苍南卷》《小额信贷管理》《从小额信贷到普惠金融》。获奖有：《对党员雇工情况的分析》获社科院“内部研究报告奖”；《农村雇工经营调查研究》（论文）获“1977—1991 年中国社会科学院优秀科研成果奖”；《现代日本农业》（专著）获中国社会科学院日本研究基金“优秀成果奖”；《中国国情丛书——苍南卷》获中国百县市情调查“优秀成果一等奖”；扶贫小额信贷实验研究项目获中央国家机关“五一劳动奖状”和中国消除贫困奖励委员会“消除贫困创新奖”等。

刘文璞于 2005 年 71 岁时退休。如果从他大学学习农业经济算起，到这时整整 50 年。其间他经历了新中国成立后，特别是改革开放后农村变革的大多数历史事件。对农村非常热爱，也较为熟悉，积累了不少经验和资料。加之当时身体尚好。所以自信还能在这方面继续做些工作。

2005 年他和一些同事设立了一个研究课题，即中国公益性小额信贷研究。为什么设立此课题？事情还得从头说起。1993 年他与一些研究农村贫困问题的研究人员建立了一个课题组进行引进孟加拉乡村银行小额信贷扶贫模式试验，探寻信贷扶贫资金到户问题。并在河北易县与当地政府合作建立了名为“扶贫经济合作社”的组织。它被认为是中国第一个有明确扶贫目标的小额信贷组织，一般也称作公益性小额信贷，以区别商业性的。这项试验由于其积极的结果，引起社会广泛关注，也得到政府肯定。之后一些国际机构（主要是联合国系统的）把不少原来的扶贫项目转为资金可循环利用的小额信贷形式，使公益性小额信贷组织一时大量增加，成为 90 年代中期前后实行小额信贷扶贫的主要形式。但这类组织在大量建立的同时，也在大量终止活动，说明它们本身存在着弱点。课题正是想探讨扶贫小额信贷存在的问题、解决办法及其发展前景。

研究工作是与中国小额信贷发展促进网络（后改为中国小额信贷联盟）合作进行的。后者是中国小额信贷组织的协作联合体，其成员中大部分是扶贫小额信贷组织。研究的主要数据和资料来自 27 家公益性小额信贷组织 2005 年的财务报表（资产负债表、损益表、业务进度表）和几十家其他成员单位的以下信息：机构性质、成立时间、注册形式、依托的政府机构、规模、资金来源、信贷产品形式等。另外从全国选 10 家有代表性的组织作为案例进行典型分析。研究报告充分肯定了小额信贷不可或缺的作用，也从产权制度、治理结构、管理制度、人力资源、资金来源、可持续发展能力、政策以及如何处理好社会目标和经济目标关系等方面分析了其面临的矛盾和问题。研究报告还提出了机构发展模式的若干选择。这项研究成果最后以《中国公益性小额信贷》的书名出版。刘文璞自始至终参与策划、组织、调查和撰写工作。

迄今为止小额信贷在中国有了巨大发展。与 20 世纪 90 年代比已不可同日而语。从公益性组织单一操作到各类商业和政策性金融机构共同参与；从单一的贷款到多样化的金融服务；从扶贫贷款扩展到农户和小微企业贷款等。2018 年恰值扶贫小额信贷建立 25 周年（从 1993 年建立易县扶贫经济合作社算起），刘文璞又和他的一些原课题组成员编写了一本论文集，邀请小额信贷的理论工作者、政策制定者和各类型小额信贷组织的管理者参加写作，以对小额信贷的发展进行回顾与展望。论文集以《从小额信贷到普惠金融》之名于 2018 年出版。该书出版后受到小额信贷业界的关注和好评。

刘文璞的研究工作还涉及其他方面。2008 年撰写了研究报告《为穷人服务的金融》。报告分析了国外小额信贷的概念、发端、理论争论和常见的问题——目标偏离。2012 年撰写了研究报告《有利于穷人的抵押担保形式：评述与研究》。目标是发现形式更多、成本更低的抵押担保形式。扶贫小额信贷传统上是以寻找财产抵押的替代物为其制度创新的方向，是以这样的假设为前提，即穷人没有任何可被金融组织接受的财产用于抵押。他认为，中国农村的穷人应当有更多的选择。这是他基于中国农村特殊的经济制度（土地公有制下的农户家庭承包）、政府的扶贫政策和农民的组织化程度得出的结论。2013 年他又撰写了一篇研究报告《农村非正式金融组织与扶贫》。报告研究了正规金融以外的农村各种组织提供的贷款和非贷款的各类融资形式，诸如赊销、预购、生产资料（设施）租赁、联合生产、借养（牲畜）、委托生产等。他提到，这类形式的融资对于穷人来说可能一样有，甚或更有实际意义。以上报告是接受有关部门的小额资助完成的。近几年他还参加了一些别的课题的研究。2016 年参加了孙同全研究员主持的农民家庭资产负债研究课题。他利用了丰富的农户调查数据分析了农户的信贷需求与供给状况。研究报告最后以序言形式收录在课题最终成果《中国农户家庭资产负债表与农村普惠金融建设》一书中。

刘文璞退休后还承担了一项耗时较多的工作，是参与面向全国公益性小额信贷组织人员的培训。这些小额信贷组织的主要管理人员大部分是从政府部门抽调，信贷员则是从农村知青中招聘。他们既无金融知识，更缺乏操作信贷业务的技术。这是造成其可持续发展能力弱，对外部资助高度依赖，贷款质量低，风险高以至大量解体和破产的一个重要原因。针对这个问题，2004 年花旗集团资助建立一个扶贫小额信贷的培训组织，对当时尚还存在的公益性小额信贷组织的管理和财务人员以及信贷员进行管理知识和技能培训，以期使这些组织成为可持续发展的金融组织。这个培训机构定名为小额信贷培训中心，挂在社科院农发所。刘文璞担任培训中心主任 6 年之久。其间，组织了国内外专家开发了扶贫小额信贷财务管理、产品开发、业务计划、风险管理、财务分析、社会绩效评价等课程，还聘请了世界一些有名的小额信贷机构的管理者来培训中心介绍其实践经验。如孟加拉的乡村银行（GB）、乡村促进委员会（BRAC），南美玻利维亚的团结银行（BANCOSOL，以前翻译成阳光银行），印度希尔小额贷款有限公司（SHARE）等。其间总计开了近 50 课，参加培训的约 1 千人次。培训是公益性的，免收一切费用。6 年中积累的讲稿 200 余万字。2011 年，刘文璞又把培训课程中的重点部分主编成《小额信贷管理》一书出版。花旗中国董事长兼首席执行官欧兆伦评价该书时写道：“这本书收集和梳理了 6 年中开办的重点培训课程的教材，尤其是根据具体实践加入了中国的案例研究，开创了国内系统性研究、介绍和分析小额信贷组织内部管理和实践的先河。”

刘文璞查阅资料

组织培训的同时，刘文璞还利用一切机会到贫困地区调查。还选了西部4个贫困县做了200户贫困户信贷需求问卷调查，其中的四川长宁和贵州兴仁是他亲自参与的。该调查数据显示穷人借债大部分用于生活需要，其中特别是看病、教育、住房等支出。根据问卷数据，他写了《紧急消费贷款有助于减轻低收入家庭经济的脆弱性》一文（《小额信贷与微型金融》2011年第4期）。文章使用“紧急消费”以区别一般的生活消费，专指作为穷人生活必需品的需求，具有急迫性和收入弹性小的特点。他认为开发适合贫困户需求的紧急消费贷款可以在其遭遇突发事件打击时稳定家庭经济，与生产性贷款一样重要，但普遍被金融组织忽视。

刘文璞为了解公益性小额信贷组织更多更真实的情况，多年中保持着同国内公益性小额信贷组织的密切联系。曾被多家机构聘为理事会成员，参与管理，提供咨询（均无报酬）。这种情况一直持续到退休后多年，直到 2015 年辞去了最后一个理事职务。这项工作虽然会占用一些时间和精力，但他认为这对了解基层真实情况大有帮助，有助于弥补临时性下乡调查的不足。

2015 年，刘文璞老师获中国小额信贷联盟颁发的中国小额信贷杰出贡献奖。

谷源洋（1934 年 11 月—　）

余生·余热　仍在观察和研究跌宕起伏的世界经济

谷源洋，出生于辽宁省大连市。1956 年考入北京大学东方语言系，学越南语和法语。1961 年毕业，先后在外交部第二亚洲司、中国社会科学院经济研究所、世界经济与政治研究所从事国别、地区与世界经济研究和涉外工作。1985 年 10 月受聘为副研究员，1988 年 7 月受聘为研究员、博士生导师，1992 年享受国务院政府特殊津贴；1993—1998 年任世界经济与政治研究所所长；中国社会科学院第一届和第二届学术委员会委员；2006 年被推选为中国社会科学院首届荣誉学部委员。

自 2005 年退休以来，谷源洋曾被聘任为国务院发展研究中心亚非发展研究所所长、中国人民外交学会理事、中国国际文化交流中心理事及荣誉理事、中国国际经济合作学会副会长兼学术委员会主任、亚太安全合作理事会中国委员会委员、世界社会主义研究中心常务理事、中国国际问题研究基金会理事兼世界经济中心主任、中国国际经济交流中心理事和专家库专家、中国政策科学研究会国家安全政策委员会高级研究员等以及被6个刊物聘为编委、学术指导和学术顾问。这既是荣誉也是鞭策。

他的学生撰文称谷源洋为“对学术追求不知疲倦的学者”。退休后，谷源洋如同在职时期一样积极从事世界经济研究，注意研究前沿问题，学术活动与成果不少于在职时期，粗略统计发表的研究报告、内部专报信息、论文、文章、国内外媒体和杂志采访录、国内外重要研讨会发言稿以及主持的专著成果数量约百万字。经济学家常说的“投入产出”，适用于科研工作者。只有大量的“投入”，才会有科研成果的丰富多彩。他的科研工作安排，上午是“充电投入”，要看约10种报刊和其他资料，下午则是写点东西的“产出时间”，虽然上下午都要在室内动动筋骨或做点家务，但人在动，脑子却经常在想问题。

科研成果和学术活动，涉及面广，领域多，应约撰写的研究报告、论文和文章，发表在《人民日报》、《求是》、《红旗文摘》、《外交季刊》、《解放日报》及《中国社会科学院院报》、中国国际经济交流中心《全球化月刊》及《全球要事报告》、中国国际问题研究院《国际问题研究》、《世界社会主义研究专刊》及黄皮书、国务院发展研究中心亚非发展研究所《亚非纵横》、《高校理论战线》、《瞭望》杂志、北京大学《东南亚研究》等。内部研究成果发表在中国社会科学院要报、世界社会主义研究动态、世界经济与政治研究所世界经济调研、中共中央组织部党建研究内参、中国经济体制改革研究会改革内参、新华社内参、中国国际问题研究基金会国际问题研究报告、中国国际经济交流中心智库言论等，一些成果和信息受到重视与好评。

他撰写的著述和参加的重要课题研究有：世界社会主义小丛书《越南社会主义定向革新》（谷源洋著，社会科学文献出版社，2013 年 5 月）；秦华孙、王顺柱、谷源洋主编《亚洲区域合作路线图》（时事出版社，2006 年 8 月）；中国社会科学院和沈阳社会科学院课题组：《沈阳城市集群经济社会发展战略新思路研究》。课题总主持人是汝信同志。研究报告集分总报告和四个子课题报告。谷源洋、王金存撰写了子课题之四：《沈阳作为东北亚重要城市发展目标、战略思路和战略措施》。

除科研工作外，结合本人专业特长，谷源洋在院内外作过多次学术报告，包括为广西防城港市四大党政领导班子作的中越关系报告；应上海社科院院长杨洁勉邀请，作的世界经济形势与相关理论报告；为金融研究所金融培训班作的美联储货币政策及南海形势报告；为国家信息中心老干部作的国际形势报告；为国家信息中心博士后工作站和中国国际经济交流中心博士后工作站作的世界经济热点及有关理论报告，以及应越南驻华多任大使之约，为使馆处级以上人员作过的世界经济和中国经济形势报告等。

出国访问和调研活动是退休后科研工作的重要组成部分。谷源洋 2005 年和 2010 年受越南政府总理沈文凯和阮晋勇邀请，出席了在河内召开的第七届和第八届“全国爱国竞赛大会”。按胡志明主席生前要求每 5 年召开一次，获得邀请的外国人极少，只有中国、古巴、俄罗斯、柬埔寨和老挝的代表；应越南社会科学院院长阮春胜邀请出席了第一届和第二届“越南学国际会议”；在美国爆发金融危机后，越南世界经济研究院武大略院长，邀请谷源洋赴越作国际金融危机及其影响的专题报告，出席报告会的有越南学者和党政高级官员；在越共十二大召开前夕，带着系列问题赴越进行调研活动，同越南外交部、越共中央对外部、越南对外友联会、越南工商部、越南社会科学院等单位领导人进行了交谈。特别是为促进中越友好关系发展，两国有关部门组建了

谷源洋的学术成果

“1.5 轨”的“中越人民论坛”。论坛的作用在两党总书记会谈后发表的联合声明中获得了肯定。作为论坛成员，他参加了在两国轮流举办过的10次交流活动。2017年12月习近平总书记访越时，在新落成的中越友谊宫亲切接见了谷源洋等16位参加“中越人民论坛”的代表，使中越学者受到莫大的鼓舞。退休后的十余年，在北京和河内不同场合受到过越共中央总书记农德孟和阮富仲、越南国家主席阮明哲、越南政府总理阮晋勇、越南外交部部长范平明等人的接见。在赴越参加的各种类型学术活动，均向越南有关方提供了与会议主题相关的论文，并在回国后写了较有分量的报告。2014年6月，作为应邀贵宾出席了在上海召开的太湖世界文化论坛第三届国际年会，并作为代表团成员参加了太湖世界文化论坛巴黎峰会。2015年和2016年，作为丝绸之路国际文化论坛专家委员会首席专家和中国国际问题研究基金会代表团成员，出席了在莫斯科召开的规格较高的“一带一路”会议以及在斯洛文尼亚召开的中国和东欧国家“16+1”会议。

谷源洋感到欣慰的是退休后撰写的一些研究成果及参加研讨会的发言受到有关单位领导的好评。中共中央对外联络部当代世界研究中心于2011年9月16日致函中国社会科学院：“贵院荣誉学部委员谷源洋教授撰写的《越共十一大前后社会政治动向和中越关系走向》被我中心《当代世界研究参考资料》采用。在此，我中心对贵院及教授本人表示诚挚感谢”；2013年1月29日，中国国际经济交流中心副理事长兼秘书长魏建国致感谢信予谷源洋，信中写道“由中国国际经济交流中心主办的2013年中国经济年会已圆满结束。作为受邀嘉宾，您在此次年会上做了非常精彩的发言，为年会的成功做出了突出的贡献。我代表曾培炎理事长感谢您对年会给予的大力支持”；2015 年世界社会主义研究中心召开的美元霸权与颜色革命国际研讨会，谷源洋为研讨会提供了《在美联储货币政策变化下要防范金融颜色革命》的论文。社科院《要报》编辑部将此文压缩为1000 余字的中国社会科学院要报《舆论参考》（2015 年 10 月 30 日）上报党中央和国务院。要报编辑部告知反馈意见：您的要报一文被中办采用。中办询问“金融颜色革命”是由谁提出来的？并建议将文中“对策部分”做些补充。他及时地提供了 9300 字的补充稿。

退休后获奖作品有：2007 年 4 月，靳辉明、谷源洋主持撰写的专著：《当代资本主义与世界社会主义》获第六届中国社会科学院优秀科研成果二等奖；2009 年 7 月，谷源洋、潘金娥翻译的越共中央政治局委员阮德平撰写的《继续坚定、创造性地走社会主义道路》的长文，被评为中国社会科学院2007 年优秀对策信息对策研究类三等奖。该文在院内外多种刊物和内参刊登和转载；2012—2018 年，谷源洋为中国国际问题研究基金会撰写的国际问题研究报告连续获得优秀调研成果奖。2018 年 5 月，谷源洋写的《应对特朗普“乐见贸易战”的政策选择》报告，刊登在中国国际经济交流中心《全球化》月刊专论的首篇（第 5 期），并被中国人民大学复印报刊资料《世界经济导刊》（第 8 期）作为第一篇收入。复印报刊资料三次复印过他在核心期刊上发表的论文，这些虽不是获奖作品，但从一个侧面反映了他的科研成果得到了社会的认同。

退休后，谷源洋有幸参加了国家信息中心博士后工作站和中国国际经济交流中心博士后工作站的招生面试、开题报告评议及出站报告答辩工作，累计写出的博士后开题报告评审意见及出站报告评审意见超过万余字，多次受到两个博士后工作站领导的赞扬。这些出站博士后现都已是所在单位的骨干力量，谷源洋为他们的成长、进步而感到高兴。

谷源洋的学术思想与创新，见中国社会科学院学部委员学术自传国际研究学部卷《我对世界经济的研究与追求》（中国社会科学出版社，2017 年）。在中国社会科学院学术委员文库《谷源洋文集》（上海辞书，2005 年 5 月）自序中，他这样写道："文集的出版或许不是我科研生涯的终结，在科研道路上可能还要继续走下去。"他用退休后的实际行动实现了自己的宿诺。

罗美珍（1934 年 12 月—　）

那片来自闽山的秋叶

罗美珍，女，1934 年出生于苏州。1937 年因抗战爆发，全家迁回祖籍地福建长汀。在家乡读书至高中毕业。1952 年考入中央民族学院语文系学习语言学和苗语。1956 年毕业后分配到中国科学院少数民族语言所（1978 年该所归入中国社科院民族研究所），从事民族语文研究工作，直至 1994 年退休。曾兼任《民族语文》杂志副主编。1990 年被评为研究员，1993 年享受国务院政府特殊津贴。擅长傣族语文研究和语言学中的综合性、理论性问题研究。在描写语言学、历史比较语言学、社会语言学、文化语言学方面都有论著发表。

罗美珍的父亲是一位中医，小时候看到父亲治愈的病人前来感谢的情景，罗美珍就想将来当一名治病救人的白衣天使。1952 年参加全国统一高考后，却分配到中央民族学院语文系学习语言学和苗语，当了马学良教授的弟子。在学习中，她认识到，当一名悬壶济世救死扶伤的医生很重要，当一名民族语言研究人员，开启民智，发掘少数民族语言知识，帮助弱势群体提高经济、文化水平，步入先进行列，同样重要。毕业后她被分到民族所专门从事少数民族语言研究。在这块土地上辛勤耕耘数十年，取得了丰硕成果。

退休后，罗老师身体并不好，患有“三高”和腰椎间盘突出等疾病。她仍坚持研究工作，笔耕不辍并参加各种学术活动，诸如参与北京大学、南开大学、中央民族大学博士生的论文评审答辩会等。在夜里思考问题时，常会引起失眠。她不辞辛劳，把自己的经历、研究心得，撰写出来供后辈学人参考、借鉴。2004 年，她 70 岁时，挑选出自己较为满意的作品，亲自操作电脑，修改整理，于 2007 年自费出版了《罗美珍自选文集》（民族出版社出版）。文集首篇是“少数民族语言文字使用和发展问题研究综述”。这是她担任这一课题组组长时亲自撰写的。在我国建设的一段时期里，极左思潮泛滥，一些地区大汉族主义盛行。少数民族语言、文字的使用受到抑制。这使她深感焦虑揪心。如何让民族语言、文字继续发挥它应有的作用，在民族地区脱贫解困中产生积极影响。她努力思考、深入研究，在文章中提出了一些具体建议，给中央制定民族语文政策时参考。文章于 1993 年获得中国社会科学院优秀科研成果奖。

退休后她继续论证自己的学术观点，正本清源，为我国民族语言学理论创新做贡献。对于国外大多数学者把侗—泰语族划入南岛语系的观点，她一直有自己的不同看法：世界语言的谱系分类，不能照搬确定印—欧语系的历史比较语言学方法。这种方法把语言的历史演变看作一棵树，只有分杈。而实际上必须结合历史人文情况、生产方式（是大片地区地游牧还是小块地区地农耕）和迁移等情况进行综合研究。她在这方面继续做了深入探讨，从民族互动的语言接触结果和民族自称这两个角度入手。在她看来：语言的发展、演变不是只有分化，也有融合、合并的模式。族群间的深远接触会使某个语言的结构发生质变，使其脱离原始母语的关系进入到另一个语言系属中而发展下来。从操侗—泰语族语言的民族自称来看，其语音的演变能够和马来人的自称对应上。这些民族自称也能和我国上古时期东南沿海“东夷”的“夷”对应上。周以后被称为“百越”。其中一部分人从海路迁徙出大陆到达南洋群岛的，其语言仍保持原始多音节黏着性，属南岛语系。可是在大陆两广、云南、贵州以及迁徙至东南亚诸国的操侗—泰语族语言的民族，他们和华夏、氐羌有过非常深远的接触，语言发生了质变，从多音节的黏着型共同向单音节分析型变化，并且产生了声调和量词，有许多基本词汇和上古汉语构成对应，应该归入到汉—藏语系。退休后她发表的《有关建立汉—藏语系的几个认识问题》（《民族语文》1996 年第4 期，建刊100 期纪念）、《论族群互动中的语言接触》（2005 年获得社科院离退休人员优秀科研成果二等奖）、《侗—泰语族系属问题综述》、《汉、侗—泰、苗—瑶语声调和量词发生与发展的相同过程》、《破解族群来源及其语言归属难题之我见》等系列论文都是围绕这个问题论证的。

1963 年罗美珍在西双版纳劳动锻炼了一年。在和傣族老乡同吃、同住、同劳动中结下情缘，学会了傣语口语和13 世纪创制的傣文，亲身体验到傣族特有的风土人情。这给她后来的傣语文研究打下了坚实基础。退休前后发表的论著，都是前人没有的创新成果。其中三篇论文得到国外学者的赞赏，被刊载在他们的刊物里：

罗美珍查阅资料

《傣语长短元音和辅音韵尾的演变》（《民族语文》1984年第6期）。英文发表在美国加利福尼亚大学的 *LTBA* 杂志1987年春季刊。

《傣、泰语地名结构分析及其地图上的音译汉字》。英文发表在波兰的 Linguistic and Oriental Studies from Poznan Vol. 3. 1999。

《巴利语对傣语文的影响》。英文发表在印度的 *The South East Asian Review* Vol. XV. 111。中文发表在香港城市大学举办的语言接触研讨会的《语言接触论集》，2004 年上海教育出版社出版。

罗老师是客家人，祖籍地福建长汀号称客家首府。退休后不能再去民族地区调查，她便转向自己熟悉的母语——客家语言、文化的研究。已过花甲之年，看到汉语六大方言都已开过全国性的研讨会，唯独自己的母语客家方言尚未召开。她决定尽绵薄之力，以此为突破口，为母语研究贡献余热。经过一番奔走筹备，1993 年，罗老师与同乡、社科院语言所研究员饶长溶一起，在福建龙岩促成了首届客家方言研讨会的召开。会议邀集了国内 40 多位专家学者，共商客家方言的研究大计，建立了全国性的客家方言研究中心，揭开了客家方言研讨会的序幕。从 1993 年至 2018 年，客家方言研讨会已召开了 13 届。每一届罗老师都提供论文。特别是 2010 年在北京召开的第九届研讨会，更是由她一手操办。她克服了人力、财力、通信设备等种种困难，使会议取得圆满成功，被饶长溶先生称为“出类拔萃的客家妹”。2018 年，罗老师以 85 岁高龄，赴台湾参加第十三届客家方言研讨会，并在台湾的客家学术机构讲学，受到台湾学者的热情欢迎和接待。罗老师此时，就像一片闽山的秋叶漂过海峡，传递着两岸客家儿女的深情厚谊。

1994 年，在香港中文大学举办的首届国际客家学学术研讨会上，罗老师结识了台湾地区的客家学者。从第二届客家方言研讨会起，每届都有台湾地区学者前来参会，也有学者来到大陆调查客家话。在已举办的 13 届客家方言研讨会中，台湾地区“中央”大学举办了两届；香港中文大学举办了一届。客家“情”把三地学者连接在一起，掀起了客家方言学研究热潮。

2016 年，她在第十四届河洛文化研讨会上，作了“客家人传承的中原文化”的大会发言。现今 85 岁高龄的她，手头还有一部与别人合作的《闽西客家方言的语词文化》正待出版。在《中国社会科学报》的《家园版》上，时有她介绍客家风情的小文章，如《客家妇女本色》《客家人的饮食》等。

罗美珍老师作为一位少数民族语言工作者，曾把青春汗水洒在贵州的苗岭山寨，云南的傣家竹楼；成为知名学者后，又把心血灌注在《民族语文》杂志的字里行间，开花结果；晚年，她除了在民族语文的土地上继续耕耘，又开辟了客家方言的新园地。呕心沥血、孜孜不倦，把最美的成果奉献给人民。她就像秋山上的那片枫叶，泛着淡雅的红色，辉映着天边的夕阳！

她这样表述自己的情怀：原无志向插柳柳成荫，未曾虚度年华慰自心，余生赶上好时代欢欣，虽已年迈也要当年轻，尽己所能再发挥余热，衷心祝愿祖国万事兴。

孙宏开（1934 年 12 月—　）

走遍万水千山

孙宏开，江苏张家港人，1954 年毕业于北京大学中文系，同年分配到中国科学院（后专门成立中国社会科学院）工作，先后在语言研究所、民族研究所调查研究中国少数民族语言、文字和文献。中国社会科学院荣誉学部委员，中国社会科学院民族学与人类学研究所研究员，中国社会科学院研究生院教授、博士生导师，兼任中国民族语言学会会长、荣誉会长等职。出版专著 30 多种，发表论文 300 多篇，其中有 60 多种（篇）翻译成了英文、法文、日文和西班牙文。曾在境外的 60 多所科研机构或高校做过学术报告，并与相关机构合作完成多项大型攻关项目。长期坚持在少数民族地区开展田野调查，先后调查了 30 多种汉藏语系语言，其中首次发现并做了系统研究的语言有15种。系统开展汉藏语系历史比较研究，完善中国少数民族语言谱系分类，深入探讨藏缅语语法问题，提出了语言识别的理论和方法，推动了民族语言规划和应用研究，首次提出建立藏缅语族羌语支语言的学术观点，得到了国内外同行的高度评价和普遍采纳。1994年退休。目前作为项目主持人和首席科学家承担北京语言大学高精尖项目和江苏师范大学协同创新项目。

孙宏开是中华人民共和国第一代民族语言学家，常年坚持深入边远的少数民族地区调研，几乎走遍了我国少数民族地区的千山万水。理论与实践结合，使科研硕果累累。退休后，他仍然活跃在田野调查和科学研究第一线，整合国内外相关机构和高校的力量，组织多项大型攻关课题，出版了多项重大科研成果，为中国民族与人类学的发展做出了重要贡献。

勇于肩负重担，是孙宏开的一贯风格。《中国少数民族语言简志丛书》，作为国家民委民族问题五种丛书之一，曾是新中国成立10周年献礼作品。2005年国家民委决定对丛书进行修订再版。他被委以重任，主要负责语言简志的修订工作。修订后的简志包括60种少数民族语言，约1000万字。此书在他的领导之下，按计划完成，由民族出版社于2009年分6卷合订出版。他与胡增益、黄行主编的《中国的语言》，是一本语言国情专著，360余万字，历经几代语言学家的努力，历时50余年的实地调查，集合国内90多名作者的成就。这项工作是中国民族语言研究的基础成果，反映了中国语言国情的基本概貌，在国内外学界的影响很大。该书已于2007年由商务印书馆出版。从1997年开始，他领导组织编写

《中国少数民族语言方言研究丛书》。这套丛书是国家社会科学基金项目的研究成果。从新中国成立以来，国家和政府组织了大批人力、物力和财力，调查研究各少数民族语言的内部差异，每个语言都收集了不同数量调查点的方言资料。这套丛书的出版进一步促进了少数民族语言研究的深入发展。截至目前，已经出版了 18 种。他组织出版的《中国新发现语言研究丛书》，是国家社会科学基金和中国社会科学院重大项目的研究成果，篇幅和深入程度，均超过以往同类丛书。从 1997 年至今，这部丛书已陆续出版 48 种，每种字数

孙宏开著《中国的语言》

在25万字以上，有的超过40万字。从2015年始，中国语言资源保护工程启动以来，他作为主编之一主持编写《中国濒危语言志·少数民族语言系列丛书》，该书即将由商务印书馆出版。

编纂民族语言辞书，抢救濒危语种，是孙宏开退休后从事的重要工作。从1997年开始，他领导组织编写《中国少数民族语言系列词典丛书》。此书先后得到中国社会科学院科研局和世界少数民族语文研究院东亚部的资助和支持。一般来说，调查一种语言的词汇时，尤其是濒危语言，收集3000—4000个常用词比较容易，但是收集到4000条以上就比较困难，收集到6000条以上就非常困难了。截至目前已经出版了22种。他与欧阳觉亚、黄行主编《中国少数民族语言文字大辞典》（中国社会科学出版社，2017年）。该书系统全面介绍了新中国成立以来各地少数民族语言学者的研究成果，包括700多部专著和3000多篇学术论文。这部辞书的面世颇具影响。同时，他领导组织编纂《汉藏语同源词研究丛书》。汉藏语系语言主要分布在东亚大陆和海岛上的近千种语言，包括6大语言集团，即汉语、藏缅语、苗瑶语、侗台语、南亚语和南岛语。除汉语外，每个语言集团都包括数十种乃至数百种语言。汉藏语系假设一直是国内语言学界和国际汉藏语学界关注的重大学术问题，尤其是对各个语言集团之间的发生学关系众说纷纭。经过努力，截至目前，丛书已出版4卷。

与时俱进，引入现代化手段进行民族语言工作。1998年，孙宏开开始尝试利用现代化手段，整理汉藏语系资料，建成面向汉藏语系历史比较研究的各种语言或方言的词汇语音数据库《汉藏语词汇语音数据库检索系统》和《东亚语言语音词汇数据检索系统》。《东亚语言语音词汇数据检索系统》是在《汉藏语词汇语音数据库检索系统》的基础上进一步扩建而成，汇集了我国境内外与汉藏语系相关的汉语、侗台语、苗瑶语、藏缅语、南岛语和南亚语以及部分学者对语系、语族和上古汉语的构拟资料，共包括360多种语言或方言，总词条数目约60万条。每种语言或方言词汇语音数据量不完全统一，多则5000余条，少则1300余条。此外，该数据库还收录了十余部汉语与民族语言双语词典。在大型语音数据库的基础上，他与丁邦新、江荻、燕海雄主编《汉藏语语音和词汇》约554万字（民族出版社，2017年）。对国内外汉藏语系历史比较研究起到重要的推动作用。

与国际接轨，站在世界学术前沿。孙宏开重视研究成果走向世界，他先后出版英文专著《中国的非汉语及方言》(*Speakers the Non-Han Languages and Dialects of China*）和《中国140种语言百科全书》(*An Encyclopedia of the* 140 *Languages of China*: *Speakers*, *Dialects*, *Linguistics Elements*, *Script*, *and Distribution*)。《中国的非汉语及方言》于2002年由美国埃文·美林出版社（Edwin Mellen Press）出版，共303页，介绍了中国境内5个语系、10个语族、20多个语支共120多种少数民族语言。《中国140种语言百科全书》于2017年由美国埃文·美林出版社（Edwin Mellen Press）出版，共3册，1600多页，介绍了中国140种语言的基本情况，包括每种语言的地理分布、使用人口、概况描写、方言分区以及文献文字等。该书的出版得到了国际语言学界的大力支持，马提索夫（Matisoff）写了序言，伯纳德·科姆里（Bernard Comrie）等语言学家写了出版推荐信。英文专著《阿侬语语法》（*A Grammar of Anong*: *Language Death under*

Intense Contact）是孙宏开应美国加州州立大学奇科分校之邀，与美国国家科学基金项目合作的成果，于2009 年由荷兰莱顿布里尔学术出版社出版。该书描写了阿依语的语音、词汇、语法、变化以及在藏缅语族中的历史地位，是他几十年来对阿依语跟踪调查的心血结晶，对于濒危语言、语言接触、语言演变以及语言类型学等都具有重要的影响。

总结经验和教训，为民族语言学的发展呕心沥血。由于长期在科研一线工作，孙宏开能站在民族语言学科发展的高度，对学科的发展提出了诸多新方向。他的多项研究成果获得了科研奖励，例如专著《藏缅语族羌语支研究》于 2016 年入选《国家哲学社会科学成果文库》、国家自然科学基金项目《藏缅语语料库及比较研究的计量描写》于 1996 年获得国家科技信息系统优秀成果二等奖、论文《论藏缅语族中的羌语支语言》于 2004 年获得第五届中国社会科学院优秀科研成果三等奖、论文《关于原始汉藏语音节结构的理论思考》于 2015 年获得中国社会科学院第六届离退休人员优秀科研成果三等奖、专著《八江流域的藏缅语》于 2017 年获得中国社会科学院第七届离退休人员优秀科研成果二等奖等。

从 1986 年开始，孙宏开长期受邀参加联合国教科文组织的国际会议，较早引进国际上关于濒危语言的理论和方法，推动了国内濒危语言的记录、保护和抢救工作，做出了杰出的贡献。1998 年被美国语言学会选举为该学会名誉会员（终身），获赠会刊《语言》杂志及相关资料。2007 年被中华人民共和国人事部和文化部授予全国非物质文化遗产保护先进工作者荣誉称号，享受省部级劳动模范和先进工作者待遇，并在人民大会堂受到中央领导的接见并合影。

田居俭（1934 年 12 月—　）

一个研究员晚年的学术生涯

田居俭，生于吉林省双辽县（现双辽市）一个铁路工人家庭，童年是在日寇铁蹄践踏下度过的。新中国给了他受教育的权利，并引导他从少年时代起就立志用所学的知识报效祖国、服务人民。1955 年考入东北人民大学（吉林大学前身）历史系。1959 年毕业留校，成为著名历史学家金景芳的学术助手，从事先秦史教学与研究。

1974 年中国科学院哲学社会科学学部（中国社会科学院前身）的《历史研究》复刊，田居俭被借调到该刊从事编辑工作，1976 年被正式调入，先后任副编审、编审、副主编、主编和中国社会科学杂志社副总编辑等职务。1992 年调入新建的当代中国研究所，任第一研究室主任兼《当代中国史研究》主编，研究中华人民共和国史，并担任当代中国研究所学术委员会顾问。年底开始享受国务院政府特殊津贴。

田居俭的研究重点是史学理论、中国历史和历史人物。其代表作有《李煜传》《春泥集》《乱世风云——五代十国》《新中国的由来》《当代人与当代史探研》《当代中国发展进步的政治前提和制度基础》等。论文《论学史》获1999年“五个一工程奖”。专著《当代中国发展进步的政治前提和制度基础》获新闻出版总署“庆祝建党90周年重点图书”项目，2019年获中央宣传部学习出版社等单位授予的第十五届德艺双馨杰出成就奖。

田居俭毕生的学术追求，可以概括为：“守成求新，经世致用”和“宁肯少些，但要好些”。为了追求理论、史料和文笔的完美结合，他60年如一日，孜孜不倦地从事学术研究，至今仍退而未休。

2005年春天，田居俭到了退休的年龄，但有的课题一时还找不到接替他的人。领导和同事们极力挽留他，最后单位以“返聘”的方式将其留了下来。于是，田居俭开始了他退休后的学术生涯。作为几个重点项目的主持人，他继续从事研究工作。

首先，修改和定稿《中华人民共和国史稿·序卷》和《中华人民共和国史编年（1949年卷）》。这两部史书是中华人民共和国史多卷本史书的重要组成部分，2012年9月23日新华社通稿“强调”：“该书的出版发行，对于发挥国史研究以史鉴今、资政育人作用，对于帮助人们系统学习新中国的历史，了解新中国的发展历程，深刻认识党领导人民进行社会主义革命、建设、改革的辉煌成就和历史经验，坚定中

田居俭在马克思雕像旁留影

国特色社会主义理想信念，具有重要意义。”全国主要媒体大多刊载了这一消息，充分肯定该书出版的社会意义和学术价值。

其次，完成了新闻出版总署庆祝建党90周年重点图书《当代中国发展进步的政治前提和制度基础》（批准号为07AITS002）的主题诠释及许多新理论、新论断的阐述。比如：何谓“制度”？毛泽东指出：“制度决定一个国家走什么方向”，“制度即方向”；何谓“基础”？“基础即事物发展变化的根本。” “制度基础就是一个国家的立国之本和执政之基。”

最后，对申请并获准立项的国家社会科学基金重点课题，即《中国社会主义道路的探索与毛泽东思想的发展》（批准号 12ADJ002）的立意和谋篇做了精心的安排。参加课题研究与写作的各子课题组成员，按照大纲的计划与分工进行修改，为课题的结项报告做准备。恰好在此前后，课题组成员宋月红撰写了一篇对策建议报告，呼吁《“台湾史”应纳入国史研究和编纂范围》，发表在中国社会科学院《思想理论动态》2017 年第 28 期上。这一报告引起了中央领导和理论界的重视，也为本课题组重新思考和安排如何把“台湾史”纳入国史研究与编纂中去，如何更有力于“遏制台独势力”，如何更有力地实行“一国两制”，如何更有力地推进祖国和平统一大业发挥了作用。

在清理和规范上述课题写作的同时，田居俭又将退休前学习理论的读书札记润色成文，交付报刊筛选取舍，作为自己笔耕多年的岁月留痕。这些文章长短不一，写于改革开放新时期，发表在国内主要报刊上。写作的总体要求是：力争掌握和运用马克思主义立场、观点、方法，深入认识客观事物和研究实际。从史贵“惟义之求”的宗旨出发，戒陈言，取新意，深入浅出，简洁明快，在实践中履行自己多年追求的“哲史文兼涉，学思写并举”的学术信条。为了便于同读者交流，特摘抄与国史研究关系密切的一些文字参考。

为复兴社会史研究奋力呼唤

新时期史学繁荣的标志之一，是社会史研究的复兴。这也是诸多学者费时费力较多、钻研较深、收获较大的领域之一。《历史研究》1987 年第 1 期推出一组社会史研究论文和信息，约田居俭用“本刊评论员”名义，配发了题为《把历史的内容还给历史》的短评。这篇文章不长，但影响颇大，至今仍被史学界称为新时期复兴社会史研究的开端。有的论者强调，“这篇短评既朴实中肯，又大胆无畏，是当时思想解放、追求创新的真实写照，很多学者都以此作为社会史研究的真正起点”。

田居俭在短评中指出：中国史学原本具有重视社会史研究的传统，但从20世纪50年代后期开始，由于教条主义的束缚和“左”的思潮影响，人们在理解和应用历史唯物主义从事史学研究时出现了偏颇和失误，将社会生活的研究视为“庸俗”“烦琐”而逐之于史学门槛之外。田居俭认为，在历史唯物主义指导下，复兴和加强社会生活史的研究，是繁荣和发展史学研究切实可行的途径。这样做，可以独辟蹊径，促进史学的改革和创新，突破流行半个多世纪的经济、政治、文化三足鼎立的通史、断代史等著述格局，从研究社会生活的角度着手，开拓和填补鼎足之下的边缘地带和空白区域，同时再以社会生活的历史演变为中介，连接和沟通鼎立的“三足”，改变以往史学那种苍白干瘪的形象，使它充实和完善。

2004年，田居俭在为《历史研究》创刊50年论文选（社会史卷）写的序言中进一步强调：未来的社会史研究，要发扬中国史学“通古今之变”的优良传统，把社会史研究从古代延伸到当代，希望有更多的社会史研究者关注当代社会史研究。不论从中国通史的一个断代（中华人民共和国）角度考察，还是从中国社会正在经历的一个社会形态（社会主义）审视，中华人民共和国社会史都是中国社会通史不可或缺的组成部分。

难以释怀的国史研究情结

令人兴奋和欣喜的是，田居俭临近花甲之年，进入了中华人民共和国国史研究领域。出于难以释怀的国史研究情结，他以高度的热情和精力参与了当代中国研究所的几乎所有重大科研项目和国史学科建设工作。十多年来，他发表了一系列研究国史的论文，既有理论与方法的思考，又有具体的历史考察。其中，影响较大的成果有《当代人要治当代史》《〈当代中国史研究〉发刊词》《略论国史与地方史的辩证关系》等。

《当代人要治当代史》，是针对“当代人不治当代史”的偏见而发，从史学发展史的角度论证国史研究的可行性。他依据刘知几《史通·杂说上》关于《史记》“虽叙三千年事，其间详备者，唯汉兴七十余载而已”的论断，引申出司马迁不仅是纪传体史书的开山，而且是治当代史的始祖。

《〈当代中国史研究〉发刊词》阐释了国史研究的地位和意义，指出中华人民共和国是中国悠久历史中划时代的崭新篇章，是中华民族数千年历史长河中最光彩的阶段，它理所当然是一个亟待开拓而又大有作为的研究领域。

《略论国史与地方史的辩证关系》论述的是，研究国史必须研究当代中国地方史。国史与地方史是分合有序、相互依存的有机整体，两者不能等量齐观，更不能相互取代。国史不是地方史的简单综合或扩充，地方史也不是国史的机械分割或浓缩。国史应统揽全局，高屋建瓴，为地方史提示社会发展蓝图和基本脉络。地方史虽限一隅，但方面俱全。由于历史、地理、经济、文化、民族等因素影响，各地发展又多有差异，所以要因地制宜，因事制宜，以翔实、典型、生动的事实，为国史拾遗补阙、取精用宏，为更加全面、系统地反映国情提供选择的余地。国史是地方史的依托和导向，地方史倘若离开国史就成了水上浮萍，所以地方史要在国史指导下深入开掘；地方史是国史的基础和前提，国史倘若离开了地方史便成了空中楼阁，所以国史要在地方史的基础上提炼和升华。

卫志强（1935 年 2 月—　）

当华美的叶片落尽
生命的脉络才清晰可见

卫志强，中国社会科学院语言研究所编审。上海市人。1960 年 9 月于哈尔滨外国语学院俄语专业毕业，1963 年 12 月于黑龙江大学俄罗斯语言文学研究生毕业。1964 年 2 月分配到中国科学院语言研究所。以后一直从事国外语言学和当代语言学的研究。1991—1995 年任《国外语言学》主编、国外语言学研究室主任。1994 年享受国务院政府特殊津贴。1995 年 9 月退休。

1995 年 9 月，卫志强办理了退休手续，告别了语言研究所的工作岗位。人是退下来了，但是手上的研究课题怎么能放得下呢。卫志强感觉自己的身体和精力尚好，工作兴趣远未“夕阳西下”，对于他所从事的语言学研究来说，退休只是“转岗”而已。

1995年至2000年，卫志强接受香港中文大学和香港浸会大学邀请，来到了香港。

在香港中文大学文学院，他以访问学者的身份与瑞典学者吴兆朋（瑞典著名汉学家马悦然的弟子）合作，进行中国古代服饰研究。卫志强运用符号学和语言学的方法论，系统阐发了中国古代服饰运用色彩、纹样、质料、数量等视觉能指（signifier）所表达的各种所指（signified），及其横向的组合（syntagm）和纵向的聚合（paradigm）两个层面之间的结构关系。研究成果《中国古代服饰的形制与功能》，刊于香港中文大学《人文学刊》2001年号，被认为在方法论上很有新意。他们还对比研究了毛主席诗词的6种外文译本，尝试分析了中外翻译家对毛主席诗词内涵的理解和译文的措辞和风格。分析文章完成初稿后，卫志强聘任期满，返回北京。

在香港中文大学翻译系，卫志强运用描写译学的研究方法，以日本古典小说《源氏物语》为蓝本，对台湾作家林文月的《源氏物语》译本和丰子恺的《源氏物语》译本，在用词、句式、风格等方面进行比较分析，得出了一些对翻译理论很有价值的参数和结论。研究论文《描写译学的理论与实践》刊于《外语与翻译》1998年第3期。

在香港浸会大学，卫志强参与了语言系与商业系合作的研究项目，内容是内地各类商品品名的结构和语义研究，研究成果旨在进一步指导新产品的命名，如何做到既有丰富的文化内涵，语音上又清晰响亮。研究成果《汉语品名的语言特性》一文，刊于《语言文字应用》2003年第3期；《汉语商品品名的语义特性》一文，刊于《语言规划的理论与实践》（语文出版社，2006 年 9 月）。

退休之前，卫志强的研究主要集中在语言学理论以及国外语言学发展的译介方面，其中重要成果有《当代跨学科语言学》（专著，北京语言学院出版社，1992 年）、《现代社会语言学》（译著，北京大学出版社，1984 年）和《神经语言学》（译著，北京大学出版社，1989 年）。退休之后，他的研究转向了如何运用语言学理论阐释和解决社会需要的具体问题上，陆续推出了一些新的成果。也许有人认为，这些新成果没有那么多名词术语，不那么“高大上”，但是卫志强心里很踏实：语言学理论的研究是重要的，运用语言学理论来解决实际问题也是重要的，只有理论联系实际，我们的科研工作才能沿着正确的轨道不断前进。

卫志强从香港回到北京后，在继续从事语言学研究的同时，长期担任语言研究所离退休党支部书记。在支部书记任上，他方向明确，工作勤恳，勇于奉献，得到历届所领导和全体离退休党员的一致好评。2016 年，语言研究所离退休党支部获得“中国社会科学院先进基层党组织”光荣称号。

中国社会科学院是马克思主义的坚强阵地，社科院党组提出了《中国社会科学院加强马克思主义理论学科建设与理论研究实施方案（2009—2014）》。院党组要求各学科首先认真通读马克思、恩格斯等经典作家的全部论著，选录、摘编出相关学科的论述，编辑成册，供广大读者和相关研究人员学习、研究。

2009 年至 2014 年，卫志强与徐赳赳、张丽娟同志一起，积极参与了《马克思恩格斯列宁斯大林论语言》的编辑工作，卫志强担任本书主编。经过三年多的查阅、发掘、摘编，并按当代语言学的基本理论体系进行归类、编排，比较清晰地显示了马克思主义经典作家关于语言和语言学的系统观点。

卫志强主编的图书

《马克思恩格斯列宁斯大林论语言》一书于 2015 年 1 月由中国社会科学出版社出版。全书从马克思、恩格斯、列宁、斯大林的论著（包括专著、笔记、书信等）中选录了 453 个语段，共 315 千字。这些关于语言和语言学的精辟论述，涉及语言的起源和发展、语言与思维和意识、语言的历史演变、语言的结构、语言的符号性、语言的社会本质、语言与民族、共同语和方言的界限等诸多领域。这是新中国成立 70 年来，首次对马克思主义经典作家有关语言和语言学的相关论述系统化的发掘、整理、归类和编排，充分彰显了马克思主义语言学说的时代价值和对当代语言学研究的指导意义。出版后受到广大读者和相关研究人员的欢迎。2019 年 2 月，该书荣获中国社会科学院第八届离退休人员科研成果三等奖。

2018 年秋天，语言研究所离退休党支部进行换届选举，83 岁高龄的卫志强在一片热烈的掌声中再次“退休”。大概在这个时候，他才意识到自己已经是个高龄老人了吧。

回首往事，卫志强不胜唏嘘：1949 年 5 月上海解放的时候，他刚满 14 岁，是一个失学青年。当时，最大的愿望就是参加革命工作。1951 年 2 月，这个愿望终于实现了，他进入川沙县公安局，成为一名人民警察，从此走上了革命的道路。“你是灯塔，照耀着黎明前的海洋；你是舵手，掌握着航行的方向。年轻的中国共产党，您就是舵手，您就是方向，我们永远跟着您走，人类一定得解放。”这首歌是他第一次受到的关于共产党的思想教育，至今记忆犹新。1956 年，国家高等教育要大发展，号召机关干部参加高考。他响应号召，又一次踏进学校的大门。毕业分配时，他志愿“服从组织分配，到祖国最需要的地方去，到祖国最艰苦的地方去”，结果分配到中国科学院语言研究所，从此走上了学术研究的道路。

“当华美的叶片落尽，生命的脉络才清晰可见。”这是智利诗人聂鲁达的著名诗作《似水年华》中的一句，卫志强非常喜欢。对于诗句的含义，众说纷纭，见仁见智。卫志强的理解是：我是在党的培养和教育下成长起来的科研人员，毕生都要在科研岗位上奋发努力，贡献出自己的微薄力量。年纪大了，老了，这种信念更加坚定，永远不变。

徐光冀（1935 年 6 月—　）

废墟上的足迹

徐光冀，原籍安徽歙县，生于北京。1959 年毕业于北京大学历史系考古专业，进入中国科学院（后改为中国社会科学院）考古研究所工作。任研究员。主要研究方向为新石器时代、青铜时代和汉唐考古研究及文物保护。曾任所学术秘书组成员、常务副所长、所学术委员会副主任、国家文物委员会主任委员秘书、中国考古学会秘书长、《中国考古学年鉴》主编、国家文物局考古专家组成员、长江三峡工程文物保护规划组成员。主要著作有《赤峰药王庙、夏家店遗址试掘报告》《内蒙古巴林左旗富河沟门遗址发掘简报》《赤峰蜘蛛山遗址的发掘》《内蒙古东部地区青铜时代的两种文化》《大甸子——夏家店下层文化遗址与墓地发掘报告》《曹魏邺城的平面复原研究》等。曾获全国社科基金优秀成果奖、中国社会科学院优秀成果奖、新闻出版署《中国大百科全书》编辑出版荣誉证书等。参与制定《国家文物保护法》。1992 年享受国务院政府特殊津贴。1996 年退休。

徐光冀退休后，仍致力于考古研究与文物保护事业。与此前不同的是，涉及领域更广，除继续主持完成退休前承担的考古项目外，更多地奔走于全国各处的考古工地和重要遗址，指导田野发掘和资料整理，监督和检查遗址保护情况。同时整理出版著述，总结工作收获。

继续研究邺城遗址，对邺城的田野工作给予指导。徐光冀的代表性著述为《东魏北齐邺南城平面布局的复原研究》，此文将东魏北齐都城之邺南城的布局归纳为五个特点，显示了从曹魏邺都（邺北城）经北魏洛阳都城到隋都大兴城这一发展脉络上的中间环节，如在城中（内城）的南北分区上，邺南城两区面积约略相等，而此前的曹魏邺都和北魏洛阳城均是北大南小，之后营建的隋大兴城的南区则明显大于北区。故而，“宪章前代”“模写洛京”（《魏书·李业兴传》）的邺南城在中国都城规制史上享有承先启后的地位。

主编《磁县湾漳北朝壁画墓》。这座迄今为止发掘的北朝晚期规模最大的墓葬虽被盗掘且屡遭破坏，仍以墓室内现存的数千陶俑和墓道两侧巨幅壁画引发广泛关注。徐老退休前即主持对此墓的抢救性发掘，安全揭取壁画，仅修复整理各类文物和绘制线图就花费了 6 年的时间。之后在其引领和规划下，2003 年邺城考古工作队编撰的这部专刊报告终于出版。该报告资料性强，更反映了著者鲜明的学术追求。发掘时，既考虑了湾漳墓在整个墓地中的位置关系，又考虑了这

徐光冀退休后出版的著作

座墓葬的内在布局，即坟丘、神道、石刻、墓园建筑、墓垣的状况和相互关系。故此项抢救发掘尤其注重对整个茔域的复原，从而对研究中国古代陵墓制度有重要意义。该报告获 2004 年科学出版社优秀作者奖。

主编《中国出土壁画全集》。因出土壁画在美术史上的重要地位，科学出版社 1989 年就出版过宿白主编的《中国美术全集 · 绘画编 · 墓室壁画》卷。随着考古工作的进展，出土壁画增添了大量的新资料，虽说进入 21 世纪后，曾有上下两册的《中国美术全集 · 墓室壁画》（2010 年）和三卷本的《中国美术分类全集·中国墓室壁画全集》（2011 年）等图录相继问世，但所辑墓葬与现下出土壁画资料仍不匹配。经与各方协商，科学出版社约请徐光冀出任主编，将2009 年以前全国大部分地区出土的主要壁画汇编成十卷本《中国出土壁画全集》，收录壁画 2000 多幅，于 2012 年统一出版。该书信息量之大是空前的，尤其是与已发表的相同壁画的图像相比，其图版的清晰度及内容的可读性显著提高，像东北和福建等地许多出土壁画尚属首次披露，堪称出土壁画集大成之作。此书荣获第三届中国出版政府奖图书奖。

汉唐考古之新识。秦汉至隋唐时期的考古学曾是徐老研究的重点领域。退休后，他撰写的《北方都城》《北方地区陵墓》以综述的形式概括了魏晋南北朝时期北方地区都城和陵墓的研究现状。《“曹操高陵”的几个问题——〈河南安阳市西高穴曹操高陵〉读后》本着严谨的态度，举证说明将西高穴 2 号墓认定为曹操墓尚不具备唯一性，还不能定论。《中国古代城市考古及其保护的有关问题》提出城市考古尤需注意的 3 个问题——廓清城市范围及布局、坚持地层学和类型学的基本方法、确保考古规划和资料保存的延续性。

对燕山南北古文化的持续关注。1983 年以前，徐老主要在燕山南北地区从事田野考古，该地区新石器时代富河文化和青铜时代夏家店下层、夏家店上层两文化的命名都与他的工作有直接关联。围绕这些古文化，仍有许多问题亟待解决。退休后，他重返故地，主持了对富河沟门遗址的再次发掘，考察了敖汉旗城子山、北票市康家屯夏家店下层文化石城遗址，对建昌县东大杖子战国时期墓地、朝阳市三燕龙城遗址、巴林左旗辽上京和祖陵等重大遗存的考古与保护提出意见。2017 年更以耄耋之躯深入医巫闾山踏查辽代帝陵等地。他的《区系理论在辽西地区的实践》一文，提出夏家店下层文化与燕文化可能有着谱系上的关系，标志着对燕山南北地区古文化的新认识。

文物保护再续新篇。耕耘考古的同时，徐光冀继续投身文物保护事业。长江三峡水利枢纽工程开启后，国家三峡建设委员会办公室和国家文物局责成中国历史博物馆和中国文物保护研究所组成“三峡工程库区文物保护规划组”，作为该组的4成员之一，徐老被委以重任，在勘察22个县区遗址和文物的基础上，1996年完成《长江三峡工程淹没及迁建区文物古迹保护规划报告》，规划保护地面地下文物1282处（经论证，2000年批准保护1087处），2010年由他主编的这部四卷本的报告正式出版，为各项文物保护举措的实施提供了执行标准，也为大规模经济建设中的文物保护工作积累了可贵经验，并促成这一重要文化资源的共享。2014—2016年，徐老任三峡工程文物保护国务院终验专家组组长，全程参与验收，并写出终验报告。2003年三峡工程二期蓄水时，他主编出版《永不逝落的文明——三峡文物抢救纪实》一书，成为当年的畅销书。为向中央和全国人民汇报三峡文物保护成果，受三峡建设委员会办公室和国家文物局委托，2018年主编出版《三峡文物保护》一书。白鹤梁、张飞庙、石宝寨、大昌古镇等，许多著名古迹以不同形式得以保存和展示，皆是此项业绩的重要物证。也正是缘于三峡文物保护事业，1997年起徐老还受聘重庆市政府专家顾问组成员，并由市政府颁发证书表彰为三峡工程先进个人。

南水北调建设工程起步后，2002年起徐老被聘为水利部南水北调文物保护前期工作专家组成员、南水北调工程河北省专家组组长，指导五省两市和长江水利委员会、淮河水利委员会文物保护工程规划的编制（可研报告），并参加水利部水利工程设计研究院总规划（可研报告）的评审定稿。南水北调建设审批文物保护项目 647 项（地面 47 项，地下 600 项）。因调水渠线途经华夏文明腹心地带，考古任务尤为繁重，徐老除参加国家文物局、调水办公室合组的发掘工地检查和验收外，每年还对重点工地多次考察，提出意见和建议。目前，南水北调工程正试运行，各省市待国务院终验，徐老则对筹备工作进行指导。

在大遗址保护和考古遗址公园的建设方面，徐光冀也提出过许多积极建议，尤其强调要重视对遗址本体所处环境的整体性保护之理念。在如何看待文物保护与考古学的关系上，指出“考古学是……遗址保护的基础和支撑，而文物保护工作是促进考古学科发展的保障，两者关系紧密，相辅相成，而又有区别，各有目标，文物保护体系不能涵盖整个考古工作和考古学科”。

出版文集，总结考古人生。从正式参加考古工作算起，徐光翼已经走过 60 个年头，其间工作对象繁多，涉足甚广，发表的文字稿散见各处。2018 年终于将其专著外的研究成果汇编成册，以《废墟上的足迹——徐光冀考古与文物保护文集》为题，由科学出版社出版。这部文集，见证了徐老的工作成就，也是对考古人生的自我总结。在文集之末，根据自己的多年心得，提议遵循苏秉琦的区系理论分区撰写历史、提炼有的放矢的高效率田野工作方法，热情展望中国考古学的未来。

（朱延年）

王世民（1935 年 7 月—　）

继续弘扬夏鼐的治学精神

王世民，江苏徐州人，1956 年毕业于北京大学历史系考古专业，进入中国科学院哲学社会科学部（后改为中国社会科学院）考古研究所工作，业务方向为商周青铜器与中国考古学史。任研究员。长期从事秘书工作，参与多项集体编撰的国家重点项目，其中任项目负责人的《殷周金文集成》，获全国古籍整理图书一等奖（1992）、中国社会科学院优秀科研成果奖（1993）、全国优秀图书荣誉奖（1995）等奖项。曾任考古所图书资料室主任，兼任中华炎黄文化研究会、中国考古学会、中国古文字研究会理事，中国郭沫若研究会常务理事。1995 年 8 月退休。

1995 年 7 月底年满 60 岁退休前夕，王老实现了多年来的坚定理想，光荣地参加中国共产党。退休以后，更是满怀激情踏上新的征程，科研工作蒸蒸日上，生活过得十分充实。

刚退休而被返聘的几年，正值“夏商周断代工程”酝酿和启动，他受聘负责其中“西周列王的年代学研究”课题的“西周青铜器分期断代研究”专题，与陈公柔、张长寿二位学长一道工作。该专题的预定目标是：“以西周青铜器中铭文可供西周历谱研究者为主，就其形制、纹饰作考古学的分期断代研究，为改进西周历谱的研究提供比较可靠的依据。”他们从年代可靠的西周青铜器中，遴选 11 类 352 件典型器，进行考古类型学排比，编定“西周青铜器主要器类分期图谱”，既为西周金文历谱研究提供比较可靠的依据，又为西周考古研究提供参考之便。《西周青铜器分期断代研究》于 1999 年出版后，获得第二届郭沫若中国历史学研究成果二等奖。因该书受到读者欢迎，久已售罄，2017—2018 年两次重印。

由于他曾长期在夏鼐先生身边工作，深知他在新中国考古学发展中的重要地位和卓越贡献，所以在2000 年以后的将近20 年间，以绝大部分精力，投入夏鼐论著资料的整理与研究，为弘扬夏鼐的治学精神而尽心尽力。

首先，整理夏鼐日记，从启动到出版，历时 11 年。夏鼐去世后，曾任考古所副所长的原郭沫若秘书王廷芳，为查核郭老事迹去夏鼐家查阅过部分日记。20 世纪 90 年代末，有出版社约王老撰写夏鼐的传记。他感到如不查阅夏鼐日记难以着手。于是，夏鼐日记的整理问题提上日程。经过一两年的酝酿，他与夏鼐子女多次沟通日记整理问题。2000 年冬，由考古所现任领导出面洽商，决定先由他们初步整理，然后由王老统稿和把关，最后定稿。意想不到的是，整理工作着手不久，就遇到重重困难，原已承诺出版的单位失信，又联系不上北京其他出版社，加之当时未获资助，举步维艰。幸而得到华东师大出版社的支持，于2004 年签订出版合同，并预支一万元稿酬，考古所也解决了报销费用问题，整理工作得以顺利进行。

整理工作开始后，夏鼐子女陆续交来录入或誊抄的日记稿，而1936—1940 年留学期间的日记，因疑难问题太多，则转由王老负责整理。由于原件都集中在夏鼐女儿处，王老在校阅全稿时需不时前往查对，费时费力。后来夏鼐日记移存王老之处，整理才较为方便。为了顺利地工作，已近70 岁的王老，开始学习电脑操作，逐渐掌握各种技能。夏鼐的日记，对每天接触的人和事，特别是读什么书、多少页、几天读完、共多少页，都有具体的记载。大部分内容以行草体书写，往往字小如豆，辨识起来很困难。尤其大量的外文人名、地名、书名和专名，将潦草的字词准确地录入，并括注译文，则相当困难。英文和法文的一般内容，由考古所有关同志负责，其他疑难问题则多方求助。例如，请前往英国交流工作的同志核对伦敦小地名，请侨居英国的华裔学者校正留英和访英时期日记，请北大埃及古代史教授校阅日记中埃及考古内容，请本院外文所、拉美所同志及本所有关同志，分别校阅出访希腊、秘鲁和墨西哥、美国时期日记，等等，工作量巨大。

费事的还有核校大量的中外文书名。近现代中文历史学等方面著作，可翻检《八十年来史学书目》《民国时期总书目》等。而核对古籍方面，更费时费力。外文著作，除查阅有关论著所附参考文献外，主要检索英国不列颠图书馆网站的藏书目录。外文人名方面，一般遵照外国姓名译名手册音译，但许多西方的中国学家都有中文名字或传统旧译，例如伯希和、沙畹、高本汉、安特生、李约瑟等，则尽可能注明来源出处。

从2004年开始进行核校加工，到统稿完毕，将电子本定稿全部发给出版社，经历了四年多的时间。从2008年秋进入编辑程序到出书，又经过三年有余。其间，他在几次前往上海、反复校阅清样的同时，编撰内容翔实的“夏鼐生平事迹年表”，并由责任编辑协编“主要交往人物索引”，作为附录。至此，十卷438万字的《夏鼐日记》终于成书。付印前，被评定为“国家社科基金后期资助项目”。2011年7月底出书时，正值第二届上海书展开幕，被新闻媒体誉为书展上最受读者关注的好书之一，曾在上海图书馆举办专题讲座。《夏鼐日记》出版后，受到学术界的欢迎，肯定其在学术史上的重要价值，被认为是考古专业学生必读书，半年内即行重印。历年来据以研讨学术史问题的论文，不断见于各种报刊。

编辑《夏鼐先生纪念文集——纪念夏鼐先生诞辰一百周年》《考古学家夏鼐影像辑》，并参与协助温州建立夏鼐故居纪念馆。《纪念文集》是为2010年2月举行夏鼐先生诞辰一百周年纪念活动而编辑出版的，收录夏鼐逝世后海内外报刊陆续发表的纪念、评述文章，并特约部分新稿，共计60多篇63万字，于2009年末出版。该书由王老在考古所科研处有关同志的协助下，从收集资料、编排目录、校对清样，直到出书全面负责。书中所收文章，从不同的角度和不同的方面，讲述夏鼐方方面面的卓越贡献、杰出成就和人格魅力。

《影像辑》则是夏鼐子女倡议，由温州市文化局资助和考古所支持而进行的，王老应邀“就全书的架构提出整体设想，并从学术上协助把关”，实际上是他引领夏正炎承担大量具体工作。该书收录影像资料400余幅，形象化地展现夏鼐光辉的生平事迹，于2011年出版。随后，温州建立夏鼐故居纪念馆，即以《影像辑》的内容为基础进行版面设计。王老又应设计师的要求，增补夏鼐与中外学界交往内容，以充实展室。为此，选定人物、搜索照片、撰写简介。2012年，纪念馆建成前，又和夏正炎亲赴现场，与设计、布展人员一道奋战半个月，直到举行开幕式的前夜。

王世民等观看文物

重新编辑《夏鼐文集》。2010年曾出版过由他编辑的三册本《夏鼐文集》，当时仅收录已刊文字，由于时间紧促及其他原因，仍有不少需要完善之处。2012年社会科学文献出版社准备重印文集，王老本着精益求精的精神，对文集重新编辑。经过四年努力，于2017年出版新本五册，收录夏鼐已刊及未刊论著213篇、229万字，篇数和字数都比前三册本增加一倍多。2018年，又出版《夏鼐西北考察日记》，二册61万字。不仅将《夏鼐日记》的西北考察部分重加核校，而且扫描原件、选印未曾发表的400多张遗迹照片，为夏鼐研究提供更加完善的资料。

20多年来，王老通过以上整理《夏鼐日记》、编辑《夏鼐文集》等项工作，不时回顾在夏鼐身边的经历，对夏鼐的道德文章有了更加全面而深刻的认识，持续进行夏鼐传记的撰写，近期业已脱稿，即将定稿交付出版。

另外，王老又在青铜器研究方面，应中华书局的要求，将考古所集体编撰的《殷周金文集成》18册豪华本，改编为8册修订增补本，以满足有关学者的需要。还曾将自己的论著，选编为《考古学史与商周铜器研究》出版。

王老不仅是一位成绩卓著的学者，更是夏鼐治学精神的传承人。

林洪亮（1935年9月— ）

不忘初心　励志前行

林洪亮，中国社会科学院外国文学研究所研究员。江西省南康（今属赣州）人。1953年考入武汉大学中文系，1954赴波兰留学，1960年华沙大学毕业，获硕士学位。同年回国分配到中国科学院文学研究所，从事波兰文化、文学的研究和译介工作。1964年外国文学研究所成立后，转入该所。1995年评为研究员。曾任东欧文学研究室主任，1993年享受国务院政府特殊津贴。著有《波兰戏剧简史》、《东欧文学史》（主编）、《东欧当代文学史》（主编）、《东欧戏剧史》（合作），译著有长篇小说《你往何处去》《火与剑》《人民近卫军》等。1984年获波兰政府颁发的波兰文化功勋奖章，1994年获波兰心连心奖章，2000年获波兰总统颁发的十字骑士勋章。2007 年获得中国翻译协会授予的“资深翻译家”称号。1995 年退休。

1995 年末，林洪亮退休了，但是手中的笔并没有放下来。这位曾留学波兰多年的学者，把研究和译介波兰文学当成自己一生的使命，也作为自己继续报效祖国的感恩之举。

刚刚退休，林洪亮就应邀撰写波兰著名作家显克维奇的评传。显克维奇在波兰家喻户晓，曾受到鲁迅的高度评价，1905 年荣获诺贝尔文学奖。自从一接触到波兰文学，林洪亮就被这位显克维奇迷住了，并最早翻译过他的作品。退休了，时间相对充裕了，林洪亮在占有大量材料的基础之上，系统地归纳整理，真实而准确地完成了其评传之作。1999 年，《显克维奇——卓尔不群的语言大师》由长春出版社正式出版了。

这位显克维奇是林洪亮翻译作品最多的一位作家，退休以后，林洪亮陆续翻译了他的三部长篇历史小说，分别是《十字军骑士》（70 万字，2000 年陕西人民出版社出版，后由南海出版公司和人民文学出版社多次再版）、《火与剑》（80 万字，2005 年译林出版社出版、2014 年漓江出版社出版）、《中非历险记》（20 多万字，2016 年漓江出版社出版）。

肖邦是波兰伟大的音乐家，也是世界上唯一以钢琴作曲和演奏永垂青史的音乐家。到了波兰华沙之后，林洪亮的耳边时时处处都是肖邦的乐曲，耳濡目染便渐渐喜欢上了肖邦。20 世纪 80 年代，他在研究波兰浪漫派的代表人物密茨凯维奇的同时，接触到了许多关于肖邦的资料。一些国内外的著作把肖邦描绘成多愁善感、孤傲离群、意志薄弱的人，林洪亮不以为然。大量的史实告诉林洪亮，肖邦是一个具有强烈爱心、交游很广、思想坚定的爱国音乐家。从那时候起，林洪亮就想为肖邦正名。

2010 年，林洪亮用四年的时间完成了《肖邦传》和《肖邦通信集》。当年正逢肖邦 200 周年诞辰，他以《肖邦传》来表达自己对这位伟大音乐家的敬仰之情。《肖邦传》和《肖邦通信集》于 2010 年由中国社会科学出版社出版，在国家大剧院举行首发式，反响不俗。后来曾在中国广播电台做过节目，上海世博会期间，还成了波兰代表团赠送宾客的礼物。

波兰诗歌的翻译是林洪亮最近十年的主要工作。

在他译过作品的四位诗人中，密茨凯维奇是其最喜爱的，也是一生倾心关注的。早在留学期间，密茨凯维奇便是林洪亮学习和研究的对象。大学三年级的时候，便翻译了密茨凯维奇的三百余行的四首短诗。后来，他和学友合译了长诗《塔杜施先生》（1998 年人民文学出版社出版），诗剧《先人祭》（2000 年浙江文艺出版社出版、2016 年四川文艺出版社出版）。60 多年来一直没有放下翻译的《密茨凯维奇诗选》，终于在 2017 年由四川文艺出版社出版，并被《出版人》杂志评为 2018 年度文学翻译奖。2017 年，林洪亮又把密茨凯维奇的《散文选》的译文交给了出版社。这样一来，就将密茨凯维奇的全部主要作品都介绍给了中国读者。终于实现了林洪亮的夙愿。

斯沃瓦茨基是波兰浪漫派的第二大诗人，也是林洪亮当年硕士论文的研究对象。早在 1959 年斯沃瓦茨基 150 周年诞辰时，他就翻译了斯沃瓦茨基的一些诗歌，回国之后一直忙于其他作家的研究和翻译，就把这项工作暂时放下了，不料想一放就放了几十年。近些年来，林洪亮一直有些不安：斯沃瓦茨基这样一位著名诗人，他的作品在中国一部也没有出版过，作为一个波兰文学的译介者，是应该自责的。怀着一颗诚挚的补救之心，林洪亮在当年旧稿的基础之上，做了大量的补译和加工，2018 年初，终于把《斯沃瓦茨基诗选》的书稿交给了出版社。

米沃什是波兰现代的一位著名诗人，1980 年获得诺贝尔文学奖。林洪亮曾受几家报刊之约，翻译了他的一些诗。2018 年，上海译文出版社出版了四卷本的《米沃什诗集》，其中头两卷《冻结时期的诗篇》《着魔的古乔》就是由林洪亮翻译的。该书出版后很受读者欢迎，半年之内便加印两次，而且还被多个媒体评为 2018 年最受欢迎的图书之一。

希姆博尔斯卡是波兰杰出的女诗人，于 1996 年获诺贝尔文学奖，成为波兰获此殊荣的第四人。在她获奖的当年，便在中国掀起了“希姆博尔斯卡热”。这股热潮使林洪亮不禁感慨：波兰文学的翻译人才实在太少了，而且现有的人才都已经老了。就在那时候，他郑重地提出“小语种翻译人才后继乏人”的问题，希望能够引起全社会的关注。林洪亮提出问题后没有止步，他身体力行，很快着手翻译了希姆博尔斯卡的几十首诗歌，并且写了多篇评介文章。后来，林洪亮应漓江出版社之邀，翻译出版了希姆博尔斯卡的诗文集《呼唤雪人》，又接受东方出版集团的邀请，翻译了她的全部诗歌。这部全集将于 2019 年与读者见面。

在波兰获得诺贝尔文学奖的四个作家中，林洪亮唯一没有译介过的就是莱蒙特。为了弥补这一缺陷，他已经有了新的打算：在今后的有生之年，至少要将莱蒙特的一部小说翻译出来，介绍给中国读者。

林洪亮 2009 年游览西湖

林洪亮宝刀未老，笔耕不辍。除了以上作品，他还翻译了波兰荒诞派作家冈布罗维奇的长篇小说《着魔》（2014 年，上海文艺出版社）。编选出版了《世界戏剧经典全集：东欧卷》《东欧国家经典散文》和《戈宝权纪念文集》等。2018 年，漓江出版社出版了林洪亮的《林洪亮译文自选集》。

由于林洪亮在研究、译介波兰文学方面所做出的卓越成绩，在职期间就曾获得波兰的两枚奖章。退休之后，2000 年获得了波兰共和国总统颁发的“十字骑士勋章”，2010 年又获得波兰文化部长颁发的“‘荣誉艺术’波兰文化银质勋章”。2007 年中国译协授予他“资深翻译家”的光荣称号。

侯精一（1935 年 10 月—　）

退休之后：迎来新的研究高潮

侯精一，中国社会科学院语言研究所研究员，荣誉学部委员。山西省平遥人。1952 年以同等学力资格（未读高二、高三）从天津考入北京大学语言专修科，1954 年毕业后分配到中国科学院（现中国社会科学院）语言研究所，主要从事方言学研究和编辑工作。曾任语言研究所副所长、《中国语文》杂志主编，中国语言学会会长等职。1992 年享受国务院政府特殊津贴。其担任主编的“九五”国家社科基金重点项目《现代汉语方言音库》荣获第四届吴玉章人文社会科学优秀奖（2002 年）。其作为主编（之一）的专著《中国方言民俗图典系列》荣获第四届中国大学出版社图书奖、学术著作一等奖（2015 年）。2001 年 8 月退休。

1954年，当侯精一从北京大学毕业，兴致勃勃迈进语言研究所大门的时候，他刚刚19岁。此后，侯精一就一直在语言所里从事语言学研究和编辑工作，长年累月地调查方言、撰写论文、编辑杂志、组织学术活动，取得了丰硕的成果和突出的业绩。2001年，当侯精一办理退休手续的时候，他已经66岁了。接着，他又被返聘回所，直到2005年才正式离开工作岗位。

退休了，年近古稀的侯精一没有停歇下来，他的学术研究仍在继续。非但仍在继续，而且还迎来了新的高潮。

侯精一先后申请到“九五”国家社科基金重点项目——现代汉语方言音库（1996—2000）、“十五”国家重点电子出版物——现代汉语方言音库CD项目（2001—2005）。

《现代汉语方言音库》项目于2003年结项，之后由上海教育出版社出版。这个音库记录了以下40个地点的方言。吴语区：上海、苏州、杭州、温州；粤语区：广州、南宁、香港；闽语区：厦门、福州、建瓯、汕头、海口、台北；客家区：梅县、新竹；赣语区：南昌；湘语区：长沙、湘潭；徽语区：歙县、屯溪；晋语区：太原、平遥、呼和浩特；官话区：北京、天津、济南、青岛、南京、合肥、郑州、武汉、成都、贵阳、昆明、哈尔滨、西安、银川、兰州、西宁、乌鲁木齐。这些非常宝贵的资料，有着深远的现实意义和历史意义。

《现代汉语方言音库CD》是对现代汉语方言音档的切割、补充并数字化。于2006年结项，之后由上海教育出版社出版。

2010年，侯精一作为主编（之一）的《中国方言民俗图典系列第一辑（10卷本）》列为国家出版基金资助项目，

2011 年又列入“十二五”国家重点图书出版规划项目。该书于 2014 年由语文出版社出版。2015 年《中国方言民俗图典系列第一辑（10 卷本）》荣获第四届中国大学出版社图书奖、学术著作一等奖。

侯精一在《中国方言民俗图典系列·第一辑》总序中指出：现代汉语方言民俗文化是中华民族文化的延续、依托。它作为传统文化渗透、蔓延于当今社会生活的多个层面……城镇化的发展，势必带来传统村落的消亡，以及与此伴随的民族文化的逐渐消失。而《中国方言民俗图典》的出版正是对濒临消亡的“一种传统”“一种民族符号”以至“一种语音”（方言图典所收条目均标注国际音标）的有效保存，无疑具有重要的历史意义与文化价值。

退休以后，侯精一陆续发表了十几篇文章。方言学的论文有《试论现代北京城区话的形成》（载日本《中国语学》2001，又见《汉语史中的语言接触问题研究》2010）、《中国音韵学研究与现代山西方言音韵研究——纪念瑞典著名汉学家高本汉调查山西方言 100 年》（《方言》2011）。《山西、陕西沿黄河地区汉语方言第三人称代词的类型特征的地理分布与历史层次》（《中国语文》2012）等。

值得指出的是，侯精一在《北京话连词“和”读“汉”的微观分布兼及台湾“和”读“汉”溯源》（载《语文研究》2010）一文中，首次厘清了“和”（hé）读“汉”（hàn）是怎样进入台湾国语的。他在文中写道：感谢鲁国尧先生惠我舒乙《乡音灌耳》（1944）一文，由此明晰“和”读“汉”是“齐铁恨先生在电台教的”，齐铁恨先生是北京人，当时又是“台湾家喻户晓的大师级人物”。台湾“和”读“汉”源自台湾光复后的国语推行运动。1947 年台湾省国语推行委员会编印的《国音标准汇编》是台湾推行国语的重要依据和准则，在这本《国语标准汇编》中，“和”的读音就是“汉”。

侯精一还陆续发表文章，对著名前辈学者的学术思想和研究方法作了总结和介绍。例如《记忆深处的丁声树先生》（《方言》2009）、《朱德熙先生在现代汉语方言研究上的贡献》（《方言》2011）、《纪念李荣先生〈官话方言的分区〉发表30周年》（《北斗语言学刊》2016 上海）等。

侯精一担任北京大学中文系博士学位论文答辩导师

在《纪念李荣先生〈官话方言的分区〉发表30周年》这篇文章里，侯精一指出，李荣先生的《官话方言的分区》（1985）的创意在于：一、提出了汉语方言分区的层次理念。二、提出了“普通话在方言之中，又在方言之上”的论断。三、把“晋语”从“北方官话”分出来。并把汉语方言分为下列十区：官话区、晋语区、吴语区、徽语区、赣语区、湘语区、闽语区、粤语区、平话区、客家话区。四、提出了

“山西方言跟山西的煤炭一样，是无穷无尽的宝藏，亟待开发”。以上四点都是前人未曾说过的新鲜见解，李荣先生的学术创新与学术智慧在此尽显无余。前辈学者的创见，带动了学科的发展进步。

在《记忆深处的丁声树先生》一文中，侯精一除了回忆丁先生的道德文章，还记述了丁先生对他的指导和帮助。其中有这样几个片段：

——初见丁先生，丁先生问我：你的名字是谁给你取的？你知道你的名字是什么意思吗？我答不上来。丁先生告诉我，《尚书·大禹谟》有“人心惟危，道心惟微，惟精惟一，允执厥中”，并让我回去查查看。我这才知道“精一”两个字的来历！

——刚到方言组不久，丁先生就让我把字写端正了。还让我死记硬背汉语方言调查字表所收录的三千多个汉字的中古音韵地位。

——1975 年至 1976 年，丁先生不定期地给我讲一些汉语音韵、训诂的知识，指导我读点书。丁先生说掌握中古音韵知识对于做方言调查研究是必需的。当时我记的笔记就有两本儿。

——“文化大革命”之后，丁先生让我对“纠”字在山西的读音、字形做些调查，意在为辽金史上纠军的“纠”的形音义提供一些佐证。在丁先生的指导下，我完成了《释‘纠首’》一文，发表在《中国语文》上。当时如果没有丁先生出题，我不会想到去研究“纠首”，更没有机会去接触石刻文献，还学会了拓片。

北京大学中文系教授朱德熙先生，与李荣先生是西南联大的同窗，一生的挚友。朱德熙先生对现代汉语方言的研究，偏重于语法，很有创见。侯精一在回忆文章里，着重评介了朱先生在 1980 年以后发表的五篇方言学文章：一是《北京话、广州话、文水话和福州话里的“的”字》（1980）；二是《潮阳话和北京话重叠式象声词的构造——为第 15 届国际语言学会议而作》（1982）；三是《汉语方言里的两种反复问句》（1985）；四是《在中国语和方言两种学术会上的发言》（1986）；五是《“V-Neg-Vo”与“Vo-Neg-V”两种反复问句在汉语方言里的分布》（1991）。其中 1980 年、1982 年、1985 年、1991 年四篇是通过语音变化探求汉语语法规律，1986 年一篇是对方言理论问题的讨论。朱先生在文章中，经常会把自己研究中的一些想法或疑虑提出来，而且还总要问上几个为什么。只有仔细研读以上文章，才能深刻体会到朱先生的求实精神和探索精神。

回首 60 多年的学术生涯，侯精一最深刻的体会是：学术研究一定要走创新之路，只有不断创新才能不断前进！当初，前辈学者是这样教导他的；后来，他也是一直这样努力和坚持的，过去如此，现在如此，将来还要如此！

至今，在语言学的学术交流会议上，人们仍能时常看到侯精一的身影。虽然年岁八十有余，但他依然精神健旺，思维活跃，步履生风。除了继续本身的语言研究之外，侯精一还担任着教育部国家语委海峡两岸交流协调小组副组长，是国家汉办国家级汉语水平考试等级标准及相关科研项目的专家顾问组成员。担子很重，工作忙呢！

在语言研究所建所 60 周年的纪念会上，侯精一曾专就语言所的“所风与学风”发言。语言所是中国科学院最早成立的“老所”之一，语言所的大师级学者——罗常培先生、吕叔湘先生、丁声树先生等，率先垂范，言传身教，创立了优良的所风和学风。侯精一希望后来者能够像他一样，不忘前辈学者的教诲，永远保持语言所的优良学术传统，在语言学研究的道路上继续创新发展！一番肺腑之言，表达了侯精一对语言所、对语言学研究的一往情深，也寄托着他对年青一代的殷切期望。

韩岫岚（1935 年 10 月—　）

退休不忘励志　励志就有所为

韩岫岚，女，出生于陕西省蒲城县。1953 年考入西北工业大学纺织机械系，还未上学就被调到共青团西北工委工作。1956 年考入中国人民大学工业经济系。1960 年分配到中国科学院哲学社会科学部经济研究所，1978 年转入工业经济研究所。1980 年后历任中国社会科学院工业经济研究所企业管理研究室主任、研究员、社科院研究生院教授、博士生导师、工业经济系主任。1992 年起享受国务院政府特殊津贴。2000 年 11 月 65 岁退休。担任的社会职务有：中国企业管理联合会、中国企业改革与发展研究会、中国企业教育管理研究会理事，中国工业经济管理研修中心客座教授，首都经济贸易大学和吉林大学商学院兼职教授，中国职工思想政治工作研究会、中国企业文化研究会和中国企业文化促进会特约研究员，以及企业文化管理师，全国企业文化建设示范基地、优秀和先进单位、优秀和先进个人评定委员会委员。还有国家级企业管理现代化创新成果审定委员会委员，中国企业家调查系统专家委员会委员。曾被特聘为北京市人民政府第四届和第五届专业顾问团顾问。主要从事企业经营管理研究，包括企业战略、组织体制、领导制度、人力资源开发和管理、企业经营机制、企业素质、企业活力、企业文化、企业家队伍建设等。著有《乡镇企业经营论》《企业经营管理薄弱怎么办》《现代企业文化建设》。主编有《MBA 管理学的方法与艺术》《管理学基础》，合著有《工业生产的专业化与工业公司》《现代工业企业经营管理概论》等。曾参加组织、编写、总纂的《中国哲学社会科学基金》“六五”重点课题“中国社会主义工业企业管理研究”，获得中国企业联合会 1989 年优秀论著奖。1999 年撰写的《高级经理人才职业化市场化配套政策》一文，获得深圳市“发展杯”论文特等奖。

韩岫岚退休 18 年以来思想不退休，依据在职积累的知识、经验和能力，在有社会需求和力所能及的状况下，积极为社会经济发展做出新贡献。

韩岫岚继续完成在职时未完成的《中国企业史·现代卷(上)》（主编）的编写、总纂工作。这是在 1996 年中国企业联合会、中国企业家协会召开有关专家研讨会决定编写一部《中国企业史》，大家认为这是一项功在千秋的大事，没有现成经验可以借鉴，是一次大胆的尝试。共有古代、近代、现代、台湾、港澳、典型企业六大卷。其中现代卷又分上、中、下三册。主编的上册是从1949年到1978年，又分为上下两篇：上篇为新中国成立后的企业改造与新企业建设（1949年到1957年）；下篇为“大跃进”和“文化大革命”中企业的曲折发展（1958年到1978年），58万字。该六大卷2002年12月由企业管理出版社出版。它的出版被认为是“内容丰富、史料翔实、结构严实、论证有力，是一部质量较高，具有开创意义的学术专著”。

韩岫岚参加2002年到2008年《中国大百科全书（第二版）》编纂。她原来参加过第一版经济卷有关管理辞条的编纂工作。第二版主要负责经济卷管理分卷条目编纂，任主编，共180多条。其中有部分是她的博士生写的，韩岫岚负责修改定稿。因在编纂出版《中国大百科全书（第二版）》工作中做出重要贡献，2009年获得中共中央宣传部和新闻出版总署授予的荣誉证书。

2004年到2008年韩岫岚参加中共中央组织部全国领导干部考试选拔通用题库经济管理方面试题的编写、修改和复审工作。因为当时还没有公务员全国统一考试，一些省市选拔经济管理干部笔试由此题库选题（当时为保密任务）。

1994年到2013年韩岫岚参加中国企业联合会关于国家级企业管理创新成果的调查、论证、评审、终审等工作。从第一届她就开始参加，每年都要到很多企业进行调查，对企业报送的创新成果进行评议或提出修改建议。这项工作虽然辛苦，但对于了解企业管理的发展情景、成果和问题，对进一步做好科研工作有很大的帮助。

1984年到2015年韩岫岚参加国务院发展中心企业家调查系统关于每年两次中国企业家成长与发展报告的调研、修改、定稿和发布会。上半年曾参加企业家对自身的价值取

韩岫岚参加学术活动

向、队伍建设、成长环境，以及企业信用、企业创新、战略选择、社会责任、国际化经营、资本经营、人才开发、企业文化等方面的专题调研；下半年是企业家对宏观经济形势以及改革开放热点的判断和建议的专题调研。因为这都是由不同经济性质、行业、地区、规模企业的董事长、总经理填写的问卷，比较客观地反映了企业在这些方面的经验、难点、困惑和建议。正如有的报刊所述，这些调研报告为政府决策提供了科学依据，为理论研究提供了实证数据，为中国企业家队伍健康成长提供了支持和帮助。

2002 年到 2013 年韩岫岚参加人事部人事考试中心全国

经济专业技术资格考试中《工商管理专业知识与实务》初级和中级经济师考试用书的编写，以及考题的编写、初审、终审和确定（当时为保密任务）。

韩岫岚撰写发表过的论文主要有《现代企业管理创新发展的趋势》《新世纪的企业管理创新》《尽快加强企业的信用管理》《正确把握企业文化创新的走向》《“十二五”期间企业文化建设的着力点》《加强企业劳动者的和谐管理》等。其中《企业家应是有荣誉感和成就感的职业》论文于2003年获得中国企业家成长与发展优秀论文奖。

2018年韩岫岚应经济科学出版社之约，为其审读《中国农村土地股份制改革研究》《全球化背景下国际秩序重构与中国国家安全战略研究》《马克思主义学习型政党建设研究》等三部论著，每部35万—50万字。要写出能否出版、创新点以及需要修改和商榷的审读意见。

韩岫岚回忆退休18年来的社会科研活动，分析其中科研活动的内涵，总结其中内蕴的价值，感到虽然退休，但进行科研工作的生涯并没有画上“句号”。自己感到主要是身体健康、力所能及又有各单位邀请，所以，在老有所为中自己获得了工作的愉快。这其中，韩岫岚有三点深刻的体会。

第一，坚持理论源于实践的优良学风。1960年她到经济所，孙冶方所长在和新到的大学生座谈时就明确提出，除了要读经典著作和外语外，还要深入基层进行调查研究，了解实际情况，发现和解决问题，这是做研究工作的基本功。否则，写出的论著就会言之无物，人云亦云，拾人牙慧。工经所马洪所长一直强调“实践出真知”，蒋一苇所长更要求研究人员要理论联系实际，再用理论加以深化，反过去再指导实践。他们这些老领导老专家不光是这么说，还带领研究人员直接去企业进行调查研究。可是由于退休后因经济等多种条件的限制，经常去企业调查研究有困难，因此，参与上述社会科研活动为调查研究提供了方便和条件，有效地使自己把握当时研究课题的重点和难点，提高了学术创新的能力。

第二，积极与同行专家学者相互学习，取长补短，共同提高。在各种科研活动中，有些是个人单独写的论著，很多都不是一个人单独所能完成的，都是集体智慧的结晶。因为这些课题组、评审组的成员都是来自各个大学的退休人员和一些年轻的专家学者，都有所长，大家为了一个共同的事业相互学习，在求大同存小异的情况下，取得共识，各有所为。这也是一些科研成果能取得大家好评，具有社会效应的重要因素之一。

第三，讲求诚信，遵规守纪，持之以恒。特别是承担的一些社会科研课题，每个单位都有自己的要求和规则，尤其是领导选拔题库、经济师试题都是有严格保密要求的。参加这些活动的专家都能严格要求自己，没有发生过失误，才能够十多年坚持工作下去。所以，进行科研工作也要守正道，讲规矩，求真务实。

余谋昌（1935 年 12 月—　）

退休后的学术生活

余谋昌，生于广东大埔。1962 年武汉大学哲学系毕业。1962—1966 年在中国科学院哲学所读研究生，导师于光远和龚育之教授。毕业后留所工作至今。现任研究员，博士生导师。曾任中国自然辩证法地学哲学委员会副理事长，中国环境伦理学研究会理事长。1975 年确定环境哲学为研究方向，从事生态哲学和生态伦理学研究，出版《生态学哲学》（1991）、《生态哲学》（2000）等专著 14 种，提出这一领域的初步理论框架和基本观点，开拓这一领域的研究工作。2000 年退休，在中国社会科学院老年科研基金支持下，继续从事学术研究，出版学术专著 7 种：《自然价值论》（2003），《生态安全》（2006），《生态文明论》（2010），《生态文明：

人类社会全面转型》(2010),《环境哲学:生态文明的理论基础》(2010),《地学哲学:地球人文社会科学研究》(2013),《生态思维:生态文明的思维方式》(2019)。

关于自然价值理论研究

余谋昌退休后出版的第一种著作是《自然价值论》。他于1985年提出“生态价值”概念,指出环境质量和自然资源有经济价值,对它们的使用要进行价值计算,实行有偿使用的经济政策。经过近20年的研究,形成系统的自然价值理论。他指出,当今之所以面临这样严重的环境问题挑战,是由于现代经济学认为劳动产品有价值或者资本有价值,而自然资源和环境没有价值。人类的经济活动,采取随意掠夺、滥用、浪费和破坏自然资源,过度透支自然价值,导致全球性生态危机。生产力是经济—社会发展的基础。但是现代经济学认为,生产力即社会生产力,只有一种生产力。自然价值论认为,现实世界是四种生产力:自然生产力推动自然物质生产,创造自然价值;人口生产力推动人口生产,创造人才价值;社会生产力推动社会物质生产,创造劳动价值;智慧生产力推动知识生产,创造智能价值。应对全球生态危机,需要经济学转变以及人类社会实践转变,需要以自然价值论重构经济理论和实践。

2003年初,余谋昌一次体检中发现肝脏有一个2.3cm×2.4cm的肿块。去北京医院复查,经过B超、CT、核磁共振等多项高科技检查,著名专家周诚教授诊断为“不排除恶性肿瘤,建议穿刺活检”。也就是说,可能得了肝癌,余谋昌突然产生一种“生命倒计时”的感觉。他遵医嘱定期检查身体，注意身体变化，同时没有放松自己的学术工作，终于按计划完成了《自然价值论》的写作和出版。后来他对人说："我非常幸运，两年后没有死去。"2005 年体检时医生说，肝上的肿块是血管瘤，良性的。

关于哲学范式转型研究

2010 年，余谋昌的《环境哲学：生态文明的理论基础》一书出版。它以人与自然关系为基本问题，以建构生态文明的和谐社会为基本目标，是一种新的哲学世界观。这是一种新的哲学范式的研究。它的理论建构，主要是世界观建构、认识论建构、方法论建构和价值论建构。这是哲学范式转型的研究，是《生态哲学》（2000 年）一书的升级版。

《人民日报》2017 年 11 月 27 日第 16 版（学术版），以"大家手笔"为题，发表余谋昌《适应生态文明的哲学范式转型》一文。此文发表后，引起学术界很大反响，表明理论界对"哲学范式转型"的重视。

关于环境伦理学研究

余谋昌认为，环境伦理学不是传统伦理学的扩展，而是新的伦理学。1980 年，他翻译发表《生态学与伦理学》一文，在国内第一次提出"生态伦理学"概念，并开始这一领域的研究。1994 年参与创立中国环境伦理学研究会，并任理事长。先后出版《惩罚后的醒悟：走向生态伦理学》（1995）《生态伦理学：从理论走向实践》（1999）两书，就什么是生态伦理学，它的基本理论，生命和自然界的价值，生命和自然界的权利，以及它的基本实践，生态伦理学的基本原则、道德标准和道德规范等，提出中国的表述，同学界一起共同努力建设环境伦理学的中国学派。退休以后，余谋昌参加教育部“高等教育百门精品教材建设计划立项项目”，出版《环境伦理学》（2004 年第一版，2019 年第二版），任教材主编和撰稿人之一，阐述环境伦理学的中国学术观点。

关于地学哲学研究

余谋昌读研究生时，曾在北大地质地理系学习过，以地学哲学为学术方向。退休后继续思考这个问题，在社科院老年基金支持下，出版《地学哲学：地球人文社会科学研究》（2013）。本书依据对地球新的地质时代，“人类世”时代的分析，遵循地球的自然科学与社会科学统一的方法，提出“人—地关系是地球人文社会科学的基本问题”“地学价值论是地球人文社会科学的基本理论”，就地球科学的人文转向开展研究，对地学文化、地缘政治学、地学经济学、地学伦理学、地质灾害的自然性与社会性统一，以及地球与人类的未来进行系统分析。现代地球科学不研究它的人文社会问题，是不全面的。本书认为，这是地球科学的新的基础性研究，补充和完善地球科学领域，对建立新的地球科学模式，即地球自然科学与地球社会科学统一的模式进行初步探索。地球科学不仅研究自然的地球，有地球自然科学，还要研究社会的地球，人类学的地球，有地球社会科学。这是地球科学发展的新方向。统一的地球需要统一的新的地球科学。

关于中国新人口问题学研究

1999 年，余谋昌在海口讲习班讲演，第一次提出“中国新人口问题”：中国人口同时存在人口太多和人口太少的双重挑战。如果要说“人口炸弹”，人口过多不是炸弹，人口太少才真是炸弹。《中国环境报》1999 年 10 月 13 日用一整版的篇幅，发表记者专访文章：《中国人面临的两颗人口炸弹——中国社科院学者余谋昌谈 21 世纪人口战略》。20 年后，余谋昌在《生态思维》（2019）一书中专门用一章阐述了对“中国新人口问题的生态哲学思考”，这是海口讲演的深层思考。当今中国人口问题变得更加严峻了，“4—2—1”家庭成为普遍的形态，再过 20 多年，中国将不再是世界上人口最多的国家，2

2017 年在北京吉利学院作“中国新人口问题”演讲

亿多老年人，1000 万个“失独家庭”，3000 万光棍儿。这不仅是严重的经济问题，社会问题，伦理问题，而且 5000 万中国人基因消失，我国人口不断减少，这是关系民族未来的问题。余谋昌依据人口是生产力的理论，遵循人口生产的客观规律，进行生态文明的人口生产的生态设计，期望有更多的中国人口，以实现中华民族的美好未来。

关于生态文明研究

2010 年，余谋昌出版三种专著：《生态文明论》《生态文明：人类社会全面转型》与《环境哲学：生态文明的理论基础》。2012—2016 年，参加中央党校钱俊生教授主持的两项有关生态文明的课题。一是“中国资源战略变革—发展资源再生产业”的子课题：从地球价值论和矿产价值论，以及应用生态思维探讨资源战略转变。现代资源开发利用，依据资源没有价值的理论，采用“矿产资源—产品生产—废物排放”线性、非循环的生产方式，过早、过快、过多地，以及滥用、浪费和破坏矿产资源，已经出现资源全面枯竭、无矿可采的局面。同时，矿产从地下转移到地上，以机械废旧物堆积和垃圾围城的现象表现。建设生态文明的资源战略，采用“矿产—产品—废弃物—产品”非线性、循环的生产方式，以开发“城市矿山”的途径应对资源危机，实现矿产资源的可持续开发利用。二是“现代科学技术发展与生态文明建设”的子课题：以高铁和海水稻为例，探讨生态文明的科学技术发展道路。2015 年 8 月，余谋昌与钱俊生教授赴湛江，访问发现海水稻野生种和“海稻 86”培育者陈日胜先生，参观考察湛江滩涂的海水稻种植基地。这是水稻新品种，它耐盐碱，它的种植不需化肥农药，是一项重要的发明创新。两项课题的成果都已经正式发表。

2011—2015 年，余谋昌受聘浙江农林大学生态文明研究中心学术委员，参加该校生态文明课题研究和实践。习近平同志任浙江省委书记时，指导安吉县建设，创造了全国第一个生态县。余谋昌曾两次赴安吉调研，2012 年参加安吉生态文明建设模式研讨会，作题为《生态文明，中国道路》的发言。此文作为《中国生态文明辞典》卷首署名文章发表，随后全文在《桂海论丛》2013 年第 1 期发表。2017 年 8 月 11 日清华大学发布报告，揭示 2006—2016 年我国哲学社会科学的学者及哲学社会科学主要学科的高影响力文献，余谋昌《桂海论丛》的文章获被引用频次（64 次）和下载频次（10399 次）两项第一名。

2016 年，余谋昌应邀担任全球水伙伴（中国黄河）委员会副主席，参加怒江水电、长江水利、黄河治理等调研考察，在《中国评论》《水利发展研究》等刊物发表文章，在国内首次提出“水利生态”概念。

84 岁的余谋昌在继续进行学术耕耘，目前研究的课题是社科院 2018 年老年科研基金项目“中国古代哲学的生态智慧”。他认为，中国古代哲学是“生”的哲学，是生态哲学。《周易》“生生谓易”，儒家“天人合一”，道家“道生万物，道法自然”，佛家“中道缘起”。它以“生”为基础，以“生”为标准，“和”是它的精髓，以“人与自然和谐”为目标。这是生态大智慧。历史上，它促成农业文明核心价值观的形成，指导中华文明的创造和发展，使中华民族站到世界巅峰。它至今仍然具有重大意义，指引中华民族的伟大复兴，走向建设生态文明的道路，中华民族将重新站到世界巅峰。

杨　泓（1935 年 12 月—　）

考古学田野中束禾人的谦卑工作

杨泓，满族。生于北京。1953 年考入北京大学历史系考古专业。1958 年进入中国社会科学院考古研究所任研究员，中国社会科学院研究生院考古系教授、博士生导师。兼任中央美术学院人文学院特聘教授。1998 年始担任《文物》月刊编辑委员会委员。2005 年被聘为国家文物鉴定委员会委员。2008 年被聘为全国古籍整理出版规划领导小组成员。主要研究中国汉唐考古学（着重于研究魏晋南北朝考古）、中国美术考古和中国古代兵器考古。先后参加中国社会科学院考古研究所集体编著的《新中国的考古收获》《新中国的考古发现和研究》《中国大百科全书考古学》《考古精华——中国社会科学院考古研究所四十年纪念》等书的部分撰写工作。

2001 年 12 月退休。

刚刚接到中国社会科学出版社的“荣誉证书”，宣告杨泓的一本著作《束禾集》被评为“2018 年度中国社会科学出版社好书”。他为那本小书起名为“束禾”，是源于 20 世纪 40 年代末在中学求学时，阅读了郭沫若翻译的德人米海里司著《美术考古一世纪》，对于作者米海里司在该书序言中引述过的一段话印象极深，至今不忘。那就是“禾黍割了，应该有束禾人来做他谦卑的任务”。那时，他就憧憬有一天自己也能在学术的田野中做一个束禾人，去完成应该做的谦卑的任务。自 2001 年退休以后，他在考古学的田野中，继续做着一个束禾人所完成的谦卑任务。

2018 年，由他和朱岩石共同主编的《中国考古学·三国两晋南北朝卷》终于由中国社会科学出版社出版，并获得中国社会科学院 2018 年创新工程重大科研成果。得此殊荣，他真是高兴。回忆过去，1958 年告别北京大学，分配到中国科学院考古研究所（现中国社会科学院考古研究所）工作，到 2018 年整整 60 年，一个甲子。在 2001 年 12 月 67 岁时，领到了退休证，随即又被研究所返聘，主要因《中国考古学》等工作任务还未完成，以及国外博士研究生尚未结业。

在教授国外博士研究生期间，2003 年中国社会科学院研究生院出台一项新规定，博士生可以要求外系导师开课。于是研究生院要杨泓为法学系一位台湾籍博士生讲授中国古代兵器考古。最后经考古系领导同意，决定当年他为考古系的博士生和硕士生开设中国古代兵器考古课，可以让法学系学生来听。当授课讲义写好后，因 2003 年春北京“非典”流行，课程搁置到 12 月，才正式讲授。后将讲稿整理后，改题

《中国古代兵器通论》32 万字，2005 年由紫禁城出版社出版。

当《中国考古学·三国两晋南北朝卷》工作编写刚步入正轨，研究所领导又要他承担一项新的写作任务。2005 年社科院成立了中国社会科学院研究生重点教材工程领导小组，将编著研究生重点教材列为各研究所的一项主要任务，规定各所要在一年内至少要完成一本教材。在考古研究所，一年内编著完成第一本教材的任务落到了他的头上，要求他先放下《中国考古学》的编写，在 2006 年至 2007 年一定要赶写出一本研究生重点教材《中国美术考古学概论》。由于时间紧，任务重，所领导同意他可以请中央美术学院教授郑岩合写。他们不辱使命，确实在一年内赶写完书稿，由他配好附图，交由中国社会科学出版社排印，在 2008 年 2 月出版。

通过上述两项工作，他为考古研究所在两项考古学分支学科——中国古代兵器考古和中国美术考古学，保持了在中国和世界范围内的学术领先地位，直到今日。在完成以上两项任务后，他继续与朱岩石主编《中国考古学·三国两晋南北朝卷》，在全书作者（包括考古研究所与北京大学、吉林大学、中央美术学院、中国国家博物馆等单位的作者）同心协力下，终于在 2015 年完成书稿，经两年多的细致编辑工作，于 2018 年由中国社会科学出版社出版，使他完成了在退休前就已接受了的这项重要任务。

在 2001 年以后，他仍继续有关学术活动，在境内外（美、日、韩、意大利等国以及中国台湾地区、香港地区），主要参加有关考古学和艺术史（美术史）等范围的学术会议。并在境内外的大学授课或短期讲座，在香港城市大学中国文化中心 2008 年一次授课后的八讲讲稿，改题为《华烛帐前明——从

杨泓在科研

文物看古人的生活与战争》由香港城市大学出版社于2009年在香港出版（14万字，后被香港城市大学出版社将版权售与黄山书社，于2017年再版）。在国内，除在北京大学等讲座外，2005年4月，在中央美术学院人文学院成立时，被聘为中央美术学院人文学院考古学专业特聘教授。

在2001年以后，杨泓编著了大小五本论文集，一本是美术考古学和古代兵器研究论文集：《中国古兵与美术考古论文集》（文物出版社，2007年，44.2万字）；一本是艺术史论文集：《束禾集——考古视角的艺术史》（中国社会科学出版社，2018年，60.3万字）；一本是关于古代家具的文集：《古物的声音——古人的生活日常与文化》（商务印书馆，2018年，14万字）；一本是文物研究文集：《逝去的风韵——杨泓谈文物》（中华书局，2007年，16万字）。他还将给国外博士研究生讲授中国汉唐考古学的讲稿，辑成《中国汉唐考古学九讲》，由文物出版社出版（2015 年，18 万字）。以上六本再加上前述《中国古代兵器通论》及《华烛帐前明》，八本书共约 200 万字（未计入与他人合著书和再版书）。2015 年，还将《美术考古半世纪——中国美术考古发现史》增补了彩色插图等后，由人民美术出版社再版。

2001 年后，他还与李力合作，编著了《美源——中国古代艺术之旅》（三联书店，2008 年）和《中国古兵二十讲》（三联书店，2013 年）。同时，新世界出版社于 2018 年再版了他们合著的《魏晋南北朝文化史》一书。与杭侃、郑岩合著《马的中国历史》一书，由商务印书馆（香港）有限公司，2008 年在香港出版。在香港出版的还有与孙机等合著的《燕衎之暇——中国古代家具论文》（香港中文大学文物馆，2007 年）。

在艺术史（美术史）研究方面，杨泓 2013 年 4 月获得中国美术家协会表彰，获得“卓有成就的美术史论家”称号。2015 年被中国文联中华文明历史题材美术创作工程组委会聘请为评审验收专家委员，针对评审过程中发现的当前中国历史题材绘画存在的问题，应中国国家博物馆之约，撰写《谈历史画——中国历史画的源流及创作原则》，刊登于《中国国家博物馆馆刊》2017 年第 6 期。

此外还被新闻出版总署聘为全国古籍整理出版规划领导小组成员、被国家文物局聘为国家文物鉴定委员会委员，这些年来一直尽力服务于国家文物鉴定任务。

以上就是杨泓自称在领取退休证后作为考古学田野中束禾人所完成的谦卑任务。他正是一位博大精深而虚怀若谷的学者，值得我们学习。

刘海年（1936 年 4 月—　）

中国人权观念和中国人权理论体系的建构者

刘海年，河南唐河县人。1957 年考取中国人民大学，1964 年中国法律史专业研究生毕业。1950 年 1 月参加工作，在部队曾担任宣传员、文化教员、秘书等职务。同年 12 月到中国科学院法学研究所工作。主要研究方向为中国法律史、法治与人权理论。曾承担多项国家研究课题，著有《战国秦代法制管窥》《刘海年文集》等，主编《经济、社会和文化权利国际公约研究》《中国珍稀法律典籍集成》《中国法律思想通史·春秋战国秦代分卷》等多部书籍，发表有影响力的论文 100 多篇。先后获中国社会科学院优秀科研成果奖两项，优秀科研成果荣誉奖一项，优秀科研成果一等奖一项，优秀科研成果三等奖四项，中国法学会突出贡献奖一项，获中央宣传部“五个一工程奖”一项。2019 年被中国法学会授予“全国杰出资深法学家”称号。曾任中国社会科学院法制史研究室副主任、副研究员、法学研究所副所长、所长，1995 年至 1998 年兼政治学研究所所长。此后，分别担任中国社会科学院人权研究中心主任，院第一、第二届学术委员会委员，学术咨询委员会委员，2006 年被遴选为院荣誉学部委员。2011 年退休，同年被指定为中国与欧盟人权网络中方负责人，运行 3 年。其间任最高人民法院咨询员 5 年。现为中国社科院马克思主义学院教授，中国政法大学特聘教授，中国人权研究会顾问，中国法律史学会学术顾问。

退休后，刘海年不但在教学岗位上继续发挥作用，而且在中国的人权研究领域，成为中国人权话语的宣言家和建构者。他先后在中国社会科学院、中国人民大学指导中国法律史专业博士研究生 7 名。2011 年，被指定为社科院马克思主义学院马克思主义法学理论专业博士生指导教师。2016 年，荣获中国人民大学法学院“优秀博士论文指导教师”称号。

早在 1991 年，刘海年担任法学所负责人时，就已经开始关注人权理论研究。2001 年，被李铁映院长指定为中国与欧盟人权网络中方负责人。2005 年之后，他一直参与“人权对话研讨会”的主持和组织工作。从 2011 年退休至今，作为中国人权研究会的顾问，他曾多次到中国人民大学、中国政法大学、南开大学、复旦大学等高校做学术报告。在中央有关人权文件白皮书的起草和对内、对外的人权交流中，曾经 6 次得到外交部、国务院新闻办和中宣部颁发的集体和个人表彰。

退休后，他的主要研究方向是人权。研究成果包括《建设人类命运共同体是人权理论的新发展》《新中国人权保障发展六十年》《美国等西方国家的人权外交战略我之应对》等在国内外人权研究领域产生了重大反响。如果说，《联合国宪章》最先肯定了人权国际保障的基本理念，为人权国际保障开辟了广阔空间，那么可以认为，中国的传统文化结合马克思主义指导下的中国革命和改革的实践经验成为中国特色人权观形成的社会和历史背景，特别在新的时代，习近平同志提出的“构建人类命运共同体”“中国梦”为人权的中国方案指明了建构方向。这些理论性的表述在他撰写的《关于中国特色人权观之我见》《从〈联合国宪章〉〈世界人权宣言〉到构建人类命运共同体——国际人权保障的过去、现在和未来》《试谈习近平对人权理论的新发展》等学术论文中有充分的体现。

早在 2003 年，时值党的十六大刚刚闭幕，他在《中国党政干部论坛》发表“中国人权保障的新宣示”，该文综合中国当时的政策方针、经济发展水平、历史背景、国际环境等因素指出，“公民权利、政治权利是第一代人权，经济社会文化权利是第二代人权，环境资源生态保障是第三代人权”，可以说，人权理论的进步与现实的实现不仅仅是一种政治宣示，更是对于现实经济发展现状的一种制度回应，也是对于中国历史的一种观照，还是对于改革开放以后中国基于主体性的国际人权价值的一种有选择的认同。他关于中国人权观念的学理建构与阐释在当时得到了现实的回应。2004 年 3 月 14 日，第十届全国人民代表大会第二次会议通过宪法修正案，首次将“人权”概念引入宪法，明确规定“国家尊

刘海年获奖

重和保障人权”。“尊重和保障人权”由中国共产党和中国政府文件的政策性规定上升为国家根本大法的一项原则。在他看来，中国人权理念是一个历史的产物，也是现实的需求。具体而言，中国近代以来的革命和建设实践孕育了中国的人权观念，党的不同历史时期的政策和国家的立法实践成为人权建设的新宣示。

他在退休以后主要关注人权理论体系的建设问题。2011年，在《人权》发表“关于建设中国特色人权理论体系的若干问题”。他在文中指出，当时的人权理论学者探讨建立人权理论体系是适时的，但是理论体系的建立需要通过总结实践经验来进行。建立中国特色人权理论体系，主要从人权研究领域的一些基本的概念、意识形态、国家权力与公民权利之间的关系、对不同国家的人权理论进行比较研究、人权理念的宣传教育等方面入手。2012 年，他所著《新中国人权保障发展六十年》正式出版，该书以马克思主义为指导，通过专论和报告等形式，系统地阐释了中华人民共和国六十多年来人权理论研究、人权建设实践以及人权对外交流的发展状况。其中既肯定了我国人权保障的巨大成就，也指出尚待解决的问题以及如何解决的意见和建议。

他认为，在当今的国际社会中，人权作为一种价值理念已经几乎成为一种主流化趋势。中国特色人权观的建设应该关注到人权普遍性和特殊性两个属性。中国的社会建设实践表明，人权需要靠法治来保障，法治的完善需要有正确的观念来引导。党的十八大以来，以习近平同志为核心的党中央，进一步强调要全面推进依法治国，完善人权保障制度，这得到了全党和全国人民的拥护。在这种法治意蕴下，对内的生存权和对外的发展权成为中国共产党领导下的中国人权的一种具体化表达。对内，进一步创造经济、政治、文化、社会和环境条件，让人们充分享有人权；对外，坚持和平共处五项原则，重视维护和平发展权，坚持人权平等对话，坚持人权交流与合作，推进建设和谐世界，建设人类命运共同体，实现人的全面发展。

在新的历史时期，刘海年认为，习近平关于“中国梦”的阐释，是对人权理论的新发展。“中国梦”的提出不但对于中国人民享有充分人权和人的全面发展有重要意义，而且对于推进国际人权保障事业发展也有重要意义。“中国梦”激发的是中国人民为美好生活奋斗的一种梦想，是人们对美好事物的渴望和追求，亦即理想和信念。这种理想和信念表征着中国人民对于人权的新的时代阐释和理想憧憬。人民是国家的根本，是政权的基础。从人权理论研究的角度来看，中国梦是中国人享有充分人权和全面发展梦的正确诠释。

面对错综复杂的国际环境，习近平同志提出要构建“人类命运共同体”。刘海年认为：“所谓构建人类命运共同体，其实是将整个人权保障事业在《联合国宪章》《世界人权宣言》的基础上发展到更美好的阶段。”他的有关人权研究成果将国内基于中国社会特色的人权建构融入到了全球人权语境中。构建人类命运共同体，不但为国际人权发展指出了新愿景，而且将人权的中国式表达提到新的高度。但是，人权的保障真正落到实处需要宪法和法律的完善与实施。因此，推进国内和国际人权事业民主化、法治化成为人权实现的基本保障。他所关注的人权理论体系的建构问题是之前提出的人权观念的具体化。人权理论体系的建构不仅应该关注国内的现实需求，而且应该回应国际的主流价值。在这一方面，他承担着“探路者”或“建构者”的角色。

谭家健（1936 年 4 月—　）

笔耕不辍　更上层楼

谭家健，湖南衡阳人，1960 年毕业于北京大学中文系，同年分配到学部所属《新建设》杂志社任编辑，1977 年 12 月调文学所古代室，历任助理研究员、副研究员、研究员。主要研究方向为中国古代散文，至今已出版著作 20 种。获奖著作有：《先秦散文艺术新探》获北京市优秀出版物二等奖，《中国古代散文史稿》获中国社科院离退休人员优秀科研成果二等奖，《墨子研究》获中国墨子学会 30 年成果评奖优秀奖、中国社科院离退休人员优秀科研成果三等奖，《六朝文章新论》获文学所优秀成果奖，《中国文化史概要》（主编）获文学所优秀成果奖。承担两项国家社科基金项目《先秦散文艺术新探》（1995 年出版），《中华古今骈文通史》（2018 年出版）。

担任的主要社会工作有：中国古代散文学会副会长（1995—）、会长（1995—2014），中国骈文学会副会长（1996—）、会长（2006—2015），中国墨子学会副会长（2001—）。

1999年2月，谭家健完全退休，但至今仍在工作。从2000年至2007年，有5年在马来西亚、新加坡两所高校任全职客座教授，主讲《先秦两汉文学史》《魏晋南北朝文学史》《唐宋文学史》《中国古代散文选读》《墨子研究》《中国散文史》《中国文化史》《〈左传〉导读》《〈诗经〉导读》《古代汉语》等十多门课程。2007年2月以后，不再在国内外较长时间讲学，只是偶尔作一两次学术讲演而已。

退休20年内，谭家健出版了10本书。2002年出版《六朝文章新论》，是系统性论文集，相当于六朝散文研究，其中文章，最早的作于50年代末，大学四五年级时，较晚的写作于2001年，包括散体文、骈体文、赋体文研究，故统称为“文章”。2004年出版《先秦两汉文学通论》，由赵敏俐和谭家健主编；2005年出版《中国古代散文史稿》，是综合他在国内外的讲稿而成，58万字。它有7个附录，包括“散文”源流小考、古代散文体裁、古典散文总集举要、40年来古典散文研究之回顾与展望、近20年中国散文史著作及选本举要、台港澳地区出版之中国古典散文研究著作述要等。全书共9章，从第2章至第9章附录该时期散文研修新书举要。此书曾获中国社会科学院离退休人员优秀科研成果二等奖。2007年，出版《谭家健散文随笔》，30万字，收入他在国内外所发表的散文随笔60余篇。2009年，出版《中国文史哲汇通》，63万字。该书第1编为《中国文化史专题》，第2编为《中国认识论述略》，第3编为《中国文学史精读》。谭家健与孙中原先生合作，同年出版《墨子今译今注》。2010年，在马来西亚新纪元学院出版《中国散文简史》，40万字。为适应国外讲学需要，在35讲之末，各附两三篇范文及注释，以方便学生阅读。2011年，出版《中国散文史纲要》，32万字，是《中国古代散文史稿》的浓缩本。2012年出版《谭家健讲古代散文》，18万字，属于“农村书屋”的普及性读物。2018年11月出版《中华古今骈文通史》，115万字，此书从国内讲到域外（朝鲜半岛、日本、越南、新加坡、马来西亚、印度尼西亚、泰国），从先秦骈句讲到2018年的骈文，属于国家社科基金的重点项目。

近十年间，谭家健还对在职期间出版的3本著作进行增补和再版。其中，《先秦散文艺术新探》由42万字增至62万字；《墨子研究》由40万字增至60万字；《中国文化史概要》由52万字增至73万字，此书出版30年来，已印刷35次。还有两本书由超星数字出版集团发行音像电子版，一是《谭家健讲古代散文》，25讲；二是《中国古代的认识论》。20年来撰写的单篇文章170余篇。包括发表于中国的台湾、香港以及韩国、新加坡、马来西亚、印度尼西亚的报刊的学术论文和散文随笔40多篇，（有几篇注明是转载中国报刊）单篇文章发表总数与退休前20年差不多。

退休后，耗时最长、投入精力最多的著作是2018年11月由社会科学文献出版社出版的《中华古今骈文通史》，115万字。谭家健对古代骈文的兴趣由来已久。20世纪80年代应《文史知识》《古典文学知识》及其他刊物之约，他写过四篇介绍骈文的文章，引起黄山书社的注意，该社副社长登门约稿，请谭家健主编《历代骈文名篇注析》，该书于1988

年出版，台湾购买版权于 1990 年出版。1996 年成立中国骈文学会，谭家健被推选为副会长，2006 年，被选为中国骈文学会会长，认识的同行朋友更多了。谭家健阅读了当时已经出版的中国骈文史、断代骈文专著和一些新选本，对骈文的新想法也更多了，于是产生了写一本中国骈文简史的念头。2010 年，向中国社会科学院离退休干部工作局申请科研资助，2013 年完成，40 多万字。意犹未尽，许多新材料、新观点未写进去，没有打算出版。2014 年，谭家健向国家社科基金提出申请重点项目，课题为《中华古今骈文通史》，把“中国”改为“中华”是要把域外骈文包括进去，还要把民国时期骈文、台湾和香港骈文、近 30 年来骈文也写进去，力图贯通古今，所以在题目上加“古今”二字，幸而获准立项。谭家健先后专门到国内多个城市和国外的新加坡、马来西亚收集资料。他在这两个国家任教多年，知道一些图书资料线索，不但收集了新马两国的资料，还找到了不少印度尼西亚、泰国、越南的古文总集和别集，从中挑选出不少骈文作品。关于越南的文学作品，获悉有一套《越南文学总集》42 册，在广西某大学。托朋友向该校询问可否借阅，回答是只有厅局级干部才能看。他认为自己是中国社会科学院研究员，享受厅局级待遇，回答说享受厅局级待遇者还不行。他托人到处找，文学所刘宁研究员到北京大学东方语言学院图书馆翻目录，竟然找到该书，还请了一位越南留学生帮忙。后来安小兰教授又介绍另一位越南留学生随谭家健去北大图书馆继续看书，解决疑难问题。关于日本和朝鲜半岛的骈文资料，主要来自中国社会科学院近代史所，由杨天石学兄和曾景忠学兄帮助借阅。日本的道坂昭广教授和韩国的诸海星教授、李钟汉教授、赵殷尚教授寄来该国许多资料，并且解答了一些问题。台湾的许东海教授、陈守玺博士、陈怀成教授，香港的邝健行教授、何祥荣教授分别寄来台港骈文资料。内地为他收集资料的人很多，重要的一位是温州的周晓明先生，他身患腿疾，行动不便，自学电脑，广泛阅读，练习写作骈文，出版了两本作品集，并且介绍多位当代骈文作者的作品供他参考。北京的王达敏教授、冷川博士、李景华教授、常森教授、赵伯陶编审、杜瑜研究员，外地的莫道才教授、莫山洪教授、杨旭辉博士、王志清教授、魏明伦先生、袁瑞良先生、陈福康教授、欧明俊教授、陈蒲清教授、吕双伟教授，都向谭家健提供了资料。依托中国古代散文学会和骈文学会，谭家健召集3次咨询会，60多位学者发表了高见；十余人参加多次审稿会。骈文最难懂的是典故，指教者有白化文教授、刘永翔教授、赵伯陶编审等。

退休后，谭家健曾长期担任中国古代散文学会、中国骈文学会会长，中国墨子学会副会长，组织和参与三个学会许多次学术会议和其他学术活动。古代散文会议大型12次，小型7次；骈文会议6次，墨子学会6次，尽到了一定的社会义务，同时获得了丰厚的教益。2000年至2007年，谭家健在马来西亚、新加坡两所高等学校先后讲授“墨子研究”5个学期，在马来西亚、印度尼西亚有关学术会议上单独以墨学为题发言、讲演多次，在国内的中国国际广播电台以《平民哲学家墨子的思想》为题讲课6次，向全世界华人广播。从2001年到2009年，由中国墨子学会推荐，美国的李绍昆教授、中国人民大学的孙中原教授和谭家健，3人合著《中英合译墨子全注全译》，工作进行多年，因为体例和编排方面的困难，后来改为分别出版，中译英由李绍昆教授署名，古译今由谭家健和孙中原教授署名，商务印书馆2009年出版，目前已重印3次。

20世纪末至21世纪初，中国墨子学会编辑出版《墨子集成》共100册。这项巨大工程，由任继愈教授和李广星编审共同主编，2004年出版。谭家健被聘为顾问，参加编委会，提出过一系列建议，并赠送了其在中国台湾和新、马购买的墨学著作多种。2016年，中国墨子学会组织“《墨子》公开课”讲座，由12位资深学者讲课。由谭家健主讲《二十世纪墨学之复兴》，反映甚佳。12篇讲稿已于2018年集合成书出版。

谭家健在20世纪墨学之复兴公开课上讲学

2014年以后，他计划编选《谭家健文集》，从30多年来已出版的20本书中选出9卷10册，（包括《中华古今骈文通史》上下卷、《中国古代散文史稿》《中国散文简史》《先秦散文艺术新探》《墨子研究》《六朝文章新论》《中国文化与文学》《中国哲学与认识论》《中外散文随笔》）共约540

万字。其中 8 册经过不同程度补充修改，新补充的内容共达 50 多万字。谭家健约请十几位学者分别对《文集》各卷作审改校正，大多是古代散文学会和骈文学会的朋友。大家非常认真、细致，有的朋友还提出重要修改意见，为新版增色。《谭家健文集》预计将在 2019 年 6 月出版。

谭家健今年已 83 岁，退休 20 年间，在中国社会科学院离退休干部工作局、文学所和国内外朋友的帮助下，才有上述一些学术收获，他十分的感谢。今后，在健康允许情况下，他愿为中国古代文学研究事业继续尽绵薄之力。希望各级领导、各个组织、各界朋友一如既往给予支持、指导和批评。

罗肇鸿（1936 年 10 月—   ）

衣带渐宽终不悔

罗肇鸿，生于广东省大埔县。1957 年考入南开大学经济系，1962 年毕业后考取中国人民大学研究生。1966 年分配到中国社会科学院世界经济与政治研究所工作至2001 年退休。其间，1980—1982 年赴英国伦敦经济学院和牛津大学进修比较经济学。1985—1993 年任副所长，1985 年评为研究员，博士生导师。曾被聘为南开大学、哈尔滨工业大学等多所大学的兼职教授。曾任中国东欧中亚经济研究会会长等职。享受政府特殊津贴。现任中国未来研究会监事会监事长，中国太平洋学会主办的太平洋学报副主编。已经发表论著200 多万字。个人专著有《高科技与产业结构升级》等，主编多部论著。

罗肇鸿教授研究生毕业初报到时的单位，是中国科学院哲学社会科学学部世界经济研究所，1977 年学部改为中国社会科学院，世界经济研究所改为世界经济与政治研究所。他分配到研究所内的社会主义研究组，研究苏联经济，一直到 1992 年苏联解体。其间曾担任过苏联经济研究会副会长、会长。筹备和组织在人民出版社出版《苏联经济》不定期刊物。20 世纪 90 年代以后转而研究跨国公司和全球化问题，不过初心不改，意犹未尽，还惦记着苏联问题。2001 年退休后不忘老本行，把研究了几十年的苏联经济理论进行归纳总结，写出了一批论文，算是了结心愿。

长期以来，他很推崇王国维关于做大学问和成就大事业的历程总结。罗肇鸿认为，不管后人对王国维如何评价，他这种格言式的总结是令人信服的。王国维把古代诗词中有关夫妻相思相恋不同心态的描写用来比喻做学问的三种境界确实既深刻又形象。他把确定目标、刻苦钻研和有所发现拍案而起的艰苦历程描绘得惟妙惟肖。王国维在《人间词话》中说："昨夜西风凋碧树，独上高楼望尽天涯路；为伊消得人憔悴，衣带渐宽终不悔；众里寻他千百度，蓦然回首那人却在灯火阑珊处。"罗肇鸿对王国维的总结不但深信不疑，而且终身受益。他说虽然自己并没有体验到第三种境界"那人却在灯火阑珊处"的欢愉，但对前两种境界却是深有体会。

其实很多人都知道，讨论苏联解体，斯大林以及由他建立起来的苏联体制是绕不开的问题。苏联解体之后，罗肇鸿应老友陆南泉之邀参加《苏联真相》一书的写作。罗肇鸿认为这是深入分析斯大林错误的机会。于是就把斯大林对外部世界的错误认识作了初步探讨。他认为这个错误主要表现在两个方面。第一，提出"资本主义总危机"理论，错误判断二战后的世界局势，导致一系列的错误决策。第二，提出“两个平行的世界市场”理论，仇视和扭曲世界市场的功能，使一大批国家脱离了世界市场，阻断了世界经济的传导机制，导致这些国家封闭落后，无法分享世界科技革命的成果，生产力的发展出现停滞。

罗肇鸿认为，要深入研究苏联解体的原因必须从解剖苏联体制，对马克思主义的歪曲从而形成理论误区入手。他的研究成果发表在《中国哲学社会科学发展历程回忆》中，题目是“中国人研究苏联经济的三个阶段和苏联的三个理论错误”。他认为，这三个理论错误是具有全局性的错误。不但影响苏联自己而且还影响到一大批国家。

第一，错误的所有制理论。简单说就是片面追求公有化程度，越大越好，越公越好。斯大林认为他是遵循马克思主义的，其实不对。马克思的所有制理论的核心是社会化，社会化决定公有化。斯大林的理论恰恰相反，公有化决定社会化。这就使得所有制脱离了客观基础。因为社会化程度具有客观标准，但公有化是可以通过法律来宣布的，带有严重的主观意志。苏联经济长期背负着斯大林强加给它的沉重枷锁，压制着生产力的发展，制约人民生活水平的提高。因此，它是苏联解体的一个重要原因。

第二，否认价值规律的调节作用，拒绝市场经济。在苏联存在的几十年中，对于价值规律的作用一直摇摆不定。大凡经济困难之时，比如为了克服战时共产主义时期实行极端政策造成的极端经济困难，改行新经济政策，暂时承认了价值规律的作用。一俟经济好转便又回过头来收拾这个资本主义的魔鬼。但是，严酷的经济生活却一再表明，限制价值规律的作用，就是限制了经济发展和人民生活水平的提高。同时，经济发展的历史也已经证明，迄今为止人类还不曾发现有任何证据可以否定市场对资源配置的决定性作用。20 世纪 90 年代后原先实行指令性计划的所有国家都无一例外地以市场经济作为经济转型的目标。事实证明，即使抛开苏联和美国进行军备竞赛这一原因不说，苏联在经济发展上的落后和衰败也是不可避免的。

罗肇鸿在 2018 年中国未来研究会第七次全国会员代表大会被选为监事长

1978 年中国开启改革开放的历程也是从价值规律的作用起步的。改革伊始，1979 年就在江苏无锡召开了全国性的价值规律作用讨论会。罗肇鸿为大会提交一篇题为《苏联关于社会主义制度下商品生产和价值规律理论的演变及其教训》的论文。后来此文被收入中国社会科学出版社《价值规律作用问题资料》一书中。1986 年该论文还获得了全院优秀调研报告奖。

第三，错误的对外政策理论。当罗肇鸿对苏联的理论错误做出以上归纳和总结后，总算了却了一桩心愿。真的体会到“为伊消得人憔悴，衣带渐宽终不悔”是完全值得的。

他对退休生活的另一个深切体会就是多参加学术活动，让大脑经常处于兴奋状态。

自从退休以来他每年都会接受几所大学比如北京大学、中国人民大学、南开大学、北京师范大学的博士论文评阅和博士论文答辩。他认为，参加博士论文评阅和参加论文答辩既是对社会的回馈，也是为自己提供了一个极好的机会，可以拓展学术视野，熟悉学术动态。对于从事学术研究的人来说，脱离了学术资讯和学术动态，不能吸收新的知识，不能拓宽学术视野，抱残守缺，学术生命就会枯萎、凋谢。一名博士研究生，用几年时间来熟悉文献，进而梳理和归纳文献，形成自己的观点，写出几十万字的学术论文，实属不易。对阅读者而言，无异于为自己提供了增加知识的机会，肯定是好事一桩。他坦承，这几年在国际金融、国际贸易和投资、国际分工新格局、世界价值链的分布等方面有了一些新知识，绝大多数都是从博士论文而来，应该深深地感谢这些博士们。很多情况下罗肇鸿都要担任答辩委员会主席，不但要负责修改有时更要亲自起草答辩委员会的答辩决议稿。阅读大量的世界经济领域的学位论文并提出意见，负担固然重一些，但一想到又会有一些优秀博士由此诞生，能为培养世界经济领域的年轻研究者尽一分力量，为他们做一些辅助工作，心里也有一种成就感。

罗肇鸿认为，参加学术活动也有异曲同工之妙。一场学术讨论会有主旨发言，有讨论交锋，且不说自己准备发言，就是纯粹当听众，也会收获多多，对于激活思维能力，增加对论题的感性认识方面绝对有好处。所以，只要受邀且有时间他一般不会放弃机会。例如，国家数字图书馆推广工程数字资源联合建设公开课项目，罗肇鸿就受邀作了两次讲座。通常讲座审查通过后，将常年挂在网上供读者点击观看和收听。记得第一讲的题目是《让老百姓享受更多的改革成果》，第二讲的题目则是《哲学社会科学工作者首先要树立“道路自信”、“理论自信”和“制度自信”》。后面的报告中除了讲三个自信以外，一个核心思想就是强调，作为社会科学工作者应该通过宣传和调研提出防止出现“塔西佗陷阱”的制度安排。习近平同志提出这个问题，我们就要努力践行。“塔西佗陷阱”是指公权力机构如果失去民众的信任，无论是做好事说好话、还是做坏事说坏话都会被认为是做坏事说坏话。这种状况极易引发群体性事件。社科工作者在这方面是可以有所作为的。

罗肇鸿还应邀到研究生院作专题讲座，比如“中国的崛起和体制韧性”。他指出，中国制度韧性主要表现在人口众多，市场广大，具有全球最完整的工业体系，采取包容性发展战略，等等。这样的体制抗压能力最强，外部敌对势力是很难搞垮我们的。

他还应邀到社科院离退休干部局和本研究所向老同志作有关中美贸易摩擦问题的报告。他对这个问题的讲解很受欢迎，深入浅出，语言生动，指出中美贸易摩擦的本质。他认为，贸易摩擦是表象，实质是霸权国家和崛起国家的博弈。美国容不下追赶上来的中国和他平起平坐，必然要运用一切手段对中国进行打压围堵。美国政界和精英不分党派都对中国崛起有一种焦虑感，担心霸权不保。所以从国家战略层面上把中国定位为竞争对手。对华政策也从过去的接触改为限制。极力阻止中国向世界价值链高端攀升。中国的应对之策应该是始终坚持改革开放，做强自己，广交朋友。中美的博弈一定是长期的，对此必须做好思想准备。他的观点得到广泛的认同。

总的说来，罗肇鸿对自己的退休生活是满意的。今后他对世界经济理论的探索还会继续下去。

单天伦（1936年11月—　）

老骥伏枥　皓首丹心

单天伦，原名单正邦，笔名天伯、严仁、严宁、严宁丹。中国社科院副秘书长，研究员。江苏省阜宁人。1963年南京大学毕业。同年入中国科学院哲学社会科学部（现为中国社会科学院）工作。历任哲学社会科学部分党组副书记、副主任，刘导生秘书，秘书处副处长，调研处副处长、处长，科研局副局长，人事教育局局长，中国社会科学院副秘书长，中国地方志指导小组副秘书长、秘书长。同时从事史学、社会学、科研事业管理研究。1988年评为副研究员，1993年被评为研究员，同年起享受国务院政府特殊津贴。先后发表论文200多篇，主编和合作主编的著作20多部。曾兼任中国地方志协会常务副会长，中国地方志协会年鉴专业委员会主任，北京工业大学经济与管理学院学术委员，北京经济社会发展研究院学术委员，北京机械工业学院工商管理分院兼职教授，江西省社会科学院特邀研究员等。1995 年被评为中国社科院机关优秀共产党员。2003 年退休。

单天伦是典型的“双肩挑”干部。他在认真做好本职管理工作的前提下，充分利用一切能够利用的时间从事研究工作，不断推出新的成果。他的文章大多密切结合工作实践，做什么，学什么，研究什么，虽然仍有“历史”的痕迹，但都是对鲜活的现实问题的理论思考，有很强的针对性。单天伦退休前后的工作主要是参与地方志、院志的组织和编纂工作。他一贯秉持勤奋、踏实、认真、严谨的工作态度，以勤能补拙自励。退休之后，他更是心无旁骛，专心致志，几乎每天都工作到下午 6 点多钟才下班，不论寒暑，风雨无阻。常有同志劝他要注意劳逸结合，他总是说手里的工作实实在在，都是笔头上的事，很具体，不做出不来。其工作成果主要集中在以下三个方面。

一　开启了《中国社会科学院志》编纂工作

2002 年 12 月 13 日，单天伦从中国地方志指导小组秘书长兼方志办公室主任的岗位退下来，便全身心地投入到“院志”工作。他设计“院志”体系框架结构，组织召开座谈会、专题研讨会，采访社科院（包括哲学社会科学部）原领导和熟悉社科院发展历史的老同志，撰稿，统稿，审稿，编发《院史研究》《中国社会科学院文献汇编》，参与编写《中国社会科学院大事记》《中国社会科学院编年简史》等。

截至2018年底，主要成果有：

参与主持编写出版了《中国社会科学院编年简史》（1977—2007）。2007年出内部版，2008年修订正式出版，96万字。单天伦除参与此书部分正文编写之外，还执笔撰写了《前言》《后记》，负责统稿和总体设计。现在又在参与编写《中国社会科学院编年简史·续编》（2007—2017），该书援《简史》体例，近50万字，拟于2019年底出版。至2018年底已定稿约30万字。单天伦负责二审。

修订、增补《中国社会科学院大事记》。1977年至2007年"大事记"稿已陆续刊登在内部刊物《院史研究》上，发全院征求意见，计134期290万字。单天伦负责统稿，审稿和编发《院史研究》。在此基础上，向前延伸至1950年，向后延伸至2017年，并对1977年至2007年"征求意见稿"进行修订，以期正式出版。单天伦负责编写1977年之前部分，即哲学社会科学部时期的《大事记》，还负责对1977年至2017年部分的统稿、初审。截至2018年底，已完成1977年以前部分（学部时期）大事记的编写工作，10万字；1977年至2007年部分的统稿、初审工作，34万字。

编辑《中国社会科学院文献汇编》。根据李铁映院长"先易后难，从1977年成立中国社会科学院开始，然后再做前边的"指示。已经完成1977年至2007年的选编工作，计31卷，加上补遗卷，共32卷，108本，3792万字。在此项工作中，单天伦主要负责文献资料鉴别、取舍、栏目设计、统稿、编发，撰写《前言》。

采访社科院（包括哲学社会科学部）原领导和熟悉院发展历史的老同志，整理编写《访谈录》。现已采访了12人，整理访谈记录5份，7万字。这件事情，单天伦的工作是拟定“访谈提纲”，组织访谈，审改《访谈录》，编发《院史研究》(增刊)。

分批组织编写《中国社会科学院志》。此项工作分两个阶段，2013 年之前，分批在 29 个单位组织编写《中国社会科学院志》稿，至 2015 年已有 17 个单位完成编写工作，审定并编发《院史研究》(增刊) 的有 13 个单位，有 4 个单位已经交换过修改意见，再略作修改，即可定稿。现正在将这些稿件编辑为《中国社会科学院志稿汇编》第一、第二辑，约 107 万字。拟内部出版，以便相互交流、学习和借鉴，并征求意见。这项工作，单天伦负责体系结构设计，提出编写原则，初审，与作者沟通修改意见。这件事情他投入精力较多，有些稿件反复审阅推敲，多次与有关单位领导和撰稿人交换修改意见，数易其稿，不厌其烦。

二　协助离退休干部工作局做好老年科研工作，编辑出版离退休干部征文集

单天伦退休之后，工作生活态度积极、阳光。他始终坚定地与党中央在政治上保持高度一致，对以习近平同志为核心的党中央更是衷心拥护。老干部局的工作和活动，他总是热情参加，大力支持。因为单天伦曾在科研局和人事教育局工作多年，对学科情况和人员情况比较熟悉，老干部局的几届领导都要他协助做好老年科研基金评审工作。单天伦一直秉持公正、公平的原则，严肃认真地组织好每次评审工作，使得评审工作能够做到评议充分，程序严格，公正高效。他还协助老干部局先后编辑出版了庆祝新中国成立 60 周年征文集《人民共和国是一切胜利之源》、纪念中国社科院建院 30 周年诗文集《辉

煌三十年》、庆祝中国共产党建党90周年文集《党旗颂》、深入学习贯彻党的十八大精神和习近平总书记系列重要讲话文集《同心共筑中国梦》、纪念中国社科院建院40周年文集《我与中国社会科学院》等。单天伦对所托付的工作一丝不苟，得到了老干部局的信任和老同志的一致好评。

三 撰写有关院志、地方志的论文和文章

单天伦撰写了有关院志、地方志的论文和文章50多篇，如《胡乔木与中国社会科学院》《胡乔木为中国社会科学院发展奠定了坚实基础》《成立哲学社会科学部在中华人民共和国社会科学发展史上具有里程碑意义》《关于落实李铁映院长开展“院史”研究指示的设想》《关于〈中国社会科学院志〉体例、结构和〈院志〉编写的几个问题》《站在〈院志〉的整体高度和学科的全国视角修改〈院志〉稿》《新世纪要继续加强编修地方志工作》《质量是新编志书的生命和价值所在》《略论首轮修志向第二轮修志过渡阶段工作》《加速地方志网络化建设，推动地方志事业发展是时代的要求》，等等，分别发表于《中国地方志》、《巴蜀史志》、《北京地方志》、《天津史志》、《河北地方志》、《宁夏史志研究》、《黑龙江史志》、《内蒙古地方志》、《陕西史志》、《浙江方志》、《江西方志》、贵州《史志林》、山西《史志研究》、《沧桑》、山东《志与鉴》、《云南史志》、《新疆地方志》、《西藏地方志》、《广东史志》、《湖北方志》、《河络史志》、《中共党史资料》、《中国军事志》、《本溪社会科学》、《中国社会科学报》、《文汇报》、《亚洲时报（The Asian Tims）》等报刊，以及内部刊物《社科党建》《学习与参考》《院史研

究》《中国地方志协会会刊》等。

这些论文和文章的内容，涉及方志的文化传承，编修志书的现实意义和历史意义，党和国家领导人重视修志、用志的论述，关于方志的性质、体例、结构，修志实践中应该掌握的政策、原则，关于方志队伍建设，以及对志书质量的评析等，其中有十多篇论文被多家杂志转载。如《地方志与西部大开发》在《中国地方志》发表后，被《巴蜀史志》《西藏地方志》转载；《提高修志队伍的理论业务素质是保证志书质量的关键》发表后，被山东的《志与鉴》和《中国民航史料通讯》转载；《办好地方志刊物，促进地方志事业发展》被《北京地方志》《天津史志》《中国军事志》等12家杂志转载。

单天伦就院史研究采访老领导马洪

单天伦老骥伏枥，退而不休，甘于奉献，成绩斐然，2014年被评为“中国社会科学院离退休干部先进个人”。

张大明（1937 年 2 月—　）

执着的信念　踏实的脚步

张大明，中国社会科学院文学研究所研究员。四川射洪县人。1963 年从四川大学中文系毕业后，分配到中国科学院文学研究所（今中国社科院文学研究所），终生从事中国现代文学研究。1995 年被评为编审，1993 年享受国务院政府特殊津贴。曾任现代文学研究室主任，兼任沙汀所长的秘书。1998 年退休。

张大明的学术研究，分为 20 世纪 30 年代左翼文学研究和现代文学思潮流派研究两个方向。于前者，他尽可能地全面占有史料，与健在的左联成员保持书信联系，先后出版了《踏青归来——读现代文学创作笔记》《三十年代文学札记》

《不灭的火种——左翼文学论》等著作，并编选了周扬、阳翰笙、张天翼、沙汀、周文、徐懋庸等人的文集或选集。在此基础之上，转入了中国现代文学思潮流派的研究。在马良春的领导下，张大明拜访京内知名专家，扩大阅读视野，耗时15年，出版了90余万字的《中国现代文学思潮史》（马良春、张大明主编，北京十月文艺出版社，1995年）。本书以翔实的史料为根据，将中国现代文学的重要思潮流派囊括其中。

在职期间，张大明的另一项重要工作是参与主持国家社科重点项目《中国现代文学史资料汇编》（已出书近80种）。这被学术界公认是泽及后世的奠基之作。

退休后的20年，张大明以执着的信念，踏实的脚步，继续他所擅长的30年代左翼文学和现代文学思潮流派研究。

张大明运用已有的思想积累和史实掌握，先后写出了《西方文学思潮在现代中国的传播史》（2001年，四川教育出版社）、《中国象征主义百年史》（2007年，河南大学出版社）、《主潮的那一面——三民主义文艺与民族主义文艺》（2010年，中国社会科学出版社，台湾出版的繁体字书名为《国民党文艺思潮》）、《中国左翼文学编年史》（2013年，社会科学文献出版社）、《中国左翼文学卮言》（2016年，社会科学文献出版社）等著作。其中《西方文学思潮在现代中国的传播史》和《中国象征主义百年史》曾获得中国社科院优秀科研成果奖。张大明前期参与编著编选的还有《三十年代左翼文艺资料选编》《"革命文学"论争资料选编》《"两个口号"论争资料选编》《左联回忆录》等。

不管是退休前还是退休后，不论是史料还是论著，是资料选还是作品选，它都是一个整体学术构建。张大明的研究与左翼文学不可分，他的一些著作是中国现代文学研究生们的必读参考书。他的《中国象征主义百年史》《中国左翼文学编年史》是用条目形式，以年月日顺序编排的。有一位资深教授评价说，这是文学史的一种新的写法，是创新。张大明的《踏青归来》出版后，有专家认为，以散文的笔法写作家作品的研究文章，读来别有滋味。前几年，文学所现代室以本室同期出版的三部编年性质的著作（刘福春《中国新诗编年史》、卓如和鲁湘元主编的《二十世纪中国文学编年》、张大明的《中国左翼文学编年史》）为研究对象，召开过一次学术研讨会。学者们一致肯定三部编年性质的史书的历史价值，以及写作形式创新的意义。学者们注意到，张大明的这些著作不因袭他人，也不重复自己，每一部都是对未开垦地的原始耕耘。

张大明的著作

另有四部集体编著，均为鸿篇巨制、拓荒之作。张大明是积极的参与者、实实在在的工作者。他参加了徐迺翔主编《二十世纪中国文艺图文志·小说卷》的编写；在卓如、鲁湘元主编的《二十世纪中国文学编年》中，张大明任30年代部分的分主编，并为主要执笔人；在编选的《中国现代文论》中，张大明与许觉民并列署名；在张炯等主编的12卷本《中国文学通史》中，张大明任第九卷现代文学（下）主编。以樊骏领头编选的文论集《中国现代文论》，分为上下两卷，170万字，是一部不带政治偏见的文论选。在前后20余年中，张大明做的实际工作最多，仅统稿就有三次。

2010年前后，知识产权出版社陆续推出《中国文学史资料全编·现代卷》，共81卷。张大明提供了本人所藏《中国现代文学史资料汇编》全部本版书，供切书脊、扫描之用。从20世纪80年代开始，为编辑和出版这套资料，张大明付出了大量的心血，最后阶段只余他一个人守摊子。他审读过的书稿，据不完全统计达50部之多。

张大明到文学所从事研究工作至今已有50多年了。他热爱文学所，爱护文学所，关心文学所的建设和发展。退休后，他曾四次提出建议，呼吁编写文学所的所史。他的建议，从收集、整理、保存档案入手，包括抢救老专家身上的活资料，收集声像资料，收集几十年各新闻单位对文学所的报道，写所志，都是可行的。他强调，写所史的重点是记录学术史的发展，文学所对学术的贡献应是所志的核心和灵魂。文学所现在办的《工作月报》非常受欢迎，看到自己的建议有了具体落实，张大明很是欣慰。

（沐明）

刘国平（1937 年 2 月—　）

勤奋治学　老成独到

刘国平，研究员，生于河南密县。1964 年毕业于北京大学经济系政治经济学专业。1978 年调到中国社会科学院世界经济与政治研究所。主要研究国际政治经济学及相关问题。1992 年享受国务院颁发的政府特殊津贴。至今共发表论文 110 多篇，出版专著 20 多部（包括合著和主编）。论文主要有《21 世纪大国地位的变化》《人类进入更高文明的新标志》《关于建立国际关系哲学的若干思考》《中国投资环境的国际比较》《对美国民主输出的几点看法》《对资本主义发展变化的新思考》《五个不同的十年：我国国际问题研究发展历程回眸》等；主要著作有《当代两种制度国家经济关系新探》《苏联东欧国家对社会主义道路的探索》《中国对世界经济研究概论》《中国与世界经济发展的比较》《国际垄断资本主义时代：世界经济与政治的最新发展》《美国民主制度输出》《国际劳动与世界变革》《马克思主义世界经济政治基础理论研究》《中国贡献：中国复兴的国际境界》《国际道德：全球治理的道德支撑》等；主编或执行主编的专著和大型辞书主要有《世界各国经济概况》《马克思主义经典著作解析》《中国哲学社会科学发展历程回忆》《马克思主义国际问题基本原理》《当代世界政治实用百科全书》《世界经济统计》《世界经济学大辞典》等。

1978 年进入中国社会科学院伊始，刘国平就把“勤奋治学、苦干为乐、甘心奉献、名利不染”这 16 个字，作为自己的座右铭，至今坚持不懈。在长期追求真理的奋斗中，即使食无肉、夜无眠，也感到欣慰和快乐。老骥伏枥，志在千里，1997 年他到了退休年龄，1999 年正式退休后，摆脱了各种繁杂的事务性工作，得以集中精力搞研究，在如下领域再立新功。

为国际问题研究打基础

世纪之交，中国已经比较全面融入世界，不只引进来，还开始走出去。但是对外国情况却了解少，很需要有能全面了解外国基本情况，为国际问题研究进一步发展打基础做铺垫的书。所以刘国平退休后做的第一件事，就是应经济科学出版社之邀，编辑出版了两本大型的为国际问题研究提供基础资料的书。

一本是《世界各国经济概况》。他动员组织了在京研究国际问题的150多名作者，组成40人的编辑委员会，并聘请王洛林、林丽韫、浦山、厉以宁、李琮为顾问，经过两年多的辛苦编纂，于2001年出版。全书200多万字，采取辞书的形式，把世界250多个国家和地区的基本情况，包括自然资源、地理环境、气候条件、人口资源、经济发展简史、当前工业、农业、矿业、交通运输业、财政金融业、旅游业、邮电通信业、对外贸易以及国内外市场的基本情况，用事实和数据以及简练的语言述说清楚，是一个浩大工程。这本书出版后，受到读者的欢迎和好评，因为一书在手，就能掌握世界各国的实际情况，对研究国际问题的学者是何等需要，可想而知。

另一本是《世界经济统计》。他组织在京做统计工作的近50名专家，通过各种渠道，利用一切可以利用的资料，把1980年到2000年的世界经济统计数据，包括人口、资源、农业、工业、能源、交通、通信、运输、财政、金融、国际贸易、国际投资、国际债务、世界大企业、各国主要社会经济发展指标等，汇聚在一本书内，学者根据研究的需要，可以信手拈来，这同样使他感到欣慰。该书请王洛林院长做名义主编，于2002年由经济科学出版社出版。

为弘扬马克思主义尽力

退休后他做的最有意义的事情之一，是对马克思主义进行了系统研究，并撰写出版了两部书，即《马克思主义国际问题基本原理》和《走进经典：马克思主义经典著作解析》。所花费精力之大、功夫之深、辛苦之多，都难以想象。苏联解体和东欧剧变之后，资本主义国家为自己的不战而胜而癫狂，马克思主义在世界处于低潮。在此时，坚持和弘扬马克思主义，显得尤为重要。2005 年，刘国平承担了院重大课题“马克思、恩格斯、列宁、斯大林、毛泽东、邓小平、江泽民、胡锦涛论国际问题”，有机会为弘扬马克思主义出把力。

他邀请了 9 位既有深厚马克思主义功底，又研究国际问题的资深专家，用五年多的时间，分工细读经典，以及能找到的江泽民、胡锦涛有关国际问题的论述，边读边思考，并将其精彩论述摘录出来，按专题编辑、解读，举行了在京研究马克思主义专家大小近 50 多场研讨会，最后完成了《马克思主义国际问题基本原理》三卷本、近 220 万字的最终成果，由副院长李慎明任主编，2013 年由社会科学文献出版社出版。

刘国平的著作

在完成上述课题过程中，他再次认真阅读了《马克思恩格斯全集》，从中选取了影响最大的 56 部著作，结合新的实践，在反复思考的基础上，把其最经典、最精华、最核心的内容，包括写作时间、时代背景、重大意义、主要思想观点、对当今实践的意义等，都做了比较完整的分析和解读，执笔编写了《走进经典：马克思主义经典著作解析》，2012年，由社会科学文献出版社出版。该书包括马克思主义的哲学、政治经济学和科学社会主义，并按照时间顺序安排书的结构，在具体解析中，既严格忠于马克思恩格斯理论的原本含义，又引导读者联系新的实践，历史地、发展地理解这些理论。所以，对读者来说，它既像是完整的马克思主义产生发展史，又像是马克思主义的百科全书。一书在手，就有一种《马克思恩格斯全集》尽握的感觉。而且此书以辞书的编写方法，采取一段话，阐明一个完整观点或完整思想，有一个鲜明标题。主题鲜明、观点鲜明，避免长篇大论，使读者能轻松阅读，开卷有益，不感沉闷。小标题有细目索引，读者想了解哪方面的理论，随时可以查阅。因为这些优点，该书出版后即受到读者的热烈欢迎和很高评价。尽管这部近90万字的著作定价较高，但出版后仍出现热销，不得不加印。

为社会需要创新研究

退休前他主要从事编辑工作。曾任《世界经济与政治》副主编兼编辑部主任。后来负责所杂志社工作，主要负责全所五个刊物的出版发行和重头文章的审定工作。了解和掌握理论研究动态、实践对理论的需要、理论研究中的缺陷和不足，是理论刊物对编辑起码要求。立时代潮头，发时代新声，有独到见解、有创新，这是理论刊物编辑对每篇文章的基本要求，也是对自己研究和写作的基本要求。所以，刘国平研究和撰写的东西，都是社会最需要、实践最需要，又处于研究空白的问题，带有填空和补白的性质。从这个意义上说，是从无到有的创新研究。

20 世纪 80 年代开始，资本主义国家巨型跨国公司的迅速发展，特别是国际垄断寡头统治的出现，已经使资本主义的发展进入到了新的阶段，即国际垄断资本主义阶段。21 世纪开始，经过两年多时间，刘国平对国际垄断资本主义进行比较全面、深入研究，撰写了《国际垄断资本主义时代：世界经济与政治的最新发展》（2004 年，经济科学出版社）。这本书依据国际垄断寡头统治的现实和对资本主义发展阶段再认识，得出了当今的资本主义发展，已经进入它的第四个阶段，即国际垄断资本主义阶段的结论。并对国际垄断资本主义形成主要标志、时间节点，国际垄断资本主义的本质和基本特征、国际垄断资本主义阶段霸权主义新特点和反对霸权主义的斗争、国际垄断资本主义阶段的和平与战争等，进行了界定、论述和分析。可以说是一部现今时代的帝国主义论说。

长期以来，人们都被美国民主所诱惑，盲目崇拜、神化美国民主。美国也正是利用这一点，通过战争、“颜色革命”等手段，疯狂向外输出美国民主制度，以图统治全世界。人们很需要了解美国民主本质、美国向外输出民主本质，以破除美国民主神话。但却没有这样的研究和著作。刘国平用了近三年的时间，从信仰切入，对美国民主制度的形成过程、本质和基本特征，美国民主制度的根本缺陷和不平等性，美国两党竞选的本质和金钱性，美国民主制度输出本质、特征和对世界的影响等，进行了客观的实事求是的披露和分析。撰写了《美国民主制度输出》一书，2006 年由社会科学文献出版社出版。读了这本书，对美国的信仰、美国民主制度、美国的总统竞选，就会有比较客观、正确的认识，从而破除美国民主的神话，破除对美国民主的盲目崇拜。

在国际问题研究中，存在一个很大的缺陷，就是只专注国际贸易、国际金融、国际市场的研究，而忽视了对国际劳动的研究。国际劳动关系，恰恰是一切国际关系的基础。人类社会发展的一切奥秘，都隐藏于劳动关系之中。没有对国际劳动关系的研究做支撑，所有其他国际问题研究，就像空中楼阁。然而，在书店里，研究、论述国际贸易等内容的专著，琳琅满目，而专门研究国际劳动的书却找不到。2006年，刘国平开始集中研究国际劳动问题，撰写了《国际劳动和世界变革》一书，2015 年由中国社会科学出版社出版，弥补了这个缺陷。该书历史逻辑和理论逻辑结合，深刻分析了由国际劳动关系的变革所决定的国际经济关系、政治关系和文化关系的变革。特别是深刻分析了发达资本主义国家依靠强大的国际垄断资本，及其对国际贸易市场、国际金融市场、国际资本市场、国际技术市场的垄断，利用美元殖民和金融投机，对世界进行残酷掠夺，使世界大量财富源源不断流入发达国家富人的腰包，从而引起世界的动荡和不安，引起了世界的变革。全书虽然历史跨度大，但结构紧凑，论述简洁，使读者感到愉悦。该书实际上就是一本现今时代的国际劳动政治经济学。

中华民族，历来是重义、讲诚、以贡献为乐的民族。自古至今，中国人用辛勤劳动创造的中华文明，光辉灿烂，对世界做出了巨大贡献。然而，随着中国社会主义事业越来越强大，中国奇迹的出现，特别是在中国成为世界第二大经济体之后，炒作中国威胁论，在世界却甚嚣尘上。很需要有一本从理论与实践的结合中，论述中国的发展对世界是贡献，而不是威胁的书，但是却没有。2017 年刘国平撰写出版的《中国贡献：中国复兴的国际境界》一书，以大量铁的事实证明，既造福中国人民，也造福世界人民，这始终是中国人的品德。自古至今，中国的思想、中国的理念、中国的制度、中国的科学技术、中国的文化等，在发展过程中已经对世界做出了巨大贡献。改革开放之后，中国所取得的一切奇迹，所追求的和平发展、互利共赢、合作共享、共同富裕、共同幸福，所倡导的构建人类命运共同体等，目的就是实现人人都享有自由，享有平等，享有劳动权、发展权、享受权，从而为世界做出更大的贡献。无论何人，读了这本书，都会为中国对世界的贡献而点赞。

此外，他还为宣传院老专家的优良治学精神做了许多工作。

宋德金（1937 年 7 月—　）

暮年夸父犹追日　皓首丹心勉自强

宋德金，中国社会科学杂志社编审。辽宁省新民人。1962 年毕业于吉林大学历史系。先后任东北文史研究所、吉林省社科院助理研究员，《社会科学战线》编辑，1979 年被调到中国社科院《历史研究》编辑部，评为编审，享受国务院政府特殊津贴。曾任中国社会科学杂志社副总编辑、《历史研究》杂志主编。研究方向为中国辽金契丹女真史、中国社会史。兼任中国辽金契丹女真史学会会长、中国社会史学会副会长。1997 年退休。

退休了，无论用什么样的标准来衡量，都可以说是步入老年了。这是人生的一个重要阶段，没有工作之累，没有考核之烦，可以根据各人的情况和爱好选择不同的方式度过：或读平时想读而未读的书籍，写想写而未写的文章；或游览名山大川，周游世界；或颐养天年，写字、唱歌、跳舞；等等。对于人文社会科学研究者来说，则是一个春华秋实的黄金季节，许多学人的著作多是进入老年之后完成并出版的。

宋德金长期以编辑学术期刊为业。他说，在职时主要是为他人作嫁衣裳，虽然也做一点学术研究，毕竟时间有限，成果不多，不过就是几十篇文章和一本小书《金代的社会生活》而已。

退休后，宋德金继续完成在职时就已经开始的一个项目，即与朋友一起组织来自全国 30 多个高校和科研院所的 40 多位从事社会史研究的知名学者，共同编撰一部 120 多万字的《中国社会史论》。20 世纪 80 年代，中国社会史研究开始受到国内史学界的关注，《历史研究》编辑部根据这一发展趋势，与南开大学历史系共同发起召开中国社会史研讨会，倡导成立研究会。此后，《历史研究》还用较多篇幅刊登社会史研究方面的文章，介绍、评述社会史研究状况，为推动中国社会史研究做出了重要贡献，此书就是为总结和继续推动前阶段中国社会史研究的成果而编撰的。《中国社会史论》出版后，《光明日报》《中华读书报》分别用整版进行报道、评论，给予高度评价。有评论说，这是“一部继往开来的跨世纪学术著作”，有“宏阔的研究视野、新颖的结构体系”，有“一流的作者阵容、一流的学术水准”，等等。这部著作得到了学界的广泛认同，并于 2002 年获得第 13 届中国图书奖。该书一经出版，就成为许多院校中国社会史专业硕士生、博士生的学习用书。

2003—2006 年，应北京大学中国古代史研究中心的邀

宋德金在内蒙古考察金界壕遗址

请，宋德金又参加了“10—13 世纪中国文化的碰撞与融合”课题。这个课题是北京大学、台湾“中研院”和美国亚利桑那州大学的合作项目，同时被列为教育部人文社会科学重大项目。这个课题的完成，对加强中国通史中辽宋夏金这一时段开展整体研究产生了一定的影响。

2009 年，应中华书局之邀，宋德金参加了“点校本二十四史及《清史稿》修订工程”审定委员会的工作。点校本“二十四史”是新中国前 30 年最大的学术工程，分为两期（1958—1966，1971—1978）完成。因受到当时条件的限制，该项目尚存在着一些缺点。几十年来，随着新考古、文献资料的发现，相关研究取得很大进展，使该项目的修订工作成为一种必要和可能。中央有关领导在第一次编纂工作会议上说：“这项工作是关乎民族文化传承的大事，现在做非常及时，非常有意义，党和政府一定会给予大力支持。”

退休之后，宋德金在过去多年读书积累的基础上，相继撰写出版了《中国风俗通史·辽金卷》及增订本《辽金风俗》《辽金论稿》《中国历史·金史》《宋德金集》《读史杂识》和多卷本《中国殡葬通史》（合作，撰写金代编）等专著和文集。8卷本《中国殡葬史》是我国首部多卷本殡葬史著作。有同行评价说，宋德金退休之后取得的学术成果，不论是数量上还是质量上，都超过了退休之前。这20多年，宋德金静心读书，潜心研究，对于他来说，真是喜获丰收的“金秋时节”啊！

除了学术著作，宋德金还撰写出版了两本大众读物，一本是《一本书读懂辽金》，另一本是《辽金西夏衣食住行》。“历史是最好的教科书。”唐太宗在魏征死后临朝所说的“三鉴”（“以铜为鉴可正衣冠，以古为鉴可知兴替，以人为鉴可明得失”）成了后世许多开明执政者治国平天下的座右铭。为了以古鉴今，服务现实，把历史当作教科书，就需要更多的人熟悉历史，使历史学走出学者的书斋。多数历史著作应该做到既科学严谨，又通俗易懂，不然就无法拥有众多读者，发挥其教科书的作用。我们不仅需要像博士论文那样的历史著作，同时也需要能让更多人读懂的作品。历史本来是丰富多彩的，历史书可以写得好读一点，然而我们看到的许多著作却是严肃有余，索然无味，甚至连圈子内的人也难以卒读，遑论其他读者了。《一本书读懂辽金》出版后广受欢迎，连续多次重印，说明读者对通俗易懂又有别于戏说的历史读物的认同。

宋德金感慨地说：我们这代人一生最好的时光，是在一个接一个的政治运动中度过的，真正的学术生涯就是改革开放后的40年。同许多前辈和后辈相比，总体来说，这辈学人的根基不深，外语不灵，眼界不宽，难出大家，都是时势使然。

回顾自己的学术经历，宋德金有这样几点体会：

一是注重填补空白和学术创新。20世纪七八十年代，刚刚走出“文革”时代，宋德金选择了当时研究薄弱、空白较多的辽金史，经过二三十年的努力，取得了一点成果。80年代是我国学术界处于反思、探索的时期，沉寂几十年的社会史研究受到许多人的关注。他在以辽金社会史为切入点的同时，关注中国社会史的研究，并且利用在《历史研究》杂志的工作之便，为呼吁、推动中国社会史研究做了一些力所能及的工作。

二是不断开拓、扩大史料来源。辽金传世文献不多，在研究中除依靠官、私史书之外，还尽量利用碑刻、考古资料以及宋元笔记、文集等。特别是在文化、社会生活研究方面，除了使用研究者所共同关注的文献之外，还注重利用诗文和考古资料等，这是“正史”和其他史书所无法替代的。

三是调整知识结构，开展多学科研究。辽金两朝是北方民族契丹、女真建立的王朝，有其明显的特点。在研究辽金史时，除使用传统的历史方法之外，还注重借助其他科学，如民族学、民俗学、社会历史学等理论和方法进行研究，努力吸取相关的研究成果。

总结到这里，宋德金不由得想起清人张潮《幽梦影》中的一段话："有工夫读书谓之福，有力量济人谓之福，有学问著述谓之福，无是非到耳谓之福，有多闻直谅之友谓之福。"他以为，这是离退休者较在职时更易实现的生活和状态。"莫道桑榆晚，为霞尚满天"，应该是老年朋友追求的境界；而不要让"夕阳无限好，只是近黄昏"成为嘴边的感叹。如今，虽然已无"暮年夸父犹追日，皓首丹心勉自强"（楚图南）的雄心壮志，却应时时以此勉励自己，使晚年过得更加健康、充实。

宋元强（1937 年 8 月—　）

学问无止境　唯有知不足

宋元强，中国社会科学杂志社编审。北京人，祖籍福建省莆田。1965 年北京师范大学中国教育史研究生毕业。毕业后任山西师范大学政史系教师，1980 年被调到中国社会科学杂志社，任《历史研究》编辑。1992 年起任杂志社总编室主任。享受国务院政府特殊津贴。著有《清朝的状元》《清代科举制度研究》，编著有《中国资本主义萌芽》等。1997 年退休。

宋元强 1965 年研究生毕业以后，便终生与史学工作相伴。最初在山西师范大学，他讲授中国古代通史，从夏商周直到清亡，一气呵成。1971 年，周恩来总理指示中国历史博物馆修改原来的中国通史陈列并重新对外开放，宋元强应邀参加了这项工作。后来历史学家白寿彝教授着手编写多卷本《中国通史》，他又奉调参与。白先生建议宋元强倾力转到清史研究上去，经过认真考虑，他听从了安排。《中国通史》的编写工作从 1976 年启动，至 1996 年告成，前后历时 20 载。其中，宋元强出任清史卷的编委。1980 年调入《历史研究》编辑部后，一直负责编辑明清史方面的稿件。

1997 年，宋元强从工作岗位退休以后，开始参加社会上的一些学术活动，其中重要的是中华炎黄文化研究会的《炎黄汇典》编纂工作。《炎黄汇典》由李学勤、张岂之任总主编，全书共分史籍、方志、祭祀、文化、考古、诗歌、民间传说、图像等八卷。1996 年开始组织编写，2000 年正式出版发行。宋元强作为编辑部主任，参与了从制定则例、约稿、审稿到编辑出版的全部工作，这部书集中探讨了中华文明的起源，出版后备受欢迎。

再后来，宋元强的主要精力都用到了新修《清史》的编纂工作上。

我国自古就有后代为前朝修史的传统，故有二十四史传世。现在所见的《清史稿》，匆匆成书于民国年间，且出自清朝遗老之手，史料不足，观点陈腐，不能与二十四史相提并论。新中国成立后，屡有学者提出重修清史的动议。2002 年 8 月，党中央和国务院做出了启动《清史》纂修工程的决定，同年 12 月，国家清史编纂委员会成立。新修《清史》的基本目标是，集中和动员全国的清史及其他学科的优秀专家，完成一部能够反映新中国理论水平、学术水平的大型清史著作，使之成为新世纪学术发展、文化建设的标志性成果，成为能够反映当代文明水平的传世之作。新修《清史》由通纪、典志、传记、史表、图录五大部类组成，共 100 余

宋元强的著作

卷，约4000余万字。这次编修有一千余位专家参与其中，宋元强参加了“典志组联系专家”的工作。新修《清史》的“典志”共有60多个项目，内容是记述清代的典章制度和反映广阔的社会生活。“典志”预计1500万字以上，几乎占全书之半，联系专家的任务是与项目主持人保持沟通，催促写作进度，进行审改和验收。工作十分紧张、繁重。

在这期间，宋元强本人也参加了《清史·科举志》部分章节的撰写，实际体验了撰述正史的规律与甘辛。

2016年6月，习近平总书记亲自对清史工程作出了重要批示。批示说："重视修史是中华民族的优良传统，对于传承文脉、资政育人、弘扬民族精神具有重要意义。清史编纂是一项重大的文化工程，中央对此高度重视、寄予厚望，经专家等多方努力，现已取得重大进展。望加强统筹协调，坚持质量第一，加快工作进度，严格把关、精益求精，确保早日编出一部无愧前人、启迪后人的信史良史。"总书记的批示极大鼓舞了全体编纂人员的工作热情，增强了完成任务的信心。到2018年10月，新修《清史》送审稿已经完成，送交中央审查。目前，后续的编校工作继续进行。

人到老年，疾病会相伴而来，这是自然规律。宋元强近20年来，就是在不断与病魔搏斗中度过的。1997年，宋元强罹患直肠癌，而且已经到了中晚期。在北京医院做手术后，由于怀疑癌细胞转移，有位医生私下对他的家属说："估计术后可以存活两三年。"果然，1999年夏天，宋元强又被查出结肠癌，再度上了手术台。连续两次的原发癌症，真如晴天霹雳，让他心乱如麻，情绪一下跌到了谷底，特别是术后化疗期间，反应异常强烈，撕肝裂肺，简直失去了生活的信心！在领导和同志们的关怀下，宋元强闯过难关，身体逐渐复原了。他放松心情，积极锻炼，并且恢复了学术研究工作。

《清史》编委会典志组的工作十分忙，2012年夏天以后的几个月里，几乎一天也没休息过。宋元强原来就有高血压和心房颤动的痼疾，2012年11月身体又出现了意外。那天他独自一人在家，突患中风，右脑大面积梗死，昏倒在地，不省人事。病发后八个小时，宋元强才由急救车送到人民医院，由于错过了最佳抢救时间，医生发出了"病危通知书"。在医院抢救治疗了一个多月，才将宋元强从死亡线上抢救回来。万幸的是，这次脑梗没有留下明显的后遗症，肢体活动与语言功能基本如常。医生们也很高兴，说这种情况“堪称奇迹”。

经过一段时间的休整，宋元强重新回到典志组的工作岗位，他给自己提出的口号是“振奋精神战病魔，垂青学术度夕阳”。

在多年纂修《清史》的过程中，宋元强的专业知识水平和学术著作的编辑能力有了新的提高。在中国社会科学杂志社工作了十几年，杂志社的一丝不苟、严格要求、反复推敲、认真核查的优良传统和工作作风，给了宋元强很大的教育和影响，他把这些也带到了纂修《清史》的工作中，得到了同人们的鼓励和认可，这些年中，宋元强先后三次评为清史编纂委员会的“年度先进工作者”。

宋元强的研究生专业是中国古代教育史，自然一向关注历史上的教育与考试制度。这当中还有一点家史方面的巧合：他的伯祖父宋真，是清朝末年福建莆田的“拔贡”，光绪年间赴京参加朝考，考中后成为七品京官，在邮传部行走，随之举家从闽南迁至京师。宋元强家中有不少古籍和一些科举资料，自幼耳濡目染。他在杂志社工作期间，就出版了《清朝的状元》一书，全面阐述了清代科举制度的来龙去脉和优劣得失。重点是通过对清代百余名状元史料的分析，论述了科举制度下不拘门第、均等竞争、公开考试、优胜劣汰的基本特征。这些见解，提出的时间比较早，后来基本被学界所接受。这期间他还写过《清代的科目取士与竞争机制》一文，在《中国社会科学》发表，并全文翻译，在《中国社会科学》（英文版）上转载。

清代甄拔士子，最常行的是进士科，除此之外，还有制科。文科之外，还有武科，到典志组工作后，宋元强写了《清代的制科》《清代武科举》等文章，都是对这些问题的系统总结，填补了研究的空白。前些年，《中国国家博物馆明清档案选集》编辑出版，有不少科举文物得以面世。宋元强应约撰文，写成《国博馆藏清代科举文物掇英》及《珍稀晚明乡会试卷三种》二稿，对这些文物进行了诠释。2015 年，由中国社会科学院老年科研基金资助，宋元强出版了《清代科举制度论集》一书。

时光似箭，日月如梭。宋元强在史学领域，特别是清史方面工作了几十年。他最大的感悟是：学问是无止境的，自己不知道的事情太多了。宋元强始终如小学生一样，努力学习，不断探索。为此，他把自己的书房取名曰“知不足斋”。

祁连休（1937 年 9 月—　）

攻坚克难二十载

祁连休，中国社会科学院文学研究所研究员。四川崇庆县（今崇州市）人。1959 年毕业于四川大学中文系，同年进入中国科学院文学研究所（今中国社科院文学研究所）工作。1988 年晋升为研究员，1992 年享受国务院政府特殊津贴。曾任民间文学室主任，文学研究所学术委员会委员、所务委员会委员和《文学评论》《民族文学研究》编委等。长期从事民间文学研究，主攻故事学，撰有《智谋与妙趣——中国机智人物故事研究》等书。1998 年退休。

祁连休退休后的 20 年，在民间故事研究方面取得了丰硕的成果，得到学界的关注和肯定。在中国故事研究领域中有

“南刘（刘守华）北祁（祁连休）”的美誉。

众所周知，中国的民间文艺学起步较晚，故事学尤其如此，不但专门从事民间故事研究的人员数量不多，研究成果也比较少。以民间故事类型研究为例，20 世纪初欧美已经取得重要成果，中国的近邻俄罗斯、日本、韩国，20 世纪里陆续都有故事类型专著问世。可是直到21 世纪初，仍然没有一部中国人撰写的故事类型专著。

祁连休的三卷本《中国古代民间故事类型研究》（河北教育出版社，2007 年出版，98 万字），是中国民间故事类型研究的一部奠基之作。它不但对民间故事类型，主要是中国古代民间故事类型的各种基本理论问题进行了系统的探讨；而且分成七个时段展示中国自先秦至清代民间故事类型的产生、发展、变化。祁连休的中国民间故事研究，一贯主张本土命名方法。该书梳理中国古代民间故事类型，没有采用芬兰阿尔尼和美国汤普逊的“AT 类型分类法”。每一个故事类型，都是按照中国古代民间故事类型自身的特点来加以概括的，其命名也是按照中国人的思维方式，并且适当参照中国学界以往的做法来确定的。它所收入的中国古代民间故事类型全面、系统，可以作为一部中国古代民间故事类型索引来使用。该书出版后，在中国大陆和台湾学界都引起了强烈反响，2010 年 12 月获第二届中国政府出版奖图书奖提名奖。随后又出版了修订本，增加十余万字的篇幅，补充20 个古代民间故事类型。

国内有关中国民间故事史的研究，情况稍好一点。20 世纪末，已经有一部《中国民间故事史》问世，这无疑是中国故事学领域的一大收获。但是，在中国民间故事史研究方面，仍然有许多可以提升的空间。

祁连休的三卷本《中国民间故事史》（河北教育出版社，2015 年 1 月出版，100 万字），在中国民间故事史研究方面多有突破，在学术上又向前迈进了一大步。该书是第一部按照民间故事固有特点来撰写的中国民间故事史。它以见诸历代古籍文献的不同门类、不同题材的丰富多彩的民间故事作品为主线，来呈现源远流长的中国民间故事发展史，同时揭示出各个时期民间故事的结构模式、异文、讲述人等，从思想内容、艺术风格、叙事特点、流传变异等诸多角度来表现民间故事的口头文学特色。不仅如此，它还用一定的篇幅来展示民间故事类型的发展演变史以及中国民间故事的采录史、编选史等，使这一部中国民间故事史的内容更为全面丰富，口头文学特色更加鲜明突出。祁连休在撰写本书的过程中，对先秦至清末的古籍文献进行了全面系统的梳理，从浩如烟海的志怪小说、逸事小说、谐谑小说中鉴别出民间故事，在史料方面下了非常扎实的功夫。全书史料翔实，引证的古籍文献非常之多，连一些不常见、不被一般研究者注意的书籍，也进入笔者的视线，写入此书。书中征引的民间故事数量巨大，除了全文引用作品外，但凡提及作品，无不作了内容简介，尽最大努力揭示出中国古代民间故事多姿多彩的面貌，让读者对中国民间故事发展史有一个全面系统的认识。它在建立具有中国特色的故事史体系方面，受到民间文学界的热情称赞，认为其具有“范式意义”。该书于 2018 年 5 月获得第四届中国政府出版奖图书奖提名奖。

在两部重要著作完成后，祁连休又开始撰写五卷本的《中国民间故事通览》（即将由河北教育出版社出版，200 多万字）。该书是作者毕生倾注心力撰写的中国民间故事研究“三部曲”的收官之作。书中由古代民间故事，现当代民间故事，故事学基本理论、基本知识，民间故事论著书目和民间故事作品书目四个部分组成。中国古代民间故事，选自先秦至清末的各种典籍文献。中国现当代民间故事，涵盖20世纪以来各个时期从全国各地采录的56个民族的民间故事。书中呈现的各种具有代表性的作品，都经过压缩改写，既保留故事的主要情节和艺术风貌，又尽可能增大信息量。这是国内第一部展示中国古今民间故事的大型工具书，它有助于推动中国民间故事研究的进一步扩展与深入，在实践上也会为中国非物质文化遗产的保护做出一定的学术贡献。

中国民间故事整体性研究的“三部曲”，每一部都是百万字以上的多卷本著作。祁连休在古稀之年前后，以个人之力，年复一年置身斗室，默默无闻地撰稿，用20年时间将其逐一完成，付出了极大的辛劳。文学研究所户晓辉研究员称许：“我们可以比较：2004年，德国学者汉斯-约尔格·乌特在赫尔辛基出版了三卷本论《国际民间故事类型：分类与文献》。乌特本人在‘世界民间故事研究大本营’之称的《童话故事百科全书》编辑部（哥廷根大学）工作，他在多名助手的协助下，用4年完成了此书。而祁连休‘单兵作战’，仅写作时间就用了5年，不说40多年研究故事学的积累，单是加上资料准备的时间，至少要比乌特的时间长一倍以上。在研究经费方面，乌特有哥廷根学院的资助，而祁连休虽然也得到中国社会科学院的课题资助，但经费数额与乌特恐怕难以相提并论。”（《类型：民间故事的存在方式——读祁连休〈中国古代民间故事类型研究〉》）

还要说一说的是，祁连休长年埋头著书立说，积劳成疾，患有严重的腰椎病，不断经受病痛的折磨。虽然多方治疗，但效果不佳。《中国民间故事史》出版后，他立即住进

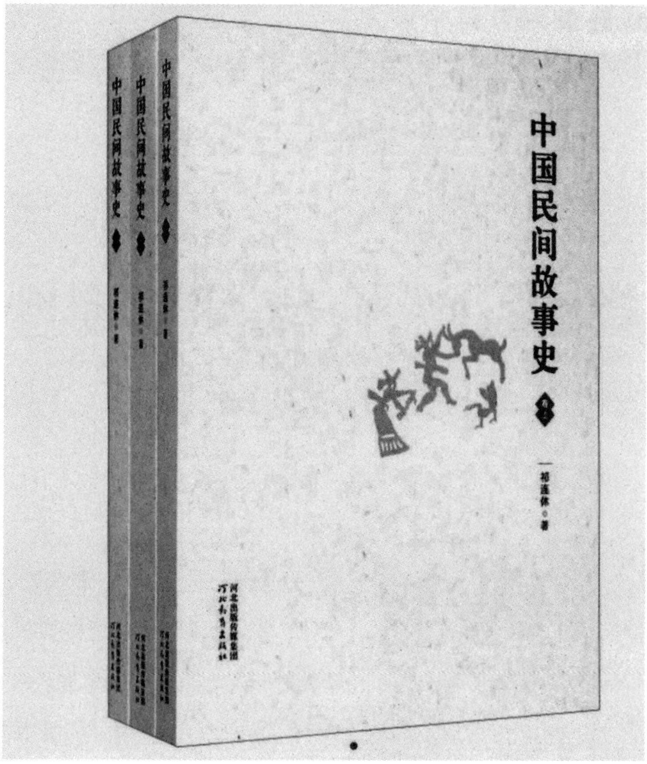

祁连休的著作

医院，做了一次腰椎手术，打进六颗椎弓根钉。术后几个月才逐渐康复。

顺便透露，祁连休年过七旬之后才开始学习使用电脑。这三部书稿，有一部半是手写的，另一部半用电脑打成。对于一个七旬老者来讲，学习电脑并非易事；但是学会使用电脑以后，他在写作上获得了更大的自由，全身心徜徉在无止境的研究领域，孜孜以求，在学术上获得了丰厚的成果，也享受到更大的人生乐趣。

（耿之）

杨子慧（1937 年 11 月—　）

曲终退隐寻常事　漏尽犹怀报国心

杨子慧，河北怀安人。1959 年毕业于东北师范大学中文系，1961 年入北京电视大学中文系。1976 年任平谷县计划生育办公室负责人，1979 年写出《农村人口质量调查》一文，被市人口学会接纳并荐上属，为国务院副总理陈慕华等领导人引用；1984 年调入中国社会科学院人口研究中心（后改所），先后创办了《中国人口年鉴》《中国人口科学》杂志，该杂志在美国普林斯顿大学直接出英文版，向全世界发行，是我国社科界唯一一家在国外出英文版的杂志。先后任两刊编辑部主任、杂志社社长、所学术委员会委员，后任研究室主任；担任两届院民进社科支部主委；连任四届国务院国土资源监察专员；国家计生委专家委员会委员、国家科委人口软科学专家组成员、中国人口学会专业委员会主委、北京市人口学会副会长、国际人口科学联盟（IUSSP）成员；与本院研究生院合作，开办了山东胶州、浙江温岭两市研究生班，培养200余名硕士研究生，为所创收76万余元。先后发表论著百余篇部（含合著），《中国老年人口》（副主编）、《论流动人口生育行为》获中国人口学会优秀论著一等奖，《论流动人口生育行为》以“重要论文”辑入彭珮云主编的《中国计划生育全书》；1992年获国务院特殊津贴；1995年晋升研究员，1998年退休。

杨子慧原以为退休一身轻，既无案牍之劳心，亦无聒噪之乱耳。作为一介闲人，与老妻为伴，任我遐迩交游，过一过闲云野鹤之恬淡生活。然而，事与愿违。多年累积修养的业缘萦绕心头，挥之不去，报效之心，难以平息。真是天遂人愿，退休不荡旬日，便有多方聘请，重新卷入人口学研究洪流。起初，他受聘于国家人口计生委宣教司，担任新型生育文化研究专家组成员；继而复任婚育新风进万家活动专家组、绩效考评专家组、全国关爱女孩行动专家组等成员，以及中国人口学会生育文化研究专业委员会委员、中国社会经济系统研究会人口专业委员会秘书长。凡此种种，使他如鱼得水。其实，他于1996年受命国家人口计生委，已开始研究生育文化。他认为，生育文化是祖国传统文化的一大有机构成。遗憾的是，新中国成立数十年了，社会与民间流传的仍然是旧时的生育习俗，应当尽快建立符合时代发展的新型生育文化。受聘为他研究新型生育文化，开启了方便之门，使他取得丰富科研成果。他与人民大学教授合作，为中共中央党校编写了新的《人口理论》，经党校教材编审委员会核准，列为党校高级班教材正式启用；他任副主编，合作撰写了《中国生育文化导论》（上下卷），获全国优秀图书出版奖和“五个一工程”提名奖；因主编张纯元（北大教授）身染重疾，难以握管，由杨子慧承担主编角色，合作完成《生育文化学》一书。此后，陆续出版《婚育观念通论》、《中国少数民族生育文化》（上下卷）、《宁波特色婚育文明》，以及尚待付梓的《中华生育文化史》，由杨子慧与院近代史所姜涛合著，该书被列为重点出版书目。有些专家赞誉，这些著作标志着建立了“生育文化学”这一新学科。在撰写《婚育观念通论》时，杨子慧和河北大学吕红平教授、前《中国人口报》社长兼主编赖林嵩教授，入住蓟门饭店，逐章逐节、逐字逐句修订，发现有三章宣扬西方婚姻之风，根本不合国情，无法启用，宣教司让他们三人一人一章重新写作。由于任务太艰巨，他们三人“不舍昼夜”，和衣而卧，真可谓废寝忘食了。在饭店整整住了一个月，终于完成了编写任务。

之后，广东省阳江市委市政府联名聘杨子慧为“新型生育文化专家组”组长，同时应聘的有中国人口学会会长翟振武、南开大学经济学院人口与发展研究所教授博导原新、河北大学人口研究所教授博导吕红平等；又续聘杨子慧为“婚育新风进万家活动专家组”专家、“综合改革专家组”专家，先后三届连任12年。这期间，杨子慧为阳江市策划设计，建成燕山湖生育文化公园，以一家独女户为模特，请雕塑家按原型塑成石碑。彭珮云同志题写园名、蒋正华同志题写了碑名，杨子慧奉命撰写了文言体碑文。该园环燕山湖而建，占地面积硕大，文化内容丰富，建园成本所费不赀，成为市民观赏休憩的所在，一些婚媾情侣在园中举办婚礼，也是国内外游客的必游胜地。与此同时，杨子慧为该市江城区设立

“家庭人口素质提升行动”项目，获得广东省人口计生委设立的宣传教育优秀创新奖。为配合该项目，杨子慧编写了《弟子规释义》，散发给江城区及市内的家庭，作为教育子女成材、家庭和睦的首选教材。

阳江市的项目尚未告罄，深圳市人口计生局又邀请杨子慧参与谋划，构建了长达50余米、高约5米的巨型紫铜浮雕：“中华生育文化演绎图”。浮雕矗立于龙岗之风景区，远远望去，宛若一幅浮雕长卷。为使观者了解“演绎图”意，扩大宣传，由杨子慧任主编为各幅雕刻图撰写了“释义”，两万余字，除刻记于图下外，还出版了画册，分发参观者。这个项目结束不久，2009年山西省交城县人口计生局发函邀请，为该县卦山风景区内设立“中华人口文化易绎卷”。该项目将生育文化升华为“人口文化”，大有创新之气息。“卦山”，以其山形酷似“八卦”形状而得名，是著名旅游胜地。游人熙来攘往，正是宣传人口文化的好境界。“中华人口文化易绎卷”巧妙地将人口发展与《易经》、“八卦”中的相关论道连缀，别开生面，内涵深广，展示出中国人口和生育的发展历程。“易绎卷”模拟古代摩崖石刻艺术形式，采用现代技术和材料，沿山路而建，妙趣横生。杨子慧题写的卷名做成大型石刻，镶嵌于半山腰，高大醒目；其下为石雕图和字碑；杨子慧和翟振武任理论指导，并由杨子慧撰写了解说词。该项目完成后，游人不绝，颇受各界好评。现已列为该县人口文化教育基地，也为游人增长见识。

2010年，深圳市人口计生局和市人口计生协会，意欲对独生子女夭折和独生子女严重病残的家庭施以帮扶，使他们从阴霾重压中解脱出来，感受到党和社会的深情关切，振作精神，回到社会大家庭，这是一项功德无量的大善举。初时，深圳提出“经济、生活、医疗、就业、再生育”五方面帮忙。杨子慧作为项目组长，通过反复研究，大胆提出增加一项“文化帮扶”。开始，参与者都不以为然，尤其是人口计生局、计生协的实际工作者，不理解“文化帮扶”如何开展帮扶。那时，文化帮扶概念在全国还是首次提出，没有任何参照实例。为此，杨子慧撰写了《论计划生育特殊困难家庭之“文化帮扶”》一文，并做了多次学术演讲，终于使大家认识到文化帮扶的重要性和可行性。经过一年多的实践，失独残独家庭对文化帮扶的需求，由 2012 年的 13% 上升到 2014 年的 56%。实践表明，文化帮扶确有很好的实用价值力量。在此基础上，为进一步发挥文化软实力的价值，他与吕红平教授深入研究，深切感到“文化帮扶”仍属于“外力”，若要真正达到目的，必须令失独残独家庭成员树立文化自信心，提高“内力”的积极性。内力外力相结合，肯定可以达到更好的帮扶效果。为此，杨子慧又撰写了《“文化自救”：再论计划生育特殊困难家庭之文化帮扶》一文。“文化帮扶”和“文化自救”，是深圳市的独创，受到国家计生协会的赞扬，并评为全国的先进单位。截止到2018 年，深圳市的“六大帮扶”在理论和实践方面皆已成熟，形成了帮扶既定模式。项目组编写了《深圳市计划生育特殊困难家庭帮扶理论与实践探索》2012—2014、2014—2017 两本书，由中国人口出版社出版发行。

21 世纪初，杨子慧应邀涉足了老年学、长寿文化等研究领域，2008 年任中国老年学学会“长寿文化研究专业委员会”副主任。他一是撰写了《中华长寿文化钩沉》《传统长寿文化的渊源与流派》《传统文化之福寿观》《弘扬传统长寿文化，祈福子孙后代》《华封三祝与福寿辩》《漫谈社区养老

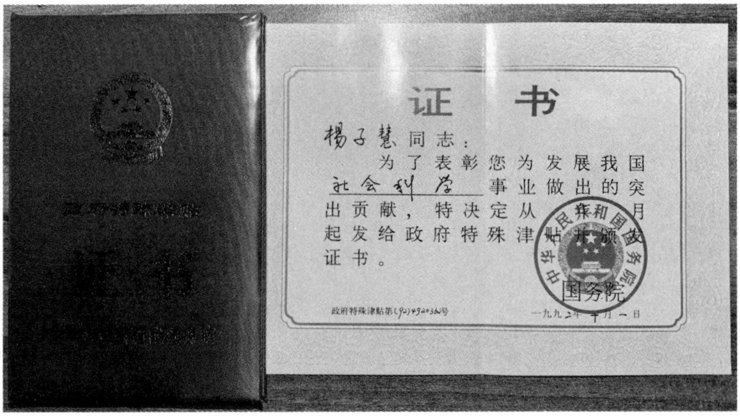

杨子慧的国务院特殊津贴证书

长寿文化》《“老年文化”定义概说》等多篇论文；二是以专家身份参加了十多个县市级长寿乡的专家评审工作，均授予“中国长寿乡”称号。2012 年 5 月，中国老年保健协会保健与长寿专业委员会聘请杨子慧为顾问，任期四年。

在杨子慧的研究视野中，不仅老者宜安之，而且少者当怀之。出于这个想法，他在任北京华夏人口与社会发展研究所首席科学家时，主持完成了北京市社会科学联合会招标的两项重点科研项目。一项是 2011 年结项的《北京市出生人口性别比严重失衡亟待治理》；另一项是 2012 年结项的《关于建立北京市出生人口性别比综合治理工作机制的研究》。

除上述多种研究活动外，杨子慧还参与讲学授课工作。讲学的主要对象，绝大多数是各级各部门的主管人口计生工作的党政领导、人口计生部门的管理人员、相关部门乃至各级党校学员，以及部队的相关者。有的地方每次课时都在三小时以上，反响强烈。

学术无涯，报国无尽。杨子慧回顾退休 20 多年的往事，并非一帆风顺。他是在糖尿病、腰椎间盘突出、腰椎管狭窄的困境中度过的；2013 年以后又背上了肝癌的沉重包袱，但都没压垮他。他一直保持着乐观的情绪，每做完一件事，或结束一项课题研究，心里就乐不可支，大有古人“秉烛夜游”的浓郁情趣。社科院原常务副院长王洛林主持一项大型科研项目，丛书中有一册《生育史话》，社科文献出版社将此书的撰写任务交给国家人口计生委宣教司。该司邀请杨子慧来写。2017 年完成书稿，现正等待终审付梓。

自古以来，功不唐捐，天道酬勤。2011 年 9 月 15 日，杨子慧被中国人口学会评为 24 位终身荣誉会员之一。2011 年 9 月 15 日，原国家人口计生委主任李彬给他发了荣誉证书和功德碑；9 月 30 日时任副总理李克强颁发了《贺信》。

“空谈误国，实干兴邦。”杨子慧虽已进入耄耋之年，然脑力和心力尚不衰微，只要一息尚存，他仍将一如既往，为圆“文化强国梦”再尽点心，再出一把力。

滕绍箴（1937 年 12 月—　）

执着探索　五十年如一日

滕绍箴，祖籍辽宁省铁岭县。生于吉林省白城市洮北区金祥乡乌兰巴打村。高中毕业后，考入吉林大学历史系本科，1963 年毕业。同年，分配到中国科学院哲学社会科学部（今社会科学院）民族研究所（今民族学与人类学研究所）。1963—1966 年，先后到山东、贵州、内蒙古等地劳动实习和参加“四清”。1986 年曾参加中央机关讲师团，在河南中原油田培训中小学师资一年。研究方向为明清史、满族史和东北民族史。1979 年任实习研究员，1985 年晋升副研究员，1991 年晋升研究员。1993 年享受国务院特殊政府津贴。在职期间，著有《努尔哈赤评传》《清代八旗子弟》《满族发展史初编》《清代八旗贤官》等。合撰专著、工具书 7 部，论文 57 篇，计 194.94 万字。其中《努尔哈赤评传》，于 1986 年荣获第一届北方十五省市自治区哲学社会科学优秀图书二等奖。1998 年退休。

滕绍箴退休后，在《中国社会科学报》上曾发表一篇《谈笑风生》文章，以此展示他的开阔胸襟，坦静心态。然而，退休并不是告别研究工作，而是他走上新的研究征程的开始。退休后，他或伏案研究，或奔走于民族地区，从而获得大量第一手资料。在累累科研成果的背后，付出的是常人难以想象的艰辛。

当时，社会上使用电脑写作渐多，令他大感兴趣。因退休前他曾完成一部满洲游牧经济史稿，未曾修改。于是，他边学边干，每天用电脑进行修改录入。这对于一个 60 多岁的老人来说，需要付出很大的艰辛。书稿修订完成后，他已能熟练运用电脑进行写作。2001 年《满族游牧经济》一书出版，受到国内外学者的赞誉。尤其是日本清史专家杉山清颜认为，取得“最大成功”。此书荣获 2006 年度民族所优秀科研成果三等奖。

2002 年，他申请社科基金课题《三藩史略》后，当年已过了 65 岁，但他不顾年事已高，一边着手整理资料，一边前往云南等地实地考察。经过前后七年的艰苦奋斗，最终 130 余万字的《三藩史略》一书撰写完成。著名清史专家李治亭等教授评价说：“这是近 30 年来国内难得一见的学术精品。”该成果“最大特色也是学术巨大优势，在于全书贯彻理论创新精神”。甚至称为，“无愧至目前为止本领域最系统深入的研究佳作”。此书的贡献是多方面的，揭示了清初王朝交替时期凝聚中心北移及过渡国家政权等一系列新的理论观点。

该书荣获2011年第四届中国社科院离退休人员优秀科研成果一等奖。

2014年，经过几年拼搏，他撰写出版了国家社科基金重点项目《达斡尔族文化研究》一书。此书对我国北方民族达斡尔族历史文化进行了较为全面系统的探讨。北京大学徐凯教授等专家审阅该书后，认为“这是一部特色鲜明的北方民族史研究学术力作，填补了达斡尔族历史文化研究空白”。内容“与社会主义核心价值观基本一致”。这部书就是运用“满洲独特文化”理论为指导的开篇之作。此书荣获2014年辽宁省广电总局社科优秀科研成果一等奖、中国社科院第七届离退休人员优秀科研成果三等奖。

关注科研难题，是滕老治学的一大特点。退休之后，他研究主攻方向是解决历史遗留的难题。通过学术会议和参加学生答辩了解清史和满学的前沿信息，对解决清史诸多谜案而不懈追踪。例如，20世纪30年代以来，学术界和社会上，风传清朝孝庄皇太后下嫁摄政王多尔衮一案。此案虽属于历史事件，但它关系到满、蒙两大民族的荣辱观等重大问题。为能揭示历史真相，他又全力投入其中。经过不懈努力，终于在2008年，撰写出版《多尔衮之谜》一书。书中以详尽的资料为支撑，揭示了顺治初年，摄政王多尔衮图谋太上皇之位、结党营私种种行径。同时，对端、庄两太后和顺治帝等人，在宫廷皇权之争中的实际作用，也作了深入细致的阐释。从而，有力地驳斥所谓的“太后下嫁”之说。为了进一步扫清这一问题的障碍，他还发表专题论文，多方论证，深入探讨，有理有据，遂使这一长期困扰清史学界之谜得以基本解决。

发生在清初的以吴三桂为代表的藩王叛乱，是历史上的一个重大事件。然而，事件中遗留不少悬而未决的问题，一直未能解析。例如，平藩之后，吴三桂尸体和陈圆圆下落，被学术界追踪了300余年而未果，成为重大悬案。30多年前，曾在贵州省黔东南州岑巩县马家寨，发现陈圆圆墓。但学术界对此争议很大，20余年尚无定论。当地政府很关注这一问题，并打算以文化带动经济发展，将此地开发成旅游景点。于是，邀请北京专家前往考察，解决难题，滕老是被邀请的专家之一。他当年已超过古稀之年，但不顾年老体衰，从2010年至2012年，三次前往贵州实地考察，奔走于山区田野，历尽千辛万苦，直到完成考察任务。回京后，再进一步结合资料进行深入研究。经数年之功，他撰写出版了《陈圆圆后传》一书。不仅揭示历史谜团，破解吴三桂墓碑中隐蔽文化之谜，还进一步确认，今天在贵州有数百户、千余口人，为吴三桂的后裔。他的科研成果，对于黔东南州开发重要旅游景点做出了贡献。

2018年《中国达斡尔族通史》顾问滕绍箴在新书首发式上讲话

清朝先祖发源何处？早在清康熙、乾隆时期，清廷就一直想追溯清楚的问题。但直到清朝灭亡，而未果。20 世纪 30 年代，日本学者认定在黑龙江省依兰县马大屯，国内学者大都赞成这一论点。2007 年，他应邀参加依兰县满族故里始祖发祥地学术研讨会期间，经过亲自实地考察，感觉此说疑点重重。回京之后，他翻阅大量资料，详细排比斟酌。通过钻研，连续撰写了三篇论文，指出满洲始祖居地不在松花江以南、牡丹江西马大屯，而是在松花江北岸的清代“庙嘎栅”，即“庙屯”，今名迎兰古城。从而推翻了传统旧说。

滕老不仅在八旗制度研究领域多有创建，而且对于北方民族理论和历史文化等多个领域均有建树。俗话说，冰冻三尺，非一日之寒。这些重大科研成果的完成，是他数十年深厚的资料积累和治学勤奋的结果。滕老的个性是：只要认定属于自己专业领域的重大难题就决不轻言放弃，必穷尽其源流方肯罢手。

滕老在学生时代就对马克思主义经典作家理论进行过系统学习。工作之后，更重视理论学习。他一再强调，民族史研究需要正确的理论指导。尤其是，他对经典作家的关于“物质生活的生产方式决定着社会生活、政治生活以及经济生活的一般过程”等物质与精神关系的相关论述，烂熟于胸，成为他研究民族史的重要指导理论。他常说，研究历史要“史论并重，论基于史”。他认为，“如果说史料是微观积累，那么理论的宏观驾驭作用同样不可忽视”。滕老还强调，从事民族史研究要博专并举。他说，研究断代史或某个专题史，不可封闭研究，应当对中华民族形成史，甚至世界史有所了解。比如，研究满洲贵族为何能入主中原时，必须对魏、辽、金、元入主中原的基本条件，一并加以研究，从其差异和共性中探索满洲贵族入主中原的成败。

正是基于理论修养深厚，才能使他在充满荆棘的北方民族史研究领域，取得如此丰硕的成果。由于他孜孜求进，不知疲倦地求索，退休后独撰专著5部，合撰专著1部，论文45篇，共撰308.45万字，比退休前多撰110余万字。截至2018年底统计，在社科院50余年中，独撰专著9部，合作专著、工具书8部，论文百余篇，计500余万字。这些累累硕果，反映的是一位老学者向国家和人民奉献出的一颗赤诚之心。

可以说，滕老在民族所的50年间，无论是在退休前还是退休后，始终执着地跋涉在北方民族南进文化流变路径上，勇往直前。如今，他虽已进入耄耋之年，但每日仍然笔耕不辍，不愧是“老骥伏枥，志在千里”。

马细谱（1938年2月— ）

莫道桑榆晚 为霞尚满天

马细谱，湖南岳阳人。1959年9月至1960年7月，在北京外国语学院留苏预备部学习俄语。1966年毕业于保加利亚国立索非亚大学哲学历史系。同年到中国科学院哲学社会科学部（今中国社会科学院）世界史所工作。1972年2月，调中央广播事业管理局国际电台担任保加利亚语修辞定稿人。1980年秋，重返世界史所从事科研工作。曾在南斯拉夫进修三年，并获历史学博士学位。1990年10月，借调到中国驻保加利亚大使馆任文化一秘。1994年11月回国，再返世界历史所任研究员、苏联东欧史研究室主任兼党支部书记，研究方向为苏联东欧史。在职期间，撰写专著、合译著作7部，论文多篇，计约400万字。代表作为《巴尔干各国人民反法西斯战争史》《战后东欧：改革与危机》等，通晓保加利亚语、塞尔维亚语、俄语、马其顿语等多种语言。1998 年 2 月退休。

马细谱退休后，工作的脚步从未停歇，仍活跃在中东欧研究领域。先后担任国务院发展研究中心欧亚社会发展研究所特约研究员和欧洲室主任、首都师范大学历史学院特聘教授和文明区划研究中心首席专家，北京外国语大学中东欧研究中心、巴尔干研究中心、保加利亚研究中心特邀研究员。他帮助受聘单位制定发展规划，推进科研项目，协助完成国际问题调研，拓展国际交流与合作等。他不顾年迈，多次带团出访欧洲各国，圆满地完成考察交流任务。

马细谱退休后的 20 年间，发表了大量学术论著，主要有：《巴尔干纷争》《观察与思考——中东欧转轨 25 年》《追梦与现实——中东欧转轨 25 年研究文集》，合著《从国王到总理——保加利亚末代国王沉浮》《列国志：阿尔巴尼亚》《巴尔干百年简史》，主编并参与撰写《南斯拉夫兴亡》等。最厚重的当数全国社科基金个人项目《巴尔干近现代史》（上下卷）。这些饱含心血结晶，正是他奉献给国家和人民的宝贵财富。

他是一位始终追求卓越的学者。为了能站在学术前沿，他从保加利亚、塞尔维亚、马其顿等地区购买并带回大量学术著作和期刊。而且，经常请人邮寄、发送各种新材料和新论点，并登录当地媒体网络，了解掌握巴尔干时政动态。他反对学术界的不良倾向，强调博观约取、厚积薄发，不要急功近利，不要急于求成，成果和观点要经得起时间考验和实践检验。正因如此，他的成果屡获殊荣。《巴尔干纷争》一书，获2001年世界历史所优秀科研成果奖；译著《戈尔巴乔夫现象》，获2004年社科院世界社会主义研究中心优秀译著奖；《南斯拉夫兴亡》一书，获2013年社科院优秀科研成果专著二等奖；学术文章《马克思又回到了保加利亚》，获社科院2015年度优秀对策信息情况报告类二等奖；《保加利亚史》，获2015年社科院离退休人员优秀科研成果三等奖；译著《我眼中的改革》，获2015年世界历史所优秀科研成果奖。2011年还荣获社科院“优秀共产党员”称号。

他常说，在改革开放的中国，缺少我们自己写的外国国别史和地区史，这与作为一个大国的学术地位是极不相称的。经过他不懈努力，不少有关保加利亚史、南斯拉夫等巴尔干地区的著作相继问世，不仅填补了我国巴尔干国别史和地区史的空白，又为我国世界史专业在国际上争得了话语权。他与国际东南欧研究协会主席保持密切的联系，加强与保加利亚、罗马尼亚、塞尔维亚、马其顿等国家的学者合作，努力让国内的巴尔干研究与国际接轨。他推动首都师范大学文明区划研究中心加入国际东南欧学会，引荐他认识的知名教授到国内交流，拓宽国内学者的知识面和研究领域。

他是一位立足历史又关注现实的学者。他认为要想研究好中东欧现状，一定要学习他们的历史。现实与历史尽量结合起来，才能看到问题的本质。他在多个场合倡导这一理念，他希望国内的中东欧研究不仅有历史深度，同时还能经世致用。尤其是在当前我国推行“一带一路”倡议和“16+1”合作机制的背景下，这种理念尤为重要。他身体力行地践行着这一理念。《南斯拉夫兴亡》《保加利亚史》《巴尔干近现代史》等都是纵贯古今，历史与现实结合的佳作。此

马细谱在旅游中

外，他坚持学有所用，积极咨政建言，每年都及时为中央、各部委撰写多篇高质量、视角独特的时政论文和研究报告。

他的严谨学风和取得的卓越成就，赢得了中东欧学术界的普遍尊敬。《巴尔干百年简史》出版后，匈牙利研究专家周东耀先生说出了大家的心声：作者“五六十年如一日，辛勤耕作，著作等身，无论写作，翻译快、准、深、雅，令人叹为观止”。保加利亚科学院历史所《历史评论》杂志发表长篇书评，认为《保加利亚史》写作方法“独特、先进”，内容“经得起时间考验”，为保加利亚历史研究做出了“宝贵的贡献”。《南斯拉夫兴亡》一书刚出版，2010 年贝尔格莱德梅加特雷大学文化传媒学院《年鉴》以《寻找失去的国度——结识巴尔干和南斯拉夫》为题全文刊登了该书的序言。早在 2008 年马老进入古稀之年时，保加利亚 7 位具有重要政治和学术影响的人士专门成立了马先生的七十大寿庆贺委员会，其中包括知名政治家、大学校长、外交部副部长等。原社会党主席、科学院院士亚历山大·利洛夫教授还在《星期一》杂志上发表了《我们感谢你，保加利亚的朋友!》一文，称赞他在研究保加利亚历史和参与中保文化学术交流方面所取得的成绩。2014 年 2 月，马细谱荣获保加利亚共和国国民议会议长颁发的银质奖章和证书，以表彰他“多年来为发展保加利亚共和国和中华人民共和国友好关系所做出的贡献”。

马细谱关爱后辈学人，注重培养学术人才。他着眼于国内研究力量的发展，关注下一代学术人才的成长。每每看到有新锐的年轻人加入中东欧研究，他的内心都十分高兴，并尽己所能帮助他们。他每年都要为社科院系统和高等院校审阅几份甚至十余份硕士生、博士生论文，经常有高校学生到他家里求教。即使素不相识的学生、年轻人找上门或来信求教，他总是尽量满足他们的要求，使他们少走一些弯路。他为人谦虚和善，提携后辈的做法令人称赞。

马老退休后成绩斐然，这是他退而不休，坚持不懈地努力奋进的结果。这正是莫道桑榆晚，为霞尚满天。

（李建军）

张　铠（1938 年 4 月—　）

志合者　不以山海为远

张铠，辽宁省沈阳市人。在“文化大革命”当中，曾就读于北京俄语学院和天津师范大学历史系。毕业后，分配到一农村中学任教，历时 30 余年。一次，偶逢一旧书摊正在处理“查抄”来的外文书，于是买下一“堆”。其中有英文字典和西班牙文字典各一本，以及拉丁美洲和西班牙的历史读物。随后，开始自学英文和西班牙文。相继自英文译出《秘鲁华工史》，自西班牙文译出《波多黎各史》。1976 年之后，上述二书得以出版。1992 年进入中国社会科学院世界历史研究所工作。1993 年被调到社科院历史研究所中外关系史研究室。研究方向为中国与拉丁美洲及西班牙关系史。1998 年，参加社科基金项目《16—18 世纪中国与西方文化交流史》课题组，承担“中国与西班牙关系史”的研究任务。1998 年退休。

潜心研究中国与西班牙关系史

1998年，他承担“中国与西班牙关系史”研究任务之时，那正是全球范围内涌起“文化热”的年代，并希冀从这种异质文化交流与融汇中，总结出人类文化发展的规律。在此情形下，为落实“中国与西班牙关系史”的研究任务，张铠到北京各大图书馆，专心浏览国内外各大图书馆的馆藏“书目”。但令他困惑的是，在各“书目”中很难找到全面、系统综述中国与西班牙关系史的专著。这对他来说自然是面临严峻的挑战。但令张铠庆幸的是，在改革开放的年代，他的研究工作得到历史研究所和西班牙驻华使馆的支持，并使他有多次机会或出国访问或到我国宝岛台湾与澳门去考察，由此使他收集到颇丰的资料。据此，通过开拓性的研究工作，终于使西班牙早期汉学研究回归到海外汉学整体研究中的领先方阵之中，并相继写出《庞迪我与中国：耶稣会“适应”策略研究》《中国与西班牙关系史》《西班牙的汉学研究（1552—2016）》等三部100多万字的有关中西关系史的专著。

由于上述三部著作较为全面、系统地回顾了中国与西班牙两大民族两千年来的文化交流史，因此西班牙政府向他颁发了“天主教伊萨贝尔女王十字勋章”（La Cruz de Oficial de la Orden de Isabel la Catolica）。而他的另一部著作《中国与西班牙关系史》，获得“第六届中国社会科学院历史研究所优秀科研成果奖”“第三届郭沫若历史学三等奖”和“第二届中国社会科学院离退休人员优秀科研成果奖（三等奖）”。

国内研究庞迪我的权威

16 世纪中叶到 18 世纪之前的百余年间，是西班牙汉学研究的“黄金时代”。西班牙来华传教士可以说群星荟萃。但他们当中最为闪亮的则是庞迪我（Diego de Pantoja, 1571—1618）。1571 年庞迪我出生在西班牙的巴尔德莫罗。1589 年他加入耶稣会后，于 1596 年前往东方传教，并于 1597 年踏上中华大地。1601 年庞迪我与利玛窦历经万难来到北京，向万历皇帝进献“自鸣钟”和演奏“古翼琴”，从而博得万历皇帝的“圣宠”，并得以留住北京。

张铠在首都图书馆社科讲堂上

庞迪我于 1602 年所写《关于几位耶稣会神父进入中国后在该国所见所闻纪要》，内中对中华帝国做了百科全书式的介绍，因而引起西方国家对这一文献的重视。由于庞迪我在华始终实施“适应”策略，因而受到中国知识阶层的欢迎，并被称作“西儒”。庞迪我曾将西方天文学、数学和舆地学知识向中国知识界做了介绍并实测出北京的实际纬度，由此证实当时欧洲人所称谓的“震旦”（Cathay）实则就是“中国”（China）。因此可以说庞迪我在中西文化交流中是一位先驱者。自17世纪中叶，西班牙国势日衰，庞迪我的业绩已为历史的尘埃所掩盖。直到1997年为了纪念庞迪我来华400周年，而由张铠写出《庞迪我与中国：“适应”策略研究》一书之后，从此才使庞迪我的形象得以再现，并作为中西两国的友好使者而名声远扬。2017年张铠出版《西班牙的汉学研究（1552—2016）》，西班牙塞万提斯学院将“庞迪我年”的启动仪式与《西班牙的汉学研究（1552—2016）》一书的“首发式”同时举行。

在庞迪我辞世400周年之际，为了纪念这位东西方文化交流的先驱，西班牙政府决定将2018年定为“庞迪我年”，并举行了诸多的纪念活动。其间，北京塞万提斯学院也举行了“庞迪我年”的启动仪式。张铠作为著名专家参与此次活动。社科学院老干局和历史所领导作为嘉宾应邀出席了这一盛会。

2018年11月27日，习近平主席应西班牙国王邀请，对该国进行了国事访问，并发表了题为《阔步迈进新时代，携手共创新辉煌》的署名文章。其中对庞迪我当年坚持文化多样性的精神称赞说：“明代，西班牙人庞迪我将西方天文、历法引入中国……历史表明，尽管相距遥远，但中西文明交相辉映、相互吸引，坚持走交流互鉴、共同发展的道路。”

“一带一路”：连接中西两国人民友谊的桥梁

中国与西班牙虽然地处亚欧大陆的东西两端，相距十分遥远，但却从来没有因此而终止两国之间长达两千年的历史文化交往。而连接中西两国人民友谊的桥梁即是“一带一路”，也即是“丝绸之路”。

5世纪以后，由于亚欧大陆之间的民族大迁徙，致使古代丝绸之路中断长达千年之久。直到1492年西班牙重新恢复统一之后，才使中国和西班牙之间的文化联系得到恢复。当年哥伦布为了寻找通向中华大帝国的航路，遂率船队西行，却意外地来到拉丁美洲，并征服了墨西哥。为了寻找通向香料之岛的航道，西班牙人又乘船西行，并侵占了菲律宾。遂与中国发生较为密切的联系。

在晚明时期，中国商品经济进入快速发展阶段。但贵金属的匮乏成为商品经济进一步发展的“瓶颈”。而那时菲岛的殖民者尽管在征服美洲的过程中掠获大量的贵金属，但生活日用品却极为短缺。于是，在中国和西班牙之间遂形成了以中国商品换取西班牙贵金属的互补性贸易，并以墨西哥为中介，在中国与西班牙之间建立起跨越太平洋与大西洋的贸易体系。中国的丝绸、瓷器、壁纸、灯笼、风筝、扇子、伞和精美的室内装饰物品源源运抵菲岛后，横跨太平洋，又运到墨西哥的阿卡普尔科卸货。在太平洋上，满载中国商品的船只被称作“中国之船”或“丝船”。阿卡普尔科因中国人的开发有功，遂被称作“唐人城”。中国商品在墨西哥登陆后，便在拉丁美洲扩散，以致当地人惊呼“沿拉丁美洲海岸无处不有中国丝绸的踪迹”。在美洲还预留部分中国商品，途经大西洋运到西班牙。除内销外，一部分中国商品被运到法国、荷兰和英国；另一些中国商品运到巴塞罗那后，装船再运到意大利，其后再由马队驮运，经阿尔卑斯山隘口，中经德国再运到北欧“汉萨同盟国家”。可以说，由中国与西班牙促成的跨国贸易使太平洋、大西洋、亚洲、拉丁美洲以及欧洲之间建立起经济联系，由此推进了人类社会一体化进程并构成华夏文明的全球传播带。历史上，正是中国的商品和西班牙手中的贵金属推动了世界市场的建立和“现代性”的生成。这是中国和西班牙两大民族在 16 至 18 世纪这 200 年间，为人类社会的发展所做出的重大贡献，这也是中国和西班牙人民之间精诚合作的体现。正如习近平主席所说：“早在 2000 多年前，古老的陆上丝绸之路就将古都长安同西班牙的塔拉戈纳联系在一起。中国的丝绸和茶叶在驼铃声中穿越亚欧大陆来到西班牙。”所以习近平主席把 21 世纪太平洋上的“一带一路”称为是历史上中国与西班牙海上贸易的“自然延伸”。

2018 年是习近平总书记提出建设“一带一路”伟大构想的五周年。社科院老干局与首都图书馆合作举办了“筑梦丝路”主题系列讲座。张铠作为中西关系史专家被邀请作《中西共创太平洋·大西洋区间“一带一路”的历史篇章》为主题的报告，受到听众的热烈欢迎。

耄耋之年的张老，仍不知疲倦地奉献着。

程中原（1938 年 5 月—　）

倾情弹奏三部曲　悉心推演四重章

程中原，江苏无锡人。1959 年毕业于南京师范学院中文系，先后在淮安师范、淮阴师专任教。1983 年到江苏省社会科学院工作，任《江海学刊》副主编、主编。1990 年获得江苏省“有突出贡献的中青年专家”称号。1991 年被调到当代中国研究所，1992 年获国务院颁发的政府特殊津贴，曾任副所长、《当代中国史研究》主编。2007 年退休后被当代中国所返聘至 2014 年底。

程中原长期从事中华人民共和国史、中共党史研究。退休后领衔或参与完成了《胡乔木传》（编写组副组长）、《中华人民共和国史》（马克思主义理论研究和建设工程高校教材编写课题组第一首席专家）、《历史转折三部曲》（课题组组长）、《中华人民共和国史稿》（副总主编，第三卷主编）、《邓力群自述（1915—1974）》（主要记录整理者之一）、《张闻天画传》（执笔）、《中国共产党九十年》（咨询委员，审改组成员）、《邓小平传》（撰写初稿三章）等国家重点项目。编辑出版了自己的研究论文集：《信史立国：当代中国史研究纵横谈》《中国道路的奠基与开创：从毛泽东到邓小平》《胡乔木与毛泽东、邓小平》《破解党史国史上的七大疑案：四重证据法》等。此外，编撰的“从内战到抗战三部曲”和《美国刮起了邓旋风》等陆续出版。历史转折三部曲：《前奏》《决战》《新路》入选 2011 年“三个一百”原创出版工程优秀图书；《胡乔木传》获第六届中华优秀出版物奖图书奖（2017 年）。

2018 年 11 月 3 日，在常州丽景花园小区的家中，程中原兴致勃勃地为来自邯郸学院胡乔木研究所的四位老师签名赠送《我的书缘》。尽管他的身体有些虚弱，但笔力依旧刚劲，思维十分活跃，还是那么谦虚地写下“敬请某某同志批评指正”。窗外江南的细雨绵绵地下着，清新淡雅，温温润润，正如窗内两位老人的精神气质和生活氛围。81 岁的程中原，70 岁正式退休，77 岁才结束返聘工作回到故里。从 1952 年做小学教师算起，整整工作 63 年。1976 年粉碎“四人帮”后，张闻天研究为他打开了国史研究的新天地。虽然是“半路出家”，但扎实的文学功底、勤奋坚韧的品性加上聪慧敏捷的头脑，使他成为国史学界成果最为卓著的学者之一。笔耕已经成为他的生活日常，即便是颐养天年的时光，阅读与写作始终没有停歇。看到一部又一部著作的出版，我们不得不惊叹程中原巨大的创造力和饱满的学术激情。“问渠哪得清如许”，源头活水便是史家鉴往知今、晓谕未来的使命担当。

退休时他还肩负着中央交办的《胡乔木传》的写作任务，担任着中宣部任命的马工程高校教材《中华人民共和国史》第一首席专家，老领导最后的殷殷重托已在日程……作为一辈子尽心竭力做好组织安排工作的知识分子，退而不休、离职不离岗，是他的必然选择。古稀之年的程中原依旧每天早早到单位，埋头在堆满资料、书稿的办公室里，忙碌间不觉时光已逝。亲友们担心他的健康，劝他不要太用功，他只是笑答："我动着脑筋，我觉得开心。"退休后的十年间，他参与完成了"八个重点项目"，都是国史和党史研究的重大选题，也是关乎"要人大事"的历史研究难题，为此他耗费了太多心血。由张闻天到胡乔木，从扎西会议到邓小平治理整顿，他沉醉在历史研究的文献里，在缜密爬梳和反复求证中揭开了一个又一个历史谜团。

程中原是国史研究的通家，他始终坚持以马克思历史唯物主义为指导，研究特点十分突出：一是以史料见长，没有新材料、新观点不写文章，不作空论，充分的历史证据和对史料的游刃运用，为其结论的科学性奠定了基石；二是以求真为第一要义，忠实于历史，不说假话、不瞒不骗，敢于创新，见解独到，做到真、正、实；三是视野宽广，无论是通史写作还是个案分析，他都能在整体史的脉络中，抓住历史发展的主流，站在高处、普遍联系，给出准确精深、令人信服的观点；四是文笔洗练，夹叙夹议，富有感情，从不苛求先人，对待历史人物客观公允，不溢美不隐恶，总是将历史叙述得有血有肉，不偏不倚，鞭辟入里。在他的笔下，事件因真实而感人，人物因丰满而可敬。原中共中央文献研究室常务副主任金冲及称赞："这些著作能够大量依据第一手原始资料，用流畅的文笔表达出来，博得学术界的好评。"美

2013 年程中原在当代中国所作讲座

国哈佛大学教授傅高义说："我把程中原看作是我的老师。他是个客观的、尊重史实的学者，总是将历史的本来面目展示给读者。"可见，他的著述集科学性、思想性、可读性于一身，既具有很高的学术价值，又发挥了资政育人的功能，这些都彰显了他的史学研究造诣。作为当代史家，给人民正确的历史认识，构筑共同的国家历史记忆，其功莫大于焉，正如他一本著作的名字《信史立国》。

退休后他为自己拟定了"双八工程"，即除了组织交办的八个重点项目之外，另"一八"是指"回望系列"的八本著作，是对自己多年潜心研究成果的整理与延伸。目前"双八工程"均已付梓，《历史转折三部曲》被党史界的专家学者评价为"是全面评述伟大转折历史的三本好书"，是"伟大历史转折的全景式展示"，是一部"高视点的历史俯瞰"的专著。《破解党史国史上的七大疑案：四重证据法》《胡乔木与毛泽东、邓小平》《党史国史上的要人大事》《历史转折中的人和事》等著作的先后出版，一定意义上填补了国史研究的空白。他的著作还将走出国门，《转折年代：邓小平在1975—1985》英文版已交付出版，其国际影响力值得期待。此外，为纪念长征胜利80周年，他撰写了《毛泽东张闻天合作与长征胜利》；为纪念西安事变80周年，他创作了《中共高层与西安事变》等著作。谁能将这长长的书单与一位年过八旬的老人相联系？我们除了感佩，便只有敬仰。

总结自己多年的历史研究实践，程中原提出了“四重证据法”和研究评价历史人物的“八条原则”，这对于中国当代史学科来说，具有重要的指导意义。“四重证据法”即“人证、书证、物证、史证”，与王国维的“二重证据法”相比，凸显了当代史研究的特色。“八条原则”的核心是指，从历史事实出发，将历史人物放在整个社会的发展过程中，把他的活动联系起来考察，看他提供了什么新东西，对社会发展发挥了哪些作用。这些治史依据和原则是对历史唯物主义基本原理的灵活运用，也是程中原一生研究实践的经验之谈。这些富有创见的认识丰富了当代史研究的理论和方法，是一位学者留给后辈的宝贵财富。

近三年来，程先生开始回顾自己的学术生涯，把因书结缘的一篇篇文章收集起来，把几十部著作的来龙去脉一一作了交代，把活在心中的那些人那些事讲给朋友们听。不为别的，只为后来者能在其中获得点滴借鉴和启发。岁月无情，但信念不老，耄耋之年的程中原还在修订教材《中华人民共和国史》，《邓力群国史讲谈录》的编辑工作业已启动。这种工作状态，正是他一生精进为学的如实写照。

（姚力）

李惠国（1938 年 5 月—　）

牢记学者使命　贡献学者智慧

李惠国，中国社会科学院图书馆研究员，荣誉学部委员。吉林省长春人。1962 年毕业于中国人民大学哲学系，后在北京大学攻读科学哲学专业研究生，师从于光远和龚育之教授，在物理系学习数学和物理。1966 年到中国科学院（现中国社科院）哲学研究所从事研究工作。1980—1982 年为联邦德国慕尼黑大学统计学和科学论研究所访问学者，师从 W. 施泰格缪勒教授。1988 年被评为研究员，1990 年获得国务院政府特殊津贴。曾任中国社科院哲学研究所副所长、文献信息中心主任等职。2011 年增补为中国社会科学院荣誉学部委员。曾任中国社会科学信息学会理事长、中国科学学与科技政策研究会副理事长、中国自然辩证法（科学技术哲学）研究会副理事长兼秘书长、国际易学联合会副理事长、国家创新与发展战略研究会副理事长和中国科学与人文论坛副理事长。主要著作有：《李惠国文集》、《科技与人文论集》、《中国古代科技文化及其现代启示》（汝信、李惠国主编）、《社会科学新方法大系》（主编）、《现代科学技术大众百科〈科技与社会〉卷》（主编）、《高科技时代的社会发展》（李惠国、吴元梁主编）、《面向21世纪的国外社会科学》（李惠国、何培忠主编）等。2010年退休。

2000年10月，李惠国从文献信息中心的领导岗位上退了下来，那年他62岁。虽然卸下了行政管理工作的重担，但他丝毫没有"无官一身轻"的洒脱。

一项又一项的紧迫任务，一项又一项的重点课题接踵而来。他是2010年才办理了退休手续。

2000年，中国社科院承担了中国社会科学"十五"发展规划研究的任务，李惠国担任课题组组长，很快完成了《关于我国人文社会科学"十五"发展规划的基本设想》和《关于"十五"期间我国社会主义精神文明建设的几点建议》的研究报告，并陪同院领导向中央领导同志汇报。2001年，中央领导同志要求中国社科院调查研究高级知识分子痴迷法轮功的情况，李惠国又担任调研组组长，完成《关于部分高级知识分子习练"法轮功"情况的调研报告》后上报中央。2002年，社科院科研局长黄浩涛和李惠国共同主持"学风建设研究"的课题，完成了《加强我院学风建设的调研报告》，并起草了《中国社会科学院关于加强学风建设的决定》。2003—2004年，李惠国受聘参加国家中长期科学和技术发展规划（2006—2020）战略研究工作，担任第19专题组常务副组长。2004—2005 年，按照中央书记处和国务院领导的指示，中国科协主持研究和制定《全民科学素质行动计划纲要》，他作为专家组成员参加研究和制定工作。2004 年，李惠国担任中国社科院“关于《国家中长期科学和技术发展规划战略研究》的咨询意见”报告总体小组组长，主持起草了中国社会科学院的咨询总报告。2006 年起，中国社科院原副院长汝信和李惠国共同主持了中央领导同志交办的重大课题《中国传统文化中的科学思想、方法和价值取向研究》。这是一项跨学科的综合性大型研究项目，组织全国各地的专家学者，历经十年才完成了任务。2011 年李惠国已患肾衰竭，后来开始做血液透析，但他视任务重于生命，在每周要做三次血液透析的情况下，坚持完成了写稿、审稿和定稿工作。2016 年该项目成果以《中国古代科技文化及其现代启示》（中国社会科学出版社）出版。

在很长的一段时间里，李惠国不仅要集中精力，投身到科研课题、调研报告之中去，还要分身出来，组织大量的学术活动。

2004 年，北京大学朱伯昆教授与韩国、日本易学哲学家共同发起并成立国际易学联合会，李惠国出任副理事长和法人代表，与中国科协的丘亮辉研究员一起，协助理事长朱伯昆主持工作，直至 2013 年。其间先后在北京、台南、（韩国）首尔、香港等地举办了大型国际研讨会。2003 年，著名理论家郑必坚教授与时任中国科学院院长的路甬祥院士共同发起建立中国科学与人文论坛，李惠国出任论坛的副理事长，协助理事长郑必坚工作，直至 2014 年。2010 年郑必坚发起成立国家创新与发展战略研究会，李惠国担任副理事长。2011 年，国家创新与发展战略研究会与美国布鲁金斯学会共同在华盛顿主办了“第二届中美清洁能源务实合作战略论坛——未来十年中美关系”研讨会，李惠国任中方专家委员会成员，他在病中坚持完成了《增进战略共识推动务实合作——第二届中美清洁能源务实合作战略论坛总结报告》。

李惠国兼具社会科学和自然科学素养，长期从事跨学科研究。坚持人文社会科学与科学技术的融会贯通，这一点在他退休之后发挥得淋漓尽致。2009—2010 年，李惠国参加了上海虹桥综合交通运输枢纽工程研究课题组，进行工程理念的研究，与中国科学院研究生院的李伯聪教授等一起，探索将工程哲学的理论研究与工程的实践活动结合起来的途径，并参加了《虹桥综合交通枢纽工程建设和管理创新研究与实践》（上海科学技术出版社 2011 年）的写作。2009 年，李惠国应邀参加了中国工程院管理学部组织的课题《工程演化论》的研究，完成了“工程演化与人类文明进步”篇（高等教育出版社 2011 年）。他还写出了《关于工程设计方法论的几点思考》一文，并在中国工程院的中国工程科技论坛上做了报告。

2015 年，他把这方面的文章结集出版，即《科技与人文论集》（中国社会科学出版社 2016 年）。2016 年 9 月 25 日，他在《人民日报》发表文章《创新文化是科技创新的重要元素》，强调只有大力培育创新文化，才能为推动科技创新、建设科技强国提供良好的文化氛围和社会环境。在当今科技创新主导发展的时代，科技创新方式从注重单项突破的线性模式转向更为注重学科交叉融合的非线性模式；创新组织从以往相对独立的组织形态转向多机构协同的创新体系；创新活动与人文伦理价值观的联系日益密切。与此相适应，创新文化也表现出新特征：在创新思维模式上，具有更大的发散性和更强的兼容性；在创新组织模式上，具有更大的开放性和激励性；在创新管理上，更重视创新主体的多元性和互动性；在社会文化氛围上，体现出科学精神、企业家精神与人文精神的深度融合。科学精神的核心价值表现为求真务实、诚实公正、怀疑批判、协作开放。企业家精神的核心价值表现为崇尚竞争、勇于变革、敢冒风险、追求卓越、奉献社会。在全社会要倡导崇尚理性、尊重知识、勇于竞争、鼓励创新、包容多元、宽容失败。时代要求我们必须把创新文化的价值追求融入我们民族的基本价值追求之中。

李惠国退休后的著作和获得的荣誉证书

2018 年，李惠国撰写了近三万字的长篇文章《回忆与思考——纪念中国自然辩证法研究会成立批示 40 周年》（《自然辩证法研究》杂志 2019 年第 3 期）。一个 80 岁的老人，作为改革开放和学会成立40年的亲历者，深情地回忆了40年来中国科学技术哲学和学会发展的历程，希冀科技哲学研究要有高远宽阔的视野、鲜明的时代感和厚重的历史感。他认为，当今跨学科研究解决高度综合性问题的能力和水平，已成为一个国家科技水平、集成创新能力的重要标志。要从关乎民族复兴的战略高度，关注和推动科学技术与人文社会科学的发展、繁荣和相互结合。同时，也要从科学技术与人文社会科学相互结合的视角，关注和思考我国经济社会发展所面临的一系列战略问题，把时代需要作为科学研究的理论主题和实践主题。他强调要抵制学术研究华而不实的作风，清除假大空的“泡沫学术”。他认为，在学术上有所建树是需要耐得住寂寞，需要认真刻苦钻研的，讲一些豪言壮语于事无补。真理是最朴素的，以探求真理为旨归的学术研究是最朴实谦逊的，它只承认真理的权威，不服从权力的权威。他还认为，世界上没有看不到希望的苦难，也没有不令人担忧的繁荣。学者的智慧和使命就在于让人们在苦难中看到希望，在繁荣中看到令人忧虑的问题。

长大成人至今，倏忽间已经一个甲子过去了。无论是学习还是工作，无论是搞科研还是搞管理，李惠国一直把司马迁评价屈原的“正道直行，竭忠尽智”作为自己立身行事的座右铭。矢志不渝，言行如一。

2018年10月，李惠国荣获中国老教授协会颁发的“科教兴国优秀工作先进个人”奖。

（胡广翔）

张家龙（1938 年 6 月—   ）

老骥伏枥　志在千里

张家龙，江苏江都人。1961 年 7 月在北京大学哲学系本科毕业，毕业后留系攻读数理逻辑专业研究生，1965 年 2 月研究生毕业。同年 8 月到中国科学院（现中国社会科学院）哲学研究所工作。现任研究员，博士生导师。1988 年 10 月至 1989 年 4 月，到加拿大阿尔贝塔大学哲学系做高级访问学者。从 1992 年起，享受国务院颁发的政府特殊津贴。研究方向是现代逻辑、逻辑哲学与逻辑史。历任哲学研究所逻辑研究室主任、职称评委会副主任、学位委员会副主席和中国社会科学院正高级专业技术职务评委会委员。曾兼任中国逻辑学会会长、国家社会科学基金哲学评审组成员。退休前共出版专著 4 部，合著 8 部，译著 2 部，合译2部，校订译著4部；共发表论文60余篇，译文和校订译文10余篇。曾获1993年的中国社会科学院第一届优秀科研成果奖、1996年的中国社会科学院第二届优秀科研成果奖、1999年的国家社会科学基金优秀科研成果三等奖。

2002年1月5日退休。“老骥伏枥，志在千里，烈士暮年，壮心不已。”是张家龙的晚年理想。他学蜡炬气概，效春蚕精神，为逻辑事业不遗余力，增添一份夕阳的红光。上述诗句引自张家龙在70岁生日时写的一首诗，描述了他退休后的学术工作。

张家龙退休17年共出版著作5部：《模态逻辑与哲学》、《从现代逻辑观点看亚里士多德的逻辑理论》（中国社会科学院老年科研基金资助）、《逻辑史论》（中国社会科学院老年科研基金资助）、《形式逻辑要现代化》、《逻辑学思想史》（主编，2008年获中国逻辑学会优秀科研成果二等奖）；合著5部，其中《金岳霖思想研究》于2005年获金岳霖学术奖一等奖；发表论文30余篇；合译2部，校订译著2部。

张家龙于2000年5月任中国逻辑学第六届会长，退休后又连任两届。2012年11月以后任中国逻辑学会名誉会长与监事长至今。

张家龙的学术成就入选钱伟长总主编、汝信主编的国家重点图书规划项目《20世纪中国知名科学家学术成就概览·哲学卷》（科学出版社，2014年），获“20世纪中国知名哲学家”称号。张家龙的名字入选长安大学中国人文社会科学评价中心正式发布的《中国哲学社会科学最有影响力学者排行榜》（2017年版）一书。

张家龙退休后取得的研究成果可以概括为以下5个方面：

张家龙退休后出版的部分著作

新逻辑系统的构建

其一，对国际上用现代逻辑方法构建的各种直言三段论和模态三段论系统进行了深入研究，在此基础上独辟蹊径，构建了树枝形直言三段论系统、必然模态三段论系统和偶然模态三段论系统，并且构造了这些系统的形式排斥系统和语义模型，证明了这些系统的可靠性和完全性，最重要的结果是解决了这些系统的判定程序。

其二，将现代正规模态命题逻辑系统扩展为含有“偶然”算子的系统，揭示出“偶然”同“必然”“实然”和

"可能"之间的逻辑关系，并从马克思主义哲学观点作了分析。

其三，构建了包含"知道"和"相信"两个算子的认知逻辑系统 KBT，建立了这个系统的可能世界语义模型，论证了这个系统具有可靠性和完全性。

逻辑学思想史研究

张家龙主编的《逻辑学思想史》（撰写其中西方逻辑）是从逻辑思想的层面上论述世界三大传统的逻辑学基本理论和基本概念演进历史的专著，在逻辑史研究中别开生面。全书分三编：中国名辩学、印度正理—因明和西方逻辑，采用了逻辑与历史统一的论述方法。各编的第一章是概述，第一节论述各大逻辑学产生的历史背景，第二节论述各大逻辑学的发展时期，将各个时期主要逻辑学家和逻辑学派的基本学说作一个历史的鸟瞰。各编的其余各章从世界三大传统逻辑学的历史发展中概括出各自的基本理论和基本概念，构成一个体系，然后按历史的发展来论述这些基本理论和基本概念的演进。西方逻辑部分还采用了现代逻辑的分析方法。

亚里士多德逻辑研究

张家龙遵循马克思提出的"人体解剖对于猴体解剖是一把钥匙"的历史研究方法，从现代逻辑观点全面系统地研究了亚里士多德的九大逻辑理论，雄辩地证明：亚里士多德不但是直言命题和直言三段论的创始者，而且是模态逻辑、偏好逻辑、关系理论、逻辑规律理论、公理方法、归纳方法、批判性思维的开创者，推翻了长期以来国际国内学术界对亚里士多德逻辑理论的诸多误解（如认为亚里士多德的直言三段论是4格24式的公理系统、亚里士多德逻辑中没有关系理论、亚里士多德的模态理论充满错误，等等），深刻地揭示出亚里士多德逻辑理论对现代逻辑发展的重大意义。

名辩与因明研究

近年张家龙发表多篇论文，阐释中国名辩学和因明的有关问题。比如，他简述了中国名辩逻辑发展的主要成就及其与西方逻辑不同的特点；从现代逻辑观点论证了印度新因明三支论式的形式应为4种；根据玄奘翻译的《因明正理门论》文本，应用现代逻辑的分析方法阐明了印度陈那新因明体系的逻辑性质是“初步的演绎论证+类比论证”，进一步揭示出因明界流传的“除外说或最大类比说”的问题所在等，都引起了学术界同行的关注。

西方哲学与逻辑哲学研究

在西方哲学与逻辑哲学研究领域，张家龙提出了一些新的观点。

他不同意金岳霖对罗素哲学全盘否定的倾向，提出在罗素哲学中有许多既具有唯物主义因素又具有辩证法因素的合理内核，吸取这些合理内核，对于丰富和发展马克思主义哲学具有重要意义。

他提出可能世界的模态结构论，认为可能世界不具有本体论地位，只是框架或模型中集合W的抽象元素，框架或模型是一种形式结构，是分析和解释模态命题及其推理形式的工具。

他对克里普克的指示词理论用实指定义的方法作了补充论证，解释了专名不受全称量化的可能世界变元“W”的约束，因而是固定指示词；摹状词要受可能世界变元的制约，在不同的可能世界可以指不同的东西，因而不是固定指示词。他指出克里普克的本质主义思想有两个重大失误，一是没有考察作为社会种类的人的本质，二是没有区分自然个体和社会个体，把社会个体的个人本质单纯归结为自然起源。马克思主义哲学认为，人的本质在其现实性上是一切社会关系的总和，也就是包括劳动、生产关系和社会实践等在内的社会关系结构。个人的本质是在社会关系结构中的起源，个人在社会关系结构中的起源在一切可能世界中是不变的。

关于悖论研究，张家龙在考察悖论历史的基础上，指出国内外 5 种悖论定义的缺陷，提出含有 4 个因素的新定义。论证了悖论的产生是自我指称、否定和总体 3 个因素有机化合的结果，从量变产生质变，综合形成了一个悖论命题，由此陷入悖论。指出悖论研究具有极其重要的方法论意义。集合论悖论的出现，是数理逻辑的一些重要分支得以创建的最伟大的动力。直接利用或改造悖论可以启发建立新理论，哥德尔就是从说谎者悖论得到启发，构造了不可判定的命题。阐述沈有鼎发现的“所有有根类的类的悖论”和“两个语义悖论”，在数理逻辑发展史上具有十分重要的地位，丰富了数理逻辑的内容，对数理逻辑的发展做出了不可磨灭的贡献。在研究国际逻辑界有关文献的基础上，澄清了悖论研究历史上的一桩公案，指出在国际上第一次提出“有根性”概念的逻辑学者是沈有鼎。

关于蕴涵理论研究，张家龙总结了蕴涵理论的历史发展，指出了蕴涵与推理之间的密切联系与根本区别。各种不同的蕴涵理论都是从不同方面刻画同一个逻辑推理关系。蕴涵理论的客观基础是多种多样的事物情况之间的条件联系。各种不同的蕴涵只是条件联系中某一方面的科学抽象。由于条件联系的多样性，新的蕴涵理论将会不断出现。

张家龙参加翻译和校订的4部译著都是国际上的名著，为年轻的哲学工作者与逻辑工作者提供了研究资料。

张家龙一直关注中国的逻辑教学与研究的现代化工作。在他担任中国逻辑学会会长期间提出了两个目标：一是全面实现逻辑教学与研究的现代化，二是全面实现同国际逻辑教学与研究水平接轨。改革开放40年来，中国的逻辑教学与研究的现代化已经“初步实现”，同国际逻辑教学与研究水平已经“初步接轨”。张家龙表示：他今后将继续关注逻辑教学与研究的现代化工作。

2017年4月21日，社科院哲学所逻辑学研究室举行“逻辑史与逻辑哲学暨张家龙研究员从事逻辑学研究和教学工作52周年学术研讨会”。会议第二阶段是为张家龙庆祝80寿辰，他以《我为什么活着》为题发表答谢词：“对知识的追求，对社会责任的担当，这两种熊熊燃烧的激情之火支配了我的一生。这两种激情之火在顺境中或者是在逆境中照亮了我前进的道路。”2018年张家龙在《逻辑史论》序言中写了一首诗《我的墓志铭》：

他蒙爱智之神垂青，
一生在逻辑与哲学诸领域徜徉。

他没有虚度年华，
也没有碌碌无为。
他一生追求淡泊和宁静，
坚守正直和善良。

杜书瀛（1938 年 7 月—　）

征程正未有穷期　不待扬鞭自奋蹄

杜书瀛，中国社会科学院文学研究所研究员。山东宁津县人。1958 年入山东大学中文系学习，毕业后考入中国科学院文学研究所（现为中国社科院文学研究所）研究生，师从美学家蔡仪研究员。毕业后留所从事文艺学和美学研究。在文艺学、美学和古代文论领域出版了 30 多部著作。1989 年被评为研究员，享受国务院政府特殊津贴。曾任文学研究所文艺理论室主任、《文学评论》编委、文学研究所学术委员会副主任、学位委员会委员等。2003 年退休。

1976 年 11 月 5 日，杜书瀛等人在《解放军报》上发表

《围绕“创业”展开的一场严重斗争》一文，对“四人帮”的极左路线和文艺思想展开批判，引起海内外广泛关注，时任中共中央主席的华国锋亲自做了批示，《人民日报》及中央、地方各大报纸均加编者按转载。此后，杜书瀛发表了一系列理论文章，与时代潮流相呼应，在文学理论和美学领域对解放思想、拨乱反正起到了推波助澜的作用。1979 年以后，他主要致力于文艺学、美学、中国古代美学的研究。在职期间的主要著作有《论李渔的戏剧美学》（1982）、《论艺术典型》（1983）、《论艺术特性》（1983）、《文艺创作美学纲要》（1985）、《古典作家论典型》（1988）、《文学原理——创作论》（1989）、《文艺美学原理》（1992）、《李渔美学思想研究》（1998），还联合主编《新时期文学与道德》（1999）、《中国二十世纪文艺学学术史》等，对文艺学理论研究和学科建设具有重要影响。其中《文学原理——创作论》《新时期文学与道德》等获第七届当代文学研究优秀成果奖、第三届中国文学研究奖；《中国二十世纪文艺学学术史》获第五届中国社科院优秀科研成果二等奖；《李渔美学思想研究》获中国社科院优秀科研成果二等奖、首届中国文学研究奖。

退休以后，杜书瀛更是专心著述，笔耕不辍，先后出版了《说文解艺》（2005）、《文学会消亡吗》（2006）、《〈闲情偶寄〉评注》（2007）、《艺术哲学读本》（2008）、《价值美学》（2008）、《闲情偶寄窥词管见》校注本（2009）、《评点李渔》（2010）、《李渔美学心解》（2011）、《〈怜香伴〉校注》（2011）、《〈闲情偶寄·颐养部〉译注评点》（2011）、《新时期文艺学前沿扫描》（2012）、《从诗文评到文艺学》（2013）、《李渔传》（2014）、三全本《闲情偶寄》

（2014）、《我的学术生涯》（2015）、《美学十日谈》（2015）、《文学是什么》（2018）、《李笠翁曲话》（2019）等数十部著作。其中《价值美学》获第四届中国社科院离退休人员优秀科研成果二等奖，《从“诗文评”到“文艺学”》获第七届中国社科院离退休人员优秀科研成果三等奖。

《从“诗文评”到“文艺学”》的宗旨是考察中国诗学文论之演化轨迹，探索其从“古典”走进“现代”的内在规律和发展前景。当代美学家高建平认为，这是一部提纲挈领，以中与外、古与今的宏大视野为框架，纵论中国文论三千年历史发展的著作，是一部去执去蔽，打通思路，开阔视野的好书。

《文学是什么》一书，以求真务实的态度揭开了文艺理论的神秘面纱，以“道家常”的方式谈学论道，其深入浅出的行文风格，具有方法论层面的学术意义。这种文风和学风在当前尤为可贵，得到了同行专家好评。

杜书瀛踏进学术领域至今，已经半个多世纪了。他的学术工作主要有文学基本理论研究、中国古典诗学研究、李渔研究和美学研究四个方面。杜书瀛自己最看重的是美学研究的成果，从20世纪80年代的《论李渔的戏剧美学》《文艺创作美学纲要》到90年代的《文艺美学原理》，再到21世纪的《艺术哲学读本》《价值美学》《李渔美学心解》《美学十日谈》，他的学术园地里，始终绽放着美学的鲜艳花朵。

其中《价值美学》的出版颇受学界关注，钱中文、童庆炳、王一川等著名学者都予以充分肯定。《人民日报》署名文章认为，“杜书瀛的《价值美学》作为中国价值美学的第一部专著，堪称力作。作者从人的本质与价值的本质入手，论证了审美活动本质上是一种价值活动的思想，论证了作为审美现象的‘美’与价值现象的相关性与本质联系，作者令人信服地将审美界定于价值范畴内。该著对审美价值特性的思索，立足现实，熔古烁今，力破成说，并不面面俱到，但求形散神凝，提出许多直击以往美学之要害的意见”。

作为一位文艺理论家和美学家，杜书瀛从不同的角度探究了文艺活动的美学规律和基本原则，以文艺的审美实践论、审美社会学、审美心理学为基本框架，建构起一个全方位观照文艺活动的理论体系。

首先，杜书瀛强调文艺活动的审美特性，并从本体论高度把握审美的基本规律。他认为，审美活动是充分显示着人的生命火光和丰富的本质力量的活动，是人对自己在世界中的地位、价值和力量的肯定、确证和欣赏。文艺活动是审美活动高度发展的产物，是审美活动的高级形态和典型表现。文艺活动最基本的规定性因素就是审美，文艺的根本目的是创造审美价值。虽然不能说一切审美活动都是文艺活动，但是一切文艺活动都包含着审美。没有审美也就没有文艺。

其次，杜书瀛提出，艺术中的审美同一般审美活动有着不同的特殊规律，因此对文艺所进行的美学研究，不应是美学研究的泛化，而应是美学研究的深入和具体化。应该更加细致和精确地揭示文艺中审美活动的特殊规律，例如，文艺活动中审美情感如何产生、如何发挥作用、如何诉诸形象创造以及如何传达交流等。由此，杜书瀛认为必须确认文艺美学的学科性质和地位，将文艺美学当作一门独立的学科来对待。

在强调文艺中审美活动的特殊性的时候，杜书瀛还论证了文艺审美中自律与他律的统一、个人与社会的交汇、心理与历史的互动。与传统艺术反映论不同，他特别强调主体与

杜书瀛在学术会上发言

客体、文艺与生活的审美实践关系；与新近文艺自我表现说不同，杜书瀛重视社会历史因素之于文艺活动的介入和影响，认为文艺是在社会历史因素的制约和审美主体的建构两种力量相互碰撞和融汇中产生和运动的，因而，它必然是普遍性与变异性、心理形式和历史内容的统一。

最后，杜书瀛还运用整体性原则研究文艺，将文艺活动置于整个人类社会结构的宏观背景下来考察。他认为，文艺是人类社会这个大系统中的一个有机组成部分，是人类社会这个母系统中的一个子系统。文艺的生命来源于它同社会母体的有机联系，来源于它同其他子系统的有机联系。因此，文艺在这种复杂联系中所形成的性质和规律是多方面的、各种各样的，要想把握文艺的全部性质和所有规律，必须对它作全方位的、多侧面的、立体的考察。同时文艺的审美特质渗透在文艺整体的所有方面和各有机部分之中，文艺的审美规律，也是在文艺的整个运动形态和运动过程中表现出来、并贯穿于文艺活动的始终；所以，要揭示文艺的审美性质和规律，也必须全面地考察它的各个有机部分，考察它的所有运动形态和全部运动过程。杜书瀛还运用整体性原则考察文艺活动本身的内部结构，认为文艺活动是文艺创作、文艺作品和文艺接受三方面互相依存、互相转化的有机运行过程，三者形成一个互为因果、首尾相衔的连环，它们在社会母体的滋养下，产生着正向和逆向的相互作用力，使整个文艺如同活生生的有机生命整体运转起来，促进文艺活动不断发展、深化和提高。

文学研究所副所长丁国旗研究员在相关访谈文章中指出，杜书瀛作为老一代学者的优秀代表，无论是做人还是做学术，都是我们学习的榜样。在我国文艺理论发展过程的一些关键时期，他都能提出属于自己的学术思想，对推动我国文艺理论向前发展做出了重要贡献。尤其在退休以后，他仍然奋发有为，笔耕不辍，每年都有新的论著问世，而且提出了许多针对文艺学问题的理论思考，得到了学界的一致肯定。杜书瀛的学术之路和治学经验，很值得年青一代学者学习和借鉴。

（陈定家）

高中毅（1938年7月—　）

老骥伏枥勤耕耘　退而不休“第二春”

高中毅（原名忠义），江苏徐州人。1960年毕业于北京外国语学院俄语系，长期研究国际政治与经济问题，重点研究苏俄政治经济和社会问题。1960—1980年先后在中国科学院、中共中央对外联络部任职。1981—1998年在中国社会科学院工作：先后任苏联东欧研究所科研处长（1985—1988）；中国社会科学出版社副总编辑、编审（1988—1992），中国社会科学院编审评审委员会委员（1991—1994）；俄罗斯东欧中亚研究所研究员、学术委员会委员（1994—1998）。1992年获得政府特殊津贴。1998年退休前，撰写专著2部、合著和编著10多部；合译著作3部，译文几十篇（翻译文字100多万字），发表文章百余篇。

1998 年底高中毅年满 60 周岁后正式退休，离开了多年工作的社科院俄罗斯东欧中亚研究所。当时，心中虽久有难以割舍的眷恋之情，却并没有孤独寂寞的失落之感。退下来的他没有赋闲养老，而是继续干起自己的“老本行”。在他眼里这只不过是转了岗位，换了角色，调整了方向，扩大了范围而已。

早在 1989 年，高中毅就被聘任为国务院发展研究中心欧亚社会发展研究所研究员，退休前还兼任过该所经济研究室负责人。从 1999 年起，他担任欧亚社会发展研究所副所长，至今已有 20 年。除了一段时间兼任研究室主任外，主要承担两项工作：

第一项是科研工作。专业方向虽然未变，但侧重点却从基础研究转到应用研究和对策研究。根据委派的任务，国家改革开放的需要，集中对中俄战略关系、中俄科技合作、中俄能源合作和中俄地方区域合作等方面进行研究。据不完全统计，主持撰写或参与编写的著作 3 部，研究报告 10 余份、上报材料（白皮书）和内外刊物发表的文章 30 余篇，累计文字近百万字。他主持和参与撰写的文章和调研报告具有参考价值，其中有些政策建议被政府部门采纳。比如：

撰写的《发展稳定、成熟的中俄战略协作伙伴关系》《发展中俄贸易必须重视人文因素》《发展中俄贸易必须了解俄罗斯的法律环境》等文章，深刻揭示了俄罗斯国情的复杂性，剖析了俄罗斯人两极化性格的表现和法律体系朝令夕改的规律特点；界定了中俄国家关系实质上是相互倚重的利益关系。在解决双边关系问题时，要正确区分相互利益的共同性、差异性和层次性，力求在核心利益上坚持原则，在个别局部利益上相互退让，以夯实战略协作关系的利益基础，最大限度地维护国家利益。地方和企业在对俄合作中，要摸清俄复杂的政治经济形势及法律人文环境，力求趋利避害。上述文章被多家杂志网站和地方报纸转载。

国务院发展研究中心委托的课题“俄罗斯规划体制研究”，是根据国家制定规划需要借鉴主要大国的经验教训而撰写的。报告论述了俄规划体制在不同历史时期的地位，制定主体及编制程序，规划体系的基本环节、内容，实施规划的措施保障；指出它在几十年摸索中形成的制定规划的逻辑、原则和方法以及适应市场经济的规划编制实践中积累的经验教训对于建立中国特色的社会主义规划体系具有的参考价值。

受国务院发展研究中心委托撰写的课题“关于进一步推进中俄科技合作的建议”，以及作为中国国际科技合作协会对俄科技合作专家组成员撰写的《中俄科技合作及其今后推进的政策建议》，对于正确判断俄科技实力，克服错误倾向，积极推进对俄科技合作具有建设性意义。报告指出，俄基础研究体系完备、力量雄厚，思维方式、研究模式和路径自成一体，许多领域原始创新成果世界领先，但缺乏从原始创新到市场转化的各个中间环节，大量有价值的原始创新成果长期搁置。要充分利用俄罗斯缺乏经费、人才外流的机会，努力引进其高端人才及其研究成果为我所用。

课题报告《国际石油大势及建立我国石油战略储备体系的建议》，有助于国家顶层决策，尽快启动建立国家石油战略储备。20 世纪 90 年代中后期，我国已成为石油净进口国。国家当时只有短期周转的石油商业储备，一旦出现突发事件，后果不堪设想。而美日等发达国家，甚至印度、巴西等新兴国家均建立了 3—9 个月的石油战略储备。为确保国家安全，必须借鉴国外经验，尽快建立国家长期石油战略储备。此建议与国家能源部门和工商部门专家同类建议，得到了国家的认同并随即启动了在沿海地区选址建立国家战略储备的工程。

高中毅接待俄罗斯客人

受满洲里、绥芬河、呼伦贝尔等地方政府委托主持或合作撰写的关于创建边境自由贸易区或跨境经贸合作区的研究报告，旨在针对中俄、中蒙双边合作出现的问题，帮助地方政府和企业寻找突破口，创新合作模式，提高对俄远东地区各州区合作的层次和质量，为我国沿边地区和口岸未来发展提供理论依据和政策支持。其中，为国家2009年批准绥芬河为综合保税区，准备了基础性材料。

第二项是内外刊物出版管理工作。从2004年起分工主管编辑室，负责并具体承担刊物和书籍出版发出前的终审工作。到2018年底，全所印制发出的内部上报材料（白皮）几十份，内刊《欧亚社会发展动态》和《欧亚社会发展研究》总计2034份。其中，高中毅参与或撰写的“白皮”4—5份；负责终审的内刊1100余份，约350万字；终审的年会内部文集《欧亚形势与展望》（2004—2013）9部，约200万字；终审的年刊《欧亚社会发展研究》（2004—2013）9部，约280万字；公开出版的年书《欧亚社会发展研究》（2014—2019）6部，约150万字，加上在年刊和年书中撰写的前言，累计约900万字。通过严格把关，内外刊物的质量不断提升，文字差错率低于国家出版部门规定的标准。上述出版物的出版发行扩大了研究所在国内外的知名度和影响力，为研究所内外学术交流、刊物交换创造了必要的条件。

回首退休后20年来的往事，高中毅思绪万千，充满幸福感。工作虽然很平凡，但生活过得很充实、很有意义！他认为力所能及付出的小小努力，却使自己获得了精神上极大的满足。一是庆幸能在退休后延续自己的工作生命，把非常时期失去的大好时光弥补回来，继续为党为国家出力报效！二是到国内外考察的机会是自己此生最密集、次数最多的。他走遍了与俄蒙毗邻的各省区和所属城市及口岸，7次到俄远东的5个州和边疆区以及蒙古国考察。不仅了解了实情，深化了问题导向意识，还开阔了眼界，提高了洞察力和多方位思维能力。三是长期的“涉我”研究，养成了自己时时关注国内外形势变化、跟踪学习党和国家的方针政策，特别是践行习近平新时代中国特色社会主义思想的自觉性。通过长期的积累，增强了党性，坚定了“四个自信”。四是长期审稿当“绿叶”，“为他人作嫁衣裳”，提高了自己的政治责任心和甘当人梯的精神境界，培养了淡泊名利、认真严谨的工作作风。五是收获了组织的信任。高中毅在欧亚社会发展研究所前后工作了30年，早已过了所里的受聘年龄（70岁）。他也曾多次表示该退下来了，但所里认为工作需要予以挽留。他觉得这种信任是对自己莫大的褒奖，使他感到人生的价值！

他说，自己晚年赶上了好机会和新时代。退休后的这20年，亲身经历和见证了在党的坚强领导下，特别是习近平新时代中国特色社会主义思想指引下国家发生的翻天覆地的变化。自己能为实现两个“100年”的“中国梦”添砖加瓦而感到余生有幸！作为“80后”，他对祖国的未来充满期待，愿意跟着党、跟着习主席为实现党的目标任务再干20年！

田雪原（1938 年 8 月—　）

“我和第二个春天有个约会”

田雪原，祖籍为辽宁省本溪市。1964 年毕业于北京大学经济学系，1979 年由教育部转入中国社会科学院，任社科院人口研究所长、研究员。现任社科院学部委员、博士生导师、国家社科研究专家咨询委员会委员。曾任国务院学位委员会学科评议组成员、中国人口学会常务副会长、中国老年学学会副会长、中国社会经济文化交流协会副会长、国际人口科学联盟（IUSSP）成员等。1984 年获首批国家“中青年有突出贡献专家”称号，1988 年获国家科技进步成果一等奖，1991 年被（英）剑桥 IBC 授予“国际知识分子名人”，1995 年被（美）ABI 列入“世界五千名人”，1996 年获中华人口奖（人口最高奖），精神文明建设

“五个一”工程奖，2000年获国家图书奖，2009年《中国人口政策60年》入选《辉煌历程——庆祝新中国成立60周年重点书系》，2011年《人口大国的希望》入选首届国家社科成果文库，还有十多项成果获部委级特别荣誉奖、一等奖。主要从事人口学、人口经济学、老年学研究，发表专著35部（含主编），论文500余篇，《人口大国的希望》等4部专著和30多篇论文译为英、法、日、俄、德、西、阿等文发表和出版，受到普遍重视和好评。

1998年到了退休年龄，田雪原年底从所长岗位退了下来。之后他继续以中国社会科学院学术委员会委员、社科院学部委员身份在职从事科研工作，直到2016年78岁高龄才办理退休手续。对田老师来说，从领导岗位退下来是其学术生涯的重要转折。在任人口所所长15年期间，他白天忙于所务；晚上从事科研，可谓“双肩挑”。从行政岗位退下来则变成“单肩扛”，由此专门从事学术研究的愿望得以实现。他说，这是“‘学海无涯：我与第二个春天有个约会’愿望，如期而至了”！田老师将“年龄可以老化、思想不能僵化、学问不可退化”作为晚年的座右铭鞭策自己。年逾七旬后，他更加注重不断读书学习，经常深入实际调研，密切关注国内外学术动态，因而取得一系列兼顾理论厚重与实证研究的创新性成果。据不完全统计，最近20年发表专著（含主编）20部，论文、研究报告50余篇。主要贡献是：

其一，提出并论证“三步走”中国人口发展战略完成第一个转折后，进入全面提升人口素质新阶段。将控制人口数量、提升人口素质、调整人口结构三者相结合，20世纪80年代以来，以数量控制为重点的人口发展战略，到90年代前期，生育率下降到更替水平以下，田老师即提出应不失时机地将战略重点逐步转移到全面提升人口素质上来。其后在“发展观的转变与中国人口发展战略”、《21 世纪中国人口发展战略研究》等论著中，进一步指出这是中国人口发展史上的一次重大转折，进入21 世纪以后应当加速推进。它不仅关系到中国人口变动和发展的方向、路径和决策选择，而且和经济转方式、调结构、高质量发展，同物质文明建设密切相关；同社会转型、精神文明建设密切相关；同环境保护、生态文明建设密切相关。因此，人口发展战略第二步转移到全面提升人口素质上来，与经济转轨、社会转型高度契合，关系到发展全局。

其二，力主进行生育政策调整，维护当年人口控制政策实施之初的承诺。田老师担负1980 年中央人口座谈会报告起草任务，亲历提倡生育一个孩子、控制一代人生育率决策始末。然而到了政策应调整时点却不见调整方案出台，于是2009 年他先是发表《中国人口政策 60 年》专著，列入新中国成立 60 周年重点书系；后在《人民日报》理论版头条发文“新中国人口政策回顾与展望”，阐明应当不失时机地进行生育政策调整。提出“双独生二”“一独生二”“限三生二”三条政策调整建议。该文一经发出，国内外诸多媒体立即转载或发表评论，美、日等媒体发声并做出中国人口政策即将调整判断。中央党史研究室《百年潮》刊发“‘一对夫妇生育一个孩子’政策的由来与展望”采访稿，并将此列入新中国成立后党史中的一件要事。以习近平为核心的党中央果断决策，于2013 年出台“一独生二”，2015 年出台全面二孩政策，人口政策调整始基本到位。

其三，全面提升人口素质，关键在深化相关体制改革。

人口素质由体能健康素质、智能科教素质和修养文明素质组成，三者相互关联、制约、融为一体，分别承担基础、关键和保障的功能。当前，全面提升人口素质的关键在深化改革。田老师发表“人口素质与人口投资”“全面提升人口素质”等论文，阐发深化健康素质相关的医药卫生体制改革，重点在发挥市场在医卫资源配置中的决定性作用，更好地发挥政府的作用；深化体育体制改革，要把满足人民健身需求、促进人的全面发展作为体育工作的出发点和落脚点，体现群众体育是竞技体育的基础和动力。深化智能科教体制改革，要全面贯彻党的科教方针，改革应试式科教体制机制。厘清政府与市场的关系，打破行政主导、部门分割的旧体制，建立创新资源配置和管理主要由市场决定的新体制。深化同修养文明素质相关的体制改革，一方面要加强宣传教育引导，改进宣教方式，提升宣教质量，树立符合时代发展需要的人生观、价值观、知行观；另一方面要加强法治化管理，凡是能够纳入法治管理的事务尽可能地出台清晰的法律法规，更有效地纠正各种不文明行为。

其四，做出人口年龄结构“黄金时代”并未结束，尚可支持经济适度较快增长 20 年的判断。早在 1983 年，田老师便率先发表《利用人口年龄结构变动促进现代化建设》论文。阐述由于出生率下降导致老年和少年人口之和——从属比或抚养比下降、劳动年龄人口占比上升形成的人口年龄结构变动的“黄金时代”，指出这是有利于经济发展千载难逢的人口机遇期，与后来被称为“人口盈利”“人口红利”“人口视窗”的判断如出一辙。30 年过后当这一变动趋势越过峰值时，有文章称人口红利已经消失，由对经济发展的正能量转变为负能量了。田老师指出：这是一种误判，并以从属比≤0.5 作为划分黄金时代标准，论证 2010 年人口盈利、人口红利达到峰值后转入下降和衰减期，但要到2030 年方能下降衰减为零，其后才能过渡到人口亏损、人口负债期。中国比较丰富的人力资源优势还在，社会经济发展仍需用足用好尚存的人口盈利、人口红利，仍需继续实施就业优先策略。只是不要仅限于人力资源的数量扩张，更应注重质量的提升、人力资本积聚的增强。

田雪原在浙江大学演讲后

其五，跟踪人口老龄化进程，深化养老保障体制改革。田老师很注意生育政策严格实施后人口年龄结构老龄化变动，1980 年即率先在《人民日报》发表《关于人口老龄化问题》一文。随后又组织全国老年人口抽样调查，主编并出版被誉为中国老年学奠基之作的《中国老年人口》（人口、经济、社会三卷)。进入21世纪以后，他依据老龄化发展新态势，聚焦养老保障体制改革，发表《21世纪中国少子高龄化与人口发展战略》、*China's Population Aging and the Risk of "Middle-income Trop"* 等新作，提出养老保障体系顶层设计，做实个人账户比例，对不同职业、不同收入老年群体全覆盖的改革建议；针对养老金被挪用、被挤占，提出加强法制化管理、部分养老金按比例进入金融市场、保值增值改革建议；针对人口老龄化分阶段累进推进特点，发出“十三五”养老金不可欠账亏损、只能逐步增加盈余预警。

其六，谨防城市化虚张，提出城市发展转型升级改革思路。在《中国人口城市化三次历史性的重大转折》(2009)、*The Hope of the Country with a Large Pupolation* 论著中，田老师分析了当前城市化的“三个错位”及其产生的不良后果，提出和纠正城市化虚张、适时进行转型升级改革的思路。1. 城镇化还是城市化？指出urbanization原本指城市化，城镇化是突出以小城镇为主的中国特色的一种命题。如此，将“市”从城、镇中抽象掉，变成城、镇可以脱离市而存在和发展，为后来的城镇化虚张开了方便之门，甚至出现城归城、镇归镇、市归市，先造城镇再兴市“倒过来”的城镇化。为此，必须拿出相应的决策，解决城镇化中的“空城”“鬼城”问题。2. 以小为主还是以大为主？按照城市化S曲线三阶段理论，城市化初期走以小城镇为主道路是合乎发展规律的选择。他将“小城镇大问题”诠释为：小城镇发展解决了“农转非”和农业规模化发展的大问题。进入21世纪城市化率超过50%以后仍然坚持以小为主，高消耗、高污染、低效益凸显，小城镇的膨胀成了大问题。3. 城市化是抓手还是结果？一些地方常常以加大投资发展小城镇为抓手，挽救GDP

下行，导致小城镇的盲目扩张。根源仍在城、镇与市关系的颠倒上，将城镇化视为经济发展的手段，而非社会经济发展的结果。纠正“三个错位”及其带来的影响，一要转变观念，认识城市化是社会经济发展的产物；二要转变角色，政府从城市化亲力亲为的“演员”角色，转变为制定发展战略、规划、政策、标准等的“导演”角色；三要从过去不当的审批、税收、交易等的规定和政策中退出来，建立更加符合城市化发展规律的法律、法规和政策，发挥市场在资源配置中的决定性作用。

步入耄耋之年，学术路上第二个春天的约会尚未完全兑现，有多部专著等待田老师撰写。他还打算将过去所作诗词加以整理、修改和出版。那么怎样完成呢？田老师回答：“还是沿袭‘PK 四种年龄’的理念和做法走下去——淡化自然年龄、激活生理年龄、平和心理年龄、践行社会年龄。生命不息、笔耕不辍地奋斗下去！”

（王跃生）

马大正（1938 年 9 月—　）

中国边疆学的拓荒者

马大正，生于上海。1963 年 7 月，山东大学历史系中国近代史专业研究生毕业。1964 年 6 月，任职中国科学院哲学社会科学部（今中国社会科学院）民族研究所，历任实习研究员、助理研究员、副研究员。1987 年调入中国社会科学院中国边疆史地研究中心，为研究员、博士生导师。历任中国边疆史地研究中心副主任、主任，中国社会科学院学术咨询委员。1992 年获国务院颁发政府特殊津贴。2010 年从中国边疆史地研究中心退休。现为中国边疆研究所研究员。兼任国家清史编纂委员会副主任。曾兼任中国社会科学院新疆发展研究中心主任、中国社会科学院中国历史文化信息研究中心主任；山东大学博士生导师、云南大学博士生导师等职。主要研究领域为中国古代边疆政策、中国边疆研究史、当代中国边疆治理研究、中国边疆学构筑等。迄今为止已出版学术著作、论集、辞书、资料集（包括独著、合著、主编、合编）70 部；发表学术论文 300 余篇；数十篇论文被《新华文摘》《中国社会科学文摘》《高等学校文科学术文摘》《中国人民大学报刊复印资料》等全文转载；接受国内外媒体和报刊访谈 140 余次；撰写调研报告（含独著、合著）200 余篇；学术成果获国家图书奖、中宣部“五个一”工程奖、郭沫若中国历史学奖等数十项奖励。主持并完成多项国家社科基金和中国社会科学院重点研究项目，以及省部级委托研究项目。

2001 年起，马大正不再担任中国边疆史地中心主任之职，并于 2010 年正式退休。但时至今日，谈起中国边疆研究，人们还是会把目光投向这位“八〇后”学者。对这位“中国边疆学拓荒人”来说，研究员的岗位是永不退休的。因为中国边疆研究已成了他生命的一部分。

从黄浦江畔走入齐鲁大地、走进大漠荒烟、走向茫茫海疆，从青葱到耄耋，他把自己交付给了边疆研究，他不曾动摇，不曾停歇。“中国边疆研究涉及内容丰富多彩。上下五千年、东西南北中，似苍穹，似大海。而自己几十年研究所涉猎内容虽大都当在其中，但似星辰、似浪花。”回顾自己的治学历程，他在《我的治学之途》中这样说。

退休后，他虽然忙于国家清史编纂委员会的学术管理重任，但是对于中国边疆研究却从未有片刻松懈。他先后出版专著 4 部，包括《当代中国边疆研究（1949—2014）》《中国边疆学构筑札记》《中国边疆治理通论》《热点问题冷思考——中国边疆研究十讲》。发表数十篇学术论文，撰写十余篇调研报告。尤其是《当代中国边疆研究（1949—2014）》，该书用简洁、明快的语言，对学界有关中国边疆三次研究高潮及所关注的一些具体问题，进行了深入、细致的解读、分析和评价。同时详细而准确地描述了60年来中国边疆研究发展的演进历程和趋势。最后介绍和论述了学界构筑中国边疆学的学术思考及当代边疆研究者的历史责任。此书对学者们所探讨的中国边疆学名称、定义、研究对象，中国边疆学体系的框架、组成部分等问题，均一一作了详细介绍、解读和评价。此外，他对中国边疆领域和中国边疆学的许多重点、热点与难点问题进行了精辟的综述，提出了许多独到、卓有成效的观点和意见。该书在写作方法上有以下三个优点：一是内容环环相扣，纵横交错，形成一个有机的整体；二是内容广泛而丰富；三是信息量特别充足，充分显示了其严谨、踏实、一丝不苟的优良学风。

此外，即便退休，他仍以深厚的学术底蕴和卓越的人格魅力领导、组织、策划了多项国家级的边疆研究综合项目，担任国家社会科学基金重大特别委托项目首席专家、专家委员会主任，“国家清史纂修工程”国家清史编纂委员会副主任等重要学术职务，为繁荣中国的哲学社会科学事业做出了突出的贡献。

他为“中国边疆学”学科的构筑尽心竭力，在他的呼吁和影响下，21世纪以来一批与中国边疆研究密切相关的学术机构、学术团体、学术刊物在国内高校和科研院所如雨后春笋般相继兴起，这无疑都为中国边疆研究的繁荣与发展积蓄了力量，为“中国边疆学”学科的构筑夯实了基础。长期以来，他对中国边疆研究话语体系、理论体系、学科体系的诸

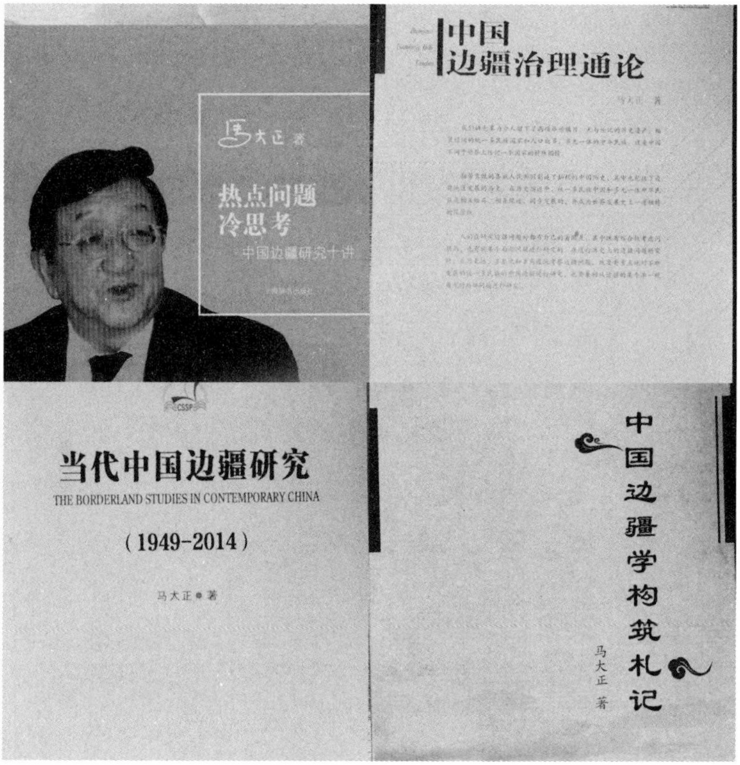

马大正的学术成果

多思考与认识，无疑对“用中国理论回答中国问题，用中国话语解读中国道路”，构筑有中国特色的中国边疆学理论体系、话语体系、学术体系具有重要的引领意义。

中国边疆研究的发展离不开边疆研究者深入辽阔的边疆地区进行实地考察研究，在社会实践过程中有所发现、有所进步。他在边疆调研中也起到了很好的带头示范作用，自 20 世纪 80 年代至今，他奉行“读万卷书”与“行万里路”的治学理念，足迹遍及中国陆疆与海疆。即使退休也未能阻挡他的脚步。其中新疆是他开展边疆调研的最重要部分。退休后的他已逾古稀之龄，仍坚持亲赴新疆调研，或考察暴恐事件发生地，或与有关人员交流，或与政府部门座谈，总是力争较全面了解暴恐事件的全貌，更好地分析事件的原因。从2011年到2016年连续六年，针对新疆暴恐活动频发撰写年度报告，梳理当年暴恐事件，分析新的情况，总结经验教训。

新疆现状调研除了要克服交通、食宿乃至人际关系等各种困难外，还要面对种种现实危险。一是交通方面的危险，由于新疆地广人稀，有些地方道路不尽如人意，甚至非常艰险，交通事故时有发生。二是暴恐事件的危险，他曾多次擦肩而过。2014年7月25日至8月1日他赴喀什调研，先与喀什政法界交流了喀什的稳定情况，接着考察了喀什反恐动员机制与反恐设施。7月26日，在喀什地区政法委的安排下，驱车300多公里赴巴楚县色力布亚镇（2013年曾发生令人震惊的“4·23”事件，导致民警、社区工作人员15人死亡，影响极为恶劣；半年多后又发生了“11·16”事件，9名暴恐分子袭击派出所，导致2名民警受伤和2名协警牺牲）实地考察。考察完色力布亚镇后，前往巴楚县城，与县政府有关部门座谈。7月27日原计划经莎车返回喀什，希望和莎车县主要领导见面，交流莎车稳定方面情况。在与莎车联系时得知其主要领导不在，无法交流，因此决定直接返回喀什。7月28日一大早就得知莎车发生令人极度震惊的“7·28”暴恐事件。事件中暴徒拦截道路，打砸焚烧过往车辆，杀害车上人员。喀什的朋友为他感到庆幸，头天晚上幸亏没有赴莎车，如果赴莎车，第二天上午返回喀什必然要经过事发路段，后果将不堪设想。那段时间里，很多人就因暴恐事件多发而不敢去南疆地区，而他不顾高龄，毫无畏惧地坚持经常到南疆调研，到暴恐频发的一线调研，到暴恐事件发生的现场调研，可见他对新疆极深的情怀和高度的责任感。正如他所倡导的那样，当代新疆研究基础就是实地调研，他是这样说的，也是这样做的。他面对千难万险“吾往矣”的勇气，胜过孟子“虽千万人，吾往矣”。也正因如此，他始终能够敏锐地触及当代新疆的重大现实问题，在当代新疆研究上取得巨大成就。

古有“立德、立功、立言”之说，在历史的长河中，许多优秀的知识分子用一生践行这个理念，为中国思想文化宝库增添异彩，受到人们景仰。他的学术精神与学术探索，让人们看到了薪火相传的光芒。对祖国的挚爱、对历史的敬畏、对治学的崇尚、对人生的追求，这正是大正先生学术自觉、学术格局的力量源泉。

八秩之年，他的边疆情怀依旧，边疆激情依然。“我最大的心愿是：热望中国边疆研究的大发展；呼喊中国边疆学的诞生！”这是一位一生研究边疆、行走边疆、情系边疆、奉献边疆的学者最大的期盼与愿景。他期待着中国边疆学这个“宁馨儿”早日降生，他要在这片热土上继续耕耘，春种秋收。

（周卫平）

曹剑芬（1938 年 9 月—　）

跨越文理学科鸿沟　勇闯人机对话领域

曹剑芬，女，中国社会科学院语言研究所研究员。江苏张家港人。1964 年毕业于南京大学中文系，同年 8 月分配到中国科学院哲学社会科学部语言研究所，先后从事方言调查研究、词典编撰和语音的实验研究。1987 年 8 月至 1989 年 3 月为美国加利福尼亚大学洛杉矶分校语言学系访问学者，师从国际著名语言学家 Peter Ladefoged 从事语言的发声类型研究。回国后主要从事汉语普通话的韵律学研究及其在计算机自然语音处理中的应用基础研究。曾任语音研究室副主任，兼任中国科学院心理研究所客座研究员、IBM 中国研究中心语音部顾问、中国语言学会语音学分会副主任委员等。先后参加或主持过国家社科基金重点项目、国家 863 高技术项目以及国家自然科学基金项目等 8 个集体项目的研究工作。退休后又单独主持了 11 个“中国社科院老年科研基金科研项目”。1993 年起享受国务院政府特殊津贴。1998 年退休。

曹剑芬说她与实验语音学结缘纯属偶然，为了解开当年大学课堂上留下的一个不解的学术疑问，竟在不惑之年冒险“大改行”，于 1976 年毅然从纯文科的方言研究一步跨入文—理结合的实验语音学领域。在退休前的 20 年间，历经艰辛跋涉，不但实现了从传统文科训练到现代化、多学科的科学实验研究之大跨越，而且闯入了作为人工智能核心的“人—机对话”高科技研究领域。

2000 年，曹剑芬正式从语言研究所退下来。但她退而未休，依然精力充沛，继续为语言科学事业的发展拼搏前行。

曹剑芬注力研究的一个重要方面，就是再续因故中断了 30 年的汉语古全浊声母演变（“浊音清化”）问题的探索。“浊音清化”是汉语史上最著名的历史音变，对于古全浊声母在现代方言平面上的语音性质的看法，一向争议纷纭。自从著名语言学家赵元任（《现代吴语的研究》，1928）的权威理论——“清音浊流”说一锤定音以来，学界普遍认为再无探讨的必要，尽管在那个年代人们并不真正理解“清音浊流”究竟是怎么回事；然而，这个问题恰恰是促使曹剑芬毅然“改行”，并且矢志探索的缘起。调入语音实验室之后，她在配合杨顺安研制汉语第一个规则合成系统的时候进一步认识到，搞清楚“清音浊流”的语音性质，不仅仅关乎对语音古今演变的认识，而且会直接影响汉语方言的计算机语音处理。针对这个学术存疑，她从对现代吴语的调查研究切入，应用现代科技手段进行系统的实验分析，取得了“令人瞩目”——

起初不被学界理解，甚至备受非议，后来又备受推崇——的成果。退休之后，她在前期考察的基础上，通过与其他方言区“浊音清化”表现的比较分析，结合现代汉语方言和一些民族语言相关活材料的实验研究成果，进一步深入探索。不但从发声机理上探明了“浊流”的语音性质，而且对于这类声母古今演变的触发因素和历史层次提出了新的看法，同时还论证了声母和声调演变的内在关系。这就在赵元任理论的基础上，把对这个经典论题的认识又向前推进了一步。如今，相关论文（譬如 An exploration on phonation types in Wu Dialects of Chinese）以及《浅谈古全浊声母清化的语音基础及历史层次》等不但成了这个领域常常引用的经典文献，而且被国外多家重要书刊收录，并被俄亥俄州立大学的 Backman 教授等用作重要参考教材。根据最近 ResearchGate 的报道，这些论文是曹剑芬上传的论文中阅读和引用数量最多的。这也并不奇怪，因为浊辅音的清化具有一定的语言共性，因而受到国内外语音学界的普遍关注。

曹剑芬倾注更多精力研究的另一个重要方面，就是对语音随机变化与自然话语韵律结构关系的研究，以及在此基础上对言语感知与产生的神经认知机制的初步探索。这是针对当时人—机对话工程领域的急切需要而开展的。进入 21 世纪以后，中国的人—机对话工程（包括计算机语音合成、自动识别以及自动翻译，等等）已进入提高性能以满足不断增长的实用需要的阶段，但在工程上却面临难以处理语音多变的瓶颈，因而急需语音学研究提供理论和数据支持，尤其需要了解和掌握跟节奏、重音和语调等韵律特性及其系统结构相关的语音变化规则。曹剑芬记得，2000 年当她在国际口语处理学术会议（ICSLP2000）上报告 Rhythm of spoken Chinese：

曹剑芬在讲学

linguistic and paralinguistic evidence（“汉语口语的节奏：语言学及副语言学证据”）时，立刻引起了国内外言语工程界人士的关注。譬如，中国科技大学（合肥）前来参会的博士生和硕士生（就是现在人工智能领域蜚声国内外的“迅飞”团队的班底）当晚就专门组织了跟曹剑芬的座谈；同时，还引起了与会的美国 IBM 总部某高管的高度重视，当即就通知 IBM 中国研究中心说：“今天，你们可能错过了一个非常重要的报告。”研究中心因此立刻就联系曹剑芬，并聘她为 IBM 中国研究中心语音部顾问。

曹剑芬对于言语生成和感知的神经认知机制的探索是近几年的事情。她说，这既非心血来潮，亦非既定目标，而是当初为了跨越文—理鸿沟而死啃和翻译（*Speech Chain*）《言语链》一书时萌生的好奇心，并由此产生了探索的兴趣和冲动。不过，当时并不具备起码的知识和理论准备，更缺乏通过亲身实践的经验积累。更主要的是，长期以来总以为，研究语言学的人不可能去探索发生在大脑里的事情，只有等到脑科学揭开它的奥秘之后，才有可能搞清楚言语生成的神经机制问题。后来，一个偶然的机会，曹剑芬接触到了《语言的神经基础》（刘宇红著，中国社会科学出版社）一书。当读到著名神经认知语言学家 Lamb 教授在序言所说的一段话（大意是说，期待神经科学家来帮你揭示言语机制的想法是不切实际的，语言科学家应该运用自己的学科话语，跟神经科学家一起参与探讨），她深受触动，犹如醍醐灌顶。于是，她忘记了自己早已是古稀之辈，立刻着手尝试运用语言学的学科话语，来探讨自然言语生成和感知的神经认知机制，并在耄耋之年发表了《谈谈言语链的语言学平面——言语信息编码的语言学原理及音—义关联的神经认知机制》（《中国语音学报》第十辑，2018）。诚然，这对于她，或许是个注定出不了什么成果和走不了多远的历程，但她认为，这不是她应该和需要考虑的问题，她应该做的就是继续为促进语言科学的发展贡献自己的绵薄之力。

时光荏苒，从花甲之年再起步，这一干又是 20 多年。退休以来，曹剑芬与在职时一样，频繁参加国际、国内学术交流，先后在国内外学术刊物或重要学术会议上，发表了 *The Rhythm of Mandarin Chinese*；*Intonation Structure of Spoken Chinese*: *Universality and Characteristics*；*How do Speech Sounds Vary and Serve Efficient Communication*? 以及《基于语法信息的汉语韵律结构预测》《发音增强与减缩——语言学动因及语音学机理》《语音学知识在语音识别中的应用：案例分析》《语音处理上如何逐渐减少对具体语料的依赖?》和《汉语低音区声调的音高凸显方式与声调类型学》等几十篇论文。

从 1964 年走上语言研究的道路至今，曹剑芬独著、合著或参加编写的专书有 11 部，发表的论文有 100 多篇。粗略地盘点一下，大约三分之二的研究成果产生于退休之后。换句话说，退休之后的这 20 多年的研究成果，超越了半路“改行”之后在职的那 20 多年。

如今，曹剑芬已然是“八〇后”了，但研究工作还在继续，还是乐此不疲。她说，尽管体力的衰退和知识结构的老化是不可避免的，但是力图追赶时代发展脚步的壮心从未改变。跨越文—理学科鸿沟，参与人—机对话研究的艰苦跋涉，这是自愿选择的道路，虽苦犹甜。

耿云志（1938 年 12 月—　）

目标产生动力，方法决定成就

耿云志，辽宁海城人。1964 年毕业于辽宁大学哲学系，随即进入中国科学院哲学社会科学学部（今中国社会科学院）近代史研究所工作。1998 年任中国社会科学院学术委员会（后改称中国社会科学院学术咨询委员会）委员，2006 年当选为中国社会科学院学部委员。2015 年荣休。曾任近代史研究所研究员、博士生导师、副所长，兼任中国现代文化学会会长、胡适研究会会长、中国近代思想研究中心理事长、孙中山基金会理事等职。长期从事中国近代政治史、思想史和文化史的研究，尤以思想史研究为主，是近代史研究所思想史研究室的创立者。著述 20 余种，论文与文章 200 余篇，编辑多种重要学术资料集。主要学术成果有《胡适研究论稿》

《胡适年谱》《重新发现胡适》《耿云志文集》《近代中国文化转型研究导论》《胡适遗稿及秘藏书信》《胡适研究十论》等。先后主持院重大科研项目“近代中国人对民主的认识与实践”（成果为2003年出版的《西方民主在近代中国》）、“近代中国文化转型研究”（成果为2008年出版的九卷本《近代中国文化转型研究》）。刻下正在主持院重大课题“中国近代思想通史”的研究和写作。《近代中国文化转型研究》一书，2014年获社科院优秀科研成果一等奖。

2015年6月9日，近代史所为耿云志荣休举办了一场学术座谈会。在会上，他从入学读书谈起，回忆了怎样在“瓜菜代”的条件下一路奋斗过来。从求学到工作再到退休，虽然学习及科研条件都不是特别完善，但他总是想办法克服各种困难，利用一切可获得的资源，努力学习、奋斗。其中，他尤其注重培养自己的思想能力。他从小就喜欢思考，在小学时已展露出会综合、能分析的思想能力。升入高中后，他开始阅读黑格尔的《哲学史讲演录》和马克思的《资本论》等书。后来，他又继续阅读了许多马克思、恩格斯与列宁的著作，以及其他西方思想家的著作，更加自觉地训练自己的思想能力和比较鉴别的能力。这样，当他因一个特别的机缘走上史学研究的道路之后，方能有勇气、有自信去着手进行两项在当时来说都极富挑战性的课题——研究清末立宪运动、研究胡适。他的研究方法，首先从收集、查阅第一手资料做起，尽可能充分地占有材料。更重要的是，在此基础上，他能够灵活运用马克思主义的基本理论与基本方法，进行实事求是的研究和分析，从而得出了与流行数十年的缺乏事实根据的观点不同的、更加符合历史真相的结论。他的清末立宪运动研究，第一次正面揭示了立宪运动和立宪派的积极的历史作用，打破了教条主义思维笼罩一切的局面；他的胡适研究，努力推翻一切不实之词，还原胡适的本来面貌。这在当时的史学界起到了促进思想解放的作用。

荣休后，耿先生将全副精力投入到“中国近代思想通史”课题的研究和组织工作中。此前，耿先生刚刚主持完成了九卷本的《近代中国文化转型研究》。该书被认为“是迄今为止学术界有关中国近代文化史研究领域中一项宏大并极有学术深度的研究成果”；“是具有开拓性意义的学术成果，是高水准的学术精品”。（课题结项时，专家鉴定组意见）耿先生撰写的《导论》卷，尤其受到海内外的关注，已有英文版在海外发行，韩文版的翻译已接近完成，西班牙文版的翻译工作也已启动。2016 年，《导论》卷出版了修订版。在此书中，耿先生提出近代社会、近代思想文化发展的两大趋势为世界化与个性解放。所谓世界化，是努力创造、努力形成一种世界各国、各民族良性互动的一种状态。这种状态下，各国各民族都尽力实行开放的政策，让世界优秀的文化自由地进来，让自己的文化有机会自由地流转出去。大家各取所需，各求进步。所谓个性解放，就是个人要有充分发挥自己创造力的机会，享有自由，也承担责任。这是对社会发展的原动力问题的解答，也是对民族复兴的原动力问题的解答。在此基础上，耿先生感到写作一部全面、系统而有相当深度的综合性的“中国近代思想通史”的条件已经逐渐成熟。这部由他主持编写的八卷本《中国近代思想通史》，将全面研究近代思想形成和发展的内外条件和机制，研究思想实际发生的影响，研究近代思想的基本特征和主要趋向，构建一个综合性的“中国近代思想史”的基本框架。

耿云志的著作

耿先生亲自承担写作的第五卷（新文化运动卷），虽是已有数十年积累、相当熟悉的主题，但他仍然认认真真、一丝不苟地重新阅读了大部分的史料。为复核近史所藏胡适档案中的材料，他每日不辞辛劳，从太阳宫的家中赶赴王府井。为查阅当年印行的“杜里舒在华讲演录”，他先到清华大学图书馆，但只能查到残本，后来终于托关系在商务印书馆的内部藏书中查阅到了整部书。80 岁高龄的耿先生保持着毫不逊色于年轻人的研究习惯和工作节奏，仍然坚持半日读书、半日写作，领先完成了第五卷书稿的写作（仅一位课题组成员比他早完稿）。他的勤勉和工作效率，令课题组年轻的成员们钦佩。

近代史所为耿先生配备了学术秘书，但他爱护青年人，不肯轻易浪费青年人的光阴，凡能自己办的事情，总是自己一力承担。耿先生肯体贴他人，往往令观者动容。去年，耿先生赴绍兴参加一次学术会议，在实地考察途中，他突然眼前发黑，浑身大汗，将要倒地一瞬间，幸被同行者扶起，并叫120急救车赶来救治。后来，大家才知道，出发前他已感到身体不适，本打算留住地休息。但考虑到几位参会的弟子，因而留下来陪伴，错过难得的考察机会。于是，才勉力前往，险出意外。他当年白手起家创办起思想史研究室，此后数十年间领导团队相继攻克多个重大科研课题，除了他具备的学问素养、组织能力，更使大家佩服的是对年轻人的提携和关爱。

荣休后不久，耿先生在甘肃河西学院做过一个题为“目标产生动力，方法决定成就”的报告，他说，目标就是自己给自己确定短时段、中时段、长时段的工作任务，并努力督促自己为实现这些目标而努力奋斗。有了目标，才会产生奋斗的动力；没有目标，就会不知不觉地把时间随意放过去，难以得到收获。方法就是培养一种自己努力践行的、合乎科学的工作习惯。方法越科学，越精密，就越少走弯路，越容易取得成就。耿先生做学问的方法，深受马克思《政治经济学批判导言》中讲过的一句话的启发：“研究问题，必须充分地占有材料，发现材料之间的内在联系，将这些联系表述出来，就如同事物按本身的逻辑展开一样。”然而，要跟着事实和逻辑走，并非易事。如同耿先生多次强调的，这首先需要有“讲真话，求真理”的勇气。同时，需要有相当的理论思维能力。而提高理论思维能力的办法，就是学习哲学，学习哲学史，学习逻辑，最好是读《资本论》。学习马克思主义理论，必须自觉地、独立地去钻研，切不要受那些想当马克思主义者却不下功夫读马克思的书，或读不懂马克思的书，只会利用简单的几句马列词句到处忽悠人的恶劣影响。

目标有短时段、中时段和长时段的不同。那么，能够产生无穷动力，鼓舞一整代乃至几代人的奋斗目标是什么呢？耿先生于2016年12月17日在纪念胡适先生诞辰125周年国际研讨会上的讲话中说道：“研究历史，其最高目的，就是把过去同未来连接起来。把一个落后的、积弊丛生的社会国家，引导到现代化的发展轨道。各个国家，各个民族现代化的道路可以有一些区别。但各个国家的精英所为之奋斗的是，力图付出较小的代价，使国家顺畅地走上现代发展之路。”

身居书斋，而心系国家的发展大局，这正是耿先生学问人生的真谛。

（彭姗姗）

白翠琴（1938 年 12 月—　）

笔耕不辍五十余载　民族史园谨谱春秋

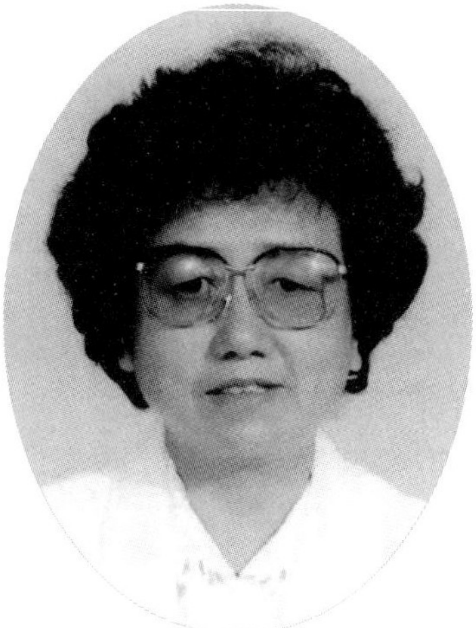

白翠琴，女，祖籍浙江省平阳县，中国社会科学院民族学与人类学研究所资深研究员。1959 年考入南开大学历史系，研读五年，1964 年夏毕业后，即分配到中国科学院哲学社会科学部民族研究所（后改为中国社会科学院民族学与人类学研究所）工作。长期潜心从事西蒙古史、魏晋南北朝民族史及中国少数民族法制史等研究。半个多世纪以来，她专心致志，蹈厉奋发，勤勉刻苦，长于思辨，治学严谨。先后承担了大量科研项目，取得了丰硕成果。其对学术孜孜以求，锲而不舍之精神，给同行留下深刻印象，曾被中国社会科学院院部评为先进女科研工作者，享受国务院特殊津贴。1998 年 12 月退休。在职期间，她积极参加国家及院所重大课题项目，出色地完成各项集体科研任务。与此同时，不断学习新知识充实自己，运用多学科研究成果，加强个人有关课题的探讨，在掌握大量资料基础上，提出许多独到见解。独著或与他人合作先后出版了十余部专著和大型工具书。其中主要有《瓦剌史》《魏晋南北朝民族史》《西蒙古史研究》《准噶尔史略》《中国民族关系史纲要》《中国民族史》《中国历代民族政策研究》《中国北方民族关系史》等专著，以及《中国民族史人物辞典》《中国民族史大辞典》等工具书，并发表了大量学术论文。有多项成果曾获国家或省部级优秀学术成果奖。

白翠琴先生退休后，虽然为眼疾和冠心病等所困扰，但仍笔耕不辍，为我国民族史学的繁荣发展及相关人才培养继续发挥余热。20 年来，她主要在三个方面做了大量工作。

继续深入探究北方民族史，与人合作出版了《北方游牧民族源流考》等专著

20 世纪初，白先生为了完成《中原地区历史上的民族融合》国家社科基金项目，和河南社会科学院学者深入中原历史上民族交汇主要区域，进行实地考察和收集相关资料。最后完成了 35 万余字的书稿，她负责“魏晋南北朝隋唐编”部分（约 15 万字）的撰写。该书于 2004 年由内蒙古人民出版社出版。接着，她又和河南社会科学院任崇岳先生合作，投入关于《中国北方游牧民族源流考》国家社科基金项目的探索。根据语言文化、族源族属、经济类型、风俗习惯、活动地区及人种学上之差异，我国北方游牧民族主要可分为匈

奴、突厥、东胡三大系统。匈奴系统包括匈奴、北匈奴、南匈奴及屠各、卢水胡、铁弗等；突厥系统包括丁零、高车（敕勒）、铁勒、突厥、回纥（回鹘）、薛延陀、黠戛斯（柯尔克孜先民）、哈萨克等；东胡系统包括东胡、乌桓、鲜卑、柔然、契丹、库莫奚、室韦、蒙古等。此外，还有肃慎系统中部分女真、西域行国中的一些古族也曾从事游牧业或兼营游牧业，西藏高原的藏族有相当部分是以游牧业为主。中国北方（包括部分西北和东北地区）游牧民族源流研究，就是探索上述这些古今以游牧为主业或牧农兼营民族的起源、形成、发展及其演变流向的历史背景和具体进程；探讨其与游牧社会相适应的政治、经济、文化特点；总结内在联系和客观规律，以探寻其未来发展趋势。由于涉及古今民族众多，地域辽阔，再加上古籍文献记载语焉不详，众说纷纭，故关于诸族源流问题，很多方面仍然扑朔迷离，没有定谳，给该课题任务的完成带来很大困难。她凭借多年研究的积累，又进一步查阅了古今中外一百多种相关书籍和大量论文。在充分汲取前人研究成果的基础上，对北方诸游牧民族的源流提出自己的看法，其中不乏真知灼见。花了三年多时间，共完成了 52 万余字的书稿。于 2012 年，由黑龙江人民出版社出版。专著问世后，得到学术界关注和好评。2015 年获中国社会科学院第六届离退休人员优秀科研成果二等奖等。退休后她还合著有其他几本专著，诸如《中国饮食史》（1999 年，华夏出版社）、《北疆通史》（2002 年，中州古籍出版社）、《中亚文明史》第五卷（2003 年，法国巴黎，联合国教科文组织主持）、《元代诸族建筑与居住文化》（2010 年，黑龙江人民出版社出版，2013 年，获第五届中国社会科学院离退休人员优秀科研成果三等奖），等等。在此期间，并未终止对少数民族法制史的研究，陆续发表了《突厥法探究》《〈卫拉特法典〉与噶尔丹洪台吉敕令比较研究》《游牧民族法律文化特点略论》《从“北魏律”至“唐律疏议”看汉夷间法律文化互动》等学术论文，对于少数民族法制进行深层次探讨。2015 年，还出版了 67 万余字的《白翠琴民族史探微集》（中国社会科学出版社出版），精选了她众多论文中的 40 余篇，以此追忆从事民族研究工作 50 个春秋。

白翠琴的著作

积极参与多种民族辞书编纂工作，竭诚为普及民族学科知识做贡献

白先生以其扎实专业功底及认真负责态度，在职期间，曾参与《中国民族史大辞典》《中国民族史人物辞典》《中国历史大辞典》《新疆历史辞典》等的编纂工作，字斟句酌，

力求准确，共撰写了50余万字的释文。退休后，她又倾力承担2009年版的《辞海》民族史条目北方篇的修订补充任务。这种辞书编纂和修订工作，具有重要知识普及意义，是惠及当代与后世学术之举。然而又是耗时费力，编纂周期长，既无科研启动经费，又难以计入科研成果，但她不计个人得失，认真修订补充，对一些涉及重大事件和关键人物的提法，既尊重客观历史事实，又从如何更有利于祖国统一和民族团结出发，反复推敲，才落笔修订，一丝不苟地完成任务。2002年，她即开始接受国家重点项目——《大辞海·民族卷》中北方民族史篇的编纂工作，高质量地完成11万字的条目撰写任务。该辞典于2012年由上海辞书出版社出版。从2007年以后，她又受邀参加以任继愈先生为总主编的国家"十一五"重点社科规划项目《中华大典》编写工作。主要负责其中《民俗典》的《少数民族分典》（后改为《地域民俗分典》）之北方地区总部的编纂任务。为分典副主编，北方地区总部主编，这是一项分类摘编，汇集浩如烟海古代文献中有关少数民族民俗方面的资料集和工具书。质量要求高，查阅数量巨大，她和杜倩萍博士合作，共查阅了300来种相关文献。以古稀之年，经常在国家图书馆上下检索书籍。这种孜孜不倦的精神，使图书馆管理人员深受感动，因而成为高龄"文津优秀读者奖"得主。历经数年，两人终于完成北方地区总部共100万字左右的编纂。《地域民俗分典》于2015年由北京日报出版社出版，全书共469万字。

认真审阅大量博士生毕业论文及参加答辩会，为培养高端民族学人才尽职尽力

退休后，白先生除了按时保质完成各项科研项目外，在

审阅专业书稿和博士研究生毕业论文方面，也投入了不少精力。十余年中，审阅了60来篇博士生毕业论文，通常还参加论文答辩会。她总是要求自己在认真审阅的基础上，写出评审意见，首先充分肯定成绩，然后指出不足和需修改之处。每次发言都充分地做好准备，以期言之有物，听者受益。有的在会上不便说或来不及提的意见，设法在会下个别交流。因而，与同学间建立了亦师亦友的关系。有些同学毕业多年了，还通过各种途径和她保持联系，嘘寒问暖及进行学术研讨。可谓是“桃李不言，下自成蹊”。

光阴荏苒，倏忽80春秋有余，回顾往昔，白先生感慨地说：“从青春年少到双鬓染霜，直至耄耋之年，聊以自慰的是，‘认真刻苦，严谨治学，锲而不舍，力求创新’，始终是我恪守的信念。遗憾的是，由于年高体衰等缘故，还有不少学术设想未能付诸实践，只能寄希望于年青一代了。”

“莫道桑榆晚，为霞尚满天”，祈愿先生健康长寿，尽享怡愉之乐，笑看新时代光辉灿烂的未来。

（杨晓清）

张海鹏（1939 年 5 月—　）

老骥伏枥　追求不止

张海鹏，湖北省汉川市人。1964 年毕业于武汉大学历史学系，同年 8 月进入中国科学院近代史研究所工作，1990 年被评为研究员。现任中国社会科学院学部委员、中国社会科学院台湾史研究中心主任，山东大学特聘一级教授，曲阜师范大学特聘教授，河南大学研究生院名誉院长，国家清史编纂委员会委员、统筹推进世界一流大学和一流学科建设专家委员会委员、国家社科规划咨询委员、新华社特约观察员等。曾任中国社会科学院近代史研究所所长、中国社会科学院文史哲学部副主任、中国史学会会长、中国孙中山研究会会长、中国义和团研究会理事长、国务院学位委员会委员兼历史学科评议组召集人，中国社会科学院研究生院博士生导师，第十届全国人大代表等。学术专长为中国近代史研究，著有《中国近代史稿地图集》《追求集：近代中国历史进程的探索》《中国近代史研究》《东厂论史录：中国近代史研究的评论与思考》《张海鹏集》《张海鹏自选集》《书生议政——中国近代史学者看台湾的历史与现实》《中国近代史基本问题研究》《简明中国近代史读本》，主编《中国近代史 1840—1949》、《中葡关系史资料集》、《中国近代史论著目录 1979—2000》、《中国近代通史》（十卷本）、《中国历史学 30 年》、《中国历史学 40 年》、《台湾史稿》（两卷）、《历史学者眼中的毛泽东小丛书》（共九本）等论著和资料集。

2015 年 5 月，已过古稀之年的张海鹏退休。然而，他心中没有退休二字，甚至比退休前更加忙碌。

2015 年 7 月，他在南京出席“铭记历史警示未来，矢志复兴捍卫和平——纪念中国人民抗日战争胜利 70 周年学术讨论会”，就第二次世界大战历史的宏观反思作了学术报告。光明网连续发表记者采访稿：《世界要重新审视中国在二次大战中的地位和作用》《日本侵略中国是“二战”的另一起点》《建议每年举行抗战纪念活动》《抗战纪念有利于争夺抗战研究的话语权》。在学界和社会均产生了很大的反响。

同年 8 月下旬，第 22 届国际历史科学大会在中国山东济南举行。这是素有“史学奥林匹克”美誉的历史科学大会创办 115 年以来首次走进亚洲。这次大会的成功申办与召开，在中国历史学走向世界的路途中具有里程碑的意义。国家主席习近平专门为大会发来贺信。中共中央政治局委员、国务院副总理刘延东出席开幕式，宣读习近平贺信并致辞，张海鹏代表中国史学会在开幕式上致开幕词。大会引起全球范围历史学家的广泛关注。参会人数多达 2600 余人，其中来自 90 个国家和地区外宾 900 多人。在此次盛会的申办、筹备过程中，担任中国史学会会长的张海鹏运筹全局，殚精竭虑，促成此会的召开。光明日报头版发表通讯：《中国历史科学走向世界的里程碑——写在第 22 届国际历史科学大会开幕之际》，光明网发表《展示中国文化魅力，让“中国话语”更加铿锵有力——写在第 22 届国际历史科学大会开幕之际》，两篇通讯均着重采访了张海鹏先生。光明网还发表《张海鹏：申办国际历史科学大会堪比北京申奥》。央视新闻联播做了专题报道。

张海鹏出席第 22 届国际历史科学大会

同月，张海鹏还由新华社发表通稿《台湾光复是对日本殖民统治的否定——驳李登辉台湾没有抗日的媚日言行》，各报刊登。《人民日报》发表《九一八事变是日本蓄意制造的侵华战争开端》《纪念抗战不能忘记历史的基本线索》，在《中共党史研究》发表学术论文《第二次世界大战历史的宏观反思》，在台北《观察》发表《抗日战争有两个领导中心》。主编的《中国历史学的 30 年》英文版 Thirty Years of Chinese History Studies, Edited by Zhang Haipeng, Translated by Li Wenzhong and Wu Jinshan 在中国社会科学出版社和美国 M. C. M Prime, USA 联合出版。

9 月在重庆出席中国史学会与俄罗斯历史学会联合主办的中俄纪念中国抗日战争和世界反法西斯战争胜利 70 周年国际学术讨论会，作为中国史学会会长致开幕词。12 月，所写《台湾通史的撰写及理论方法问题》一文收入《当代中国台湾史研究》，中国社会科学出版社出版。

张海鹏在学术活动中

2016年他老伴因左腮肿瘤住院治疗，在陪伴老伴治疗的同时，仍勤勉工作。仅在这一年，他多次应邀出席国内外的学术会议和讲座，发表学术报告，并在《抗日战争研究》《人民日报》《湘学研究》以及马来西亚《光华日报》等报刊发表了多篇重要学术文章和学术报告。

深切关注现实，历史与现实交融，是张海鹏先生治学的一大特点。2015年下半年，他先后在《求是》杂志社影视中心接受采访，谈抗日战争对世界反法西斯战争的贡献及抗日战争中两个领导中心问题；在社科院老干局主办的报告会上做纪念抗战胜利70周年报告，谈如何认识“二战”以及如何认识共产党是中流砥柱问题。在四川省社科院出席“《四川抗战全史》《四川抗战文化研究丛书》出版座谈会”，就下大力气研究抗战史做主题发言；在四川社科院讲“从国际视野看抗日战争历史”的演讲。在成都市委宣传部主办的金沙讲坛讲《从国际视野看抗日战争历史》，在成都市2015年社会科学联合会学术会议上讲第二次世界大战历史的宏观反思问题。还在《北京日报》发表《代表了人类正义的回声——学习习近平同志关于抗战历史的重要讲话》，在《人民日报》发表了《下大力气推进抗日战争史研究》。2016年6月，他接受中宣部理论局委托，承担“台湾人民抗日史”研究与写作。他在台湾史、抗战史等领域投入大量的时间精力，持续不断为推进抗日战争史研究而发声，皆因其深切的现实关切与家国情怀。2017年2月在《福建日报》理论周刊发表《推进中国历史学话语体系建设》长文。

张海鹏先生视野宏阔，思维敏锐，且对于自己的学术观点，决不随人俯仰而勇于坚持。2017年1月出席《抗日战争研究》编辑部召开的“八年抗战与十四年抗战学术座谈会”，

张海鹏夫妇在港珠澳大桥留影

他写成《“十四年抗战”概念取代“八年抗战”概念，远非史学界共识》一文，送中国社科院《要报》并转中办和中宣部。29日上午9点红色文化网发表他写的上述文章，题目改为《对教育部〈通知〉的质疑》，当天在互联网和微信朋友圈里刷屏，引起学界和社会的强烈反响。《朝日新闻》沈阳记者站记者平贺来采访，谈“十四年抗战”与“八年抗战”问题。不久后出席纪念全面抗战爆发80周年国家学术讨论会，再就抗战中的两个领导中心与八年抗战、十四年抗战的关系作了主旨发言。

如此紧张的学术、生活节奏，如此高昂奋发的精神状态，很难想象张海鹏先生已年近八旬。思想者不老，诚哉斯言。2017年2月，学术团体评出“今年最具影响力的30位马克思主义学者”，张先生即名列其中。2017年中，被国家教材委员会任命为高中历史教材总主编之一。同年11月，被中宣部相关机构任命为大学《中国近代史》教材修订组组长。以上两种教材即将在今年9月进入高中和大学历史系课堂。此外，去年他还出版了《简明中国近代史读本》（与翟金懿合作）。

张先生曾将自己的第一本论文集题为《追求集》，体现出对于马克思主义的不懈追求。他在退休以后，仍老骥伏枥，笔耕不辍，出版与发表了大量著述，为中国近代史学科发展殚精竭虑，为国家民族的伟大复兴继续贡献自己的一份心力。将自己的史学研究和时代发展紧密结合起来，在对现实的关注中加深对历史的洞察，将研究历史的所得作为促进现实发展的思想资源，或许这才是张海鹏先生不断砥砺追求的动力所在吧！

（赵庆云）

杨圣明（1939 年 7 月—　）

好学深思　勤奋治学　独树一帜

杨圣明，山东金乡人，1963 年 9 月考入中国科学院经济所做硕士研究生，1966 年 7 月毕业留所做研究工作。先后任助理研究员、副研究员、研究员、硕士生导师、博士生导师、学部委员。中国社会科学院研究生院任副院长、党委委员、中国社会科学院财贸物资研究所所长、党委书记、学术委员会主任、《财贸经济》主编、社科院学术委员会委员，副秘书长。2003 年 1 月当选为第十届全国人大代表。1992 年享受政府特殊津贴、1994 年被人事部评为“中青年有突出贡献专家”。曾任中国经济规律研究会会长，中国成本研究会副会长，中国价格学会常务理事、中国城市金融学会常务理事、中国国际贸易学会理事等。中国消费经济学会副会长，现任学术委员会主任。《消费经济》编委等社会职务。2015 年 5 月退休。

业精于勤

杨圣明是社科院培养出来的具有洞察力的经济科学研究学者，他能及时抓住新事物和新问题，很快拿出研究成果。他说：“中国和整个世界瞬息万变。在这种时代变化中，作为学者跟上时代变化，是很不容易的。跟不上时代变化，不仅做不了贡献，还可能成为落伍者。”

杨圣明在经济科学上取得的突出成就是他勤奋耕耘的结果。他长期担任研究所的行政工作，自己努力把业务与行政工作结合好。他不仅勤政，而且更加勤奋治学，勤于思考，勤于笔耕。每个人的时间都是一样的。由于行政事务忙，教学、科研任务重，他必须比其他科研人员更加勤奋地工作，才能做出更多科研成果出来。他制订了一个计划，至少每年独自出版一部著作，每个月在重要刊物发表一篇论文。1963 年 9 月，23 岁的毛头小伙杨圣明考入中国科学院哲学社会科学部经济研究所，师从著名国民经济综合平衡理论专家杨坚白研究员，攻读国民经济综合平衡专业至今已有 56 年，本人已是 80 多岁的耄耋老人，可以说几十年来，他在治学上非常勤奋，思想从不懒惰，与时俱进，紧跟时代步伐，时刻关注时代新动向，及时研究新问题、新现象、新情况，提出解决现实社会经济问题的新思路。他认为，应用经济学研究不能十年磨一剑，它需要及时回答现实提出的新问题。他对自己治学有一套非常严格的要求，有很敏锐的见解；每年写出一部著作。就这样强制自己。几十年来，他独立完成著作 27

部，核心报纸杂志发表论文 300 多篇，超额完成了自定目标。

好学深思独树一帜

杨圣明在经济研究上所取得的突出成就特别体现在他独树一帜的学术思想上。他是我国消费经济理论的奠基者和开拓者之一。在这方面的学术成就集中体现在适度消费及其标准、消费体制改革问题、消费结构问题、城镇居民住房制度改革问题、中国式饮食模式问题等方面；在对外经贸理论方面，1997 年出版的《中国关税制度改革》一书，是我国改革开放后第一本这个领域的专著，全文被译成日文在日本发表，后又获得安子介国际贸易研究奖一等奖；在另外的文章中，深刻而简明地论述了我国外贸、外资、外汇、外债和外援的“五外”统一性，并提出了加强这种统一性的三个原则；2008 年世界性金融危机发生，这年他从美国考察回来，在 11 月 21 日《人民日报》发表的《美国金融危机的由来与根源》一文中指出，“美国金融危机爆发的根源之一，就在于虚拟经济（其主要代表是金融业）严重脱离实体经济而过度膨胀”。就全球而论，是“美国生产货币，其他国家生产商品”这种奇特的国际分工的结果。据此看来，现在的中美贸易摩擦根源也与美国的产业结构不合理有关。这些只是他独到见解的例证。他常说，在社科院搞研究要练就两个本领：一是屁股，二是脑子。意思是说要坐得住，刻苦读书学习，同时要用脑思考，提出有高度、有深度，有独到见解的观点，不跟风，不重复，不做无用功。所以，求新，独树一帜是贯穿他研究生涯的主线。

坚持和发展了马克思主义基本经济理论

早在40多年前，1976年春天，中央号召全面开展马克思基本理论的学习，领导邀请杨圣明在中国科学院哲学社会科学部党委举办的干部理论学习班上讲授《资本论》最难懂的前三章即商品、商品交换、货币或商品流通，受到了好评，在学部产生了广泛影响，当时经济所宏观室主任乌家培几次说道，“我们经济所出了个讲《资本论》的”。

杨圣明退休后的著作

杨圣明始终坚持用马克思基本理论指导专业研究并在研究过程中发展和丰富马克思主义理论。在这方面他出版了多部著作和发表了不少文章。他在《马克思主义经典作家关于劳动价值理论和剩余价值理论的基本观点研究》一书中，首次将马克思劳动价值论的基本内容提炼和归纳为十个方面，即实体价值、价值量、价值形式、价值实质、价值结构、价值转型、国际价值、价值载体、价值余留、价值规律，并强调必须要长期坚持不动摇；指出了当前应着力发展和深化劳动价值理论的几个突出问题，即马克思主义不是教条，它与时俱进；指出当前我们应该在服务劳动创造价值、科技劳动创造价值、管理劳动创造价值、国内价值向国际价值转化四个方面进一步发展马克思劳动价值理论。杨圣明特别揭露和批判了以下几种国内外有代表性的否定马克思基本理论的论调，即马克思的劳动价值论是毫无意义的“理论假说”、马克思的劳动价值论是“原始的实物交换”、马克思的劳动价值论是“斯密教条”、马克思的劳动价值论是“一个多余的弯路”等错误论调。主张马克思国际价值理论是我国构建国际经济新秩序的理论指导。他从破除国际经济旧秩序的必然性、国际经济新秩序应建立在国际价值规律的基础上，等价交换掩盖着的剥削分析中得出国际价值理论是国际经济秩序破旧立新的理论武器的论断。他指出，国际价值理论是国际贸易理论创新的指针，是我国构建国际经济新秩序、实现国际关系“双赢”和“多赢”的理论基础。

育人先育魂

杨圣明多年来亲自培养了30多名博士、博士后和留学生。学生进校后，他总是先提出三点要求。其一，既要学好业务知识，成为本学科专家，又要学习做人，成为国家的有用人才。二者要兼而有之，不可偏废。学问与人品不能等同，也不能相互替代。其二，学习运用马克思主义立场、观点和方法研究当今世界的重要问题。立场问题就是为谁的利益说话问题，或者说，说话、办事有利于谁的问题。他特别强调学习和运用马克思创立的“抽象法”。他常说，没有

“抽象法”，就没有经济科学。他认为培养研究生，主要是培养他们观察问题的立场、观点和方法，而不是要求他们死记硬背各种理论、结论和公式等东西。其三，博士论文要有“三性”，即学术理论性、前瞻性和创新性，决不能成为“党八股”式的所谓“框架设计”理论。他一向提倡学术民主，总是同年轻学生平等地讨论各种问题，从不强加于人。所以，学生普遍反映，杨老师没有架子，平易近人，和蔼可亲。育人先育魂，从他门下毕业的学生大多在国家重要的领导岗位，学术研究机构、大学教育等岗位，成为国家的栋梁。可喜的是他们在市场经济的大潮中都立场坚定，清正廉洁，这与导师的精心培养和言传身教不无关系。

夕阳晨曦一样红

杨圣明于2015年5月退休至今三年多时间，始终笔耕不辍，完成了《中国经济发展战略理论研究》，2014—2015年社科院学部委员创新工程资助项目1项，出版著作三部，即《中国经济发展战略理论研究》，中国社会科学出版社2016年10月出版，该书获得中国社会科学院第八届离退休人员优秀科研成果三等奖；《马克思主义经典作家关于劳动价值理论和剩余价值理论的基本观点研究》，人民出版社2017年12月出版；《中国特色消费经济理论与实证研究》，社科文献出版社2017年6月出版。发表论文6篇。他的这些研究成果是建立在自己多年的知识积累、理论基础以及亲身经历的新中国经济社会发展变化的实践之上的。研究更见功底，由于他开拓性研究与探索，提出了很多新的理论和学科研究的框架结构，对学科发展做出了自己的贡献。

杨圣明开拓了中国经济发展战略理论的探索和研究。他在《中国经济发展战略理论研究》一书中，站在中国经济发展战略的指导理论层面，提出了很多新的理论和观点。如在价值生产方面，论证了信息时代管理、科技等复杂劳动创造更多的价值；在价值分配方面，回答了中国国民收入存在超分配；在价值的流通方面，根据马克思流通理论，指出我国流通应划分为商品流通、货币流通、资本流通和社会总资本流通；在价值的消费方面，强调了马克思主义消费理论中国化问题，论证了资本主义消费的特征和社会主义消费的进步性。堪称系统性创新。

奠基和开拓了中国消费经济理论体系。杨圣明在他的《中国特色消费经济理论与实证研究》一书中，从五个方面强调了消费的“生产”作用，提出了满足广大群众不断增长的物质和文化生活的需要，不仅是社会主义生产的最终目的，也是国家全部经济活动的最高目标；首次将我国的消费结构区分为宏观消费结构与微观消费结构，揭示了我国微观消费结构的五大特征；首次提出应把消费体制纳入体制改革范围，并探讨消费体制改革的一些问题；首次提出了适度消费概念和标准；论证了如何实现中国小康消费模式等。

荣誉是奋斗来的

长期以来，杨圣明的研究成果受到学术界和社会各界的好评。他的作品曾五次荣获孙冶方经济科学著作奖或论文奖；五次荣获中国社会科学院优秀科研成果奖和优秀信息特别奖；一次获得安子介国际贸易研究奖一等奖；一次荣获薛暮桥价格研究奖；一次荣获中国国际贸易学会优秀论文一等奖。这些荣誉是对他一生努力工作、刻苦钻研的褒奖与肯定，同时也是鞭策与鼓励，他作为新中国培养的学者，打算不忘初心，在身体条件允许下继续奋斗，发挥余热。

（郝梅瑞）

孟凡人（1939 年 10 月—　）

使命在肩　竭诚奉献

孟凡人，辽宁义县人，1958 年毕业于北京五中，1963 年毕业于北京大学历史系考古专业，同年进入中国科学院哲学社会科学部（今中国社会科学院）考古研究所工作。研究员、博士生导师。先后在安阳殷墟、西安汉长安城和唐长安城、元大都、山西夏县东下冯史前遗址、汉魏洛阳故城、新疆吉木莎尔县北庭故城和高昌回鹘佛教寺遗址等处进行考古发掘，并对新疆境内进行了较全面的考古调查。曾任考古所汉唐考古研究室主任、边疆考古研究室主任、社科院边疆考古研究中心主任、社科院国外考古研究中心主任、考古所学术委员会委员、学位委员会委员、社科院史学片职称评委，获政府特殊津贴。主要研究领域：边疆考古学，以新疆考古学为主。汉唐考古学，以宋至明代考古学为主，研究范畴还涉及考古学一些分支学科。退休前发表专著十部，论文百余篇。2004 年退休。

退休后，孟凡人仍继续进行科研工作。他担任社科院重点研究课题、国家重点图书规划项目多卷本《中国考古学·宋辽金元明卷》的主编任务，并多次参加国家文物局主持的学术活动。例如，“丝路申遗”专家组历次会议及上报教科文报告文本的审定和修改工作，参与国家文物局三次全国文保单位评审工作和某些学术课题立项结项审定，某些文保工程立项和结项验收，以及部分省发掘工地验收工作等。此外，还经常参加新疆文物局考古与文博有关工作。兼任《新疆通史》编委，新疆吐鲁番研究院、哈密东天山文物考古研究院、喀什噶尔学研究院、北庭学研究院等特聘研究员及新疆和田爱国主义教育基地项目课题组顾问等。

五千年的历史文化，举世无双的物质文化遗产，使中国成为世界上最需要考古的国家之一。然而，至今尚无一部全面、系统、深入反映中国考古学研究水平的标志性著作。早在 1958 年考古学界就曾提出编撰《中国考古学》的设想，但因种种原因并未实施。直到 20 世纪 90 年代中期，编撰《中国考古学》的时机才成熟。在社科院有关部门的大力支持下，最终《中国考古学》成为国家重点图书规划项目。多卷本《中国考古学》，以断代分卷，孟凡人负责主编其中的《宋辽金元明卷》，任务相当繁重。由于正式考古发掘的资料较少，调查资料也比较零散，各个时期的文化内涵都有一定的缺环和空白。资料的不完整，给此卷的编写和研究带来了很大的难度。在资料有限的情况下，需要认真梳理该阶段的考古成果，进行再学习、再探索和再研究。孟凡人首先确认了都城、帝陵、墓葬、瓷器是该卷的主体内涵，从而构建该卷的主体框架，最后形成符合《中国考古学·宋辽金元明卷》要求的有机组成部分。

孟凡人认为，《中国考古学》是具有里程碑意义的国家重大课题。参加这项工作，责无旁贷，必须按照“百年大计，质量第一”的高标准去完成。为撰写好《中国考古学·宋辽金元明卷》，他周密地规划了四大主体内涵，并进行专题和综合研究。他负责撰写绪论、都城、帝陵和部分瓷器专题。该卷绪论提纲挈领总论宋元明考古学的特点、内涵和范畴、主体内涵构成状况；四大主体内涵各自的概况，研究方法、研究的主要问题和主要成果，各自在该卷中的地位和意义。其中的都城（包括宫城）和帝陵是重点，包括都城和帝陵存在状况、规划理念、形制布局的特点。都城和帝陵各自的纵向、横向比较研究，形制布局演变规律和序列，各自形成考古学体系的状况等。

经过艰辛钻研，他摸清了宋辽金元明考古学独具的特点：一是宋至明代是多元一体中华民族和中华民族文化确立和形成期，这个特点在该阶段考古学文化中打上了深深的烙印，并形成独具特色的宋元明考古学文化体系。二是宋至明代考古学文化内涵的构成模式有别于汉唐，经过整理研究业已形成较完整的独具特点的断代考古学体系。其具体体现在本卷绪论和正文四大主体内涵框架构成和内涵的论述之中。三是宋至明（清）代考古学部分内涵与近现代社会有不解之缘，具有重要的学术和现实意义。如四大古都北京、南京、杭州、开封与近现代首都和省会的关系，汉唐陆路和海上丝绸之路，元代陆路丝绸路复苏呈现落日辉煌之势；入宋后，海上丝路繁盛起来，至明代郑和下西洋达到当时世界航海技术和规模的顶峰，这是中国现在提出“一带一路”伟大倡议的基石。

孟凡人在宁夏参观西夏王陵

制瓷业是宋至明代手工业的代表和核心，瓷器研究在该阶段考古学中有举足轻重的地位和作用。关于瓷器研究，孟凡人认为，方法有三：一是靠“眼学”和“目鉴”以研究传世瓷器的文物学研究方法，这是古代“金石学”方法的延续和发展。二是按考古学规范研究考古发掘的窑址和传统瓷器考古学研究方法，上述两种方法均重在研究瓷器的“表象”。三是以现代科技手段和方法，研究瓷器“表象”之内在形成机制方面的瓷器科技考古方法。目前已初步形成瓷器科技考古学体系。过去长期以来，三种研究方法基本各自分立，后来发展到三者之间取长补短，进而有相互结合之势，但仍缺乏内在的有机联系。面对这种情况，他在绪论中首次提出构建现代瓷器考古学问题。即以前两种方法研究瓷器“表象”的成果，设置瓷器科技考古的内涵，提出明确的科技考古要求，然后以瓷器科技考古，研究瓷器内在形成机制的成果，科学地阐明瓷器“表象”形成的原因，进而并可扩大和规范“表象”研究的范畴。最终形成瓷器“表”“里”二位一体，“表象”与“表象”之内在形成机制不可分割的完整的瓷器考古学体系，这才是现代真正意义上的瓷器考古学。对此绪论中有详细的论述，形成较完整体系的架构。

瓷器部分即尝试按照这个思路撰写，初步形成现代宋辽金元明瓷器考古学。这个重要成果的示范作用，无疑将成为今后瓷器研究在整体上形成现代瓷器考古学的先声。总之，本书的绪论，基本属于从空白状况的宋元明考古学，规划出较完整的轮廓和架构，论述了其主体内涵的构成，并对其进行了较深入的研究。首次形成了宋元明考古学应有的模式，从而开创了宋元明考古学的新纪元，树立了宋元明考古学的里程碑。

关于都城和帝陵，2007 年孟凡人撰写完成《宋至清代都城形制布局研究》《宋至清代帝陵形制布局研究》。两部书稿各百万余字，获社科院老年科研基金资助出版（2010 年）。2014 年又获国家社会科学基金后期资助，其审定意见为：“该课题学术研究意义大，视角新，思路好”，“本课题在资料使用研究方法上尽力体现以考古学方法为主，多学科结合方法。在不同王朝都城（帝陵）研究中，将其渊源与流变关系作为重要内容，提出一些论断和较为深入并有新意的学术观点。该项目资料翔实，论述严谨，结构合理”。两部书稿首次在都城和帝陵领域的断代考古学中形成较完整的体系。

目前，《中国考古学 · 宋辽金元明卷》百余万字书稿已编写完成，正在做最后的修改工作。除这项工作之外，孟凡人还出版了《新疆考古论集》（兰州大学出版社，2010 年）、《明代宫廷建筑史》（紫禁城出版社，2010 年，获社科院离退休人员优秀科研成果二等奖）、《丝绸之路史话》（社科文献出版社，2011 年再版）、《明朝都城》（南京出版社，2013 年，获我院离退休人员优秀科研成果二等奖）、《尼雅遗址与于阗史研究》（商务印书馆，2017 年）等著作。另有《楼兰新史与楼兰汉文简牍合校》《北庭和高昌研究》等四部著作即将由商务印书馆和中国社会科学出版社出版。退休后还发表长篇论文约 20 篇。

吴云贵（1939 年 10 月—　）

学术研究使人生更充实更有意义

吴云贵，辽宁抚顺市人。1964 年毕业于辽宁大学外国语言文学系。同年，供职于中国科学院哲学社会科学部世界宗教研究所，从事伊斯兰教和宗教学理论研究，历任研究室副主任、副所长、所长、所党委书记等职，研究员、博士生导师、中国社会科学院荣誉学部委员。发表专著十余部、论文近百篇。2010 年退休。

吴云贵，我们平常都亲切地叫他“大吴”，他可是我们所的老人了。如果从到所后的 1964 年算起，他从事伊斯兰教和宗教学理论研究，已有 50 多年的时间；若从改革开放新时期算起，也有 40 多年的光景了。按照孔老夫子的说法，“四十不惑”、“五十而知天命”。在学术研究领域，大吴早已超越了“成熟”的年龄，但他自己有时仍有几分“不自信”的心态。这主要是因为，宗教学在我国哲学社会科学领域属于新兴学科，起步很晚，起点很低，学术积累甚少，前行中有许多短时间难以克服的困难。世界宗教研究所，当年是遵照毛泽东主席关于加强宗教研究工作重要批示的精神成立的。这个批示指出，世界三大宗教影响到广大人口，而国人对宗教普遍知之甚少，全国没有一个专门的研究机构，没有一本用马克思主义观点论述宗教问题的学术期刊。为了贯彻落实毛主席这一批示精神，改变我国宗教研究的落后局面，在周恩来总理的关怀和指导下，成立了隶属于中国科学院哲学社会科学部的世界宗教研究所。建所的主旨，按照大吴的理解就是一句话：以马克思主义的科学世界观和方法论为指导，构建社会主义中国的宗教学。

如今人们表达理想信念最流行的语词是“不忘初心”。作为世界宗教研究所初创和传承发展过程的亲历者之一，大吴认为，“不忘初心”就是要牢记当年毛泽东主席关于加强宗教研究工作的重要批示，坚持以马克思主义宗教观为指导思想，努力钻研，不断进取，以高质量的学术成果为学科建设做出自己的贡献。把个人的专业研究兴趣同学科建设的需要联系起来，始终是他从事学术研究的基本信念。即使在退休以后，他依然对宗教研究抱有浓厚的兴趣，实际上是“退而未休”。他觉得，若不研究点问题，不写点东西，似乎就无法打发一天的时间。反之，如能以某种方式继续参与学术生活，就会觉得很兴奋，很开心，很充实，觉得这样度过人生很有意义。

八年前大吴退休，时年 70 岁，觉得自己还可以继续在宗教研究方面做些事情。退休后，他主要做了三件事：

其一，是继续承担研究课题，不断推出研究成果。2013年元月，在中国社会科学院学部委员专题文集编辑委员会的统筹策划下，大吴的专题文集《追踪与溯源当今世界伊斯兰教热点问题》得以出版。这部文集收入了20世纪90年代初至21世纪前10年，他在各种学术期刊上发表过的25篇论文，用四编分门别类地展示了一位长期从事伊斯兰教研究的专业学者对当代伊斯兰教热点问题的观点和见解。这部文集的出版引起了学术界的重视，有书评指出："文集作者在论述当今世界伊斯兰教热点问题（如当代伊斯兰复兴运动、伊斯兰教与国际政治、政治伊斯兰主义泛起、伊斯兰教法的泛化、极化与工具化趋势等）时，没有止步于就事论事，没有满足于现象的客观描述，而是力求把历史意识、现实关切和理论思考紧密地联系起来，进行综合研究分析。"中国社会科学出版社曾计划出版发行本书的英译本，只是因为有关管理部门担心"伊斯兰问题太过敏感"，才取消了出版计划。这种"不自信"使我们失去了一个与国外学界同行交流的机遇，令人遗憾。

其二，撰著出版学术专著《近当代伊斯兰宗教思想家评传》，于2016年7月由中国社会科学出版社出版。作为"中国社会科学院学部委员创新岗位资助的课题项目"，本书稿的创意、立项和结项出版，经过院领导部门的审核批准，是作为学部委员创新工程的一部分，由院领导统一组织实施的，有很高的要求。近代以来，从世界范围看，伊斯兰教解释主体呈现多元化趋势，但精通经训的宗教学者和密切关注现实的宗教思想家们依然是最重要的解释主体，他们的思想和言行对当代伊斯兰教的思潮和运动有广泛、历久不衰的影响力。大吴在以往研究的基础上不断深化认识，对哲马鲁丁·阿富汗尼、穆罕默德·阿布杜、阿布尔·阿拉·毛杜迪等6位有代表性的域外伊斯兰宗教思想家的生平、著述、思想、活动及其社会历史影响做了全面、深入、系统的论述和评价。有书评认为："本书采用人物评传的形式来研究和书写思想史，凸显其独特的阐释框架。6个独立实证研究成果，具有开创性的学术价值。作者的举证与论述客观、严谨、公允可信，凸显其匡正引导的现实意义。"本书的出版引起学界的高度重视。2017年12月，本书荣获北京大学卡塔尔国中东研究讲习项目2016年度最佳中文著作奖，并举行了隆重的颁奖仪式。

吴云贵获奖

其三，一如既往地关注当代伊斯兰教的发展态势。退休以来，大吴就伊斯兰教与国际政治、世界形势、地区安全与暴力冲突等重要热点问题陆续发表了十余篇文章和述评，表达了一位中国学者的立场、观点和态度。这类密切联系和回应现实需求的文论，以如何正确认识和有效防范宗教极端主义问题至关重要。《当代宗教极端主义简论》（《世界宗教研究》2017 年第 2 期）一文，系统地从理论上界定了宗教极端主义概念，分析了它的成因和主要表现，提出了防范宗教极端主义的对策。《试析伊斯兰极端主义形成的社会思想根源》（《世界宗教文化》2015 年第 3 期）和《解析伊斯兰极端主义三种形态》（《世界宗教文化》2018 年第 2 期）两篇论文，着重论述了应当如何正确认识和防范伊斯兰教背景下的宗教极端主义思潮和暴力恐怖主义活动问题。宗教极端主义、民族分裂主义和暴力恐怖主义（通称为“三股势力”），并非远离我们而只是外部世界的事情。上述三篇文论，对我国政府有关部门正确认识、妥善处理宗教与极端主义关系问题有重要参考价值。

退休后，大吴积极参与的另外两件“大事”，对丰富其学术生活也有重要意义。

第一件事，从 2012 年起，由他接替世界宗教所原副所长于本源担任学术期刊审读员。社科院主管和承办的学术期刊多达近百种，在我国哲学社会科学领域颇有影响，而如何办好这些学术期刊，也引起社科院领导和有关部门的高度重视。院领导决定设立期刊审读制度，一个重要目的是要在坚持正确的政治方向、理论方向前提下，不断提高刊物的质量和学术水平。多年来，大吴在审读我所《世界宗教研究》《世界宗教文化》两刊发表的文章过程中，受到很大启发，觉得应当以高度的责任心来对待这项工作。刊物审读工作量很大，除了要密切关注两刊的选题、栏目、文风、编校质量等具体环节外，最重要之点是要保障两刊坚持正确的政治方向和理论方向。他的体会是：学术界主办的以宗教研究为内容的期刊，既要坚持宗教信仰自由原则，又要严防“在教言教”的信仰主义思想倾向乃至变相鼓吹宗教狂热的不良现象，要树立正确的舆论导向。

第二件事，是应我国党政部门邀请，为其举办的各种培训班、研修班学员做专题讲座。多年来，他在中央党校、北京市委党校、中央社会主义学院、国家宗教局、中国社会科学院研究生院、中国人民大学哲学院等单位举办的各种培训班上，向学员做过多次专题讲座，受到学员们的热烈欢迎和有关领导部门的赞扬。上述各部门举办宗教问题专题讲座，一个重要目的，是为了使参加培训的学员们了解当今世界和我国宗教领域出现的一些重要“热点”问题以及应当如何正确认识、妥善处理这类易引起社会动乱、矛盾纷争和暴力冲突的问题。这类问题不完全属于宗教问题，但往往以宗教的名义爆发，且与人们如何看待和诠释宗教有一定的关联。近年来大吴讲得最多的题目，一个是“宗教极端主义问题”，另一个是“伊斯兰教中国化”问题。这两者有一定的关联性：宗教本土化、中国化，是防止宗教极端主义的重要前提之一。俗话说：“赠人玫瑰，手有余香。”专题讲座，其实对讲课教师也是一种学习过程。多次给学员讲课，使大吴深深认识到人类宗教问题的长期性、复杂性、群众性、民族性和国际性，即使是某一领域的专家学者，也要不断地学习，不断地充实自己的专业知识，真的是“学无止境”。

（宗民）

周用宜（1939 年 11 月—　）

圆梦写作不停步　情注笔墨有豪情

周用宜，女，中国社会科学出版社编审。湖南省宁乡人。1957 年就读于中央民族学院（今中央民族大学）历史系。毕业后分配到宁夏银川市从事教学工作，1974 年调回北京，1980 年被评为北京市朝阳区优秀教师。同年 9 月调入中国社会科学出版社，1995 年被评为编审。曾任综合编辑室主任等，1993 年享受国务院政府特殊津贴。在职期间，所编图书有 30 余种获国家图书奖、国家社会科学基金项目优秀成果奖、郭沫若史学奖、吴玉章人文社会科学奖、省部级及中国社科院优秀科研成果奖等。2000 年退休。

改革开放的好时代，为离退休人员创造了报效国家、发挥余热的极好机会。2000 年退休后，周用宜继续从事专业编辑工作，并有 4 种图书获奖。《早期奴隶制比较研究》2000 年获第三届中国社科院优秀研究成果二等奖；《夏汉字典》（与徐菊芳合编）2002 年获第四届吴玉章人文社会科学优秀奖；《云南法制史》2007 年获第三届郭沫若中国历史学三等奖；《中国民族关系史纲要》获国家图书奖提名奖，2011 年入选新闻出版总署和国家民委推荐的百种优秀民族图书。

周用宜是位资深编审，退休前主要忙于“为他人作嫁衣裳”，退休后才有比较充裕的时间做自己的研究工作。这些年来，她发表的专业著作和文字数量大大超过了退休之前。

1997 年，在中共中央统战部、国家民委领导下，以费孝通为荣誉主编、李德珠为主编的《中国民族百科全书》开编。全书分 15 卷，56 篇，2500 万字，近 4.5 万个条目，6400 多幅彩图，是我国有史以来的民族学科巨著。1998 年，总编委会约周用宜担任综合卷主编，她欣然应允了。后来，这就成为周用宜退休后的最主要的工作。

综合卷由马大正任顾问，蔡志纯、高淑芬为副主编。编写运用历史唯物主义的观点，民族平等的原则，百花齐放的方针，根据中华民族发展的自身特点，从新石器时代——民族形成开始，以不同地区的文化区，作为认识中华民族格局的起点，来介绍曾活动在中国历史舞台上的数百个古代民族及当代56 个民族的概貌和中华民族的共同特征，以清晰地勾勒各民族共同缔造统一多民族国家的历史画卷，体现中华民族多元一体的格局。同时，用大量篇幅，生动丰富的内容，歌颂新中国成立以来，在中国共产党领导下，民族工作的伟大成就。

确定本卷指导思想和内容后，周用宜在广泛征求意见的基础上，拟出了本卷的框架和条目。初步确定本卷为13篇，有附录、大事记，共计列词目2000余条。历史沿革篇分为考古遗址，古代民族族称，古代至近代民族重要事件，1949年前少数民族社会形态，等等。

“请最合适的作者撰写最合适的条目”是约稿的原则。当年在担任《当代中国民族卷》责编时，周用宜曾参与书稿讨论，与国家民委的诸多前辈建立了良好的工作关系。她拜访国家民委政策研究室的李宏烈主任，以及庞宝光、辛文波、莫义林等“老民族”，请他们动手撰稿。各位老同志不顾年事已高，不计报酬，写出了新中国成立以来，从国家民委机构的建立，民族工作的立法，重要文献和会议，民族地区的民主改革和社会主义改造的过程，以及党和国家对少数民族干部的培养，民族团结事业及改革开放以来新时期的各项民族政策。教育、文化（部分）篇是在教育司司长奉兰、文宣司司长陈乐齐组织下完成的。正是由于有这些最合适的作者，才写出了完整的、高质量的内容。

《民族大百科全书》卷帙浩繁，千头万绪，从开编到出版长达18年。补充、修订内容，更换数据成为一项复杂而烦琐的工作。此项工作由周用宜完成。如增加少数民族经济体制改革中的“扶贫开发”“扶贫人口较少民族的发展”“生态环境和环境保护”，等等。数据的更换更是十分细致。仅以全国人口数字为例，统计数字初稿时用的是1990年的，后改为2000年的，出版时用的2010年的。另外，近百人撰稿的文风极不统一，不规范，也花费了通稿人大量的时间。

2017年9月，该书由中国出版集团、世界图书出版西安有限公司全部出齐，在京召开了隆重的新闻发布会和座谈会，向全世界发行这套“中华文化的旷世巨著、民族文化的权威经典”。

1999 年，陈宝辉获得中国社科院老年科研基金资助，主编了《中国历史文化名城丛书》，周用宜参与其中。她和另外两位同志一起，很快完成了大部分城市及全部民族地区名城的组稿任务，不到3 年工夫，就出版了30 余本。该丛书获得“中国都市人类学研究十年优秀成果奖”。周用宜撰写了其中的《银川》一书。

2006 年，在中华英才基金赞助下，以施丁为主，周用宜参与工作，出版了图文并茂的《唐诗类别新编》。该书分为《江山壮丽》《百花争艳》《动物百态》3 卷。

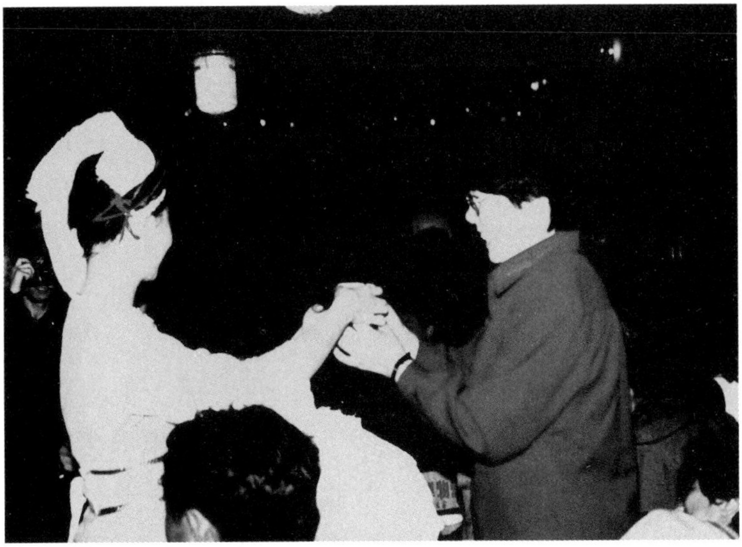

周用宜在大理下关调查白族习俗

“吉祥”是美好、幸运的象征，自古以来反映各民族希冀国泰民安、人丁兴旺、益寿延年等美好心愿，是中国文化永恒的题材之一。2008 年，由蔡志纯、周用宜共同策划撰稿，组织学者参与，出版了《中国少数民族与吉祥文化》。全书65万字，185幅彩图，分上下两篇。上篇《中国少数民族》，简略叙述中国少数民族的历史、分布及最新人口状况；下篇《中国少数民族吉祥文化》，分门别类介绍少数民族非物质文化遗产中的吉祥文化内容。2008年世界人类学大会在昆明召开，此书向世界展示了中国各民族丰富多彩的吉祥文化内容。

2010年，为纪念辛亥革命一百周年，周用宜策划、组织出版了《湘籍辛亥革命先驱墨迹诗文选集丛书》。丛书得到多方面的支持，是集体劳动成果的结晶。陈奎元院长特别关注，社科院离退休干部工作局及科研局大力支持。社科出版社领导及社内多位同人参与。这套丛书由张海鹏、孟昭宇、赵剑英任主编，周用宜任执行主编，共分8集，即黄兴、蔡锷、程潜、周震鳞、仇鳌、石醉六、杨度的个人集和介绍14位先驱的合集。由周用宜拟定统一提纲，按行影、墨迹、诗文顺序编排，每件作品都有编者按和注释，有的有释文。辛亥革命先驱的后裔提供了不少珍贵的手迹、图片资料。出版后反映很好，有的内容被列为湖南有关市县乡土爱国主义教材，广为宣传。

2011年，周用宜以其祖父周震鳞及家族成员的事迹为主，撰写了口述历史，从正面战场的角度，述说了湖南人民抗战的经历。她还撰写了几篇远东法庭对日本战犯进行正义审判和对日赔偿委员会向日索赔的文章，分别发表在《中国侨史学界纪念辛亥革命100周年学术论文集》《国际史学研究论丛第2辑》，以及《百年潮》《纵横》《团结报》等报刊上。

2019年是新中国成立70周年。70年来我国发生了翻天覆地的变化，取得了举世瞩目的成就。作为一名中国人，周用宜感到无比自豪和骄傲。她激动地说：“个人的前途命运与祖国紧紧相连。我们这一代人是系着红领巾、戴着团徽，沐浴着党的阳光成长的一代。我从考入中央民族学院那天起，就把自己与民族事业联系在一起。一个甲子过去了，我已是耄耋老人，今天还能为民族大厦添砖加瓦，是我的幸运。我要感恩伟大的祖国，感恩伟大的共产党，感恩伟大的改革开放新时代，感恩在我成长道路上帮助过我的每一个人。”

（李树琦）

顾俊礼（1939 年 12 月—   ）

老当益壮　不移初心

顾俊礼，江苏省泰兴市人。1959 年江苏省黄桥中学毕业，1964 年北京外国语大学德语系毕业后分配到中国科学院，1978 年 5 月调入中国社会科学院世界政治研究所，1981 年 5 月至 1983 年 8 月被派往德国慕尼黑大学学习，回国后一直在中国社会科学院欧洲研究所从事德国问题研究，2004 年 11 月退休。先后任副研究员、研究员，博士生导师；研究室主任、所学术委员会委员、所专业职称评审委员会委员；享受政府特殊津贴。曾任中国社科院研究生院欧洲系主任、国际教学部主任；中国欧洲学会德国研究分会会长、《德国研究》杂志副主编，同济大学客座教授。其成果曾荣获中国社会科学院第二届优秀科研成果提名奖、第三届优秀科研成果三等奖；院优秀决策信息对策研究类成果三等奖3次；欧洲研究所优秀成果奖4次。主要论著：《联邦德国公务员制度》《联邦德国社会保障制度》《德国社会市场经济运行机制》《德国政府与政治》（台湾地区版），列国志《德国》、《福利国家论析》（主编合著）、《欧洲政党执政经验研究》（主编合著）、《西欧政治》（主编合著）等。

初冬的江南，烟雨霏霏。2018年12月8日的上海突然大幅降温，并且飘起了初冬的首场雪花。80岁高龄的顾俊礼研究员在中国社会科学院欧洲研究所和欧洲学会德国研究分会联合举办的《德国形势》研讨会上作完题为“德国国内形势”报告后又风尘仆仆赶赴上海参加同济大学举办的《改革开放40年来的中德关系》学术研讨会，并在会上作《改革开放40年来中德（政治）关系的发展与展望》的学术报告。

顾先生长期从事德国问题研究，退休后对专业的热情与执着丝毫不减，笔耕不辍。他认为，这既是学术养生的有益尝试，也是有生之年为我国国际问题研究最后奉献一点绵薄之力的机会。2004年秋，当领导请他担负撰写列国志《德国》这个重要科研项目时，他毫不迟疑地接下了这个并不轻松的任务。

列国志《德国》不同于专著，也不同于某个专题论文，它是跨学科研究的交叉领域，涵盖政治、经济、社会、历史、文化、地理等多个人文社科领域，在某种意义上是个“小型百科全书”。顾先生自觉知识结构有局限，对文化、价值观念、社会制度等“软实力”研究功力不足。为了克服困难，他便找来知识“短板领域”的八本名著夜以继日地“恶补”，并且取得了较好效果。综合资料的收集比较烦琐，顾先生紧紧抓住“全面”和“客观”这两个关键环节展开。在“全面”这个环节，比较好地处理了全书的结构、内容与布局。“客观”对列国志这样的“志书”来说，既是起码要求，也是核心要求，但涉及有重要学术分歧问题的时候，处理起来还是比较棘手。国内学界对德国市场经济模式的概念分歧较大，多数学者认为德国的经济模式是“社会市场经济”，北京外国语大学的学者们坚持认为德国的“Sozialmarktwirtschaft”是“社会福利市场经济”；德国技术合作公司和中国国家行政学院于1999年联合出版的《联邦德国的宪法和行政法》一书也把《基本法》第20条第一款中的“sozial”译成“社会福利”。为弄清“sozial”的真正含义，顾先生查阅了“二战”后倡导建立社会市场经济的艾哈德、缪勒—阿尔马克等人的原著后，认为，“Sozialmarktwirtschaft”中“sozial”（社会）强调的是“社会公正”和“社会保障”两个方面。“社会公正”是经济政策的最高目标；而“社会保障”则致力于为个人自由发展和积极进取创造条件。弄清这个问题后，他在全书（37.3万字）的经济部分，不但坚持使用了“社会市场经济”这个概念，而且全面阐述了社会市场经济的基本原则。

新版列国志《德国》在内容的更新与扩展、资料上的权威性与新鲜方面都提出了新要求，这对顾先生构成不小的挑战。他利用收集并研读过的大量资料对新版《德国》内容进行大幅度更新的同时，突出“洋为中用”，有针对性地增加了环境保护、社会制度与社会结构、社会管理与社会组织以及社会规范与社会热点问题等章节；大幅扩展了新世纪德国军事改革、科技体系与管理、智库建设等内容。学术研究贵在求真、求新、求深，而且求新是基本目标，这是顾先生一直追求的学术信条。他为了确保所用资料，特别是经济数据的可靠性和权威性，常常反复研究德国六大经济研究所的德文或英文相关资料，有时甚至还调阅《联邦统计年鉴》的材料核对。国内关于德国社会管理与社会组织的资料奇缺，就不惜花外汇托德国同行专门寄来。他经过认真考察、梳理后发现，迄今为止仍在欧洲普遍使用的，表达轻蔑、仇视、恐惧包括中国人在内的东亚黄种人的“黄祸”说，与德皇威廉二世于 1895 年抛出的臭名昭著的“黄祸图”具有密切关系。另外，他坚持长期跟踪德国经济社会发展的大事。每天上网看德国新闻或各种信息，并且把对研究有用的资料随手记在一个用废弃博士论文装订的大厚本上，是顾先生多年养成的习惯，甚至是一大日常爱好。2015 年 11 月该书以 49.1 万字的超长篇幅出版时，他在《再版序言》里郑重地写道：“再版的数据和资料基本上都是来自联邦统计局和德国的知名智库，不少数据更新到了 2013 年和 2014 年，最大可能地保证了数据和资料的‘新’和‘准’。”该书十分畅销，外交部一次便购买了 15 册。

顾先生作为中国欧洲学会德国研究分会会长组织和推动我国学术界对德国问题的研究，是他退休后学术活动的重要组成部分。他为此付出了不少心血，做出了积极贡献。他先后组织或参与组织了几十次国内或国际性的德国问题学术研讨会，会议主题都是涉及德国的国际热点话题。凡是开会，他必定到会；一旦到会，他必做认真发言。比如：他认为，经贸合作不仅现在是、在可预见的将来也是中德关系的基础与支柱；所谓超越简单的买卖关系的说法，只能是中德合作的美好愿景，不可成为对德政策的出发点和归属。他强调，“德国的欧洲”与“欧洲的德国”的概念，是 1953 年德国著

顾俊礼的著作

名作家托马斯·曼向汉堡大学生演讲时提出的，意思是提醒德国不要重新主宰欧洲、重走“二战”老路，而要立足欧洲、携手欧洲并服务于统一的欧洲。作为“二战”后果的“德国问题”已由美苏英法以及两个德国于1992年9月12日共同签署的《最终解决德国问题的条约》解决了。当今德国在欧洲一体化进程中所表现出的“主导”作用主要是通过德国模式、理念、规则等引导来体现的。轻率地把这些现象作为欧洲已经或很快成为“德国的欧洲”的佐证，是不科学的。他反对随意使用托马斯·曼的上述概念。他呼吁，重视欧盟/德国在中国改革开放中的战略地位。在中欧/德的交往中，不仅要寻求“利益最大公约数”，而且要寻求“价值最大公约数”。和平、发展、公平、正义、民主、自由是全人类的共同价值。要努力拉近中欧/德之间的“心灵距离”，共建人类命运共同体。他经常接受媒体采访，有的采访被发表在德国著名的《世界报》或德国基社盟主办的《政治研究》的显著位置；他还常到高校或研究单位发表学术演讲，在《凤凰卫视》发表的演讲在东南亚华文圈反响热烈。

在北京、上海等地的学术会议上，他大胆地提出了构建现代中国“德国学”的倡议。在为中国社会科学院外国文学研究所叶隽研究员的专著《德国学理论初探——以中国现代学术建构为框架》一书撰写的“序”中，他认为，“在构建‘德国学’理论时，一定要继承中国学术的优良传统；一定要注意学习相近学科的新理论、新方法；更要学习西方学术研究中重个案、重理论、重逻辑的特点。只有中西兼容，在科学实践中不断摸索、探讨、发展与完善，才能逐步构建起中国的‘德国学’理论”。为此，已届耄耋之年的他，或静读、沉思于斗室，或奔走呼号于大江南北，就像本文开头提到的那样经常风雨兼程，不敢稍怠。

陈　瑛（1939 年 12 月—　）

将中华道德优秀因素化入社会主义先进文化中

陈瑛，河北深县（今深州市）人。1957 年考入中国人民大学哲学系。1962 年毕业，先后到北京政治学校（前北京行政干部学院）、北京工业大学政治教研室当哲学教师。1978 年考取中国社会科学院研究生院哲学系，师从李奇先生，攻读伦理学。1981 年毕业获硕士学位，留在中国社科院哲学所伦理学研究室工作，先后任助理研究员、副研究员、研究员；担任过多年伦理研究室主任、应用伦理学研究中心主任，所学术委员会委员，社科院研究生院教授、硕士和博士生导师、博士后指导教师，享受国务院特殊津贴。从中国伦理学会成立起，一直参加学会工作，历任中国伦理学会副秘书长、秘书长、副会长、会长和名誉会长，以及学会刊物《道德与文明》主编。多次参与代表团访问日本、韩国，并到澳门、台湾和香港等地参观访学。主要研究方向是中国伦理学史，涉及马克思主义伦理学原理、应用伦理学等领域。参加李奇先生《道德学说》一书部分章节的写作（中国社会科学出版社，1989 年）。主编《人生幸福论》（中国青年出版社，1996 年。此书获中宣部的“五个一工程奖”）。主编《中日实践伦理学讨论实录》（社会科学文献出版社，1993 年）和《应用伦理学的发轫》（中国书店出版，1996 年）。撰写论文数十篇，分别发表在《人民日报》《光明日报》和《哲学研究》等报刊。参加《中国大百科全书哲学卷》第一、第二版的撰写和修改；主编《中国伦理学大辞典》（辽宁人民出版社，1989 年）；参加国家教委组织、罗国杰主编的《中国传统道德》丛书的编写，同钱逊共任理论卷主编（中国人民大学出版社，1995 年）。他在学习和继承郭沫若、侯外庐、张岱年等人的学术成果的基础上，试图构建中国古代伦理学史，出版专著《中国伦理学史》（先秦部分，贵州人民出版社，1985 年）；主编《中国伦理学史》（撰写先秦部分，湖南人民出版社，2004 年）。

陈瑛于 2005 年退休，虽然精神体力稍差，但他仍然珍惜韶光，像老牛一样，“不待扬鞭自奋蹄”，继续在科研道路上砥砺前行。

陈瑛选择和整理自己过去散见于各种书刊上的文章，编辑《中国传统伦理和社会主义先进文化》一书（中国社会科学出版社，2012 年）。该书对于自己的学术研究进行了回顾和总结，重点突出中国传统道德部分，他强调中华传统道德的意义和价值，坚持要以社会主义先进文化为指导，传承中华道德中的优秀因素，竭力将之融入社会主义先进文化之中，成为中国特色社会主义文化中的一个有机部分，为建设中国特色社会主义事业服务。

陈瑛主编《中国古代道德生活史》（中国社会科学出版社，2012 年），全书 80 余万字，他自己撰写先秦部分，十几万字，约占全书六分之一。与以往注重阐述道德思想、伦理学说等不同，本书重点论述中国古代的道德生活，即具有一定的道德意义和价值，能够做出道德舆论和道德评价，体现在人的道德关系、道德言行、道德风气、道德习惯等方面，存在于人们的婚姻家庭、国家社会、政治关系、职业生活、公共生活和交往关系、个人品德修养等各个领域中的道德事象。该书的出版引起了学术界的关注，一些学者认为，它不仅具有历史价值，也有重要的现实意义，研究中国古代道德生活史是认识与传递中华民族优秀民族精神和传统美德的重要途径，有助于建设社会主义核心价值观。这本书是我国关于此类书籍的第一本，具有开创意义。

陈瑛充分认识到现代知识分子道德问题的重要性和复杂性，十分关注这个领域的研究。他已经写出十多篇文章，仍在继续写作，其中既有鲁迅、郭沫若这些革命文化的先锋战士，歌颂他们的功绩，批判某些别有用心者对他们的攻击，为他们辩诬；也有关于爱国为民，但是政治上游移徘徊的朋友，如陈寅恪、梁漱溟等人的道德研究，分析他们的是非功过，譬如指出梁漱溟“是个热爱中国文化的爱国知识分子，但他不是革命战士，更不是圣人和完人，在他身上有着浓厚的旧文人思想和习气，因而屡犯错误，是与共产党经常龃龉、矛盾，但又不断改正错误、坚持进步的朋友”；还写过

陈瑛接受采访后与记者合影

一些坚持资产阶级立场，过大于功的文人，如胡适、周作人、林语堂等人的文章，批判他们的错误，肃清其消极影响。在评价这些人物时，他力求从实际出发，严格按照历史事实，剔除虚假传说，坚持把握时代大局，从所论人物的时代背景，特别是从其所处的主要社会矛盾着眼，确定其阶级定位，注意抓本质，看主流。坏人也会有某些长处，伟人也可能有微瑕，不能良莠不分，鱼龙混杂。总之，必须始终站在最广大人民群众的立场上，以人民的是非爱憎为标准。比如对于胡适的批判，他坚持认为："至今我们都认为是必要的，有益的，并且取得了巨大成就。胡所代表的崇美拥蒋、自由主义思想，以及由于历史的复杂原因笼罩在他头上的光环，新中国成立之初还影响很大，特别是在知识分子队伍中危害甚深。通过批判胡适，人民群众更加自觉地学习马克思主义，清除了头脑里的亲美、恐美思想，支持了抗美援朝，巩固了新生的人民政权，发展了社会主义文化。”从道德方面入手，正确分析各种知识分子的是非对错，是我们正确理解我们党在历史上各个时期的知识分子方针政策，估价其成绩和失误的关键问题，更是维护党的声誉权威，坚持社会主义方向道路的需要。不仅如此，还必须认识到，在我们今天建设新时代中国特色社会主义的伟大事业中，知识分子及其道德仍然有着极为重要的作用，如何充分调动发挥知识分子的积极性创造性，特别是知识分子应当如何正确地看待自己，紧跟时代，与党同心同德，坚持自我革命，不断提升自己的思想道德境界，仍然是个极为重要的问题。

陈瑛觉得，老一代人奋斗一生，却没有享受过今天；年青一代享用了今天，却又不知道过去的辛苦；而我们这一代，既经过旧社会的苦痛，又享受了新社会的幸福，因而幸福感最为强烈。他虽已年届耄耋，还有心脏病，却精神振奋，愿在中华民族伟大复兴的进程中，继续努力为人民做一点事，不让有生之年虚度。

史金波（1940 年 3 月—　）

不觉夕阳晚　无鞭自奋蹄

史金波，河北省高碑店市人，1966 年中国科学院哲学社会科学部（今中国社会科学院）民族研究所研究生毕业，留所工作。1988 年评为研究员，1990 年获国家级有突出贡献中青年专家称号，1991 年获国务院颁发的政府特殊津贴，2006 年被当选中国社会科学院首批学部委员。现任中国社会科学院西夏文化研究中心主任，国家社会科学基金特别委托项目“西夏文献文物研究”首席专家，兼任全国古籍保护工作专家委员会副主任。曾任中国社会科学院民族研究所副所长、中国民族古文字研究会会长、中国民族史学会常务副会长等。从事西夏文史、中国民族史、中国民族古文字文献研究。出版著作 51 种（含合作），发表文章340余篇，参与撰写、编辑辞书和著作27种。曾两次获得中国社会科学院优秀科研成果一等奖，三次获郭沫若史学奖，一次获全国古籍整理图书一等奖等。2015年退休。

2017年5月17日，在京西宾馆举行2016年度的《国家哲学社会科学成果文库》入选作品作者代表颁奖大会，史金波为作者代表上台领取荣誉证书，他的《西夏经济文书研究》是《文库》入选作品之一。当他从刘云山同志手中接过证书时，云山同志还亲切地询问：书中的资料是从哪里得来的？史金波回答：主要是利用流失到俄国、被我们发现的新资料。三年前史金波参加党中央、国务院邀请全国50位专家到北戴河休养时，云山同志曾接见全体休养专家并举行座谈，或许那时对他留有印象。

《西夏经济文书研究》是他退休后出版的一部新著。西夏是一个神秘王朝，历史资料匮乏，尤其缺乏社会经济材料。前些年，他承担社科院重点项目，将百年前流失到俄国的大批文献资料整理后在中国出版。他和同事们4次组团到俄国整理、拍摄原始资料，并在一些被俄国专家剔出的无头无尾、难以定名的残卷中，发现了一批反映西夏社会的珍贵文书，不少是西夏文草书文献。译释清晰的西夏文尚且难度很大，译释西夏文草书更加艰难。他把破译西夏文草书看成是一种幸运和挑战，是必须攀登的学术制高点。在此后几年中，他对一件件西夏文草书文献反复识认、揣度，很多要琢磨数十遍，甚至上百遍。他卷不离手，除每天在家面对图版仔细辨认外，无论在公交车上、地铁里，还是在候机室、座舱内，都会拿出西夏文文书识读。这样经过六个春秋，日积月累，识别能力不断提高，渐渐破解了西夏文草书密码，先后译释了不少重要文书，其中有西夏户籍、田赋税账、粮物计账、商贸文书以及大量契约等。研究社会经济文书需要熟悉中国经济史，还要对敦煌、吐鲁番出土文书及研究情况有全面的了解。对他来说，这是一个新领域。他如饥似渴地阅读有关书籍，并请教多位专家，对中国经济史领域逐渐熟悉，并先后撰写多篇论文在《历史研究》《民族研究》等刊物发表。后将《西夏经济文书研究》申请为国家社会科学基金项目，经过四年深入研究以优秀成果结项，再经过三年的努力奋战，一部开辟了西夏研究新的学术领域，填补了一项空白的西夏经济文书研究专著面世。此书2018 年荣获第五届郭沫若史学奖二等奖。

2018 年，他又有一部新的成果问世。打开他和法国吉美博物馆图书馆馆长合作主编的《法国吉美国立亚洲艺术博物馆藏西夏文献》，只见近 300 面厚实、坚韧的瓷青纸上，泥金字西夏文金光灿灿，字字珠玑，赏心悦目。原来这是 800 多年前流传下来的 3 卷西夏文《妙法莲华经》。像这样首尾俱全、保存完好的泥金写经，实属罕见，堪称国宝级古籍。说到这部文献的流传史，更具有悲剧性的传奇色彩。

一百多年前，八国联军入侵北京后，各国司令官“特许军队公开抢劫三日”。这部唯一传世的珍贵西夏文古籍被法国驻北京领事馆专员以及当时正在北京的伯希和等三人掠走，从此流落异邦，其中 3 册入藏法国吉美博物馆，另外 3 册卖给德国。西夏文珍贵典籍的流失，牵动着他的心。在将藏于俄国的黑水城出土文献成功整理出版后，他又着手将留藏于法国的西夏文精品再生性回归。2012 年他借参加在巴黎举行的敦煌学国际学术研讨会之机，造访吉美博物馆，考察该馆所藏西夏文《妙法莲华经》，并代表中国社会科学院西

史金波在波兰雅盖隆大学图书馆拍摄西夏资料

夏文化研究中心与该馆负责人探讨合作出版事宜。后经他多次与法方交换意见，拟定、签署合同，制订出版计划。本书出版前，他写出了近万字的序言，对此文献的流失经过、形成时代、版本价值、研究状况，以及今后工作重点做了详细研讨。此成果以原始古籍面貌重光于世，为西夏资料宝库增添异彩，使流失海外的一项文化遗产魂归故土，使学术界重获珍贵古籍。此书由中华书局、天津古籍出版社出版，获2018 年天津市优秀图书奖。此书出版后，他得知此经流失到德国的另一部分藏在波兰。2018 年 10 月，他又只身飞往波兰考察，并拍摄真迹。

《中国民族史学史纲要》是他和关志国博士于2018年出版的另一部力作。他早就感到需要编写一部《中国民族史学史纲要》，以便更准确地认识、总结中国民族史研究，用科学的观点审视中国历史上的民族问题。但他也知道，这需要掌握古今大量的资料，还要进行深入的理论分析、概括和总结，是一项繁重、艰巨的任务。20世纪90年代，他便着手对民族史学史进行构建，收集基本资料，做前期研究工作，搭建书稿框架，撰写了近10万字的大纲。进入21世纪后，民族史研究又有新的进展，撰写中国民族史学史的愿望更加强烈，又继续做资料收集工作。在关志国博士进入民族所博士后流动站后，协助史金波进行中国民族史学史的研究，此项目被纳入中国社会科学院创新工程。此后他们集中精力投入此项工作，终于完成书稿。后又经多方征求专家的意见，悉心修改，而付梓出版。

史金波认为，中国民族史学史是研究中国民族史学形成和发展过程、各时期特点以及人们对它的认识、史学成果的社会影响的学问，着重研究民族历史编纂学的发展史，探究历史学家、政治家等对民族史学的评论，也包括对民族史学自身的反思、总结和前瞻，使著作具有完整性、系统性、规范性。全书注重对各历史时期民族观的分析，不发空论，如实地介绍、评价每个时期有代表性的史学论著，对各类著述都作了选择、介绍和评价。特别是书中发挥了他熟悉少数民族文字文献的专长，利用了大量少数民族文字资料，成为本书的一大亮点。知难而进书写当代史学史。对当代中国民族史学的重大问题，如中华民族的形成和发展，历史上的民族关系和民族政策，重要事件和重要人物的评价等是民族史学史中的难点。他们不避疑难，将当代民族史作为重点篇章撰写，将历史感和时代感更紧密地结合起来，成为本书的一项重要突破。为使读者形象地了解民族史和相关史书，在书中收入了近200部书的书影，其中很多是难得一见的善本、珍本。为此史金波多次到国家图书馆善本部精选古籍图版。这在同类史学史著作中也是一项创新。这部新著是民族史研究的新探索，是一项填补空白的成果。

除上述成果外，史金波在退休后还继续主持他作为首席专家的国家社科基金特别委托项目“西夏文献文物研究”，在此项目下他任总主编的《西夏文物》于2016年又出版了“宁夏编”（12册）。此外，他和杜建录教授共同主编的《西夏学文库》于2018年出版了首批著作20册。他还与宋德金教授共同主编《辽夏金研究年鉴》，每年出版1册。近3年来，他受邀出国做学术访问3次，出席各种学术会议做学术报告30多次、讲座20多次。现在他虽年近80岁，每天仍然保持工作时间八九个小时。他希望在他的晚年坚持学术志向，继续蹈励奋进，用平静之心做应做之事，以更好的成果献给他钟爱的科研事业，献给社会和人民。

刘培育（1940 年 4 月—　）

学术养生　快乐工作

刘培育，出生在吉林省扶余县。1959 年考取吉林大学哲学系。1964 年考取中国科学院哲学所研究生，师从金岳霖先生。他和两位同人在 1974 年合作出版了一本《学点逻辑》小书，先后印刷 100 多万册。他在哲学所逻辑研究室主要研究中国逻辑史，兼做因明研究。先后主持和参与国家、社科院等各种课题 11 项，出版了《先秦逻辑史》（合著）、《中国逻辑史》（第二卷主编）、《中国古代哲学精华》（主编）、《形式逻辑原理》（合著）、《创新思维导论》（主编）等十几本书，历任研究实习员、助理研究员、副研究员、研究员、博士生导师，享受国务院政府特殊津贴。曾任哲学所职称评审委员会委员，中国逻辑学会副会长、中国玄奘研究中心副主任、金岳霖学术基金会秘书长、中国逻辑与语言函授大学校长、北京创新研究所名誉所长等，于2003年63岁时退休。

刘培育说：“我没有感觉到退休后和在职时有什么明显的不同，工作照样做，日子照旧过，一晃又是15年。”

对名辩学的再思考

近些年来，国际逻辑学界有个基本共识，即希腊、中国、印度是逻辑学的三个发源地，逻辑学、名辩学、因明是逻辑学的三个传统。近年来，刘培育进一步梳理古代名辩学的代表作和散见的名辩论点，阐释名辩学的基本范畴和命题，力求显现名辩学的体系及其特点。

2005年，应邀参加汝信、李惠国主持的国家社科规划办委托的重大项目“中国传统文化中的科学思想、方法和价值取向研究”。当年，中国科学院王大珩等几位科学家给胡锦涛主席写信，认为这个问题的研究对于我国科学的发展很重要。根据胡锦涛的批示，李长春、刘云山把这个研究项目交给了中国社科院。刘培育承担中国古代逻辑和科学发展关系专题研究，在说明名辩学的实质和特点的基础上，重点阐述名辩学中的认识论思想和科学思想，挖掘古代科学中的名辩思想，进而在名辩学和科学发展的关系上提出一些新看法。（见汝信、李惠国主编的《中国古代科技文化及其现代启示》第451—525页），该书被评为社科院创新工程2016年度重大成果。

2010年，刘培育应邀参加第二届国际中国逻辑史学术研讨会，就名辩学的体系、特点及研究方法做了主旨讲演，受到中外学者的关注，中国社会科学报做了报道。后来，他应 *HISTORY OF LOGIC IN CHINA 5 Questions* 一书主编之邀，总结自己 30 多年研究中国逻辑史的经历和体会，回答了中国逻辑史的 5 个问题。

抢救因明绝学

刘培育在研究中国逻辑史过程中，接触到因明。早在 1982 年就和几位学者发出抢救因明绝学的呼吁，受到国家领导人的重视。2008 年中国社科院工作会议提出，在全院学科建设总体规划内扶持一批对学术发展有重要意义的特殊学科。当年，特殊学科建设之绝学学科立项工作启动，因明学科是其中之一。院里选定刘培育做因明学科学术带头人。2009 年 2 月 19 日，他同哲学所所长、院科研局局长正式签订了 2009—2013 年因明学科建设计划执行书。五年来，培养了傅光全、温雪两名因明博士，傅光全的毕业论文被研究生院评为当年的优秀论文；指导因明博士后一名，访问学者一名。与全国同行多次开展因明专题研讨，发表因明论文多篇。

2012 年底，国家哲学社会科学规划办公室公布“百年中国因明研究”重大项目招标，刘培育邀请所内外十多位学者组成学术团队，同全国五个学术团队竞标获中。他为项目制定的研究原则是：“立足百年，抓住重点，科学分析，做出评价。”他认为，百年中国因明经历了复苏、亡绝、全面复兴三个阶段；汉传因明在与逻辑学、名辩学相互比较中得以发展；藏传因明是认识论和逻辑学融为一体的学问，是提高人们理性思维和论辩技巧的有力工具；汉传因明和藏传因明的有效交流是发展中国因明的重要途径之一；指出因明发展亟待解决的几个问题。（详见《百年中国因明研究：为往圣继绝学》，中国社会科学报 2017 年 4 月 6 日）先后在光明日报、中国社会科学报、人民政协报（学术版）、《因明》（年刊）、《逻辑学研究》等报刊发表论文、专访等十多篇。本课题拟于 2019 年结项。

刘培育曾任中国逻辑学会副会长、因明研究工作小组组长。他在推动中国逻辑学会因明专业委员会的成立、中国首届国际因明学术研讨会的召开等，做了卓有成效的工作。

弘扬金岳霖思想

金岳霖（1895—1984）是我国著名哲学家、逻辑学家、教育家。1987 年成立金岳霖学术基金会，刘培育先后担任秘书长、副会长，退休后继续做。2019 年 1 月 21 日，中国社会科学网以《以弘扬学术为己任：金岳霖学术金会成立 30 年》为题，发表了对刘培育副会长的专访。他在专访中具体介绍了基金会在编辑出版金岳霖著作、举办金岳霖诞辰纪念活动和学术研讨会、组织金岳霖学术奖颁奖活动等所做的事情，并就今后的工作提出一些想法。近年一项比较大的工程是出版《金岳霖全集》。刘培育作为主编，他和哲学所逻辑室的同仁一起，花了几年工夫把金岳霖的著作全部收集起来，仔细地阅读，改正原版的印刷错误，采用新的分类方法编成 6 卷 8 册，2013 年人民出版社作为国家出版基金项目出版。《全集》出版后，出版社召开了新闻发布会，有关领导、专家对全集给予高度评价，多家媒体做了长篇报道。

刘培育近年在金岳霖思想研究方面主要做了两件事。一是主持国家社科基金项目“金岳霖思想研究”，同社科院和北京大学几位研究金岳霖思想专家一起，系统地阐述了金岳霖的“道论”“知识论”“逻辑论”“罗素哲学论”，以及金岳霖的治学方法和学术品格等，于2004年出版《金岳霖思想研究》（刘培育主编）一书，受到学术界的好评。哲学所原所长陈筠泉说：“《金岳霖思想研究》是第一部深入系统研究金岳霖思想的专著。”“是一部很有分量的学术专著，它的出版必将推动金岳霖思想的研究。”该书先后荣获金岳霖学术奖一等奖，中国社科院优秀科研成果奖。二是研究金岳霖的教育思想。金岳霖一生从事高等教育半个多世纪，培养了一批蜚声海内外的哲学家和逻辑学家。刘培育近年比较全面地研究了金岳霖的教育理论和教育实践，肯定金岳霖是一位杰出的教育家。2010年，他在金岳霖学术研讨会上以《金岳霖教育思想》为题做了主题报告，受到学界和媒体的关注，光明日报用一个整版转载了这篇报告。

为提升人们的逻辑水平献力

刘培育1981年、1982年参与创办中国逻辑与语言函授大学，先后担任该校校务委员会委员、代主任、主任、校长兼副董事长、董事长，近年任名誉董事长。中国逻大始终以逻辑、语言、创新为核心课程，先后对近60万名注册学员进行了大专、本科或研修生层次教育，受到广大学员的好评和教育主管部门的多次表彰。近15年来，刘培育在推动逻辑教育、普及逻辑知识方面主要做了以下几件事：

一是主编“逻辑时空”丛书，已出版《逻辑的社会功能》《点击思维——社会生活中的逻辑问题》《经济与逻辑的对话》《校园逻辑》等16种（北京大学出版社2005—2010年），被中央宣传部、教育部、文化部、总政治部等七部委评为“知识工程推荐书目”。2019年起将陆续修订再版。主编“逻辑思维能力提升与创新人才培养”丛书，已出版《逻辑思维能力与素养》《课堂中的逻辑味道》《让孩子变得更聪明》3种。

二是2006年发起并承办“全国报刊逻辑语言应用病例有奖征集活动”，刘培育任组织委员会主任。历时8个月，征集到病例14883个，为172人颁了奖，出版了《报刊逻辑与语言病例评析1100例》。全国人大常委会副委员长许嘉璐为《1100例》作序。国家语言工作委员会授予中国逻大“语言工作先进单位”奖牌。

三是从2010年起，连续举办八届“素质教育与逻辑思维论坛”。教育专家与逻辑专家一起阐述逻辑思维能力是人的核心素质，推动逻辑教育的实施。刘培育在前两届论坛做主题发言。温家宝总理看了首届“素质教育与逻辑思维”论坛纪要，及时作出批示：“我赞成逻辑思维是素质教育的重要组成部分，应该予以重视。”并转给教育部。这个论坛在全国产生一定影响，成为一个品牌。

四是承担教育部课题“逻辑思维能力提升与创新型人才培养研究”和北京市教委委托项目“北京市中学教师逻辑思维培养研究”，均已顺利结项。

为中国社会科学院老专家服务

2005年，刘培育参加了中国社科院老专家协会筹备工作。2006年起历任老专家协会首届副理事长兼任副会长、常务副会长、会长。十多年来，他和各位同人一起，配合党和国家中心工作，组织社科院老专家开展一些学习和研讨、建言献策工作、社科知识普及活动；建立老专家之家，在老专家和社科院领导之间发挥桥梁作用；宣传老专家的家国情怀和治学精神，弘扬社会主义核心价值观。先后编辑《学问人生》4 册（任副主编），于 2007 年、2010 年出版，荣获中国社会科学院优秀成果奖；编辑《中国哲学社会科学发展历程回忆》，9 卷（任执行主编），于 2014 年、2018 年出版，被评为中国社科院建院 40 周年优秀图书。刘培育荣获中国老教授协会颁发的“老教授科教工作优秀奖”（2006 年），老专家协会荣获中国老教授协会颁发的“科教兴国优秀项目奖”先进集体（2018 年）。

退休后，刘培育做了两次较大的手术，第二次手术做完也快 10 年了。每次手术完，休息一段时间，自我感觉良好就继续工作。他赞赏“学术养生”的说法，常说：“有点事干比没事干好，只要生活有规律，别累着就行。”

王宇信（1940 年 5 月—　）

继续在奋斗中享受幸福

王宇信，北京平谷人，1964 年北京大学历史系考古专业毕业，同年进入中国科学院哲学社会科学部（今中国社会科学院），古代史所工作。现任研究员、博士生导师、荣誉学部委员。研究方向主要为甲骨学与殷商史、商周考古学等。曾兼任中国殷商文化学会会长。1992 年获国务院政府特殊津贴。主要科研成果：独著《建国以来甲骨文研究》《西周甲骨探论》《甲骨学通论》《西周》等。参加大型国家和院级项目《甲骨文合集》、《甲骨文合集释文》（总审校之一）、《甲骨学一百年》、《中国古代文明与国家形成研究》、《中国政治制度通史》（10 卷本）等，发表学术论文《商代的马和养马业》《殷人宝玉用玉及对玉文化研究的几点启示》《邢台西周甲骨的新发现及对周原卜辞行款走向的再认识》等数十篇。2003 年 7 月退休。

转眼之间，王宇信先生退休已经过了 16 个年头。现今他已届 80 岁高龄，仍继续从事科研工作，不断出版学术专著，并参与推动一些国内外学术会议的召开。为了让刻在甲骨上的文字“活”起来，他为甲骨文的普及鼓与呼，并身体力行，投身到甲骨书法艺术创作和研究中。从而使这一古老文明传承的中华基因，在驱动性转化和创新式发展中，为建设社会主义核心价值观做出贡献。

退而不休，继续为甲骨文研究做贡献

退休后，王宇信继续主持 2001 年立项的《商代史》编写工作。2011 年，这部由甲骨学商史、考古学、古文献学研究成果总集成的 11 卷本商代史巨著出版。由于该书具有创新和填补空白的贡献，获得国家图书出版一等奖。除此之外，2004 年，他参与的《甲骨文精粹释译》（云南人民出版社出版）一书荣获社科院离退休人员优秀科研成果二等奖。2007 年，他参加的《中国古代文明与国家形成研究》作为建院 30 年献礼成果再版。2009 年，出版《中国甲骨学》，获社科院离退休人员优秀科研成果一等奖。2010 年，与魏建震合作出版《甲骨学导论》，成为不少大学历史系学生和研究生必读的参考教材。2013 年，出版《新中国甲骨学六十年》，获社科院离退人员优秀科研成果一等奖。他还参与主编了多部国际学术会议论文集，诸如《甲骨文发现 100 年国际学术研讨会论文集》《2004 年安阳殷商文明国际学术研讨会论文集》

《北京平谷与华夏文明国际研讨会论文集》，等等。2016 年 12 月，他主编的《殷墟文化大典》（甲骨卷、考古卷、商史卷共 6 册）出版，这是第一部全面展示和总结殷墟甲骨、考古和商史研究成果的工具性著作。

为了落实习近平同志提出的对甲骨学古文字研究等“要确保有人做，有传承”的指示，国家社科基金办在 2015 年底批准了“大数据、云平台支持下的甲骨文释读研究”十多个子课题立项。王宇信和几位老、中、青同志又承担了子课题“《合集》再整理与研究”，现正顺利推进，其阶段性成果《〈合集〉第十三册拓本搜聚》正在印制中，有望成为甲骨文发现 120 周年的献礼著作。

推动甲骨文研究的国际交流，展示中国学者的话语权

1999 年，王宇信被推选为中国殷商文化学会会长，积极推动和组织大型甲骨文殷商文化研究的国际学术会议的召开，展示中国学者的最新研究成果，彰显在甲骨学多研究领域的话语权。2000 年，他联合有关单位，主持召开了有 120 多位海内外学者出席的“殷商文明暨纪念三星堆遗址发现 70 周年学术研讨会”。2004 年，学会与安阳师院等单位，联合举办了国际学术会议，并首发同时出版的会议征文、论文集，展示了最新研究成果。不仅如此，还就殷墟申报世界文化遗产进行呼吁，海内外 120 名出席会议的学者在呼吁书上签字。2005 年 8 月，他还与平谷区政府合作，召开“北京平谷与华夏文明国际研讨会”，近百名海内外学者参与此次会议，把平谷 2000 多年的建制文化、7000 多年的上宅文化，5000 多年的轩辕文化和 3000 多年的刘家河、青铜器群、铁

刃铜钺推向了世界。

王宇信在学术活动中发言

2006年7月，殷墟申遗成功。学会配合有关单位，举办了庆祝“申遗”成功暨YH127坑发现70周年国际会议，海内外150多名学者，就殷墟申遗成功后的发展和弘扬建言献策。2007年，王宇信应邀为殷墟组织了在京学会理事和专家高层论坛，就殷墟“申遗”成功后的保护、利用和管理与构建和谐社会，进行了深入的研讨。会议提出洹河南岸的宫殿宗庙和北岸的王陵应加强统一管理，并要使守护殷墟遗址多年的原住民感受到申遗成功的获得感。2009年，中国文字博物馆在安阳落成，学会与该馆联合举办第一届中国古文字发展论坛。他主持会议并做主题发言。在2010年文字博物馆成立一周年及第二届文字论坛上，被聘为该馆顾问。此外，他还参与了2011年在安阳举办的“殷商文明暨得傅说文化高

王宇信在研究所与同事研讨学术问题

峰论坛”、2012 年 8 月召开了“甲骨学暨高青陈庄西周早期城址重大考古发现国际研讨会”，以及 2016 年参与了福山“甲骨学发展史馆”的建立和展陈设计等全部过程，并被山东省文化厅授予优秀展陈奖。

让刻在甲骨上的文字“活”起来

甲骨文和研究成果走出学者的书斋，成为人民群众乐于接受的精神食粮，并使民众在怡情养志中，在民族自信和核心价值观的培育打造中，感受甲骨文传承的中华基因的巨大穿透力，从而使学者们“距离现实较远的研究”为更多人所理解和认同。这正是近些年来王宇信所从事的一项工作。为此，多年来，他始终坚持甲骨文书法艺术发展的正确方向，推动甲骨书法艺术的发展。近年来，他帮助指导不少退休的老年朋友进行甲骨文书法撰写，并编写了一些甲骨文知识入门和介绍书法的基本读物供大家学习使用。他还着力有意识地促进甲骨学家与书法家的融合贯通，取长补短，以提高甲骨书家的文化素质和甲骨书法的创作水平。2007 年 8 月，他推动和安排了在烟台召开的“甲骨学暨甲骨书法国际研讨会”。这是第一次甲骨学家和书法家互动，共同探讨提高甲骨文书法艺术水平的研讨会。2013 年 4 月，在杭州师大召开的提升甲骨文书法艺术水平的“高峰论坛”和书法大展上，他应邀作了“回归甲骨，走出甲骨创作出无愧于时代的作品来”的报告。学者们畅所欲言，认真讨论，并形成了引领甲骨书法发展方向的“杭州共识”，对广大甲骨书法家颇有启示。文物出版社出版的《王宇信甲骨书法论序集》，堪称 1978 年以来的甲骨书法发展史，一些有针对性的论述，至今仍对甲骨书法的发展有启迪、参考价值。

他身体力行，应邀参加了不少甲骨书法展览和书法研讨会，从而普及了甲骨文书法。他还应朋友们的请求，书写了不少甲骨文书法作品，诸如安阳、郑州、洛阳、巩义、睢县、昆明、玉溪、北京、平谷、济南、高青、淄博、南京、博山、威海、福山、长沙、瑞安、杭州、上海、苏州、晓庄、永宁等地的文化单位或个人，或举办的书法展览上时有他的作品展览或收藏。而在他访韩期间，为多所大学的教授或学生留下墨宝。2005 年 7 月，他协助安阳师院和日本北枝篆会，在国家博物馆成功举办了“中日甲骨文书法展”，并应邀出席了开幕式，推动了甲骨文书法艺术的国际交流。不仅如此，他还为国家典籍博物馆举办的“甲骨文记忆展”取得成功而欢呼，不止一次地在《光明日报》上向社会更多的人进行推介……

尽管他退休多年，但始终以积极的心态面对生活。他常

王宇信为人题字

对朋友们讲，我们欣逢盛世，要珍惜习近平新时代的好时光！在我们身体健康条件允许的情况下，在享受幸福感和获得感的时候，我们这些共和国培养的知识分子，仍老有所为，把自己所学的知识更多地奉献出来，为实现中华文化伟大复兴而努力奋斗！

金周英（1940 年 7 月—　）

学术生涯没有“退休”

金周英，女，祖籍为黑龙江海林市。1965 年毕业于中国科学技术大学电子学系，曾在中国科学院某基地、国防科工委某研究所从事研究工作。曾任长春市电子工业局副总工程师；中国企业管理协会企业咨询经营顾问，国家经委中国厂长经理工作研究会（现企业家协会）副秘书长兼培训、咨询部部长等，主持或负责完成了 30 多个大中型企业的经营管理诊断和咨询；1988 年调入中国社会科学院数量经济与技术经济研究所，1989 年被破格提为研究员，博士生导师，创办并曾任中国社会科学院技术创新和战略管理研究中心主任；曾被科学技术部聘任为“S－863”（国家高技术研究与发展计划）战略专家组组长。曾在美国、日本、法国的大学和研究所做访问教授，任特别研究员。主要学术成果包括17部专著，6部英、日文译著，20多部中英文合著，30多部重要研究报告，上百篇重要论文；论文和著作多次获奖。曾任清华大学、中国科技大学、河海大学、摩纳哥大学等兼职教授或学术委员会成员。现任北京软技术研究院院长，世界未来协会中国分部主席，“全球未来展望组织”中国分部主席，十多个国际研究机构或学术杂志的高级研究员或编委等。

几十年来，金周英从国防领域的研究、政府部门的技术管理、专职企业管理和咨询，再转到社会科学领域，在不同的岗位上都做出了自己的贡献。2005年退休后，她的研究活动并没有停止，而是聚焦于几个领域进行开拓并深入研究。

软技术研究：重新认识技术

科学技术越发达，我们却越来越迷惘，越来越恐惧，不知道将来人类会走向哪里，应该走向哪里。而迫在眉睫的“科技灾难”，使我们站在了人类进化史之十字路口上。到底什么是技术？我们需要重新认识技术这个人类发明和创造出来的工具之实质。在国际上，金周英第一个系统地研究软技术、软环境，旨在重新认识这个被认为“人类社会发展之发动机之一”的技术之实质。软技术、软环境概念的提出，是源于她在参与中国高技术研究开发计划的战略研究过程中，探讨技术转移效率的实质及中国高技术与发达国家的差距。她出版了一系列专著，包括“软技术—创新的实质与空间”(2000年)、“全球性技术变化—从硬技术到软技术”（日文版：2000年，中文版：2010年，英文版：2005年和2011

年，韩文版：2019 年)，还在国内外发表了大量论文。她被邀请到 22 个国家和地区的 40 多个大学、研究机构和国际论坛发表了有关软技术的创见、理论和应用成果。

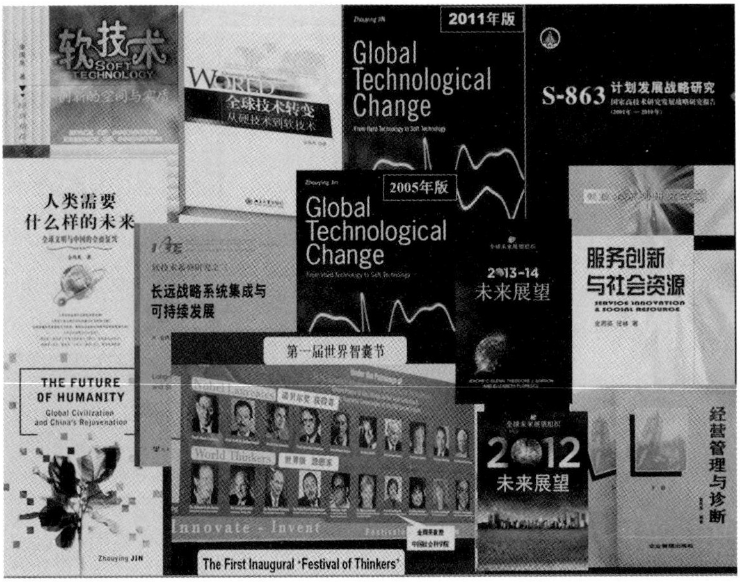

金周英的学术成果

关于软技术，尽管最初遭到一些人的质疑，但随即得到了国内外同行的高度评价：长期研究科学技术史的董光壁教授认为技术的“软”与“硬”之分的意义，犹如物性哲学理论的二性说，它作为一种认识论的基础曾经推动了近代科学的起步；著名未来学家西奥多·戈登（Theodore Jay Gordon）认为软技术是“技术的另一个范式”，“开创了一门新的学科”；著名经济学家和未来学家黑泽尔·亨德森（Hazel Henderson）指出，“软技术的认识是人类重大的知性、智力的进步，在今后几十年中可以帮助厘清人类的抉择”；世界商务科学院院长列纳多·布鲁特克（Rinaldo S. Brutoco）说，“软技术作为概念的发展填补了我们的宇宙科学和文化意识之间存在的空白，这对人类是独特的贡献，软技术的研究将在世界技术史上补上迄今为止所缺的另一半”；格拉翰·米科尔（Graham R. Mitche）说：软技术开辟了新的研究领域……把技术正式定义为软/硬两部分概念是有必要的……在那里创造价值的过程或解决问题的过程也是一个完全不同的范式；约翰·奈斯比特（John Naisbitt）于2003年在IBM所做的《我们将进入一个什么时代》的讲演中指出，过去更多的是硬技术，21世纪最多的是软技术；软技术与高思维将成为主角。2005年，金周英被评为10位“世界思想家”之一，与10位诺贝尔奖获得者一起受到世界第一届智囊会议的邀请，发表了“创造性从何而来”的演讲；国际上很多学者、决策者已经在他们的战略系统或创新体系设计中应用软技术、软环境、软性资产概念，有些国家启动了软技术研究课题或博士生研究课程。

未来研究

20世纪90年代以来，世界未来研究热再一次兴起，各国都加强了未来研究。而我国在未来研究方面的差距令人担忧。金周英呼吁“中国要全面复兴，必须加强未来研究”。近20多年来，她一直活跃于国际未来研究舞台，创立了独到的理论和方法，在各种国际学术刊物和国际论坛上发表了很多论文，国际上获得了发言权，与国外几十个研究机构建立了互动关系。

她近期的专著《人类需要什么样的未来——全球文明与中国的复兴》在中国（2016年）、英国和美国（2018年）

得以出版，得到了世界著名学者们的高度评价：“人类应该追求什么样的全球文明，这个问题已经困扰了学者、哲学家和政治家们几个世纪了。这一直是未来研究所应奉行的宗旨和承诺，但很少有人敢于在文明的层面上进行尝试。金周英教授挑战了：这是一个具有探索性的巨作。”（西奥多·戈登）“人类的未来激发我们在更大的画布上进行更广阔而全面的思考。这本意义深远的作品，以东西方的哲学传统，为人类的未来编织了一个鼓舞人心的愿景。她称之为‘全球文明’，及下一个更进化的版本——‘伟大的文明’。”（原世行的资深专家兰迪普·苏丹）“如果我们要在‘人类世’的舞台上继续生存，就需要在智慧、文化理解、自律以及精神成长等层面上实现量子飞跃，以创造金教授在这本著作中所探索的全球文明，进而最终创造伟大文明。这本书对技术历史也是一个不可或缺的指南。”（黑泽尔·亨德森）“这本书聚焦于一个国家的例子，但所提供的见解及洞察力将让很多人受益。她的思路是在东西方之间根深蒂固的旧有分界线上巧妙地架起了桥梁，呼吁全世界有识之士和富有创造性的人们共同合作以迎接人类所面临的挑战，而这种挑战是如此之巨大、目标是如此之宏伟，没有任何一个国家能够单独实现它……她为全地球的公民提供了一个新的和有前途的路径来塑造一个理想的、可持续发展的未来。”（莱恩·杰宁博士，《未来评论》的主编）2019 年将出版续作：《人类的未来——从全球文明到伟大文明》。

金周英的未来研究特点是，致力于创造中国特点的未来研究方法，将未来研究与中国经济社会发展的实践相结合。比如设计了“中国 2050 与早期预警系统”模型，以促进经济、社会、环境、资源四大战略领域的协调发展，应用于国家和地区的中长期预测。该模型，在国际上被称为“决策者的战略指挥仪”“四重底线战略集成管理模型”“地区性未来发展指数（SOFI）”。

鉴于她的工作，她被全球未来展望网络（http://www.globalfore sight.org/）评为“全球级未来学家”（上榜的208位中唯一的中国学者）；被罗斯·道森网（http://ross-dawson.com）评为“全球优秀女性未来学家”（上榜的100多位中唯一的中国学者）。

长远发展战略管理研究

基于金周英从事跨学科、跨领域的研究和管理工作的丰富经验，再结合未来研究、软技术研究等理论基础，她对长远战略管理有独到的见解，被不同部门委托并完成了30多项相关战略管理的重大课题：曾被国家科学技术委员会聘任为“S－863”核心工作小组成员、专职担任“S－863”战略专家组组长，主持了“863计划战略与运行机制研究”，获得了国家高技术计划自动化领域先进个人奖。她主持完成的长远战略研究课题还有：《国家高技术宏观战略研究》《我国煤层气产业的战略管理与制度创新》《我国机器人发展的政策研究》《国家长远发展战略系统集成与可持续发展》《国家“攻关计划”的评估》《“863”计划评估》《煤层气科技项目评估》《煤层气产业制度创新》《CIMS计算机集成制造系统应用工程的综合评价技术研究》《北京高技术产业发展战略研究》《中关村科学园区发展战略与北京经济》《智能机器人对国民经济的贡献评估》《我国机器人发展的政策研究》《面向2030的科技创新中心发展战略管理研究》等。

她还建立了“适应绿色发展模式的长远发展战略管理模型”，为若干地区的长远战略决策提供服务。相关著作包括：《长远战略系统集成与可持续发展》（2006 年），《服务创新与社会资源》（2006 年）等。

推动企业绿色商务模式

为了引导企业实施绿色商务模式，她将“世界未来 500 强”机制引进到中国，致力于把企业三重责任（经济、社会、环境）融入到企业文化。通过对“全球公司公民全方位责任评估系统（GC360）”的中国化，努力在不同行业建立 21 世纪《好企业》的榜样，举办了多次“世界未来 500 强国际论坛”，鼓励中国企业从崇尚大企业转变为争当“好企业”，经过评估吸收中国优秀企业成为未来 500 强成员等。

中国的真实进步与政绩评估系统研究

她引进并建立了与国际接轨的“超越 GDP，中国真实进步指数（GPI）系统”，并在若干城市进行实践。该成果被科技日报、中国社科院要报、中科院院刊、人民日报海外版、中央党校的中国党政干部论坛等广泛转载。2012 年获得中国社会科学院优秀对策信息奖。目前正努力通过多种途径进行推广。

积极参与国际合作研究

她参与的重要合作项目包括：持续 19 年的“全球未来

展望”研究（每年出版该报告的中文版或简版），《未来的邮电前景和国际比较》《中国的绿色汽车发展方针与制度创新》《联合国的全球水情景分析》《跨国公司在中国的环境战略》《世界教育的未来30年预测》《世界未来指数研究》《中国发展的新驱动力研究》《技术2050与未来工作》等。

冯昭奎（1940 年 8 月—　）

做自己热爱的事业
研究国家人民最着急的事

冯昭奎，生于上海，1965 年毕业于清华大学无线电电子学系半导体专业，1965—1983 年从事半导体技术工作，1983 年 6 月调任到中国社会科学院日本研究所，研究方向为日本科技与经济，2000 年退休前主要成果有：《新工业文明》（独著）中信出版社 1991 年；《日本的零售业》（独著）人民出版社 1994 年；《经济科技纵横谈》（独著）轻工业出版社 1994 年；《日本高技术发展问题》（独著）学苑出版社 1989 年；《扶桑杂话——观察与思考》（独著）世界知识出版社 1987 年；《电子风云录》（独著）科学普及出版社 1985 年；《对话：北京与东京》（独著）新华出版社 1999 年；《资源小国

的压力与活力》（报告），载中共中央办公厅《综合与摘报》1984 年第 121 期（发全国县团级文件，获社科院优秀研究报告奖）；《日本经济》（独编著）高等教育出版社 1998 年，获社科院优秀科研成果三等奖。此外，主持多项集体研究项目，参与合作著书 12 种。曾任日本研究所副所长、中日经济学会副会长、中日关系史学会副会长，现为院荣誉学部委员、中国人民外交学会理事。

2000 年冯昭奎年满 60 岁退休。从自然科技部门改行搞社会科学研究的他，退休后仍然勤于思考，笔耕不辍，表现出了对研究工作的高度热爱。2002 年冯昭奎完成了 40. 3 万字的《21 世纪的日本：战略的贫困》（独著）一书，由城市出版社出版，该书以泡沫经济、信息革命、中日关系这 3 个问题作为切入口，有重点地对日本的国家战略进行了剖析，包括从泡沫经济切入，分析了日本经济战略的贫困；从信息革命切入，分析了日本在从工业化向信息化的转折战略的贫困；从中日关系切入，分析了日本外交战略的贫困。该书于 2004 年获中国社会科学院优秀研究成果二等奖。有日本学者读了此书后表示颇为不悦，冯昭奎回答说："作为听命于另一大国的国家，日本怎么可能有独立自主的'国家战略'?!"

2007 年冯昭奎作为主要作者，与林昶合著的 46 万字的《中日关系报告》由时事出版社出版。作者在书中最早提出了后来广泛流传的用来形容当时中日关系的常用词——"政冷经热"，从经济、政治、能源、区域合作等方面，论述了中日关系的变化与特点，特别是重温了我国几代领导人对日外交思想和实践，解读了其中蕴含的指导我国对日战略乃至整个国家战略的基本原则和哲学理念。该书于 2011 年获中国社会科学院第四届离退休人员优秀科研成果二等奖。

冯昭奎作为主要作者，与林昶合著的29.2万字的《当代日本报告》，2011年由社会科学文献出版社出版，它比较全面地阐述和分析了日本的人口问题、移民问题、粮食安全、土地流转、农协组织、技术进步、气候对策、低碳经济等。

2013年，冯昭奎整理编辑的40.5万字的个人文集《日本·世界·时代——值得我们关注的若干问题》，作为“中国社会科学院学部委员专题文集”之一由中国社会科学出版社出版。文集分成（1）环境、人口、移民问题；（2）科技革命；（3）经济发展与改革开放；（4）中美关系；（5）中日关系；（6）日本经济研究等6个专题，选编了作者已发表过的重要论文22篇。

2015年冯昭奎完成的38.6万字的《能源安全与科技发展》（独著）一书，由中国社会科学出版社当年出版，书中一些观点被包括能源信息网、中国核电网等专业网站在内的众多网站所转载，有专家评论该书“对战前、战争期间和战后日本能源安全与科技发展关系进行了开创性研究”，“是一项社会科学与自然科技相结合的跨学科成果”。该书对日本福岛核事故教训提出了独到见解：“核电没有‘绝对安全’的神话”，此观点在网上广泛传播，2015—2016年在百度网上键入“冯昭奎：核电没有‘绝对安全’的神话”，可看到“百度为您找到相关结果约84万个”（其中含有其他与核电安全有关资料，但至少有1/3以上与本书有关），该书于2019年获中国社会科学院第八届离退休人员优秀科研成果一等奖。同年，冯昭奎编著的41.2万字的《日本经济》第三版，由中国社会科学出版社列入《社会科学文库》出版，该

冯昭奎的著作

书第一版于1998年由高教出版社出版后曾获中国社会科学院优秀成果三等奖，加印两三次后，经编著者大幅充实修改，由高教出版社于2005年出第二版，又加印两三次，在第二版出版十年后改由中国社会科学出版社出版第三版。

2015—2018年，冯昭奎在养老院完成了49.3万字的《科技革命与世界》（独著）一书，2018年8月由社会科学文献出版社出版。该书指出，1860年以来，科技革命一波接一波地发生、衔接与交叠，构成了人类文明史上科技发展与创新十分活跃的“科技革命时代”，在迄今为止“科技革命时代”的大约150年中，人类文明经历了和平与发展、战争与革命、前进与倒退的波澜壮阔的历史进程。当今，正在孕育兴起的新一轮科技革命将促进那些抓住科技革命机遇的国家科技升级、经济增长、相对实力地位提高，使那些不能抓住科技革命机遇的国家相对实力地位下降，从而深刻影响世界各国特别是大国之间的实力对比，并引发未来世界经济政治格局的变化和调整。

冯昭奎很注意“研究国家人民最着急的事”。2008 年我国举办奥运会后不久，他感到提高全社会对生产技能的重视是当务之急，曾通过天津市政府办公室向该市领导提议由该市代表国家申办被称为“技能奥林匹克”的“全球技能大赛”（当时天津市领导作了明确批示，表示十分重视，要抓紧落实，为此他写了第二份报告）。为了引起社会对技术和技能的更多重视，冯昭奎还在 2008 年 9 月 5 日《环球时报》上发表了《别忘了技能奥林匹克》，在 2015 年 5 月 7 日《环球时报》上发表了《可举办“一带一路技能大赛”》的文章，并在其论述日本科技发展的论文和书籍中多次阐述了日本劳动者和中小企业的工匠精神。

国际问题研究是一个不断涌现新问题、产生新事物的研究领域。冯昭奎一直在新问题、新事物中寻求研究选题和灵感。2010 年，当国内外对联合国气候变化委员会（IPCC）提出的“气候正在变暖”论断存在着不同认识和质疑的情况下，冯昭奎运用马克思主义的辩证唯物论论证了“气候变暖日趋严重是客观现实”，呼吁人类不要再陷入无意义的争论中，应紧急行动起来防止地球环境日趋恶化而成为不适合人类居住的地方。当年《世界经济与政治》第 4 期将冯昭奎撰写的《气候问题的辩证法》一文作为头条文章发表。2013 年该文获中国社会科学院第五届离退休人员优秀科研成果二等奖。

从2013年以来，习近平主席多次指出“新一轮科技革命正在孕育兴起”。2017年冯昭奎在《世界经济与政治》第2期头条发表了约两万字的论文《科技革命发生了几次——学习习近平主席关于“新一轮科技革命”的论述》，比较详细而深入地解读了习近平主席关于新科技革命的核心、新科技革命的内涵与特征、新科技革命的任务、新科技革命既是机遇又是挑战、马克思主义者对科技创新的应有态度等问题的精辟论述。

2014年8月中旬，在中日关系处于十分紧张的状况下，冯昭奎完成了中央外事领导小组交办的有关《周边外交战略》的报告（1.6万字），同年11月8日撰写了中央网络安全与信息化领导小组办公室交办的有关《周边外交政策》的报告（6000字）。2017年初冯昭奎在《日本学刊》第一期发表的《中日关系的“进”与“退”》一文在2018年底获该刊“隅谷奖”二等奖。2018年4月美国制裁中兴通讯公司，引起了中国广大民众的强烈反对和对半导体技术的高度关注。冯昭奎作为清华大学半导体专业的65届（1957—1965年）毕业生，结合在调来社科院之前18年从事半导体技术工作的经验，迅速撰写了有关如何加快我国芯片技术发展的报告（6000字），被社科院《研究报告》（内部）182号采用。

冯昭奎堪称是一位“多产学者”，除了以上列举的论著，他还在各种核心、重要期刊及报纸上发表了大量论文和文章。冯昭奎退休18年的研究经历，可用《中国社会科学报》记者对他进行采访后写下的一句话来概括：“做自己热爱的事业，研究国家人民最着急的事。”

（王伟）

曾业英（1940 年 9 月—   ）

实事求是“还原”历史本来面貌

曾业英，江西于都县人，1963 年 7 月毕业于武汉大学历史系，统分到中国科学院（今中国社会科学院）近代史研究所。两年后，到副所长黎澍主编的《历史研究》编辑部工作。1970 年 5 月，前往河南息县“五七”干校参加农业劳动。两年后回到北京，开始从事以中华民国史为主要研究方向的工作。先参加其中的“专题资料组”的编研，后转入《中华民国史》第 2 卷（1912—1916）的写作，并在《历史研究》《近代史研究》等杂志发表《民元前后的江亢虎和中国社会党》、《蔡锷与“二次革命”》、《护国战争时期的朱德》（合著）、《云南护国起义的酝酿与发动》、《民国初年的民主党》、《蒋介石 1929 年讨桂战争中的军事谋略》、《民国初年的沈定一和公民急进党》、《论一九二八年的东北易帜》等论文。1979 年至 1990 年，先后被评聘为助理研究员、副研究员、研究员。1992 年任中华民国史研究室副主任。1994 年 5 月调任《近代史研究》编辑部主任、《近代史研究》杂志主编，并任所学术委员会委员。1997 年任中国社会科学院研究生院中国近代史系博士生导师。其间，所主编的《近代史研究》杂志获中国社会科学院第二届优秀期刊一等奖。2002 年 6 月被中国大百科全书出版社聘为“《中国大百科全书》第二版中国历史学科民国史分支主编”。2005 年 10 月退休。

人生旅途，除英年早逝者外，都会经历这么三个阶段。一是长身体，求知识，蓄本领的阶段；二是步入社会，服务祖国和人民的阶段；三是退休，安度晚年的阶段。而第三阶段，已无工作和生活的压力，完全可以根据各自的条件和兴趣，无忧无虑地安排自己的生活了，可以说是一生中最轻松自如的享受时期。

然而，在中国社会科学院，却有这样一群离退休学者，似乎并无意于享受这种轻松自如的生活。他们非但没有“夕阳无限好，只是近黄昏”的感叹，反而觉得离退休后，是难得的“砥砺奋进时”。因而继续秉持一颗爱国为民的赤诚之心，无怨无悔地在各自的专业领域，为建设中国特色的社会主义文化大厦，潜心钻研，笔耕不辍，添砖加瓦。诚如著名诗人臧克家脍炙人口的咏牛诗所说：“老牛亦解韶光贵，不待扬鞭自奋蹄。”曾业英就是这群退而不休学者中的一位。

自 2005 年退休以来，他先后主编、撰写《中国大百科全书》第 2 版的《中国历史·中华民国史》和《当代中国近代史研究（1949—2009）》；合编有《尹昌衡集》，并在《蔡松坡集》基础上增补、重编了《蔡锷集》；完成了《中华民国史》第7卷（1928—1932）的部分写作和修改。在《历史研究》《史学月刊》《近代史研究》等学术期刊发表《蔡锷与小凤仙——兼谈史料辨伪和史事考证问题》《傣族同盟会员刀安仁“蒙不白之冤”吗?》《孙中山、黄兴“营救”过刀安仁吗？——兼评曹成章著〈民主革命先驱刀安仁〉》《击椎生不是蔡锷，那又是谁?》《袁世凯是辛亥革命的“共和元勋”吗?》《沈翔云回国参加过自立军起义考辨》《蔡锷未回国参加唐才常自立军“勤王”起义》《蔡锷一篇鲜为人知的轶文及其价值：“〈中华民国宪法史案〉总序”作者辨》《再论击椎生不是蔡锷而是唐璆》《〈近代史研究〉三十年之路与未来走向》和60年来的中国近代史研究《概述》等36万多字的专题论文和学术评论文章。

他的这些成果，有个很大的共同点，就是奉行辩证唯物主义和历史唯物主义，力求遵循马克思主义对历史科学的基本要求，尽其所能地“还原”历史本来面貌。他认为历史研究是讲求事实的，而讲求事实就要有证据，不能信口开河，随意戏说，更不能媚俗或迎合背离人民利益的政治需要。唯有如此，才能发现历史的本质和规律，真正做到不掩饰，不阉割，不曲解，不溢美，“把历史的内容还给历史”。他经过多年工作总结出治史的几个基本理念：一是要坚持一切从历史实际出发，不以先入为主的价值观解读、阐述历史。这就要清除前人在一定意识形态下形成的价值观对历史的曲解，如老革命家陈云所说：“不唯上，不唯书，只唯实。”所谓“不唯上，并不是上面的话不要听”，“不唯书”也不是不要看“文件”，不读“书”。“只唯实，就是只有从实际出发，实事求是地研究处理问题，这是最靠得住的。”二是要充分占有史料，而且是原始史料，不是后人解读过的饱含其价值观的二手史料。不但要有一定的数量，形成证据群和证据链，还要尽其所能地收集文献、日记、档案、影像、回忆录等不同类型，以及包括与研究对象的发展变化有关联的正反两方面的史料。绝不能仅仅收集有利于己的史料，而忽略甚至有意抹杀、隐瞒对己不利的史料。三是要认真考辨史料。因为各种公私史料，不论出自何人之手，都有其固有的立场。既有阶级偏见、朝野地位的不同，也有门户派别、事实依据的不同，而由此造成对同一事件或同一人物的记载各不相同，甚至对不同时期同一人物的同一事件的记载也相互抵触乃至对立。这就意味着，追求历史的真实，必须先解决史料的真伪问题，否则就只能是一句空话。四是要把握衡人论事的基本原则。首先，不能脱离当时的历史环境，以后见之明编派历史、拔高或贬损历史人物。其次，不能以偏概全，攻其一点，不计其余；也不能以一时一事，作为“千般好”

曾业英到台北做学术访问

“万般错”的根据。此外，还要坚持统一的评价标准，不能各立标准而定是非。这统一的标准，必须是国家、民族的大局，大多数人民的利益，而不是其他。五是要遵循毛泽东提出的“百花齐放，百家争鸣”方针，允许他人对自己的研究成果发表有理有据，真实可靠的不同意见。因为历史真实必须是公认的，而且即使是公认的也可能如恩格斯所说：“由于历史材料不足，甚至永远是有缺陷的，不完善的”，需要不断充实和发展。只有经得起异议，才可能是真正的客观的历史真实。

这些理念，正是曾业英努力践行的标杆，体现了他治学严谨、客观的学术素养，以及坚守以国家、民族利益与大多数人民利益为重的大局胸怀。

曾业英的不少成果，曾受到学界的关注。《蔡锷与小凤仙——兼谈史料辨伪和史事考证问题》，被人民大学书报资料中心《中国近代史》2009 年第 5 期全文转载。《当代中国近代史研究（1949—2009）》被评为“2014 年度中国社会科学出版社好书”，后又入选 2015 年国家社会科学基金资助的“中华学术外译”英文项目图书。《击椎生不是蔡锷，那又是谁?》被人民大学书报资料中心《中国近代史》2016 年第 9 期全文转载，《国家人文历史》等刊物摘录刊发。《傣族同盟会员刀安仁“蒙不白之冤”吗?》受到院学术期刊审读专家的好评，认为文章“逐一辩证《民主革命先驱刀安仁》一书关于刀安仁在辛亥革命成功后的几个关键问题的论述都罔顾史实或隐瞒真相，凭空塑造刀的‘高大全’形象”。“纠谬依据充分，说理透彻，有助于整肃学风。”《袁世凯是辛亥革命的“共和元勋”吗?》被《新华文摘》数字平台全文转载。其中多项成果还获得中国社会科学院的院级奖励。《论一九二八年的东北易帜》获院第六届优秀科研成果三等奖，《蔡锷集》获院第四届离退休人员优秀科研成果三等奖，《蔡锷与小凤仙——兼谈史料辨伪和史事考证问题》获院第五届离退休人员优秀科研成果二等奖、院第八届优秀科研成果三等奖，《尹昌衡集》获院第六届离退休人员优秀科研成果三等奖，《中华民国史》第7卷（1928—1932）与其他各卷一起获中国出版政府奖、社科院第九届优秀科研成果一等奖，《当代中国近代史研究（1949—2009）》获院第七届离退休人员优秀科研成果二等奖，《傣族同盟会员刀安仁“蒙不白之冤”吗?》获院第八届离退休人员优秀科研成果三等奖。

汤重南（1940 年 11 月—　）

淡泊名利　潜心研究

汤重南，籍贯江苏常州武进，出生于重庆市。1964 年 8 月，毕业于北京大学历史系亚非拉美专门化（日本历史专业）。同年到中国科学院社科院哲学社会科学学部（今中国社会科学院）世界历史所亚非拉美研究室工作，研究方向为日本史。曾任亚非拉美室主任、所学术委员、社科院高级职称评委、社科院日本所高级职称评委，兼任中国日本史学会会长、中国中日关系史学会副会长、北京中日文化交流史研究会副会长。曾受聘为北京大学、南开大学、首都师范大学、上海同济大学、北京日本学中心、北华大学、吉林社科院及日本两所大学的教授、客座研究员。主要研究成果有日本历史方面的著作十多种，论文百余篇。参加的集体项目，两项获得过国家奖励。2005年退休。

汤重南退休后，并未有停歇的想法，仍然继续从事他所钟爱的学术事业。只不过，从日本史、中日关系史逐渐转到对日本侵华史、中国抗战史的研究和文献资料编纂工作。近十余年间，他发表的学术成果，著作多达十多种，论文近百篇。参加的集体项目，其中三项获得国家奖项，个人获得社科院三等奖项两次。成果数量超过了在职期间。由此可见，他是一位学术之树常青、始终奋斗不息的学者。

他是一位潜心研究历史，并关注现实的学者。他在日本史研究领域，先后出版了《日本史》（2008年一版，2014年修订版）和《日本近现代史》（2014年出版近代史篇，2016年出版现代史篇），并发表论文、学术文章50多篇。因为现实的需要，转到以日本侵华史、中国抗战史为主要研究领域后，编辑出版了档案文献资料共有300多册。目前，正承担着多项课题，"李顿调查团全部档案"（计划达到1000卷）的编辑整理、"东北抗日义勇军、抗日联军史料集成"（计划编纂1000多卷）的收集、整理、编辑工作，并由中华书局、商务印书馆出版。从2006年开始作为中方委员参加中日历史共同研究多年。参加社科院重大课题——日本军国主义课题研究，已出版两卷本《日本军国主义论》（与人合作主编）。主编档案文献资料《日本侵华密电·九一八事变》（59卷本）《日本侵华密电·七七事变》（51卷本）、《日俄战争史料》（20卷本）、《日本史籍善本合刊两种大日本史·日本野史》（63卷本）、《日本侵华军事密档·侵占台湾》（65卷本）等。此外，主编丛书12册本《抗战十四年·中华儿女》、10册本《全景中国十四年抗战故事》等。对于这些集体工作，许多并未申报课题立项，无资金支持。汤老从来不求名利，完全凭着一颗赤诚之心来做。而且，因为承担大量集体项目，致使无暇顾及写作自己个人学术专著。

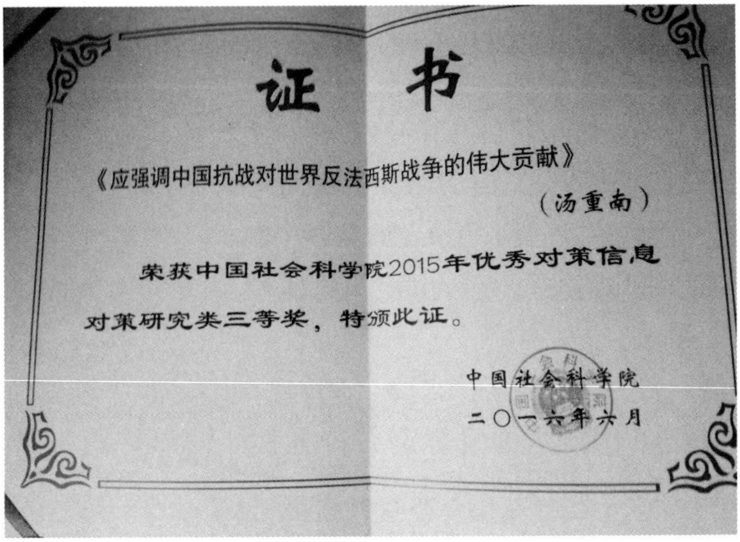

汤重南的获奖证书

他始终以国家需要为己任，尽心尽力为现实服务。如对日本军国主义问题、对钓鱼岛主权的国际法根据问题、对安倍政府的错误言论行动的批判、对我国南京大屠杀死难者国家公祭日、抗战胜利纪念日、中国14年抗战概念、纪念抗战胜利70周年、80周年及九一八事变78周年、批评历史虚无主义错误观点、批评抗日神剧等问题上，都及时通过各种方式，在媒体报刊、多个网站发出自己的声音，发挥一个老专家的作用。他的所作所为产生一定社会影响，并获得学术界和民众的好评。如在《日本侵华密电・九一八事变》《日本侵华密电・七七事变》首发式时，就受到新闻媒体的广泛报道，中央电视台的新闻联播和多个网站，以及不少报刊也都进行了长篇专题报道。两套资料出版后，有很多单位和个人争相购买。河北承德市的党史研究室及一些历史研究者，从该两套文献资料中，摘选出了关于日本侵略热河省（现在已撤销，归于承德市）的相关密电，编辑成册。日本外务省的蒙古·中国课长远藤和也先生阅后，还对九一八事变文献资料集的选择标准等提出很中肯的意见和建议。汤老在参加国际学术上也时刻不忘坚持立场，批判错误言论。例如，2018年夏，在南开大学参加纪念日本明治维新150周年的国际学术会议，他在大会上做主旨报告，针对日本出现的一些有违史实错误观点进行批驳。在会议期间，还接受凤凰卫视专题访谈，明确表示不能认同安倍政府只强调其正面积极作用的宣传，阐明其两面性，揭示其致使日本走上军国主义道路的负面作用，等等。

发挥专家学者优势为党和国家领导讲述历史和为社会奉献心智。2007年，他曾为已退居二线的领导人江泽民讲述亚洲历史一个月。后又曾为中央办公厅领导讲明治维新经验教训及历史启示。2014年还两次陪同习近平总书记及政治局常委们参观抗战馆的“伟大胜利历史贡献”展览，2017年陪同政治局常委参观抗战馆新展览。作为一项政治任务，他恪尽职守，以深厚的学识服务于国家，并不求任何回报。参与这些活动，他一直都是非常低调，从不张扬炫耀，按照原则规定，没有公开授课的内容和具体情况。曾经有出版社表示愿意出版相关讲稿，多次被他婉拒。他不顾年过古稀，奔走于各地进行有关抗战史的讲演。他参加南京民间抗战馆、中国抗战馆、北京档案馆、北京大学、北京宣传部讲师团、宣讲家网站、中央党校、中国人民大学、中央民族大学、北京师范大学、首都师范大学、辽宁大学、青岛中国海洋大学、吉林师范大学、北华大学、海南大学、贵阳师范大学、四川大学等多地院校，以及中国社科院、世界史所、研究室组织的各种学术讲座、学术交流会议和活动。参加北京大学、首都师范大学、南开大学、武汉大学的研究生、博士生论文答辩，也受邀到多地进行学术交流、作学术报告，并先后多次赴日本和我国台湾参加学术会议、交流活动，等等。他不辞辛劳地奔忙，只有一个信念，即以自己的学识服务于国家和人民。

辛勤劳作会带来丰硕的成果。他参与编写38卷本《世界历史》，得到学界及社会的高度评价。在近三年的国家领导人习近平向全国发表新年贺词时，其背景书架上，就摆放着这套书。他参与编写的《15世纪以来世界九强兴衰史》（两卷本）、《中外文化交流史》（两卷本），于2008年5月出版后，产生影响较大，并获得国家奖项。2016年又出版新改编本，开创我国“一带一路”学术研究专著出版的先河。此外，他还获得中国社科院2015年优秀对策信息对策研究类三等奖两项：《日本对我举办抗战胜利70周年纪念活动的态度与我之对策》《应强调中国抗战对世界反法西斯战争的伟大贡献》（见照片）。

汤老说：“我所承担的任务，恐怕再有十年也做不完，个人只能鞠躬尽瘁而后已了。”这就是一位老学者的境界，这不能不让我们肃然起敬。

赵常庆（1940 年 12 月—　）

他做到了为祖国工作 50 年

赵常庆，生于辽宁沈阳，毕业于辽宁大学外语系俄语专业。1964 年分配到中国科学院哲学社会科学部东南亚研究所工作，1969 年研究所解散后去中联部“五七学校”，1972 年回中联部苏东大组政治组工作，1976 年到中联部苏联东欧研究所工作，1980 年研究所划归中国社会科学院，直到 2006 年 2 月退休。主要研究领域为苏联民族问题和当代中亚。1992 年起担任中亚研究室主任，曾任所学术委员会和职称评定委员会副主任、博士生导师、中国社科院研究生院教授。曾任职中国世界民族学会副会长、中国苏联东欧中亚学会常务理事、北京大学《东方文化集成》丛书中亚编主编、国际中亚研究所学术委员会中国委员等，现任国务院发展研究中心欧亚社会发展研究所副所长兼中亚室主任、中国上海合作组织研究中心常务理事、外交部国际研究基金会研究员、中国社科院世界社会主义研究中心研究员等。退休前主编和独著有：《苏联民族问题文献选编》、《苏联民族问题研究》、《中亚五国与中国西部大开发》、《中亚五国概论》、《十年巨变—中亚外高加索国家卷》、《简明南亚中亚百科全书》（与薛克翘共同主编，负责中亚部分）、《进入21世纪的中亚五国》、列国志《哈萨克斯坦》（第一版）等，还参与20多部专著和工具书写作，发表论文、报告、文章、国际杂文、译文等260余篇。《简明南亚中亚百科全书》获社科院二等奖，《苏联民族问题研究》获社科院三等奖，多项研究成果获社科院对策研究和所级奖项。

在读大学时，清华大学马约翰教授说过的“为祖国健康工作50年”这句话对赵常庆影响很大，他将此作为奋斗目标。当然，按照国家退休年龄规定，假如二十二三岁毕业参加工作，60岁退休，一般情况下，恐怕是很难做到为祖国工作50年。2006年赵常庆从社科院俄罗斯东欧中亚研究所退休后，又到国务院发展研究中心欧亚社会发展研究所发挥“余热”，担任该所副所长兼中亚研究室主任，一直工作至今。从1964年参加工作到2019年，算起来已经过了54年。从他正式办理退休算起也有12年。退休后他仍像在社科院在职时一样写文章和报告，参加学术活动，尽量在自己熟悉的领域为国家做点事情，同时也希望从工作中寻找一些乐趣。

回首他从社科院退休后的12年时间，大体上做了三个方面与科研有关的事情。

第一件事情也是最主要的事情，就是发表了大量的科研成果。《中国与中亚国家合作析论》（2012 年）和《中亚五国新论》（2014 年）独著专著2 部，主编专著《“颜色革命”在中亚》（2011 年），独自编著《哈萨克斯坦》第二版（2015 年），主编《世界民族》（欧洲卷）（2013 年），还独著有科学普及读物《社会主义在哈萨克斯坦的兴衰》（2016 年），并参与多部专著和论文集的写作，如《上海合作组织研究》（2007 年）、《中国哲学社会科学发展历程回忆》（2014 年）、《中国对外关系：回顾与思考（1949—2009）》（2009 年）和一些研究报告等。其中《“颜色革命”在中亚》系他申请和主持的国家社会科学基金项目。《中亚五国新论》为社科院离退休干部工作局课题项目，他都能按时完成。据不完全统计，2006—2018 年赵常庆还同时发表了论文 50 多篇、内部报告 60 余篇、短论和文章多篇。

第二件事情是担负一些与自身职务和职称有关的工作。比如退休后的最初几年，他被俄罗斯东欧中亚研究所中亚研究室返聘。他至今仍长时期担任国务院发展研究中心欧亚社会发展研究所副所长兼中亚研究室主任，参与该所有关工作。此外，还参加国家图书馆、首都图书馆和国防大学等一些高校组织的学术讲座。以及为别人著作写序、参加博士生论文答辩、作为评审专家参加教育部和国家社科基金项目中期或结项评审等。

第三件事情则是参与社会兼职和做一些咨询工作。如赵常庆作为北京大学《东方文化集成》丛书“中亚编”的主编，参与组稿和书稿审阅工作，作为中国世界民族学会副会长参与《世界民族》（欧洲卷）的组稿和编辑工作（与已过世的穆立立同志共同主编），参与为中国开发银行撰写中亚国家情况咨询报告等。

赵常庆在学术会议上发言

赵常庆退休前作为研究室主任，更多关注学科建设，组织研究室同志对一些重大问题进行集体研究。与此不同的是，退休后的他主要是专注个人研究，其学术思想通过专著和论文表达出来。由于其深厚的研究积累和高质量的成果，他的著述多次获奖。如《中国与中亚国家合作析论》获 2015 年社科院第六届离退休人员优秀科研成果二等奖（专著类），《中亚五国新论》获 2017 年社科院第七届离退休人员优秀成果三等奖（专著类），《苏联民族工作的理论与实践》获社科院 2013 年离退休人员优秀成果三等奖（论文类）。此外，获社科院优秀对策研究类二等奖的有《坚持世界多样主张推动和谐世界建设》（2007 年）、《中哈水资源纠纷与对策建议》（2009 年），获优秀对策研究类三等奖的有《我与哈萨克斯坦深化关系时应注意的两个战略性问题》（2009年）等6篇。中央领导在《中哈水资源纠纷与对策建议》一文曾做出重要批示，根据该批示国家拨款成立了调研我国与周边国家存在跨境水资源问题的课题组，社科院俄罗斯东欧中亚研究所亦有人员参加。

赵常庆的有些文章和内部报告被《中国社会科学文摘》《高等学校学报文摘（社科类）》等摘发，有的内部报告被人民日报《内部参阅》、社科院要报《领导参阅》等转载。李铁映院长曾在他于《世界社会主义研究动态》2008年5月26日第一期上发表的《从中亚国家“颜色革命”看加强执政能力建设的重要性》作出如下批示：“常庆同志：所谓‘颜色革命’就是在帝国主义支持、唆使下的灰色政变。革命一词在历史上、文化上和话语上都是正面、正义、进步的语义。但西方刀笔吏杀人不见血，攻以摄心，翻澜了字典，用心恶意。这是新武器，望你再继续研究，捅破这张纸。李铁映五月二十七日。”

学术界对他退休后发表的专著亦有评价。对《中亚五国新论》，《俄罗斯东欧中亚》2015年第1期发表的署名蘅子撰写的书评称：这部专著连同以前作者主编的《中亚五国概论》堪称是“认识和了解中亚的简明百科全书”。对《中国与中亚国家合作析论》，刘庚岑研究员在《俄罗斯学刊》2015年第6期发表的书评中认为，“该书的特点是内容丰富，资料翔实；层次清楚，论述有力；观点新颖，颇有见地；既有学术价值，又有应用价值”，是“一部研究中亚问题的精品力作”。

应该注意到，赵常庆退休后所做的工作，是在身体很差的情况下完成的。他曾自嘲地说，为祖国工作50年是做到了，但距健康相去甚远。他被公认为研究所健康情况较差的人之一，不仅视力差，退休前后还曾做过七八次手术，仅退休后 12 年间，就做过三次，其中一次住院长达 27 天。尽管如此，他却很乐观，仍在参加重大学术研究与活动，就有关问题发表看法与建议，为他所热爱的当代中亚研究发挥余热。

习主席在庆祝改革开放 40 周年大会讲话中说：“建设社会主义现代化强国，实现中华民族伟大复兴，是一场接力跑，我们要一棒接着一棒跑下去，每一代人都要为下一代人跑出一个好成绩。”习主席还说：“伟大梦想不是等得来、喊得来的，而是拼出来、干出来的。”包括赵常庆同志在内的社科院哲学社会科学工作者，在过去40 年曾为国家改革开放做出很大的贡献，今天他们中的许多人作为退休的一代人，在安度晚年的同时，还在尽其所能地为国家改革与建设事业提供着智力支持，为实现中华民族伟大复兴中国梦助力。赵常庆作为当代中亚学科最早耕耘者之一，迄今为止仍在不遗余力地为这个在苏联解体后诞生的、至今不到30 年的年轻学科建设添砖加瓦，与晚辈同人一道为国家与社科院哲学社会科学发展繁荣贡献力量。

栾成显（1941 年 6 月—　）

丹心不已　奋战一线

栾成显，辽宁营口人。1964 年毕业于北京师范大学历史系，同年到中国科学院哲学社会科学部（今中国社会科学院）历史研究所工作。研究员、博士生导师。研究方向为明清史、徽学、明清契约文书。曾任中国明史学会理事、《中国史研究》编委等职。1994 年至 1995 年任日本东京大学客座教授。2001 年至 2007 年被聘为安徽大学特聘教授。出版著作主要有《明代黄册研究》（专著，1998），获中国社会科学院第三届优秀科研成果奖，收入“社科学术文库”；《中国经济通史》明代经济卷（合著），获第四届中国社会科学院优秀科研成果奖；《徽州千年契约文书》（副主编），获中国社会科学院 1977—1991 年优秀科研成果奖；《日本学者研究中国史论著选译》明代卷（译著）;《中国古代历史图谱》明代卷、清代卷，被列为“中国社会科学院创新工程2017年度重大成果”。在《中国社会科学》《中国社会科学内刊》《历史研究》《中国史研究》《光明日报》《中国社会科学报》等共发表论文70余篇，其中数篇被《新华文摘》转载。2001年7月退休。

退休以后，栾成显继续怀着科研报国之心，钻研不止，承担多项科研工作，参加各种科研活动，到全国各地收集研究资料，一直奋战在科研工作第一线。退休当年，即被安徽大学聘为特聘教授，在该校兼职工作了6年，每年驻校3个月。其间培养了3名博士生；主持整理了安徽大学徽学研究中心所藏徽州文书；在核心刊物发表徽学研究论文20余篇。退休后，除多年承担院重大科研项目、在国内外多次参加学术会议、发表论文外，还接受各种社会科研任务，多次做讲演、讲座。如2007年3月在国家机关工委、文化部、中国社会科学院主办的“部级领导干部历史文化讲座”做题为《经济与文化互动——徽商兴衰的一个重要启示》讲演；2011年4月在国家图书馆“文津讲坛”做题为《谱牒：记录中华历史文化的又一宝藏》讲演；2011年7月在中共中央办公厅做题为《我国赋税制度的历史沿革》讲座，等等。至今虽已年近八旬，仍承担国家社科基金重大项目“浙江鱼鳞册的搜集、整理、研究与数据库建设”的科研工作（2017年立项），他为该项目子课题负责人。又参与国家重点档案保护与开发项目“休宁县鱼鳞图册档案保护与开发”工作，承担撰写《徽州鱼鳞图册研究》专著任务。此外，他还在诸多领域做出了突出贡献。

尽心尽力编著《中国古代历史图谱》明清卷

《中国古代历史图谱》是1958年由文化部布置的、配合《中国史稿》编著而确立的历史所一大科研项目，由张政烺主持编纂。后因各种原因，几上几下，而拖延下来。至2005年，张政烺去世后，由王曾瑜重新组织编辑人员，立为中国社会科学院重大科研项目。栾成显作为张政烺的研究生，自1964年来所之后，即承担该项科研工作，投入大量时间和精力。2005年以后，继续参加该项工作，承担清代卷2册编著任务。2014年，又承担重新编写明代卷2册的任务。至2016年完稿出版，共完成了《中国古代历史图谱》明清两卷4册的编著任务。图谱编撰要求采用文物与历史研究相结合的方式，历史以文物解读，文物同历史展现，综合运用考古学、文博学、历史学、文献学等多学科知识，以文物图片为主来表现历史。这一项目从1958年立项，到2016年最后出版，经历近60年的磨砺，其间除了政治运动、人员更替、图片版权等问题外，编写本身的难度很高不可否认。其难点在于作者必须具备历史和考古两方面知识，并系统掌握所涉断代的全部历史资料和文物资料。这不仅要求编写者在掌握本断代的历史知识之外，还必须对已出土或传世的文物有全盘了解，才能从中挑选出最能说明历史现象或历史问题的文物来，这就需要耗费大量时间和精力。栾成显自1964年来历史所后，即按张先生的安排，承担清代卷的编写任务。2005年重新立项后，继续编写清代卷。至2014年，因明代卷稿子距离出版要求较大，出版社和编委会则希望由栾成显重新编写。他虽有糖尿病在身，最后还是答应下来。然而，新的任务并不是对明代卷的原稿作一般性修改，从收集图片资料到拟定章节结构，从撰写概述到每幅文物图片的文字说明，乃至参考文献，完全是重新编写。于是不得不打破常规，加班加点。至 2015 年底，明清两卷 4 册的文字稿都写出来了，然仍有大量的图片编辑工作等待完成。而这时，离出版期限已经很近了，十分紧迫。湖南人民出版社编辑张宇霖回忆说："最终，我们和栾先生商议，采取特殊办法——编辑入住他家中与他一起工作，配图部分现场问题现场解决，空缺的文字说明，采用他念编辑打字的方式，完成最后的冲刺。最初

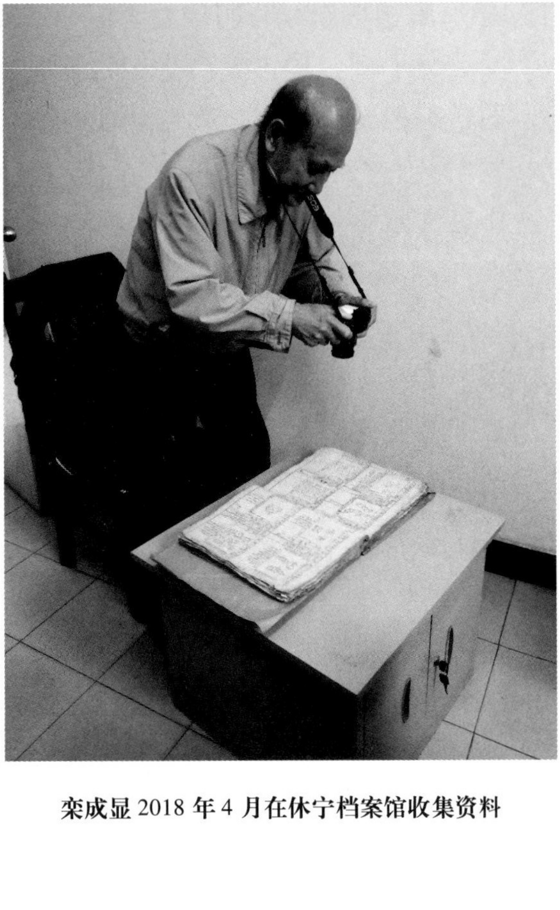

栾成显 2018 年 4 月在休宁档案馆收集资料

的工作安排是每天早上9点开始工作，中午休息一个小时，下午5点结束。在这样执行了一天之后，栾先生觉得太慢，决定每天晚上9点再结束工作。经历了15天的高强度工作，完成《明代卷》与《清代卷》上下册共4册的组稿，整理文字近90万，图片2934张。”（参阅《60年，三代人，一部〈中国古代历史图谱〉》；单颖文：《中国古代历史图谱编纂始末》，载《文汇报》2017年9月8日等有关报道）《中国古代历史图谱》共12卷17册，最后参加各卷署名的作者计18人，他实际上承担了其中明清两卷4册的编著任务，几占全书总量的1/4。其中明代卷2册虽是重新撰写的，但出版时仍把最初作者名字署上，并分给稿费。

殚精竭虑撰写《徽州鱼鳞图册研究》

《徽州鱼鳞图册研究》是国家档案局“休宁县鱼鳞图册档案保护与开发”的一个项目，其中要写一本专著，原计划由栾成显牵头、找两三人合写。但由于研究鱼鳞图册的人很少，加之难度较大，接洽的人都不愿参加，最后只好由他一人承担。鱼鳞图册本是一种土地账籍，其上所录与一般文献记载很不相同。它按固定的格式登录，看起来千篇一律，十分枯燥；它以数据登录为主，每册所录各类数据都成千上万，研究需要对庞大的数据进行统计分析，极为烦琐。特别是通过鱼鳞图册记载以揭示其所反映的社会经济内涵，更需要深厚的功底。同时遗存的鱼鳞图册文书虽多，但分藏于国内外各个单位，大多数文书尚未公布，收集起来困难重重，研究者不免视为畏途。但鱼鳞图册是中国古代独创的土地管理制度，从宋代一直延续至民国，曾广泛实行，而成为极其重要的经济制度之一。它的许多成就都远远早于西方近代相关文明的形成，是中国古代创造的优秀文化遗产之一，对于今天我们继承传统文化、坚定制度自信具有重要意义。正是考虑到这一点，栾成显一直坚持鱼鳞图册研究多年，而把撰写《徽州鱼鳞图册研究》这一任务承担下来。

安徽省黄山市休宁县档案馆所藏明清鱼鳞图册达 1160 余册，数量巨大，故《徽州鱼鳞图册研究》的撰写需要拍摄大量图像资料，还需到其他藏地收集有关资料，收集资料的任务极为繁重。2017 年 10 月初至 11 月中旬，栾成显连续一个多月在休宁档案馆拍摄鱼鳞图册资料。鱼鳞图册文书档案册本较大，拍摄时必须站立弯腰，按快门那一刹那，身体任何部位都不能动，精力高度集中，这样连续作业，对腰腿颈椎都是一个考验，一天下来，十分辛苦。许多册本必须从头到尾全部拍摄，工作量极大。凡开馆时间，栾成显从早到晚都抓紧时间拍摄。有时甚至周六、周日亦加班加点。这样连续搞了 40 多天，结果只拍摄了一半左右。2018 年 3 月下旬至 4 月底，又继续拍摄一个多月。其间曾有公司派人协助拍摄，先后换了 4 个人，而栾成显则始终坚持下来。两次拍摄耗时 80 余天，总共拍摄鱼鳞图册资料 4 万余幅，为《徽州鱼鳞图册研究》的写作准备了资料。该书现正撰写中。

栾成显自退休以后，项目接连不断，任务接踵而至，科研的脚步没有停下，一直奋战在科研究工作的第一线。

王亚蓉（1942 年 4 月—　）

功崇惟志　业广惟勤

王亚蓉，女，北京人。1963 年在中央工艺美术学院肄业。1973 年进入社科院考古所。早年师从沈从文。主要研究方向为纺织文物和服饰文物研究。与沈从文、王㐨共同创建中国纺织考古学科。现任中国社会科学院考古研究所特聘研究员，并兼任中国文物学会纺织文物专业委员会会长、北京服装学院特聘教授及博士生导师等。40 余年的科研工作，直接主持发掘的重大纺织考古墓葬近 20 座，经手过 20 世纪 50 年代以后发掘的重要纺织考古墓葬的相关文物，对中国古代纺织文物与服饰的相关研究贡献颇多。其学术成就在国内外具有很大影响。她参与的纺织实验考古及成果为多家博物馆展出。她先后为北京、上海、江苏、湖南、湖北、江西、山东、新疆等多个省市自治区培养与发展了纺织考古保护方面的专门人才20余位。为中国社会科学院、北京服装学院等科研机构培养专业硕士、博士研究生近15名。1996年退休。

成为中国古代服饰研究的见证人

自1974年追随沈从文开始，王亚蓉在纺织考古之路就未曾停下脚步。1987年与王㐨一同出任沈从文助手，协助沈从文开展中国古代服饰研究。她利用自身擅长考古绘图的优势，直接深入考古发掘现场，进行实地发掘等工作。对出土纺织品文物进行现场研究提取、应急保护等全方位的工作，从而获得最新的第一手资料。为沈先生开展中国古代服饰研究工作提供了大量的实物材料。同时，她与王㐨协助沈先生完成《中国古代服饰研究》一书的整理、绘图及出版工作。该书出版之后，成为古代服饰研究领域的权威之作。

不懈奋战于中国纺织考古工作第一线

王亚蓉投身纺织考古工作已近半个世纪。40余年来，先后参与湖南长沙马王堆汉墓、湖北江陵马山一号楚墓、陕西扶风法门寺唐塔地宫、河北满城中山王刘胜墓、北京大葆台汉墓等重要纺织品墓葬的发掘、清理与保护工作。1991年后，独立主持了新疆民丰尼雅东汉墓、北京老山汉墓、河南省三门峡虢国墓、辽宁叶茂台辽墓、湖北沅陵元墓、北京石景山清代武官墓、浙江雷峰塔地宫、江西靖安李洲坳东周大墓、江西海昏侯西汉墓等多处墓葬纺织品文物的发掘、修复、保护及研究工作。通过考古现场工作积累了大量经验，丰富了我国服饰文化的实证数据链，将五千年绵延不断的古代纺织文明呈现在世人面前。

时刻关注并总结中国纺织考古的研究与方法

她先后出版8部著作，其中有关沈从文的有《沈从文晚年口述》《章服之实——从沈从文先生晚年说起》两部。纺织考古专著《法门寺考古发掘报告》纺织品部分、《首都博物馆馆藏纺织品保护研究报告》、《洞藏锦绣六百年——河北隆化鸽子洞洞藏元代文物》、《中国刺绣》、《中国服饰之美》、《中国古代纺织文化研究与继承》等。通过对文献的整理研究与考古实物互证的方式，探究古代纺织服饰文化是她治学的特点。代表作《中国刺绣》，50余万字，精选照片一千余张，系统梳理了中国刺绣史，是中国古代刺绣艺术研究的集大成者。本书最突出的贡献是：作者结合自己半个世纪以来的纺织考古实践，从纺织文物实物出发，探讨了中国刺绣史及刺绣技艺的流传变革；并在书中详细分析了各种刺绣技艺的针法特点及艺术表现力。

在抢救性发掘、保护我国古代纺织品大墓的同时，她将自己多年工作经验与研究心得传授后人。以纺织品实验室保护为基础，先后在全国范围内主持成立了首都博物馆纺织品文物修复研究工作室、湖南省博物馆纺织品文物修复研究工作室、国家博物馆纺织品文物修复室、吐鲁番研究院纺织文物修复工作室等。为全国各地博物馆培养了40余名古代纺织品修复、保护、研究的中青年专业人员。其中大都成为各省考古所及博物馆研究保护纺织品文物的骨干。

1982 年，她与王㐨主持发掘的湖北荆州马山一号楚墓，该墓出土的丝织品，颜色艳丽、刺绣技艺高超、图案瑰丽、构图独特，被沈从文先生誉为“战国的丝绸宝库”。1985—1991 年，她进一步对湖北荆州马山一号楚墓 N10 等一批重要文物进行再现研究。1991 年，第一批复织的荆州马山一号楚墓的纺织品在中国社会科学院和湖北荆州博物馆共同举办的第一届国际中国服饰文化研讨会上展出发表，引起国内外学者的强烈反响。1993 年，在北京大学新建的赛克勒博物馆开幕时，哈佛大学的张光直教授看到了这些复织衣服，称赞此是“用实验考古学的方法研究丝织品”的成功范例。从此，王亚蓉成功开启了研究服饰文化的新形式，将纺织考古推到了一个新的发展阶段。

抢救绝学，薪火传承

2008 年起，中国社会科学院启动“特殊学科建设工程”，纺织考古学科被正式列为“绝学”。她作为纺织考古学科的开创者，被社科院考古研究所长期返聘，年近耄耋，仍致力于纺织文物的保护及学科建设的事业中。她组建中国社会科学院考古研究所文化遗产保护研究中心纺织考古部，并于 2016 年被社科院批准正式建立纺织考古学科。在纺织考古实践研究领域，社科院纺织考古学科成绩斐然、成果丰硕。近十余年间，她主持并完成出土纺织文物清理、修复、保护项目共计 11 项，其中包括河北隆化鸽子洞出土元代洞藏纺织品文物的修复项目、江西赣州慈云寺塔出土文物修复项目、江西靖安东周大墓纺织品现场发掘保护项目、辽宁法库叶茂台辽墓出土纺织品文物保护项目、大唐西市博物馆馆藏纺织品

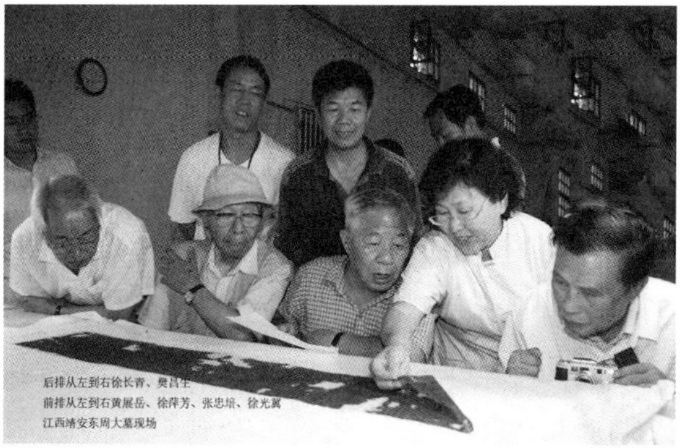
后排从左到右徐长青、樊昌生
前排从左到右黄展岳、徐萍芳、张忠培、徐光冀
江西靖安东周大墓现场

王亚蓉在江西靖安工作

文物修复项目、江西南昌明代宁靖王妃吴氏墓出土纺织品文物修复项目、山东齐故城出土战国纺织品保护项目、河北元代梳妆楼文物修复项目、江西南昌象山南路墓葬纺织品文物清理及保护项目、上海博物馆纺织品文物修复项目等，共修复珍贵纺织品及相关文物近千件套。这些出土文物的墓葬年代跨度从东周至晚清，其中很多出土文物的组织结构尚属首次发现，不仅完善了我国古代纺织技术图谱，而且在实践中完善了纺织文物的保护与工艺技术的研究，并总结出一套合理、效果显著的纺织考古操作标准及研究方法。

填补学科空白，设立纺织考古专业

在她倡导及建议下，北京服装学院等一大批纺织、设计类院校相继开始设置纺织考古专业，基本建立起从本科至博士阶段的学科教育体系，为我国纺织考古事业注入新的力量。2018年，积极筹备中国服饰文化博物馆的建设，并得到了各级领导的极大支持。为了让更多的人了解中国传统服饰文化，看到中国传统服饰之美，她受邀到《一席》、首都博物馆、首都图书馆、国家图书馆的文津讲坛、河南省博物馆、中国文字博物馆、北京服装学院、中央党校、圆明园等进行公益讲座——《沈从文与中国古代服饰》《纺织考古中的刺绣技艺》等各类专题——场场爆满，观众都反映从中获益匪浅。另外，她还接受《大国工匠》《凤凰网》《人物》《大家》等栏目的采访，用视频的方式生动地为大家展示纺织品文物现场提取和实验室保护、古代服饰复织的过程。同时，在社科院考古研究所条件简陋、狭小的修复室里，王亚蓉和她的团队接待了热爱传统服饰文化、立志弘扬传统服饰文化的学术团体。甚至还在2018年接待了国务院副总理孙春兰。孙总理不仅赞叹精美的古代服饰，并对于王亚蓉的工作称赞不已。中国纺织考古走过近一个世纪，她从事纺织考古45载。时光荏苒，年已77岁高龄的王亚蓉依然站在纺织考古学科建设的第一线，承担着多项国家及省部级科研项目。2016年社科院正式批准纺织考古特殊学科建立，王亚蓉为学科带头人。为表彰其为我国纺织考古学科所做出的重要贡献，2016年她被中宣部和全国总工会授予“大国工匠”称号。同年，被中华文化促进会评为2016年全球十大文化人物。2018年以她为首的社科院考古研究所纺织考古科研、保护团队被中国文物保护基金会评为“文化遗产筑梦者杰出团队”。

40余年的工作，独立承担纺织考古学科近30年，对于纺织文物的直觉与敏锐加之丰富的经验使得她深感责任深重，学科尚待完善，标准仍需贯彻，第一代纺织考古人的执着进取必将成为中国纺织服饰文化传承与发展的重心与基石。

（刘大玮）

徐世澄（1942 年 5 月—　）

心系拉美一世情

徐世澄，上海市人。1959—1960 年，在北京外国语学院留苏预备部学习俄语，1960—1964 年在北京大学学习西班牙语，1964—1967 年在古巴哈瓦那大学文学和历史学院进修。1967—1980 年在中联部拉美局、拉美所工作。1981 年在中国社会科学院拉丁美洲研究所，先后任研究室主任、科研处处长、副所长（1985—1995）。1992 年被评为研究员，2008 年 1 月退休，2011 年被评为中国社会科学院荣誉学部委员。主要研究领域为拉美政治与国际关系。退休之前的主要成果包括：专著《拉丁美洲政治》《古巴》《墨西哥》《卡斯特罗评传》《查韦斯传》《冲撞：卡斯特罗与美国总统》《墨西哥政治经济改革及模式转换》等；

译著《第三次革命》等；编著《美国和拉丁美洲关系史》《帝国霸权与拉丁美洲——战后美国对拉美的干涉》《拉丁美洲史稿（第三卷）》（主编之一）等。1996 年，《拉丁美洲史稿（第三卷）》获中国社科院科研成果优秀奖；2000 年，《美国和拉丁美洲关系史》获中国社科院优秀科研成果三等奖；2007 年，《拉丁美洲左派的近况和发展前景（研究报告）》获中国社科院优秀科研成果三等奖。主要社会兼职：曾任中国拉美学会副会长兼秘书长、中国拉美历史研究会副会长、中国欧美同学会拉美分会副会长、浙江外国语学院拉美所所长（2012—2017），现任商务部研修院特聘教授、察哈尔学会国际咨询委员会委员、学术委员会委员、拉美研究中心主任（自 2018 年起）等。

徐世澄是知名的拉美问题专家，在国内外拉美学界有着广泛影响。他曾深情地说："'春蚕到死丝方尽'，我愿意为我所钟爱的拉美研究事业贡献我的余生!"正是本着对拉美研究的无限热爱和不懈追求，徐世澄研究员在2008 年退休后继续活跃在拉美研究和中拉友好交往的舞台上，成为同行眼中"痴迷拉美研究的老徐"、后学眼中"亲切的徐老师"和外国友人眼中的"中拉友谊使者"。2010 年，徐世澄被授予 2007—2009 年度中国社会科学院科研岗位先进个人奖，2011 年当选为中国社会科学院荣誉学部委员。

痴迷拉美研究的老徐

退休之前，徐世澄在拉美研究领域已经硕果累累。退休之后，他有了更充分的时间从事他情有独钟的科研事业。多年来，他形成了一套生活习惯。每天早上 6 点起床，先去锻炼身体，回家吃早饭后，就开始了一天的读书、思考和写作。除了必要的外出讲学、交流，他把所有的时间和精力都用在了科研上。他似乎完全忘记了自己已经是年近古稀的老人，继续主持或参加院离退休学者等各类课题项目，关注着拉美各种重大理论和现实问题，忘我地著书立作。岁月流逝，年龄在增长，但徐世澄的研究步伐不但没有放缓，反而在加速，正所谓“老牛自知夕阳短，不用扬鞭自奋蹄”。2009 年初，他不幸患上多种疾病，曾先后 10 次住院，反复接受化疗，头发全部掉光。尽管如此，他仍以顽强的毅力和乐观的态度，在接受治疗的同时，继续科研活动。同年出版的《墨西哥革命制度党的兴衰》一书，引起了国内外关注和学界的广泛好评。

一分耕耘，一分收获。徐世澄的拉美研究在退休后进入了一个“井喷期”，相继出版了 9 本专著［《卡斯特罗评传：从马蒂主义者到马克思主义者》（2008）、《墨西哥革命制度党的兴衰》（2009）、《现代拉丁美洲思潮》（2010，主编）、《查韦斯传——从玻利瓦尔革命到 21 世纪社会主义》（2011）、《当代拉丁美洲的社会主义思潮与实践》（2012）、《古巴模式的“更新”与拉美左派的崛起》（2013）、《徐世澄集》（2013）、《绚丽多彩的现代拉丁美洲文化》（2017）、《拉美左翼和社会主义理论思潮研究》（2017）］，7 本译著［《卡斯特罗语录》（2010，合译）、《卡斯特罗访谈传记——我的一生》（2008，合译）、《总司令的思考》（2008，合译）、《蒙卡达审判》（2014）、《为玻利瓦尔辩护》（2014）、《恐怖的帝国》（2015）、《菲德尔·卡斯特罗·鲁斯时代的游击队员——古巴革命历史领袖访谈录》（2015）］，在各种报纸、杂志上发表了大量学术论文和一般文章。除此之外，他还撰写各种内部报告，为党中央制定政策出谋划策，接受媒体采访，向广大人民群众传播拉美文化、知识和信息。拉美学界的研究同行，无论是和徐世澄同龄的老一辈，还是年轻后学，提起笔耕不辍的徐世澄，无不佩服其搞研究的热情和勤奋，亲切地称他是“痴迷拉美研究的老徐”。

亲切的徐老师

较之对美国、日本、欧洲等地区的研究，国内拉美研究圈子小、队伍少。另外，随着中国、拉美在国际社会重要性的上升和双边关系的快速发展，国内民众对拉美相关知识的需求日益上升。徐世澄没有把自己完全关在书斋中从事学术、“超脱”地不问世事，而是积极从事各种相关宣教活动，增进国内对拉美的客观认识。

退休之后，徐世澄就不再招收硕士生、博士生。但是就拉美问题接受过徐世澄的教育、听过他演讲和课程的“后学”，却遍布高校、党政机关、企事业单位甚至外国官员。这些“后学”远远多于他直接培养的硕士生、博士生。作为国家图书馆专家咨询委员会委员，他多次在国家图书馆开设讲座，普及拉美知识。特别值得一提的是，作为博士生导师的他，在接受媒体采访、约稿时“不挑活”，甘于写有的学者看不上、认为没有学术价值、跌份儿的普及性文章。

徐世澄还多次应国防大学、外交学院和国家行政学院的邀请，给拉美高级军官、拉美外交官和新闻官员、拉美政府官员用西班牙语讲授有关拉美安全问题、中拉关系、科学发展观、中国特色社会主义、中国发展模式、“一带一路”、习近平治国理政新理念新思想新战略、中国政治制度、中国概况等课程，曾多次应邀到中华世纪坛、首都博物馆做有关玛雅文明和拉美古代文化的讲座，受到广泛好评。他还经常接受人民网、新华社、中央电视台、北京电视台、中央人民广播电台、国际电台等媒体的采访，评论拉美发生的大事，在首都图书馆、北师大、北大、清华大学等国内各大高校开办讲座、兼课，向众多民众和师生介绍拉美。徐世澄为人热情，乐于助人。他自己在社科院的学生也好，其他地方院校拉美教学研究机构的研究生、年轻老师也好，演讲场合的听众也好，只要向他请教，徐世澄都会热情解答、回复，甚至赠予书籍刊物。在各类“后学”眼中，徐世澄是“亲切的徐老师”。

中拉友谊使者

徐世澄在开展个人独立研究之外，非常重视外事交流。作为一名拉美问题研究人员，他深感自己有责任和义务向国内民众介绍拉美，向拉美朋友和民众介绍中国，讲“中国故事”，在与拉美国家各色人等的实际交往中广交朋友，增进了解。

退休后，他不顾舟车劳顿，多次不辞辛劳远赴墨西哥、哥伦比亚、多米尼加等国访问和讲学。2015 年和 2018 年，两次接受委内瑞拉全国选举委员会的邀请，作为国际观察员观察了委内瑞拉国会和总统选举全过程。在北京，很多拉美国家外交官都把徐世澄当成好朋友，每当本国政要访华就邀请他出席各种交流活动。

徐世澄用其对拉美研究的热爱和强烈的责任心，为中拉

徐世澄作学术发言

友好关系的发展做出了自己的贡献，也获得了许多难得的荣誉，为自己的学术生涯抹上了浓彩重墨的一笔。2009 年徐世澄荣获古巴拉丁美洲通讯社成立 50 周年奖。2011 年 9 月，获古巴国务委员会颁发的“友谊奖”。2012 年，被多米尼加共和国科学院授予通讯院士称号。2014 年，他主持翻译的《为玻利瓦尔辩护》和《西蒙·罗德里格斯全集》被委内瑞拉马杜罗总统亲自赠送给了习近平主席。2014 年 7 月，墨西哥国立自治大学一份叫作《工作笔记》的刊物，刊登了《徐世澄的生平与著作》的访谈记，称其为“中华人民共和国拉美研究的奠基人之一”。委内瑞拉驻华大使在感谢信中称徐世澄的著作《查韦斯传》“是对委内瑞拉玻利瓦尔革命及其领袖查韦斯的良好表示和支持，是中国人民给委内瑞拉人民的最好礼物”。古巴驻华大使卡洛斯·米盖尔·佩雷拉在评价徐世澄的《卡斯特罗评传》时说：“这部由中国作者以真挚的感情和优秀的学术水平所写的著作，将使中古两国的关系更加密切。”厄瓜多尔记者拉斐尔·瓦尔德斯在《今日中国》撰文，引用一位拉美大使的话，称赞徐世澄是“最深刻了解拉美问题的中国学者之一”。

（方旭飞）

马维先（1942 年 8 月—　）

锲而不舍，探索历史争议事件真相

马维先，河北邢台人，1967 年毕业于北京大学俄罗斯语言文学系。大学毕业后，根据国家统一安排，曾作为“储备干部”到河北唐山解放军农场锻炼，后分配到外贸部。1972—1977 年、1981—1985 年，曾两次被派往中国驻苏联大使馆商务处工作。1990 年调中国社会科学院苏联东欧研究所（即现在的俄罗斯东欧中亚研究所）任行政副所长，在做好行政工作的同时也研究俄罗斯经济，直到 2005 年退休。1997—2001 年，曾被中国发展改革委员会借调到中国驻俄罗斯使馆工作，任经济参赞。4 年中，本人撰写的关于俄罗斯经济的研究报告约 60 万字，均被发改委刊物使用。

在中国驻俄罗斯使馆工作的几年，马维先目睹了苏联崩溃给俄罗斯带来的巨大灾难，因而，退休后他将“余热”转向对苏联解体的研究。十多年来，他翻译和撰写的这方面文章约15万字，其中，《再现苏联解体始末》一文（摘译自俄著名学者阿·乌特金《总书记背叛：逃离欧洲》一书）获我院优秀对策信息报告二等奖。此外，他还尝试对苏联历史某些争议问题或事件进行研究。其原因是，苏联解体研究让他清楚地看到，泱泱超级大国不攻自灭，与赫鲁晓夫、戈尔巴乔夫执政时期大搞历史虚无主义有不小的关系。当他看到，被西方世界捧上天的“秘密报告”——开创苏联历史虚无主义先河的赫鲁晓夫代表作出现在中国互联网，甚至也受到赞扬，再也坐不住了。恰在这时，他在俄文网站发现了莫斯科2007年出版的批驳“秘密报告”的专著——《反斯大林的卑劣行径》。粗读之后他觉得，作者（美国教授格·弗）在该书中使用的不少材料，包括已解密的档案文件，均有一定的参考价值。于是，他决定将该书介绍到我国。当时他并不知道，出版社对该书是否有兴趣，如果由于某种原因出版不了，岂不白白浪费了“天年”大好时光？另一问题他也十分清楚：翻译这部洋洋几十万言的专著，只能“孤军奋战”，在职人员对其无兴趣，因为译作不算“研究成果”。不过，这些顾虑与困难都没有动摇他的决心。在出版前景不明、资金毫无保障的情况下，他硬是“两耳不闻窗外事”，坐了一年“冷板凳”，完成了全书的翻译和自校。好在，后来得到社科院世界社会主义研究中心领导大力支持，解决了出版问题。2015年1月，由社科文献出版社出版发行的《苏共二十大：“秘密报告”与赫鲁晓夫的谎言》（《反斯大林的卑劣行径》一书的中文版书名）出现在北京各大书店书架和一些网店。据网上看到的统计数字，90% 以上购书者对该译著给予正面评价。

最近几年，受那些为捍卫正义事业而将个人安危置之度外的俄独立学者的影响，他还对至今存在激烈争议的卡廷事件给予了极大的关注，或确切地说，是有一种探索该事件真相的责任感。

马维先的译作

所谓卡廷事件是指“二战”期间在苏联斯摩棱斯克州卡廷森林对波兰战俘大规模屠杀的悲剧。根据德国 1943 年的说法，这些波兰战俘是 1940 年春季被苏联内务人民委员部杀害的；苏联的说法相反，波兰战俘1941年7月前一直在斯摩棱斯克地区进行修筑公路等劳动，卫国战争爆发后不久落入德国法西斯魔掌并被他们残忍杀害。1990年4月，突然，苏共总书记戈尔巴乔夫授意塔斯社发表声明，推翻了苏联的一贯立场，承认“斯大林主义”对卡廷屠杀承担责任，并利用这一事件案，大肆抹黑苏联社会主义制度。苏联解体第二年，俄首任总统叶利钦派特使向波兰方转交了关于卡廷事件的“绝密档案”材料，进一步“坐实”卡廷屠杀是“苏联所为”。这意味着，卡廷事件先后两次被苏、俄最高领导人“尘埃落定”，提出相反意见，无异于“蚍蜉撼树”，搞不好，还会落个“晚节不保”和身败名裂的下场。但以下因素促使他反其道而行之。

其一，自1990年发表关于卡廷事件的塔斯社声明后，苏、俄学界对卡廷事件的争论始终没有停止，而且，支持官方说法的学者在辩论中并不占上风，甚至不敢参加2010年在国家杜马举办的探讨卡廷悲剧的圆桌会议。俄独立学者调查和已经掌握的事实和证据，包括权威鉴定机构出具的证据，不仅证明在卡廷屠杀波兰军官的元凶是德国法西斯分子，还有很大的把握肯定，关于苏联屠杀两万多波兰军官的所谓“绝密档案”文件，伪造的可能性极大。与此形成鲜明对照的是，苏联军事总检察院、俄罗斯军事总检察院自1990年开始对卡廷事件立案侦查至2004年“结案”，前后长达14年，形成的侦查文件多达180卷，竟然没有任何文件证据证明波兰军官被苏联杀害；部分案卷以及卡廷刑事案“结案”决议，竟因“涉密”，至今不能公开。这让研究人员大跌眼镜：苏联屠杀两万多波兰人的“绝密档案”文件公开了，而证明苏联犯罪的“卡廷刑事案”案卷和结案“决议”却不能公开？！

其二，2005 年后，俄官方对卡廷事件的立场悄然发生变化。比如，俄司法部自2010 年以来向欧洲人权法院提交的涉及卡廷事件的三份“备忘录”，实际上否认了苏联“大规模”屠杀波兰人的指控，甚至还对德国 1943 年“掘尸检验”的伪造行为揭露无余。但官方立场的变化，除少数研究人员外，普通俄罗斯人并不知情，即“对外不对内”。这让俄国内关于卡廷事件的争论更加激烈。但在我国，所看到和听到的关于该事件的分析、评论和报道，除了重复90 年代官方说法外，没有人涉及无果而终的“卡廷”刑事案；也没有人跟踪和关注官方立场的变化；更没有人介绍俄独立学者关于卡廷事件的重要研究成果。

卡廷事件，其发生、发展和苏联、俄罗斯对该事件立场的反转，很大程度上反映着两种意识形态和两种社会制度之间的激烈斗争。探索和查明这一争议事件的历史真相，将不同观点介绍到中国，对于中国学者，不是“与我无关”，而是责无旁贷。

为此，近几年，他集中精力，查阅了俄国内外大量不同观点的文章和专著，编译和撰写了一批研究报告，包括《卡廷事件——2010：掀开新的一页，还是……》《卡廷事件 100 问》《“卡廷秘密”：俄罗斯独立专家研究卡廷事件的一部力作》《俄独立调查人员关于“卡廷事件”绝密文件的调查》以及《卡廷大屠杀是纳粹德国嫁祸于苏联的伪造事件》等。其中，译文《卡廷事件——2010：掀开新的一页，还是……》获得了社科院优秀对策信息报告三等奖。此外，他还在出版前景堪忧的形势下，完成了600 页俄文专著《卡廷事件：谎言与真相》的翻译。

当然，由于俄官方对卡廷事件已“盖棺论定”（其立场虽然有变，但暂时“对外不对内”），在中国刊物发表不同观点的文章或译文，其难度可想而知。但他始终认为，研究和探索卡廷事件真相，无论俄罗斯还是中国，都是学术问题，不同观点的交锋和争论，有助于查明历史事件真相，应鼓励和提倡。臭名昭著的戈培尔有一句名言：谎言重复一千遍就成了真理。卡廷事件在苏联和俄罗斯的命运，似乎再次验证了戈培尔的所谓“英明”与“正确”。但为追求真理前仆后继的俄独立学者最热捧的俄罗斯谚语是：真相永远不会改变，谎言终将成为历史。对此，马维先深信不疑。

李树琦（1942 年 11 月—　）

工作·学习·写作

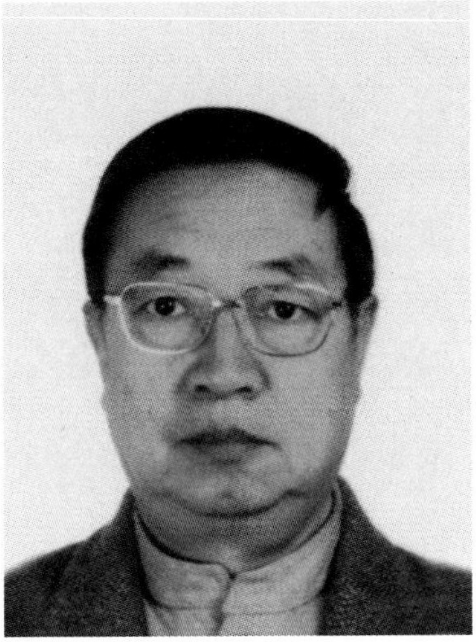

李树琦，中国社会科学出版社编审。天津市人。1978 年考入中国社科院研究生院，师从逻辑学家沈有鼎教授。1981 年毕业，获硕士学位。同年到中国社会科学出版社做编辑工作。1993 年晋升为编审，享受国务院政府特殊津贴。曾任哲学编辑室主任。在本职工作中，他支持突破性科研成果，加强中国传统文化选题的出书特色，担任责编的《党员教育概论》获中宣部教育图书一等奖。在科研上也有较多成果，如合著《归纳逻辑导引》（上海版）和《战后日本哲学思想概论》（中编版）等。翻译著作 90 余万字，发表论文 40 余篇。2003 年退休。

李树琦退休后又被中国社科出版社返聘8年，先后处理了30多部书稿，并参与多部大型系列图书编辑工作。他的编辑不仅仅是文字加工，还常常带有研究性质。比如《杜敬集》的作者杜敬同志是中国社科院的老干部、老学者，他邀请李树琦在书前写一写“编者的话”。于是李树琦从学术视角重新研读杜老的著作，从4个方面写出5000多字的专题论文，特别突出“立足哲学思维高度，运用唯物辩证法将各种问题分析得清澈透明”这一方面。杜老非常满意，书出后广送友人。杜老反馈的意见是：“多少朋友都说编者的话使我的书格外增彩。”

李树琦退休后陆续发表了20余篇学术论文和文学散文，主要刊于《中国社会科学报》《北京青年报》等。

在哲学方面。李树琦的文章有《论“知”的艰难》《“现实”来自历史》《说昙论“道”》等。这些文章都是结合实际阐说哲学问题。比如《论“知”的艰难》，讲他参观一处眼镜博物展，看到中国历史上从宋代以后都是“手提式”“夹鼻式”眼镜，直到清代雍正年间，人们才发现自己还有两个耳朵可以挂住眼镜腿，于是才创生了“挂耳式”眼镜，前后历时500年。人的眼和耳朵如此邻近，“知”却艰难如攀山涉水。他由此联想到，日常生活中许多显见而公认的事和理，人们却视而不见，听而不闻。比如为了眼前利益而破坏自然环境，损伤绿水青山，结果深受水文失调、气候恶化等自然界的惩罚。人们在血的教训中才认识到保护自然的重要性，才认识到“绿水青山就是金山银山”的大哲学。

在逻辑学方面。李树琦的文章有《对哥德尔不完全性定理的新理解》《逻辑推理与科学精神》《对中国古代矛盾命题的思考》《从“如A则B”句式看语言的工具性》等。这些

李树琦读书照

文章在《中国社会科学院院报》刊登后，社科网等又多方转载，影响较广。比如《对哥德尔不完全性定理的新理解》一篇，哥德尔是现代数学与逻辑学大家，他的挚友是爱因斯坦，其不完全性定理是用数学方法进行严格证明和阐述的，学习和理解非常艰难。但是这个定理在数学、物理学特别是哲学社会科学界影响巨大，所以李树琦又从头仔细研究哥德尔生平和这个定理本身，努力用简洁直白的自然语言试着讲出对不完全性定理所具哲学意义的直观表达。比如定理一：如果某系统是无矛盾的并且能和自然数挂钩，那么此系统必定是不完全的（已有严格的数学证明）；扩展理解，不仅数学系统，其他理论系统，其他自然或社会中存在的各种系统也绝无十全十美，表现为不完全性特点，因此，必须深知

“天外有天”的道理，力避“唯我至高”的思想方法。这种通俗表述把艰深的哥德尔不完全性定理的哲学意义大众化、实用化。

李树琦的部分成果

在语言与编辑方面。李树琦的文章写得有血有肉。有《百炼成句》《关于汉字的“文本”》等。特别是《提倡“惜墨如金”》一文列举了不少实例：如英国经济学家科斯，在23年里只发表了两篇短短的论文，但其中就有学界称誉的“科斯定理”，因而一举拿下诺贝尔经济学奖；又如哥德尔足可成为大家名人的，就是哥德尔1931年发表“不完全性定理”的辉煌论文。李树琦的导师沈有鼎先生享誉中外，著名的“沈氏悖论”在先生的笔下，也仅用了一两篇很小的短论。其《墨辩的逻辑学》乃是中国逻辑史的奠基之作，也仅有6万多字，而且是沈先生著作中最长篇了。文中批评了学界那些粗制滥造、长篇海说之作如“冬储大白菜”，时间一长就会从底下往上烂成了垃圾。真正学者绝不屑于此，他们靠的是潜心研究，匠心提炼，苦心追求一点点金子般的精华。

李树琦认为，作为知识分子，我们的人格底线是爱国爱家。应该对生活抱积极感悟的态度，用笔头写出正能量的文章，以感染周围的人。

《我的小脚儿老母》一文，就是平实地赞颂了105岁老母的一生。文章在《院报》的显著位置上刊出后，李树琦的几位老师和同学打来电话都说好。一位前任副院长亲口对他说："我读过很多散文，你这篇散文可真的打动了我。"后来，李树琦又发表《母亲的无字禅书》，写出了天下母亲坚韧的人格和无言的爱，表达了自己爱母的良知。

李树琦的大女儿在日本生活20多年了，他同夫人多次到日本探望。散文《此乃一种"默傲"》真实地写出了日本导游的英语能力之差。李树琦后来听女婿说，那个公司老板的儿子，从加拿大留学回国后当自家的"二掌柜"，遇到外宾来访却不敢上阵，因为英语顶不上去，那是靠钱养起来的"爷"。在日本，女儿家门前窗台上摆一花瓶，上插一面半尺大小的五星小国旗，郑重地向人们告知：这里居住的是中国人！这是一种骨气，一种自信。鲁迅早年所写中国学子在国外考了好成绩也遭人白眼、怀疑的时代，一去不复返了！中国学子在国外默然傲骨，埋头苦干，心向祖国。他认为，当代中国人普遍焕发的民族自豪感，恰恰是我们自立于世界民族之林的软实力！这篇文章在《院报》刊出，文题是大号黑体字，赫然醒目。文中"默傲"的说法不见于各种工具书，它是作者深有感触，从心底突然迸发出来的"新词"吧！

（周用宜）

陶文钊（1943 年 2 月—　）

让学术生命之树常青

陶文钊，生于浙江绍兴，1964 年毕业于杭州大学（现浙江大学）外语系，旋即分配到中国科学院哲学社会科学部近代史研究所工作。1982 年 10 月至 1984 年 10 月作为国家公派学者赴美国乔治敦大学等处进修，研究 20 世纪三四十年代的中美关系。1994 年调到中国社会科学院美国研究所工作，任副所长、中华美国学会秘书长等职，至 2003 年卸任，仍担任中美关系史专业研究委员会会长，至 2012 年卸任。主要从事中国近代对外关系史、中美关系从历史到现状的研究，代表作有《中美关系史，1911—1950》（44 万字，重庆出版社 1993 年版），学界前辈、近代史所老所长刘大年教授肯定本书在坚持正确的方向和学术标准两方面“都是做得好的”，并亲自推荐其参加院优秀科研成果评奖，该书1996年获院第二届优秀科研成果奖；《中美关系史，1949—1972》（主编，42.4万字，上海人民出版社1999年版，2002年获院优秀科研成果二等奖）；2004年上海人民出版社把《中美关系史，1972—2000》（56万字）与前面两卷合在一起，出版了三卷本《中美关系史，1911—2000》。该书获得2003—2005年度上海图书奖一等奖、第十九届华东地区优秀哲学社会科学图书二等奖。1992年起享受国务院特殊津贴，1999年获国家人事部有突出贡献的中青年专家称号。

陶文钊教授自2010年1月退休后，仍笔耕不辍，继续从事中美关系、台湾史的研究，发表了大量著作，受到学术界的欢迎。台湾自古以来是中国领土，但至今国家仍未实现统一，岛内和国际上又制造了一些噪声。为了从历史上、学理上论证台湾是中国的一部分，并从学术上推动台湾问题的研究，社科院学部委员、近代史所前所长张海鹏研究员牵头成立了一项院重大课题“台湾史研究”，邀请陶文钊教授加盟。作为近代史所的老人，陶文钊教授当仁不让。2010年《台湾简史》由江苏凤凰出版社出版，陶文钊教授是第二主编。鉴于该书的现实意义和学术意义，外文出版社将其译成英文，并于2014年出版（Zhang Haipeng，Tao Wenzhao，*A History of Taiwan—From Prehistory to Present*，Foreign Language Press，2014）。2012年两卷本的《台湾史稿》（108万字）由凤凰出版社出版，陶文钊教授也是第二主编。该书于2016年获社科院第九届优秀科研成果二等奖。

在决定美国公共政策的诸多因素中，思想库无疑是一个重要因素。美国思想库数量众多，占了全球的近30%；对政府政策影响广泛、深刻，从某种程度上是政策的策源地；而且由于美国两党制的特点，实行旋转门制度，思想库又是政府官员的“蓄水池”。要深入研究美国对华政策，思想库的作用是一个重要方面。陶文钊教授主持了一个研究美国思想库的社科院重点课题，经过美国所内外六位学者数年努力，《美国思想库与冷战后美国对华政策》（48 万余字）于 2014 年由中国社会科学出版社出版。该书比较全面、深入地剖析了思想库在美国对台湾政策、对华经贸政策、人权政策、环境与能源政策等方面的主张和影响，并对思想库在对华政策大辩论中的角色进行了阐述，使对冷战后中美关系的研究从一个角度有所深入。该书被院科研局评为2014 年度创新工程重大科研成果（基础理论）之一，并获得第七届离退休科研人员优秀科研成果三等奖。2018 年新加坡斯普林格出版社翻译出版了英文版（Wenzhao Tao，ed.，The US Policy Making Process for the Post Cold War China. The Role of US Think Tanks and Diplomacy，Springer，2018）。

《中美关系史》三卷本自出版以来受到学术界欢迎，并引起出版界重视。外文出版社希望将此书翻译成英文出版，但三卷 130 余万字，显然不可能全书照译。于是出版社要求作者将三卷浓缩成一卷30 万字。浓缩不是难事，费事的是把那些引证的英文材料一处一处地查回原文。有的材料北京找不到，他就托朋友到外地去找；有的国内找不到，托朋友到美国去找。终于保证了所有引用的英文材料都找到了原来的出处，保证了书的质量。2015 年《简明中美关系史》英文版出版（Tao Wenzhao，*A Brief History of China-U. S. Relations*，1784—2013，Foreign Language Press，2015）。外文局局长周明伟亲自参加了该书新书发布会，并予以充分肯定。该书被社科院科研局评为2015年度创新工程重大科研成果（基础理论）之一。由于三卷本《中美关系史》出版后的十年中，社会认可度颇高，国内许多高校都用它作硕士生、博士生的教材或教学参考书，社会上仍有需要，所以出版社希望作者进行一次修订。陶文钊教授进行了认真的修订和补充，修订本于2016年出版，并获得2017年第三十一届华东地区优秀哲学社会科学图书一等奖。在2017年2月的新书发布会上，与会的上海史学界、国际关系学界同仁充分肯定本书的学术价值。复旦大学教授金光耀说，该书在中美关系史研究的学术史上“是一根重要的标杆”，它对中美关系史上许多问题的研究突破了原有的观点和说法，为后来的研究者树立了榜样，提供了范例。

陶文钊的著作

在奥巴马执政时期美国实行亚太“再平衡”战略，加强了对中国的牵制和平衡，中美两国能否走出大国冲突的宿命成为政界、学界和普通民众都很关心的话题。陶文钊教授对此自然特别关注。他申请了社科院学部委员创新课题，并于2014年完成。中国社会科学出版社于2016年出版了《破解大国冲突的宿命——中美新型大国关系研究》，并且出版社已经与新加坡斯普林格出版社订立合同，拟将此书翻译成英文出版。

进入21世纪，中美关系一个明显的特点是两国关系远远超越了双边的范畴，包含了越来越多的地区和全球问题，中美关系的全球意义更突出了，它也变得更加错综复杂；布什时期与奥巴马时期的对华政策又有许多不同，特征都很明显、突出，还有不少富有戏剧性的事件。中美关系的新发展使陶文钊教授产生了强烈的冲动，要把21世纪以来的两国关系记录下来，作为前三卷的续集，他把它视为自己的使命。这一卷中美关系完全是当代史了，写起来自有它的难处。但这16年的事情是笔者目睹的，有的事情还多少有点参与，有切身感受；对这段时间的两国关系一直都跟踪下来了，了解事情的来龙去脉，也积累了不少材料；这些年里与一些参与决策的美方官员和了解内情的学者接触不少，从他们那里得到许多有用的信息；中方已经卸任的外交官的回忆录也很有帮助。这样，从2015年到2018年，陶文钊教授集中精力，又完成了一个社科院学部委员创新课题，撰写了《中美关系史，2001—2016》（50万字），本书即将由上海人民出版社出版。与此同时，在退休后的十几年里，陶文钊教授不仅发表了大量关于中美关系的论文、时评，还进一步拓展了自己的研究领域，撰写了关于美国中东政策的论文（《布什政府的中东政策研究》，《美国研究》2008 年第 4 期，获第四届院离退休人员优秀科研成果二等奖）、美日同盟的论文（《冷战后美日同盟的三次调整》，《美国研究》2015 年第 4 期）、美俄关系的论文（《北约东扩与美俄关系，1993—1997》，《世界经济与政治》2018 年第 10 期；《苏联解体后美俄管理核武器扩散的经验与启发》，《国际关系研究》2018 年第 5 期）。

虽然由于年事渐高，参加学术活动不如以前那么多了，但陶文钊教授深知，要使学术生命之树常青，保持与中美双方学术界的联系是至关重要的。所以，这些年来，他参加了一些重要的学术交流活动，如 2015 年 9 月参加国务院新闻办组织的中国智库美国行，在哈佛大学与美国学者就反法西斯战争中的东方战场进行交流；2017 年 5 月参加国新办、中国社科院、世界粮食奖基金会共同组织的中美关系讨论会，访问了艾奥华州的“中美友谊小屋”和金伯利农场；2018 年 11 月至 2019 年 1 月在南京、北京、上海和美国亚特兰大参加了由解放军国防科技大学国际关系学院、中国社科院美国研究所、对外友协、复旦大学、美国卡特中心等单位举办的纪念中美关系正常化 40 周年的系列活动，等等。为进一步深入研究进行着更为充分的准备。

邓敏文（1943 年 2 月—　）

为侗族大歌和软田糯稻奔走呼号

邓敏文，侗族，生于贵州省黎平县竹坪村，1967 年 7 月毕业于中央民族学院少数民族语言文学系，1980 年考入中国社会科学院少数民族文学研究所从事民族文学及相关文化研究工作。曾任助理研究员、副研究员、研究员、研究室主任和党总支副书记等。曾参与主持国家重点项目《中国少数民族文学史丛书》和本院重大项目《中国南方民族文学关系史》《中国少数民族口头文学资料丛编》等。1988 年 4 月获国务院授予“全国民族团结进步先进个人称号”，1993 年 10 月开始享受国务院颁发的政府特殊津贴。2003 年退休后回原籍从事侗族大歌及软田糯稻保护和传承工作至今。

2003 年邓敏文从民族文学研究所退休后，即和老伴龙月江（民纹所退休人员）回自己的家乡——贵州省黎平县岩洞镇岩洞村协助当地政府从事侗族大歌和软田糯稻保护和传承工作。

侗族大歌是一种多声部、无指挥、无伴奏、无固定曲谱的民间合唱艺术，侗语称之为 Kgal Laox（大歌）。侗族大歌是目前世界上十分罕见的、保存最为完好的多声部民间合唱音乐，是中外民族民间音乐宝库中的珍品。

随着改革开放的逐步扩大和深入，外来文化和现代文化逐步涌入侗乡，侗族大歌也和其他传统文化一样面临消失和后继无人的困境。为了抢救和保护侗族大歌，邓敏文于 2000 年 4 月在他创办的《侗人网》的前身《侗人快讯》上发出《救救大歌》的呼喊。为了培养侗族大歌后继人才，2002 年 10 月，他又和当地政府一起在岩洞中学创办“侗族大歌人才培训基地”，并将侗族大歌正式引进学校音乐教学之中。2003 年，在国际福特基金会的支持和赞助下，他又和当地政府一起开始实施《侗族大歌抢救、保护、继承与发展项目》，并在岩洞镇岩洞村先后创建了“侗族大歌保护基地”和“侗人文化家园”等。为了扩大侗族大歌的影响和传承途径，他们还多次协助当地政府举办“侗族大歌师资培训班”“侗族大歌赛”“侗族大歌巡回演出”，等等。与此同时，他们还积极协助当地政府将侗族大歌申报为国家和世界“非物质文化遗产”，邓敏文亲自参与“申遗文本”的起草和修改工作。经过多年的共同努力，侗族大歌于 2009 年 9 月终于被联合国教科文组织批准列入“人类非物质文化遗产代表作名录”，侗族人民的天才创造和艺术成果终于得到了世界各国人民的认可。喜讯传来，侗乡人民杀猪宰羊，唱歌“哆耶”（集体歌舞)，热烈庆祝侗人文化发展史上的这一光辉历程。

邓敏文在家乡

在保护侗族大歌及相关文化的实践中，邓敏文等人还意外地发现：历史上侗族大歌主要流传于侗语南部方言第二土语区，而这一地区的侗族农民在历史上主要是经营软田和种植糯稻。经深入调研，他们还得知：1958 年以前，侗语南部方言区的软田糯稻几乎占当地稻田总面积的 80% 以上。由此他们得出结论：独特的侗族大歌是在独特的侗人经济——软田糯稻的基础上产生和发展起来的。要保护好侗族大歌，必须保护好侗族大歌赖以生存的经济基础——软田糯稻。于是，从 2004 年开始，他们便在保护侗族大歌的同时又致力于软田糯稻的调研与保护工作。

糯稻俗称“禾糯”或“香禾糯”，侗语称 Kgoux Miangc (穗稻)、Kgoux Tanp (摘稻) 等。糯稻种植的历史非常悠

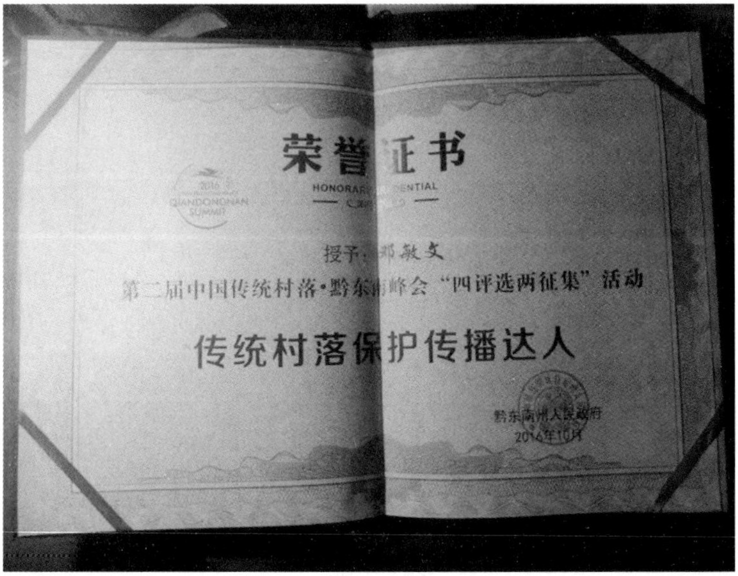

邓敏文获奖

久，大约成书于周秦时代的《山海经·南山经》已经有“其祠之礼……糈用稌米”的记载。“糈（xǔ）”是祭祀神灵专用的精米；“稌（tú）米”就是糯米。由此可知，糯稻种植的历史至今已经有3000年以上。如今，侗族人民仍然习惯用糯米饭或糯米酒祭祀祖先或其他神灵。1958年以前，黎平、从江、榕江等侗语南部方言区种植糯稻的稻田占当地稻田总面积的80%以上。不同名称、不同颜色、不同特性的糯稻品种不计其数。1958年以后，尤其是1980年各地大力推广种杂交水稻之后，侗乡各地种植糯稻的稻田面积迅速减少，许多传统糯稻品种也濒临绝灭。

为了保护这些珍贵稻种，他们从2004年开始，在保护侗族大歌的同时采集传统糯稻品种并在黎平岩洞、竹坪、坑洞、黄冈等地进行保育实验种植。至2018年秋，他们已先后在黎、从、榕等侗族聚居区采集到不同的糯稻样品62种。经过十多年的保育实验种植，他们对这些糯稻品种的民间称谓、植株外观、生长期、产量高低、米质优劣等进行了多方面的初步鉴别。在鉴别过程中，考虑到民间称谓比较复杂，如同一品种各地叫法不同，不同品种一些地方又叫法相同，甚至有的品种现在已经不知道叫什么名字，干脆就叫“无名禾”，等等。为了避免混乱，方便对比，他们根据采集时间先后分别称之为“侗糯1号”“侗糯2号”“侗糯3号”，直至“侗糯62号”。

传统糯稻虽然产量较低，一般只有杂交稻产量的70%左右。但目前市面上的传统糯米每公斤至少在10元以上，而普通大米每公斤只有5元左右。如能充分利用传统糯米的支链结构和糯性特点，将其加工成糯米酒、糯米方便食品或糯米健康食品，其价值将翻番。此外，糯稻根可以入药，糯稻秆可以喂牛，糯稻草可以制碱或编织其他工艺品。如再加上稻田鱼、稻田鸭等农副产品，每亩产值可高达四五千元人民币以上。更为重要的是，传统糯稻排斥无机化肥和无机农药，越施化肥，产量越低，施用农药就会把稻田里的鱼、虾、青蛙、泥鳅、黄鳝等毒死，所以糯稻田一般都不用无机农药。这对生态环境的保护无疑具有非常积极的重要意义。传统糯稻可以自己留种，这样不但可以降低生产成本，也能避免稻种在“垄断”供销过程中出现意外而遭不测，确保粮食安全。

他们已经知道，袁隆平等人的杂交水稻是选用两个在遗传上有一定差异，但它们的优良性状又能互补的水稻品种来进行杂交，从而生产出具有杂种优势的优良稻种，解决了数十亿人口的吃饭问题。但袁隆平他们所选用的两个在遗传上有一定差异又能互补的优良稻种不是凭空而来，而是从现实世界中的野生稻或人工栽培稻中选择“母本”和“父本”。没有父母将断子绝孙！如此众多、特性各异的原生糯稻能否为今世或后世的“杂交稻”提供更多的“母本”或“父本”？让水稻家族更加繁荣兴旺，他们正拭目以待！

传统糯稻一般都种植在一年四季都蓄水的糯稻田里，侗语称之为 Yav Mas（软田）。软田一般都不用犁田、耙田，秋收后将剩余的糯稻秆踩进泥里，糯稻秆经泥水浸泡腐烂就是来年种植糯稻的底肥。春天再从山上割些嫩草或嫩树叶（俗称秧青）踩进软田里，就是很好的有机肥。由于传统糯稻植株较高，不怕水淹，不用晒田，可在软田里积蓄深水养鱼养鸭。鱼可以把稻苗根部的害虫吃掉，鸭子可以吃掉稻叶上的害虫。鱼和鸭子还可以吃掉稻田里的杂草，疏松稻苗根部的土壤，搅拌并调节稻田里的水温。鸭子的粪便可以成为鱼的饲料，鱼的粪便可以成为糯稻的肥料。这种传统耕作制度，为现代生态循环农业提供了广阔的发展前景。

软田四季蓄水，天下雨了，软田把雨水积蓄起来，相当于无数个微型水库。而这些微型水库都是就地将雨水分散积蓄，避免了像大中型水库那样对自然生态和人文生态的人为破坏，即便有天灾人祸，如地震、战争等，也不会造成重大灾难。软田广阔的分布格局，既可以不断地将水渗透到地底，不断地补充“地下水”；又可以不断地汽化升腾，不断地补充“天上水”。“天上水”变成雨雪，降落到软田里；“地下水”变成泉水，不断流进软田里。殊途同归，往复来回，形成了侗乡所特有的自然水循环系统。

软田实际是一种人工湿地，但又与普通的沼泽湿地有所不同。侗家人的软田是沿着山坡逐级提升，层层叠叠，形成立体式的梯级分布。这种分布格局不仅保证了山有多高水有多深的自然水供水系统正常运行，也保证了不同海拔高度动植物对水的需求，保护了生物的多样性。软田的梯级分布，不仅大大降低了人类对自然生态环境的破坏，也保证了地表水的清洁卫生及防洪防涝。如天下大雨，雨水经过层层梯田的积蓄，沉淀，渗透，避免了泥沙俱下水土流失的情况发生，减少了流域内江河湖海水源的含沙量。侗乡的青山绿水就是这样来的。

转眼十多年过去了，如今侗族大歌已经于2009年被联合国教科文组织批准列入“人类非物质文化遗产代表作名录”；软田糯稻（稻鱼鸭共生系统）也已经于2011年被联合国粮农组织选入“全球重要农业文化遗产”。邓敏文和老伴龙月江共同承担的社科院离退休干部工作局科研项目——《侗族大歌生存研究》已经于2018年正式通过评审结项。他们的自选项目——《独特的生态产业——软田糯稻》也将于2019年9月底以前脱稿。这些工作和研究成果，已经或正在受到当地各级政府的广泛重视，正在对当地经济文化建设和脱贫攻坚产生积极的促进作用。2016年10月，邓敏文被贵州省黔东南苗族侗族自治州人民政府授予“传统村落保护传播达人”，邓敏文夫妇的身心也在这青山绿水中获得了健康和快乐。

李毓芳（1943 年 4 月—　）

退而不休追梦人

李毓芳，女，北京人。1967 年北京大学历史系考古专业毕业。1979 进入社科院考古研究所。现任研究员。曾任考古所汉长安城考古队队长、阿房宫考古队领队。李毓芳长期从事中国考古学汉唐考古、中国古代都城与帝陵考古学，田野考古发掘与研究。几十年如一日，坚持工作在田野考古第一线，曾被《中国文物报》誉为“大地的女儿”。先后参加和主持了汉长陵陪葬墓发掘、秦都咸阳考古勘探与发掘、汉唐帝陵的考古调查与发掘、秦汉栎阳故城遗址勘查与发掘、汉长安城遗址勘探与发掘、秦阿房宫遗址勘探与发掘。通过对阿房宫遗址的考古工作，纠正了两千年来关于阿房宫的历史，受到国内外学术界及新华社、中央电视台、人民日报等多家中央新闻媒体的极大关注。被授予全国“巾帼建功”先进个人、中国社会科学院优秀党员等荣誉。2003 年 5 月退休。

结束两千多年来阿房宫是否被项羽所烧的争论

为落实李岚清副总理：“赶快做好阿房宫的调查工作，以便进行保护”的指示精神，2002 年国家文物局决定成立考古队开展阿房宫的考古工作。于是，这项重大的考古工作任务交付给对宫殿发掘经验丰富的李毓芳。此时，距她退休仅有一年时间。她又义无反顾又投身到田野考古之中。此后的七年间，李毓芳和她的队员们进驻发掘工地，风餐露宿，并多次遇到不法分子捣乱滋事。然而，她始终坚守考古人的职责和信念，克服重重困难，圆满地完成了国家文物局交付的秦阿房宫考古工作任务。经过考古发掘和田野调查，她主持的阿房宫考古队得出了秦阿房宫既没有建成亦未被火烧的结论。此成果，经由新华社、中央人民广播电台、中央电视台各频道、《人民日报》、《光明日报》、《人民政协报》以及各省市电视台、报刊等都做了详尽报道，中央电视台还拍了七个专题片滚动播出。《新华文摘》还全文转载了她为《文史知识》写的专题文章。央视《发现之旅》《走近科学》《讲述》等栏目组都以这个主题在当年就拍了专题片。秦阿房宫既未建成亦未被焚毁的结论在国内外引起了很大的轰动，完全颠覆了以往流传千年的秦始皇建阿房宫，并被项羽焚毁的传说。2010 年，人民出版社出版的《中国考古发现与研究》（1949—2009 年）一书中，充分肯定了秦阿房宫遗址考古的最新成果。同年，中国社会科学出版社出版的《中国考古学·秦汉卷》一书中，采信了秦阿房宫并未建成和未被焚毁的科学结论。中国社会科学院历史所编纂的最新历史书《中国通史读本》，也认同了她的研究成果。2012 年国家文物局根据李毓芳等人成果，制定出《关于阿房宫遗址的保护规划》。至此关于阿房宫的结论得到了国家正式承认。

三米多高巨著《汉长安城未央宫骨签》面世

1986—1987 年，中国社会科学院考古研究所汉长安城考古队发掘了未央宫中央官署建筑遗址，出土了6 万多片骨签。对此，新华社刊发了消息，《人民日报》和海外版以及《光明日报》等各大报刊都进行了报道。这一重大考古发现引起学术界巨大反响。殊不知这一重大发现的背后，凝结着李毓芳与考古工作者的诸多心血。

李毓芳与刘庆柱作为汉长安城考古队未央宫中央官署建筑遗址项目发掘工作的主持人和主要发掘者，1986 年春天在汉长安城内的前殿遗址西北 850 米、卢家口村东 100 米处钻探出了一座大型建筑遗址。出土了不少建筑材料和数百片骨签。因土锈太重，把骨签运回西安考古研究室（考古所的派出单位）进行清洗，去掉土锈后，一个骨签上显出了一行字体，李毓芳敏锐地感觉到这将是一个重大考古发现，立即跑到院子里高喊刘庆柱（时任西安考古研究室主任、汉长安城队队长、发掘工作的主要参加者，是李毓芳的爱人）说："快来看，骨签上出字了!"刘庆柱看了以后，高兴得合不上嘴，立即要求工人更加细心地进行清洗。在所有围观的人的关注下，清洗后的骨签上的字显现得越来越多，从一行到六行字（40 多字）不同类型的骨签，还有未刻字的骨片，大家惊呼，兴奋喜悦之情难以言表。考古队马上向考古所进行了汇报，决定1986年秋天对该遗址进行正式发掘。未央宫三号建筑遗址的发掘清理工作于1987年4月底结束，出土了6万多片骨签和上千件包括建筑材料、生产工具、生活用具、兵器等文物。随后又开始了几年紧张的考古资料整理研究工作。因骨签上的字体很小，字迹模糊，辨认起来非常困难。当时没有电脑等现代化设备，她和丈夫刘庆柱先生只能靠2.5倍放大镜进行骨签释文工作，才40岁出头都开始戴老花镜了。为给骨签照相，考古队花了300元钱买了一个海鸥牌照相机，决定先照一万多片骨签，每片二张，因为量太大，为了省胶卷钱，李毓芳就通过一个在西影厂的熟人买了多盘电影胶片用于拍骨签，效果不错，还节约了一大笔钱。由于时间紧、任务重，每天都要连照带洗印干到晚上12点，当时的劳动强度可想而知。

发掘工作结束后，又经过多年奋战，2019年1月刘庆柱任主编，李毓芳、刘瑞任副主编的《汉长安城未央宫骨签》（一套90册）正式出版。摞起来有三米多高，大家笑称：90册书的高度正好是刘先生和李老师的身高总和。骨签的出版，是中国考古出土文献研究中的空前的，大体量的，意义深远的巨著，对中国年代学、古文字学、档案学、军事学（兵器史）、书法史、手工业史、职官研究等有着重要的研究价值。从骨签的发掘、整理到最后结集出版是以李毓芳为代表的考古工作者的心血结晶，也是考古工作者对社会的无私奉献。

惊现丝绸之路第一桥、巧遇西周都城镐京

2011年，由刘瑞任队长、李毓芳为骨干成员的阿房宫与

上林苑考古队成立。次年 7 月，与陕西省考古研究院、西安市考古研究院联合组成了渭河古桥址发掘队，正式开始了对渭河古桥的发掘工作。到目前为止，共发现了七座大桥。这些桥梁始建于秦汉，一直沿用到宋代，是世界上最古老的规模最大的桥梁。而且是张骞通西域走过的大桥，即丝绸之路第一桥。渭河桥梁的发现，为中国古代桥梁史增添了浓墨重彩的一页。新华社、光明日报、中央电视台、省市电视台各大报纸等几十家媒体都对此进行专题报道。这在中国乃至国际考古界都产生很大影响。国内同行及国际友人纷纷前来参观，都感觉到非常震撼。现在对古桥址的发掘工作还在继续进行中。从 2012 年 9 月始至今，考古队正在继续进行另一项重大任务——汉武帝修建的昆明池钻探和发掘任务。在确定昆明池范围过程中，意外地找到了镐京的东侧壕沟，从而确定了西周首都镐京的东界。社科院历史所副所长王震忠称这是解决了几代人几十年没有解决的问题。2013 年 4 月，考古队又接受了西安市文物局交付的秦汉临时首都栎阳城的考古工作任务。2017 年，秦汉栎阳城遗址的发掘被评为当年的考古十大发现之一。

永不停歇的追梦人

退休后的李毓芳一直奋战在考古第一线。同时，继续进行科研工作。她发表的论著还有《阿房宫考古发现与研究》《秦汉上林苑：2004—2012 考古报告》（上下册）等。参加院重大课题《中国古代都城的考古发现与研究》，院重点课题秦汉卷的编写工作。并多次参加国际学术研讨会和参加考古专业学生的博士论文答辩工作。在内地、台湾作了多达四十多场关于秦阿房宫历史的学术报告。

李毓芳整天忙忙碌碌过得特别充实，所有生活内容都是围绕着钟爱的考古事业，考古工地就是她战斗的阵地，考古队员们就是她的家人。李毓芳，一个始终没有停止脚步的追梦人。她的全国“巾帼建功”先进称号，当之无愧！

谢保成（1943 年 9 月—　）

仍在治学路上

谢保成，祖籍北京房山良乡，出生在甘肃兰州。1966 年 7 月北京大学历史学系毕业，1981 年 9 月中国社会科学院研究生院历史系毕业到中国社会科学院历史研究所工作。任中国社会科学院历史研究所研究员、博士生导师，中国郭沫若研究会副会长、顾问。研究方向为中国史学史、隋唐五代史、20 世纪学术文化研究。2007 年 7 月退休。

2007 年 7 月谢保成退休，至今差不多 12 年整了。他仍继续从事科研工作，前八九年，主要完成在职期间未完的研究，以展现中国史学的博大体系，构建中国史学史学科体系为追求，《增订中国史学史》出版是重要标志。后二三年，主要是发掘中华传统文化优良成分，为提升治国施政水平提供智慧滋养，解读"中华传统文化百部经典"《贞观政要》为具体体现。至2018年底，发表文章53篇（包括为他人主编著作中所写单篇），计约680千字；出版主要著作有《中国史学史》《贞观政要集校》《民国史学述论稿（1912—1949）》《龙虎斗与马牛风——论中国现代史学与史家》《中国近代思想家文库郭沫若卷》《传统史学与20世纪史学》《贞观政要解读》《贞观政要集校》等11部。

2006年10月，他主持编写的院重点课题《中国史学史》（三卷）出版，院科研局将其列为中国社会科学院建院30年"我国学术史研究的最重要成果"之一。出版之际，正值导师尹达先生百年诞辰学术研讨会召开，便赠送每位与会学者一套。会上、会后，与会的同人友好关心两点，一是后续部分何时出来，二是希望再版时改主编为独撰。他感觉这是对他的鼓励，一心只想尽快完成后续部分。

九个月之后，他正式退休。院老干部局高来发局长和现任局长刘红等三位同志来到他住在永安南里9号楼的家中探望、慰问，希望他安排好退休生活，继续为科研多做贡献。他表示自己"仍在治学路上"，还有一大堆事要做。慰问品中的"富光"保温杯，自2015年5月住院开始，因随时要喝温开水，一直使用至今。

随着"中国社会科学院研究生重点教材"工程启动，他被指定负责《中国史学史》教材的编写，便将上述三卷本专著按要求改写成一册教材出版。院科研局《学术动态》（成果版）专门约他写了一篇关于教材编写的文章发表。在5号楼他遇见刘红同志索要此书，几天后就将这退休后出版的第一本书相赠，并告知已在做后续的部分了。

后续的“20 世纪史学”，作为历史研究所重点课题早在退休之前即已立项，后又纳入院老年基金项目。经过五六年的潜心研究，至 2011 年、2012 年先后出版了《民国史学述论稿》《龙虎斗与马牛风——论中国现代史学和史家》两书，并多次应邀出席有关民国史学、王国维、郭沫若、陈垣、顾颉刚等的国际学术研讨会，或做主题报告，或做学术报告。其间，历史研究所卜宪群所长约他为其主编的《史学名著导读》撰稿。卜所长见面时说的印象最深的一句话，就是“知道你退了比没退还忙”，可谓对他退休情况的基本概括。

谢保成退休 12 年出版著作 9 种 12 册

同时，商务印书馆希望他将先前的三册和民国的一册合成一部自“史”的起源至 20 世纪中期的贯通性中国史学史之作。此后的数年间，通过从事各断代史研究的朋友，通过在京、沪、蓉、津等地高校讲学、主持或参与博士论文答辩，以及各地来信、网上交流等多种渠道，不断获得关于修订《中国史学史》的意见。在这一过程中，确定了增订思路——阅读史书，撰写心得，条贯成编。书后所列“基本史书书目”300 种，是他撰写《增订中国史学史》所依据的基本史书书目。换句话说，他是通过重新系统地阅读这 300 种史书来认识中国史学的。自 2011 年 12 月起，在阅读和思考中逐渐形成《导言》所归纳的总体认识，逐一增补新的内容，修订原先执笔的成稿，不断调整编写结构，至 2014 年 7 月完成定稿，送交出版，并编成《传统史学与 20 世纪史学》，作为《增订中国史学史》（三卷四册）的概论，先期出版。

他从参加尹达先生主编《中国史学发展史》的撰写，到主编《中国史学史》，再到独撰《增订中国史学史》，前后整整 38 年，一直在思考史学史学科建设的基本问题。中国史学是中华民族历史文化遗产中与异域史学迥然有别的一门学科，最大限度地展现出对天人关系、山川风物、社会构成和学术文化的重视，形成中国史学与世界各国史学截然不同的理论体系和编纂体系。对于这自成一系并有丰富遗产的学科，必须从其自身的实际出发，仔细发掘、如实展现、科学总结。简单地套用适应于异域的理念、方法或曰“范式”来写中国史学史，不仅会造成诸多误解，还会遗漏相当多的重要内容，不可能如实地反映中国史学的客观实际。写中国史学的历史。他认为，一要如实而完整地展现中国史学固有的博大体系，二要有我们自己研究中国史学的学科体系。对异域史学不具备，异域史家不了解、理解不了，甚或弄错的地方，要给出符合中国史学实际的阐述、解说。他在新书发布会的发言（载《中国史研究动态》2017 年第 2 期），概括了他“仍在治学路上”前一段的主要收获和认识。《史学史研究》2017 年第 4 期刊发的对他的长篇访谈录，记述了他的治学之路和治学心得。

他在治学之余喜好旅游。2007 年 6 月到中国最北点漠河，回来后即告知退休，随后每年都要出游 2 至 3 次。最惬意的是与在成都的弟弟的两次“忆旧”游，一次游出生地兰州，西至青海，另一次自驾车作剑门蜀道行。最有意义的是台、澳、港三地游。2010 年 10 月中旬，作为院老干部局组织的第二批台湾行成员，偕老伴游宝岛 8 日。2014 年 11 月底，作为“特邀顾问”出席“澳门闻一多文化促进会”成立典礼，在促进会副会长陪同下畅游澳门 2 日。回京前转道香港，游览 2 日。术前最后一次出游，是 2015 年 4 月中俄边界绥芬河。

2015 年 5 月因食管鳞癌做开胸手术，养疴期间相继看完《传统史学与 20 世纪史学》《增订中国史学史》两书全部校样，至 2016 年 11 月召开新书发布会。其间，“中华传统文化百部经典”编委会邀他为《贞观政要》作解读。虽在病中，但弘扬中华传统文化，义不容辞，他当即表示接受。编委会考虑到他的身体状况，约定 2018 年交稿。在对《贞观政要》版本新的搜寻中，得见未曾见过的元、明刻本，再与日藏旧抄本比对，确定底本，全面校勘，进行点评，逐篇评论，写出导读。发掘其中所包含的天下为公、民惟邦本的思想，为政以德、德法相济的主张，富不忘贫、居安思危的观念，正己修身、慎独谦恭的修养，以及崇仁义、尽职守、求公平、守诚信、重教育、尊师长、尚和睦、讲友爱、倡俭约、反奢纵、远谗佞、戒贪鄙等中华传统文化的优良成分，为提升治国施政水平提供智慧滋养，是他“仍在治学路上”第二段的最主要收获。修订《贞观政要集校》，与《贞观政要解读》相辅而行，是此间又一重要收获。《解读》《集校》两书均在2019年出版，作为向新中国成立70周年奉献的厚礼。

他的郭沫若研究，以2014年6月中国郭沫若研究会换届为分界。前一段应邀领衔编著出版“国家出版基金项目”《中国近代思想家文库·郭沫若卷》，后一段负责整理编辑完成郭沫若校订《再生缘》前17卷（820千字），将作为《郭沫若全集补编》第8卷、第9卷。

谢保成就像一名冲锋陷阵的战士，始终奋战在科研前沿阵地。

冯今源（1944 年 1 月—　）

为人民做学问的不老“春蚕”

冯今源，回族。祖籍山东陵县，生于北京。1961 年 9 月至 1966 年 7 月，就读于中央民族学院民语系维吾尔语专业。曾先后在中国科学院哲学社会科学部文学所及杭州钢铁厂、石景山区教育局、石景山师范学校等单位工作。1978 年 9 月，考入中国社科院世界宗教所，从事中国伊斯兰教研究。1990 年 1 月起，专业方向改为当代中国宗教，任当代室主任，研究员，所工会主席。出版学术著作《中国的伊斯兰教》、《中国伊斯兰教史》（合著）、《三元集》，合作出版的还有《中国伊斯兰教史参考资料选编（1911—1949）》《伊斯兰教百问》等十余部，参加撰写的工具书有《宗教词典》《中国伊斯兰百科全书》等近十部，发表论文及调研报告数十篇。

1993 年起享受国务院特殊津贴。1990 年荣获全国民族团结进步先进个人称号，2002 年获北京市为“两个文明”做贡献先进个人称号，2003 年获首都民族团结先进个人称号，2004 年获中国社会科学院优秀共产党员先进个人荣誉称号。

冯今源于 2004 年 12 月底退休。他像一只不老的“春蚕”，生命不息，“吐丝”不止，比上班时更忙碌了！

他现任宗教所离退休党支部书记。2005 年 2 月，他在全所党员学习班上发言说：“在推进社会主义现代化建设和实现中华民族伟大复兴的历史进程中，我们中国社会科学院的党员学者任重道远，大有可为。我们一定要坚持解放思想、实事求是的原则，坚持理论联系实际的学风，老老实实地做人，踏踏实实地做事，扎扎实实地做学问，加强对全局性、前瞻性、战略性重大理论和实践问题的研究，练就一身过硬的学术本领，练就一双共产党员学者的慧眼，谦虚谨慎，戒骄戒躁，团结奋斗，开拓创新，争当哲学社会科学各个学科的学术带头人，成为与人民心贴心的专家学者，成为一名对祖国和人民有贡献的学问家。”他是这样说的，也是这样做的。

他笔耕不辍，写出大量深受民众欢迎的新作品。其中最具代表性的是，他主持完成的社科院重大科研项目《引导宗教与社会主义社会相适应的理论与实践》（中国社会科学出版社 2009 年 8 月出版），近 80 万字。该书在全面系统梳理中国五大宗教及民间信仰发展脉络、国际共运史上相关理论与实践的基础上，结合对 50 年来我国宗教政策及宗教发展历程的回顾与反思，对典型地区基督教、藏传佛教、伊斯兰教的田野调研，对新时期宗教领域面临的新情况、新问题进行总结与分析，系统提出引导宗教与社会主义社会相适应的理论依据、实践基础、表现形式、具体内容以及对引导主体的要求，对构建和谐社会中的宗教问题提出相应的意见与建议。国务院宗教局副局长蒋坚永、中央社会主义学院教授沈桂萍、中国社科院哲学所研究员李景源对该书的学术价值与现实意义给予了高度评价。

冯今源著《中国伊斯兰教概论》

2013 年 7 月中阿论坛期间，应主办单位宁夏回族自治区政府与中国民族报社邀请，冯今源在媒体吹风会上以《我国各族穆斯林是实现中国梦的重要力量》为题作主旨演讲。他从建党时期、长征时期、抗日战争时期、解放战争时期，一直讲到新中国成立至今，用大量历史事实阐释各族穆斯林的历史贡献。他说：“中国共产党92年的历史，就是全国各族人民在中国共产党的领导下，为中华民族的独立、解放、繁荣，为中国人民的自由、民主、幸福，为中国的改革、发展、稳定和中国特色社会主义现代化建设不断奋斗的历史，也是我国各族穆斯林与党风雨同舟、患难与共、前赴后继、共建大业的历史。无数实践证明，我国各族穆斯林是实现中华民族伟大复兴中国梦的一支重要力量。”这篇文章一经发表，不胫而走。四川成都、都江堰的穆斯林称赞“冯教授说出了我们的心里话”，他们纷纷翻印该文近千份并配上冯今源的照片，在当地广为宣传。

冯今源是国家哲学社会科学规划办专家库专家，在统战、民族、宗教、公安系统具有很高的知名度。退休以来，他先后应邀给解放军装甲兵司令部党委核心组及国防科工委核心组、中央统战部、国家宗教局、公安部、北京市委市政府、全国政协及各地政协、中央社会主义学院、各级统战民族宗教公安系统等单位组织的学习班、培训班搞讲座。他根据不同的听讲受众，从不同角度，有针对性地撰写讲座内容。给党政军警干部讲座时，他注重阐释共产党人应该如何正确坚持马克思主义宗教观，全面科学地认识宗教、处理宗教问题，全面正确贯彻落实党的宗教工作基本方针和政策，将广大信众团结在党和政府周围，为祖国现代化建设服务。给宗教界讲座时，他特别强调引导宗教界和信教群众坚持前辈爱国爱教的优良传统，加强自身建设，坚定不移走与社会主义社会相适应道路，为中华民族伟大复兴的中国梦贡献力量。他的讲座坚持正确的政治站位，准确把握政策，联系实际，深入浅出，很受大家的欢迎。

2017—2018 年，北京市公安局某支队不仅请他座谈，而且将他最新修订的《伊斯兰教百问》全文打印，人手一册，作为参考用书，还与他建立了微信群，随时与之交流。为此，他感到无上光荣。他说："能让自己的研究成果直接为首都社会稳定做出贡献，我感到欣慰！"

作为全国社科规划办档案专家，他对经手的每一个项目成果进行实事求是的鉴定，好就说好，不好就说不好，绝不敷衍。由于他工作认真负责，2008 年被记入全国哲学社会科学规划办"成果鉴定工作信誉良好专家档案"，列入"2008 年度获得国家社科基金申报加分奖励资格的专家名单"。此后一直到 2016 年，又多次被记入"成果鉴定工作认真负责的专家档案"。

作为我国著名伊斯兰教学者，他在伊斯兰世界也有一定影响。2016 年 6 月 8 日，伊朗伊斯兰大百科全书基金会总裁、《伊斯兰世界大百科全书》总主编古拉姆－阿里·汉达德－阿迪勒亲自致函冯今源，邀请他撰写"当代中国著名伊斯兰教学者、经学大师安士伟"的词条。他接受邀请，并提前完成定稿，受到伊朗朋友的称赞。

2011 年初，黄河出版传媒集团宁夏人民出版社决定出版"精品阿拉伯文、波斯文图书系列"，其中"伊斯兰文化类"包括冯今源的两部书稿：一是修订《中国的伊斯兰教》，二是撰写《中国伊斯兰教概论》。此后，他夜以继日地投入到修订和撰写工作中，用一年多的时间完成了任务。2013 年 3 月，两部书稿的阿文版正式出版，在阿拉伯世界产生了良好的社会影响，对讲好中国伊斯兰教故事、让阿拉伯世界了解中国伊斯兰历史文化，做出了贡献。2017 年 3 月，汉文版的《中国伊斯兰教概论》也正式发行。这是一部阐述中国伊斯兰教历史文化的著作，从称谓、民族、传入、清真寺、教派、古兰经、教育、团体、教务、朝觐、人物等不同角度进行论述，全面反映出我国伊斯兰教的中国风格和中国气派。

2012 年，在“中国·土耳其伊斯兰文化展”上，冯今源应邀作了《中国伊斯兰教本土化的经验与启示》的发言。他指出：“宗教是应社会生产与生活实践的需要而产生的，在人类漫长的历史长河中，它也必然要服从和服务于人类社会的需要而不断发展、变革。在中国，外来宗教都要适应中国社会的需要，进行一些必要的本土化的自我调整，与中国传统文化相协调，才有可能在中国的土地上立足、扎根、开花、结果。中国伊斯兰教就是这样走过来的。”他特别强调“我国各族穆斯林，历史上曾积极投身于反对民族分裂及抗击外国入侵的伟大斗争，书写了爱国爱教的伟大篇章。——追求国家统一、民族团结、经济发展、生活安定、社会和谐是各族穆斯林的世代期盼”。他相信，中国各族穆斯林必将继续遵照《古兰经》教导：“紧紧抓住真主的绳索，不要分裂”，与其他兄弟民族同胞更加紧密地团结起来，保卫祖国，建设祖国，使我们伟大的祖国以其中国特色社会主义的独特魅力屹立于世界的东方，为世界和平做出自己积极的贡献。冯今源的发言与听众产生了强烈共鸣，受到中外代表的欢迎，为增强中—土伊斯兰文化交流做出了贡献。

冯今源今年已经 75 周岁了。可是他觉得自己并不老，还可以继续工作。他说：“希望自己能像一只春蚕，不断地为党和人民的事业‘吐丝抽茧’，为党的旗帜增添自己的一抹红色，直至生命的最后一刻。”

（富芳）

杨一凡（1944 年 3 月—　）

致力“三大学术工程”推动法律史学创新

杨一凡，陕西富平人。中国社会科学院荣誉学部委员，法学所研究员、博士生导师，中国社会科学院研究生院教授。1967 年毕业于北京政法学院（今中国政法大学）法律系，1981 年毕业于中国社会科学院研究生院法学系，获法学硕士学位。1987 年秋到中国社会科学院法学研究所工作。长期从事中国法律史研究。曾任中国社会科学院法学所法制史研究室主任、所学术委员会委员。在职期间，独著《明初重典考》《明大诰研究》《洪武法律典籍考证》等，合著《中国法学新思维》《中国的法律与道德》《中国法律思想通史》明代卷等，主编《中国法制史考证》（15 册）、《中国珍稀法律典籍集成》（14 册）、《中国珍稀法律典籍续编》（10 册）、《中华人民共和国法制史》等。1990 年获“有突出贡献的中青年专家”称号；1991 年至 1992 年先后受到中国社会科学院、国家教委、国务院学务委员会的表彰，并授予荣誉证书；1992 年享受国务院颁发的政府特殊津贴。《明大诰研究》，1994 年获全国法学优秀图书一等奖；《中国珍稀法律典籍集成》，1996 年获中国社会科学院第二届优秀科研成果荣誉奖；《中华人民共和国法制史》，1998 年获第十一届中国图书奖，1999 年获中央宣传部“五个一”工程奖、第四届国家图书奖提名奖；《中国珍稀法律典籍续编》2004 年获中国社会科学院优秀科研成果二等奖。2005 年 2 月退休。

“专心致力‘珍稀法律文献整理’‘法史考证’‘重述中国法律史’三大学术工程，推动法律史学创新”，是杨一凡于 20 世纪 80 年代初确定的学术目标。退休后，他仍多年如一日，潜心治学，按照“三大学术工程”的规划，认真和高质量地完成了一个又一个科研课题。在所、院和国家大力支持和课题组成员的共同努力下，“三大学术工程”取得了重大收获。到目前为止，已出版独著、合著和主编科研成果 34 种，498 册，发表论文 20 余篇，科研成果总字数 1.4 亿万余字。其中本人撰写著述 200 万字，点校法律古籍 320 余万字，独立整理编辑法律文献影印本 338 册，9600 余万字。主持了多个国家、中国社会科学院和其他省部级项目。目前正在主持“十三五”国家规划“中华法律古籍基本库”工程（3 亿余字）、“古代法律辑佚”工程（3000 余万字）和“古代法律辑考”多卷本的写作。2005 年至 2013 年间，曾任中国社会科学院港澳台法研究中心主任、中国法律史学会会长。2011 年当选为中国社会科学院荣誉学部委员。

退休 14 年，是杨一凡的第二个学术青春。他的科研成果，80% 以上是在这期间出版的。他的成果很多，仅浏览这些年他出版的书目，就令人感叹不已。在珍稀法律文献整理方面，他从海内外广泛收集稀见中华法律文献，整理、编辑或主编法律古籍丛刊 26 部，计 469 册，1.2 亿万余字（内有整理标点本 55 册，2150 余万字），收入文献 700 余种。其中珍稀法律典籍汇编 4 部，地方法律和民间规约丛刊 6 部，古代律学丛刊 4 部，司法文献丛刊 8 部，清代成案丛刊 2 部。这些丛书的出版，在很多方面填补了我国的馆藏空白，为开拓法史研究提供了丰富的资料。代表性成果有：《中国律学文献》第 2—3 辑（10 册）、《中国律学文献》第 4—5 辑（19 册）、《历代判例判牍》（12 册）、《古代乡约及乡治法律文献十种》（3 册）、《古代榜文告示汇存》（10 册）、《中国古代地方法律文献》（甲乙编，25 册）、《中国古代地方法律文献》（丙编，10 册）、《中国监察制度文献辑要》（6 册）、《刑案汇览全编》（15 册）、《历代珍稀司法文献》（15 册）、《古代判牍案例新编》（20 册）、《皇明制书》（4 册）、《清代成案选编》甲、乙编（80 册）、《古代折狱要览》（16 册）、《清代秋审文献》（30 册）、《古代乡约与乡治法律文献十种》（3 册）、《中国古代民间规约》4 册、《古代珍稀法律典籍新编》（30 册）、《清代判牍案例汇编》甲、乙编（100 册）等。

在法史考证方面，他撰写了《历代例考》（合著）、《明大诰研究》（修订本），主编《中国法制史考证续编》（13 册）、《日本学者中国法制史论著选》（4 册）、《中国古代法律形式研究》、《历代令考》。这些考证成果对上千个法史研究的疑义或争议性问题进行考辨，厘正史籍错误或前人不实之论，为法史研究提供基础性科研成果。

杨一凡做学术发言

在重述中国法律史方面，他已出版《重新认识中国法律史》《历代例考》等著作，主编《中华人民共和国法制史》（修订本），并与刘笃才、徐立志等学者合作，先后完成了国家社科基金重点项目《中国古代地方法制研究》《明清则例研究》《明清事例研究》。发表学术水准较高的论文20余篇。就重新认识中华法系、古代法律形式、古代地方法制、古代律学、古代刑制、古代司法制度、历代令的沿革、历代例的沿革、先秦监察制度、明清典例法律体系、清代则例和省例、清代秋审制度、清代成案等研究中的许多问题，提出了新的见解。在明代法律史研究领域，出版独著《明代立法研究》，厘正了《明实录》《明史·刑法志》等明代史籍记载洪武明律的疏漏和错误；考察了明初法律实施的真相；对明代的律、令、诰、条例、则例、榜例、事例、律例关系、《明会典》的性质和诸多法律文献版本等进行了开拓性研究，比较全面地揭示了明代的法律体系和法制的面貌；对明代法律思想史进行了创新性的探索。

在法学教学方面，他先后指导了博士后 17 人，其中 9 人现为正高职称，6 人为副高职称。主编法律硕士专业通用教材《新编中国法制史》《中国法制史概要》及工具书《百年中国法律史学论文著作目录》（2 册），在法史教材改革方面进行了较为成功的尝试。

他治学严谨，已出版的成果不仅数量多，而且项项达到优秀学术水准。14 年来，先后获得了十多项省部级和国家奖。《历代判例判牍》（12 册）2011 年获第七届中国社会科学院优秀科研成果一等奖；《中国法制史考证》甲编（7 册）2007 年获第六届中国社会科学院优秀科研成果一等奖；《刑案汇览全编》（15 册）2009 年获中国社会科学院法学所优秀科研成果一等奖；《历代例考》2012 年获中国社会科学院法学研究所优秀科研成果一等奖，2013 年 3 月获中国社会科学院第五届离退休人员优秀科研成果一等奖；《清代成案选编》甲编（50 册）获 2014 年度全国优秀古籍图书一等奖；《历代珍稀司法文献》（15 册）2016 年获第九届中国社会科学院优秀科研成果奖二等奖；《古代折狱要览》（16 册）获 2015

年度全国优秀古籍图书奖二等奖；《清代成案选编》乙编（30册）获2016年度全国优秀古籍图书奖二等奖；《大清会典》（康熙朝）获2016年度全国优秀古籍图书奖二等奖，华东地区优秀古籍图书奖一等奖；《中国古代民间规约》（4册）获2017年度全国古籍优秀图书奖一等奖。

他的学术成就，为国内外法史学界所公认。武树臣教授在《长歌行》一书中赞扬“杨一凡主持整理出版的大量法律史文献，为中国法律史学的发展做出杰出的贡献”；俞荣根教授在《改革开放四十年中国法思想史研究》一文中，赞扬杨一凡“首举‘重新认识’之旗”，有力地推动了法律史学的创新。这些评论是公允的。

他追求真知，淡泊名利，多年来一心扑在学问上，甘愿坐冷板凳。他喜欢宁静地读书、思考，把时间看得比什么都珍贵。他曾多次谢绝媒体的采访，多次谢绝出版社为他的成果举办发行会。他说：“学者要有对社会、对读者负责的良知，作品要经得起历史检验，而不要图虚名。”他是一位求真求实、值得人们敬重的真正的学者。

（王若时）

于　沛（1944 年 5 月—　）

丝尽泪干流水去　平生唯存赤子心

于沛，天津人。1982 年毕业于中国社会科学院研究生院世界历史系，同年入中国社会科学院世界历史研究所从事研究工作。研究员。研究方向为外国史学理论暨史学史。曾任世界历史所所长，兼任中国史学会原副会长、中国国际文化书院原院长、第 11 届全国人民代表大会代表。1992 年起享受国务院颁发政府特殊津贴，1996 年被评为中国社会科学院中青年有突出贡献专家。出版专著主要有《史学思潮和社会思潮》（2007 年）、《历史认识概论》（2008）、《中国世界史研究的产生和发展》（2010）、《当代中国世界历史学研究》（2012）、《经济全球化和文化》（2012）、《西方史学史》（合作，2011）、《全球化和全球史》（主编，2007）等。百集电视纪录片《世界历史》总撰稿人、作者之一，获第二届中国出版政府奖（2011）。在《中国社会科学》《历史研究》《求是》《人民日报》《光明日报》《文汇报》等报刊撰文百余篇。2013 年 12 月退休。

于沛退休后，一天也没有离开他所钟爱的历史研究事业。在他看来，退休不过是一种新的研究生活的开始。年龄与追求真理、献身学术无涉。5 年多来，丰硕的研究成果日益点亮他年逾古稀的学术人生。

于沛十分重视史学基础研究。6 卷本《马克思主义史学思想史》是中国社会科学院同名重大课题的最终成果，约 260 万字。在于沛主持下，由院内外近 20 位作者历时 6 年协力完成，于 2011 年 11 月结项。于沛退休后，即与中国社会科学出版社密切合作，全力以赴投入到这部书稿的补充、修改、完善工作中。他殚精竭虑，经过两年的辛勤劳作，终于交给出版社一部成熟的书稿，于 2015 年底正式出版。该书是国内外第一部系统阐释马克思主义史学理论与研究实践的多卷本学术著作。编写者深入讨论了唯物史观创立的社会历史背景、历史发展过程及重大影响，论析了英国、德国、法国、意大利、美国、加拿大、苏联、波兰、日本，以及中国的马克思主义史学的理论成就和曲折道路，批驳了西方学界对马克思主义史学的贬低和诋毁，恢复了各国马克思主义历史学派应有的历史地位。该书出版后，迅即引起广泛反响。它不仅被列为院 2015 年度重大成果之一，在《光明日报》《中国社会科学报》等发布、介绍，而且还荣获第六届中华优秀出版物图书奖（提名奖，2016）、第四届中国出版政府奖（提名奖，2017）。

退休后，于沛在史学基础研究方面取得的主要成果，还有《西方史学思想史》（主编，湖南教育出版社2015）、《简明世界历史读本》（合作，中国社会科学出版社2015）、《历史的慧眼：今天怎样读历史》（独著，湖南人民出版社2018）、《“救亡图存”与近代中国世界史编纂的萌生》（《北方论丛》2015/2）、《马克思的〈历史学笔记〉：文本、前沿和现代意义》（《世界历史评论》第3辑，上海人民出版社2015）、《生产力革命与交往革命》（《中东研究》2016/1）、《〈史学理论研究〉三十年：构建马克思主义史学理论新形态的三十年》（《史学理论研究》2017/2）、《阐释学与历史阐释》（《历史研究》2018/1）、《历史真理的认识和判断：从历史认识的阐释性谈起》（《中国社会科学评价》2018/1）、《与时代同行：史学理论研究40年》（《陕西师大学报》，2018/6）等。这些原创性的基础研究主要是两方面的内容，一是坚持唯物史观、发展唯物史观，在新时代赋予马克思主义历史观新的时代精神，阐发其现代价值；二是理论联系实际，在马克思主义中国化最新理论成果的指引下，探究中国世界史学科建设的重大理论问题。例如，研究“历史阐释”的目的，是强调历史认识中的马克思主义的“价值判断”，彻底摒弃仅仅是史料堆砌的所谓“客观”“中立”的历史研究。这些论文发表后，在社会产生良好反响，例如，两篇论述“历史阐释”的文章，先后被《新华文摘》、《社会科学文摘》、《人大复印报刊资料·历史学》转载。北师大《史学史研究》在“史学精粹”栏目中也有介绍。

自2004年起，他作为中央马工程重点课题《史学概论》的首席专家、《世界现代史》的责任首席专家，积极参加了高校相关教科书的审读、编撰等工作。退休后，这些工作仍在继续。2017年7月，国务院为加强和改进新形势下大中小学教

于沛的著作

材建设，成立了国家教材委员会。同年10月，习近平总书记在党的十九大报告中指出：经过长期努力，中国特色社会主义进入了新时代，修订高校教材提上日程。2018年1月，于沛被聘为“国家教材委员会高校哲学社会科学（马工程）专家委员会委员”。除主持《世界现代史》和参加《史学概论》的全面修订外，他还对《中国史学史》《外国史学史》《中国近现代史纲要》《世界古代史》《世界近代史》等40余部教材的政治性、思想性、学术性、规范性进行了综合审查，并从“总体评价”和“具体修改建议”两方面写出书面审查意见。他虽然经常忙得废寝忘食，出差时也要将书稿放到拉杆箱中，但他每次都按时将详尽的审查意见提交给国家教材委。

于沛一贯自觉坚持中国马克思主义史学的优秀传统，关注现实，服务大局。在退休后撰写的文章，仍努力做到论从史出、旗帜鲜明，精益求精。例如，为批判历史虚无主义思潮，他撰写了《后现代主义历史观和历史虚无主义》（《历史研究》2015/03）、《揭去历史虚无主义的面纱》（合作，《人民日报》2017/02/20）等。针对我国史学界的一些倾向性的问题，他有的放矢地撰写了《史学的时代精神》（《人民日报》2014/03/07）、《价值判断：历史研究的重要任务》

（《红旗文稿》2014/05）、《马克思主义是逻辑和历史相统一的科学》（《中国社会科学报》2014/10/22）、《史家应讲社会担当》（《人民日报》2015/02/17）等。这些文章观点鲜明、立论公允，在学界产生了较好的影响。

为纪念十月革命100周年和马克思诞辰200周年，于沛针对苏联解体、东欧剧变后科学社会主义面临的严峻挑战，撰写了《十月革命和世界历史进程——纪念十月革命100周年》（《史学理论研究》2017/03）、《马克思主义历史观：文本、意义与现代价值》（《史学理论研究》2018/1）、《从马克思世界历史思想中汲取智慧：解读当代世界图景和未来全球化进程》（《中国社会科学报》2018/12/04）、《从大历史观看人类命运共同体》（《求是》2019/03）。此外，他还结合习近平主席的两封贺信，撰有《铭记历史开创未来——学习“习近平致第22届国际历史科学大会的贺信”札记》（《史学理论研究》2015/06）、《新时代呼唤中外历史重大理论问题研究——深入学习习近平致中国社会科学院中国历史研究院成立的贺信精神》（《中国社会科学报》2018/01/29）等。

2015年，于沛曾承担院离退休人员项目《近代中国世界史编纂与民族精神》现已结项，并获得院出版资助，50万字的书稿即将由中国社会科学出版社出版；2018年申请的院的新课题《马克思“世界历史”理论研究》亦获批准。他正为完成新课题做理论和文献的必要准备。他表示，科学研究是天下最幸福的事情。只要一息尚存，就要工作下去，如“春蚕到死丝方尽，蜡炬成灰泪始干”。虽然人生谢幕的那一天迟早会来，但他献身中国历史科学的赤子心，将是永恒的。

（舒嘉）

董志凯（1944 年 8 月—　）

力所能及献余热

董志凯，女，生于上海，毕业于北京大学经济系。曾任中国社会科学院经济研究所研究员、研究生院教授，中国现代经济研究中心主任，中国经济史学会第四届、第五届会长。主要业绩：对中国现代经济史有深入的研究，出版了《解放战争时期的土地改革》《跻身国际市场的艰辛起步》《1949—1952 年中国经济分析》《新中国工业的奠基石——156 项研究》等专著，发表了相关论文数十篇，在国家重点项目《中华人民共和国经济档案资料选编》和《中华人民共和国经济史》中发挥了重要作用。现为中国经济史学会名誉会长。退休后出版专著一部，合著学术资料两部，论文若干篇，独著《应对封锁禁运——新中国历史一幕》（社会科学文献出版社 2014 年 10 月出版），于 2017 年 2

月获中国社会科学院第七届离退休干部优秀成果奖；独著论文《由“拨改贷”到“债转股”——经济转型中企业投融资方式的变迁（1978—2015）》，（《中国经济史研究》2019 年 3 月）获中国社会科学院第八届离退休干部优秀成果奖。

斗转星移，转瞬董志凯退休已经多年。虽然没有外生的计时考勤、论文发表等考核硬指标的约束了，但她心中却仍感到总有事情等着要做，生活内容丰富充实。

她继续在岗时没做完的事

从事社会科学研究离不开对历史的探索。而作为从事经济史研究的学者，更是要从收集整理史料做起。以往没有电脑时常说的“板凳要坐十年冷”，主要指大量时间要花在收集资料上；如今有了电脑、可以拷贝电子资料，但是许多资料没有电子版，沉睡在档案、文献和当事人心中，还是要下苦功收集。特别是由于董志凯所从事的中国现代经济史是一门比较新的学科，基础薄弱，许多史料还没有系统地收集与整理，加之我国计划经济时期的大量史料封存在档案馆中，需要从头做起；数据更不健全，只能老老实实地收集史料，统计数据。因此，中国现代经济史学科从建立研究组到发展为研究室的过程中，伴随国家改革开放的历程，从 1979 年到 2011 年坚持在中央档案馆进行了 30 多年的档案资料整理、编辑和研究工作，出版了 2100 万字的共和国经济档案资料选编和 200 万字左右的土地改革史料选编。至今已立项的工作仍未全部完成，还要继续做下去。随着共和国历史的延伸，史料存在的方式会发生变化，内容会更加丰富，作为经济史研究基础的史料整理和挖掘工作必然不断继续。她在岗时未竟的事业退休后能够继续做一些，肯定也做不完，还要留给年轻的同志继续做，她想要尽可能给后来人打下比较好的基础。

将以往积累的资料和思索付之于世

资料的收集与整理并不单纯是文字数量的积累，更是一个有所发现、有所比较，反复思索分析，对以往形成的设想补充、修正甚至否定的过程。尽管已经出版问世的占了所收集资料很大比重，编辑中的取舍与纲目设置、序言等也体现了一些编者的理论与逻辑思考。但是一来篇幅有限，还有很多资料编不进去；二来档案资料选编的体例不可能反映编者的全部思想。为此，在档案资料出版之后，大部分编者都撰写了许多经济史论文，进一步阐述研究的成果，还有的写成了专著和史稿。

由于在职时间有限，一些来不及写就的想法就拖到退休后付之于世了。董志凯这样的成果大体有五类：第一类如专著《应对封锁禁运——新中国历史一幕》以及《中国发展道路的经济史思索》《由“拨改贷”到“债转股”——经济转型中企业投融资方式的变迁（1978—2015）》《三线建设中企业搬迁的经验与教训》《探索质量与管理体制、发展速度的辩证关系——回顾历史学习新时代中国特色社会主义经济思想》等著作和20余篇经济史论文就是这样诞生的。第二类为参加调研后的新思考，如《红旗渠的启示》《探索地域经济发展的巨大空间与潜力——以广西壮族自治区崇左市为例》等是这样产生的。第三类则是新编历史资料，如薛暮桥

董志凯的著作

长期担任他们编辑档案资料的总顾问，又是第一次无锡、保定农业调查的重要参与者，出于信任，他将近40年工作笔记赠给经济所，成为所图书馆的“镇馆之宝”。他们将这笔宝贵的历史资料选编为四辑《薛暮桥笔记选编》于2017年出版。第四类为参加各种学术会议的论文和讲稿，如《从应对封锁禁运到建设“一带一路”——历史启示与现实实践》《从全球化阶段特征看我国开放战略的历史定位》《发展基础研究的经验与教训——1956—1966年的中国科技》《建立中国现代历史的顶梁柱——中国工业史撰写若干问题的思考》

《从一副对联看周恩来的协调发展观》等。第五类为学习笔记，如书评、历年学科综述等，看似零敲碎打、耗散性强，做起来却颇费时间和精力。

共和国70年经济发展的历史与当下经济改革和发展息息相关，几乎所有的现实研究都离不开历史的诠释。这使得她的思索随时代发展，总有新的想法涌现，在力所能及的情况下就将其写出来。

为历史衔接、代际接力创造条件

新中国成立前后出生的人基本上都是伴随着新中国的建立和发展成长起来的。由于近代以来的历史，特别是当代70年的历史波澜壮阔、跌宕起伏、变化急速，几乎相隔十岁的人就难免具有不同的代际特点，产生了代际沟通的一些难度，也增加了沟通的必要性。

这种特点导致我国当代社会科学的发展，可能出现更多的是不同代际学术实践方式、知识的学习和积累方式上的变化。在认识上，1930年后出生的人对新旧中国的对比感触更深；40后、50后对改革前后的比较感触更深；随着“知青”一代逐渐退出研究部门的领导岗位，60后、70后已经成为研究的栋梁，80后、90后正在成为研究的中坚，他们共同构成所谓“后知青时代”。在研究方法上，20世纪90年代以前从事研究的要手抄、笔写，写一本书要积累几箱子卡片。所以才有“板凳要坐十年冷，文章不写半句空”的说法与要求。而从90年代开始，特别是21世纪以来，不用电脑收集整理资料、写作已经罕见，甚至是苛求（如档案馆往往要求对所用档案资料要手抄）了；再要求坐十年冷板凳似乎成为

“不食人间烟火”的事了。大数据、计量分析正被越来越多地使用。

在后知青的时代，常规化了的日常生活成为我们主要的经验；体制化了的学术研究成为主要的渠道。年轻研究者对日常经验可能有了更多的敏感，对那种做大判断、提大方案的研究方式可能有更多的质疑。

读者群也在发生变化，接受过高等教育的人成为巨大的读者群，他们希望读到有启发的经验描绘而不仅是理论陈述。

这些变化既是机遇，也是挑战。特别是对研究历史和经济史的学者更是如此。董志凯感到有责任发挥自己这一代特殊经历的“优势”，让新人了解上一代乃至前几代人亲身经历而他们感觉久远的历史；正在变老的一代也有责任学习新鲜事物，了解与接受新的观点与方法。这样才能起到代际承上启下的作用。

在学习新事物中追求健康快乐

古人云：学如逆水行舟，不进则退。董志凯深深体会到：这话不仅对中青年有激励作用，对退了休的老年人也有生活价值。因为人们所不了解的总是比已知的要多得多。只有在学习新事物中才能够体会到生命的意义，感觉到生活的价值，从而得到快乐，助人健康。

中国现代经济史所研究的对象，与现实生活密切衔接。面对鲜活的现实，历史的影子总是若隐若现，其中的经验教训总是有启迪意义。史家常言，一切历史都是当代史。而现代经济史更是与现实“丝丝相扣”。只有不断接触与学习新鲜事物，进行比较分析，才能找到现实社会生活中历史的影子、看到变化，发现其中有价值的启发和教训。

董志凯经常逛书店，每周去所图书馆借书还书，订阅报刊研读，每年写作学科的前沿综述，参加学术研讨。她认为，这些都是为了活在当下，学习现实，触摸到学科发展和学人前进的脉搏。退休后她仍经常感受到领导和单位的支持，同事、朋友的关心和帮助，这些使她受到鼓励，从中得到快乐，快乐助人健康长寿。

贺学君（1945 年 1 月— ）

一位忠于职守、勇挑重担的学者

贺学君，女，重庆市人。中国社会科学院文学研究所研究员。1967 年毕业于上海师范大学中文系，1978 年调入中国社科院文学研究所，从事民间文学和民俗学研究。曾任中国民俗学会副会长、国家非物质文化遗产保护工作专家委员会委员等职。所著《中国四大传说》《从书面到口头：关于民间文学研究的反思》等获文联系统国家级奖项。2005 年退休。

熟悉贺学君的人都说，她是一位忠于职守、勇挑重担的学者。

1996 年，贺学君承担了《中国民间文学史·叙事诗编》的课题。由于我国民间叙事诗研究一向较为薄弱，总体研究基本空白，压力之大可想而知。她意识到，完成这一课题，不仅是一场几乎白手起家的硬仗，也是一次为叙事诗正名立传的良机。强烈的责任感、使命感使她很快进入角色，知难而进，经过六年的不懈努力，终于较好地完成了任务。

2002 年，上述课题升级为多卷本的中国社科院重点科研项目，其中《中国民间叙事诗史》一卷仍由贺学君担当。作为口头文学的民间文学写史，从来被认为是不能做、也不可能做好的事情。特别要把汉族与少数民族的民间文学结合为一体，并形成“史”，更是一个难题。她再次走向田野，经过艰辛的探索、研究、撰写、修改，到 2011 年，终以“优秀”等级通过课题结项。2016 年，该书由河北教育出版社出版。如果从 1996 年接手做叙事诗的研究算起，先后历时 20 年，其中 11 年是退休之后的事。

《中国民间叙事诗史》不仅完成了包含多民族的中国民间叙事诗史的构建，而且对汉民族民间叙事诗自魏晋南北朝后衰退原因，对作家文学与民间文学的相互影响，对民间文学史写作难点的破解，均提出了自己的见解。特别将民间叙事诗理论贯穿于立论、构思、写作的全过程，具有史、论相互印证，合二而一的学术品格。从理论与实践的结合上，论证了民间叙事诗作为民间文学独立分支的科学性、可行性和必要性。该书出版后，受到学界的好评与鼓励，称“这是中国学者应该为之骄傲、自豪的业绩”。2017 年，获得中国文联第十三届优秀民间文艺学术著作山花奖，2018 年，获得中国社科院第八届离退休人员优秀科研成果二等奖。

由民间文学、民俗学著名学者钟敬文教授提议，由贺学君主导编著的《中日学者中国神话研究论著目录总汇》，也是学科建设所需的奉命之作。该书收录了 1882—1998 年间中日两国学者关于中国神话研究的论著、论文目录共 11490 条（其中日文 1047 条）。

贺学君为了不负重托，冬冒风寒、夏顶酷暑，一个个图书馆、资料室，一本本著作、杂志，一篇篇论文，查找、翻阅、比对、辨析、抄录，积累了卡片上万张；然后又一张张地斟酌、勘校、分类、排序、编目、录入、作序，等等，一干就是十多年。其间，为了方便去“国图”查资料，她不顾多病之躯，就近借住在朋友家，中午吃的就是面包或者方便面。许多时候，因为要查的书目太多，还不得不求助管理员，直接进入图书馆后库核实，工作太投入了，忘记就餐也是常有的事情。面对工作的早出晚归，她不叫苦；没有得到国内资金的资助，她心甘情愿。后来，《中日学者中国神话研究论著目录总汇》得到了日本学术振兴会的资助，最后与日本学者联手完成，并首先在日本出版。钟老认为这是国内第一部相当完备的关于神话研究的工具书，填补了这一领域的空白；由于翻阅了大量的原始资料，尽可能把握真实内容进行分类编排，给研究者提供了很好的门径；在体例设计上，注重在科学性与实用性上运思创新，具有很好的学术价值；长篇“前言”不仅总结了中国神话研究的百年历史进程，还提出了很有价值的观点，对于推进该领域研究产生了积极的意义；对日本学界乃至世界汉学界也很重要，有益于比较研究的开展。有的学者认为按照《总汇》的框架，可以撰写一部中国神话学史。神话学界的元老袁柯在病床上看到后，马上把“前言”推荐给四川社会科学杂志发表。该书于 2010 年出版，第二年，获得了中国社科院第六届离退休人员优秀科研成果二等奖。现已为多家图书馆，尤其大学图书馆（包括香港、台湾）收藏，是民间文学、民俗学、古典文学和比较文学学习研究中的重要工具书。贺学君的踏实学风得到老一辈学者和同行的热情赞许。

贺学君另一项重要工作和学术成果主要表现在我国非物质文化遗产保护方面。

2005 年，已经退休的她参与了中华民俗园的筹建，策划了中国第一个“非遗展览”，为中国博物馆的全国“非遗展”作了前期的探索和准备。同年，参与了全国首届“非遗保护论坛”议题策划，并以《非物质文化遗产保护的本质和原则》论文参加会议；以《关于非遗保护的几点理论思考》论文参加国际亚细亚文化论坛。两文发表后，被《人大复印资料》和《新华文摘》全文转载，成为非遗教材中的重要内容。

2006 年起，贺学君作为文化部聘任国家非物质文化遗产保护工作专家委员会委员，连续参加四批国家非遗项目、经费、传承人的评审，以及“非遗保护”督导工作。积极为地方文化部门、“非遗办”培训讲授“保护知识”。连续三年为“北京市对口支持西部地区人才培训班”讲授非遗保护专题课程。参与多届“非遗日”的宣传活动。多次进校园、社区、展览馆，为学生和市民讲授“非遗保护”知识。连续担任三届德国宝马公司“非遗文化之旅”专家，宣讲“非遗”知识。多次参与国家、北京市“非遗法”的讨论。参与“非遗保护规划”编制，并为全国非遗保护工作者授课。参与设计、编制“民间文学类项目保护数据化”试点工作。参与设计、规划“非遗博物馆·民间文学类项目馆”前期工作。为传统节日进入国家日历，积极撰文，多地宣讲。多次参与中央、北京电视台经典文化访谈节目的策划研讨。为中国广播电台策划、制作近一年的民间传说、故事对话讲解节目。在

贺学君的著作

国内民众对韩国“端午祭”申遗成功不理解，出现较大情绪时，她以本人实地考察的资料撰写长文《韩国非物质文化遗产保护的启示——以江陵端午祭为例》，从学理上进行解释，收到了较好的效果。为我国“端午节”进入联合国非遗保护项目，带领民间团队参加韩国的“端午祭”，设立“中国体验馆”，让外国民众，尤其当时在韩国的联合国非遗考察官员直接体验中国端午节，同时积极参加研讨，宣讲“中国端午节的来历及保护策略”。我国驻韩使馆还邀请贺学君为“文化交流中心”策划传统文化的系统推介内容；对韩国的

“七夕”节进行专题考察；为大使馆做“中国传统节日——七夕”的专题讲座，都深受欢迎。鉴于她在中华民族传统节日研究方面的积极贡献和社会影响，2012 年受文化部民族民间文艺发展中心聘请，担任国家基金特别委托项目《中国节日志》全国编辑委员会委员。为加强国际交流，她除积极撰文参加学术会议外，还促成韩国农谣和江苏金湖劳动民歌的观摩交流。2004 年、2005 年，她带领学生与日本学者联合考察北京“妙峰山庙会”。此期她身体欠安，硬是带着汤药上山，每次一住就是半月之久。她还深入北京各区县的香会，真诚地和会员交朋友，获得宝贵的第一手资料，为传统香会的全面恢复做出有益的贡献。她与日本名古屋大学著名民俗学者樱井龙彦教授联合出版《妙峰山香会调查基础资料》，为妙峰山申遗成功提供有力的资料支撑。

参加“非遗”工作期间，贺学军还撰写发表了《非遗保护的理论再思考》《非遗保护：问题与建言》等一批文章，获得较好的反响。直至去年，她仍在参加一些地方的“非遗”评审、授课等活动，无私地奉献自己的一份绵薄之力。

（九歌）

张梦阳（1945 年 3 月—　）

“孤静斋”里写到老

张梦阳，中国社会科学院文学研究所研究员，绍兴大学鲁迅研究院特聘研究员。生于甘肃省天水，祖籍山东省临清。1958 年考入北京二中，受到散文家韩少华老师的青睐，当了六年班长，作文常上范文栏。1964 年考入北京师范大学中文系。“文化大革命”停课以后，他开始苦读《鲁迅全集》等书籍。毕业分配后仍以《鲁迅全集》和英文版《鲁迅小说选》（杨宪益、戴乃迭译）为伴。1979 年 5 月，中国社会科学院文学研究所鲁迅研究室成立，张梦阳投去一篇论文《〈“题未定”草（六至九）〉的哲学分析》，见到了林非先生。林先生一眼就看中了他，立即向当时主持工作的陈荒煤汇报。陈荒煤果断拍板，说：“千方百计把这个人调来！”经过几番努力，终于将张梦阳调到鲁迅研究室工作。张梦阳先后任两届中国鲁迅研究会副秘书长和两届副会长。

张梦阳到中国社会科学院文学研究所工作后，很快就被公认为鲁迅的“活词典”。院内外需要查找鲁迅语录出处的，都来找他。问起一句鲁迅重要的话，他当即就能够说出在第几卷，哪个集子，甚至于第几页第几行。得到人们的器重，他感到非常荣幸，如鱼得水，于是拼命苦干，主持编纂了五卷一分册的《1913—1983 鲁迅研究学术论著资料汇编》（1000 万字），获得中国社会科学院优秀科研成果奖；独撰了三卷本的《中国鲁迅学通史》（187 万字），获得国家图书奖，收入《中国文库》。还与人合译了鲁迅一再希望翻译的《中国人气质》，被学界公认为诸种译本中最好的，多次再版。

2005 年退休后，张梦阳应邀到日本爱知大学讲了半年鲁迅。2006 年回京后，用在日本讲学的酬金和往日的积蓄在北京香山购买了一座较大的房子，终于有了完全属于自己的书房，并命名为“孤静斋”。

之所以这样起名，就在于张梦阳最爱“孤静”二字：只有孤独地静处，才能沉下心来想问题，广读书，把“焖焐”在胸中的书和文章“化”为文字。他最爱的是写作，最怕的是一个大项目完成后的“空白”，那简直像失去了地球引力，头重脚轻，无所适从……从心底感到自己生命的意义就在于写作。“幸福全在大部头。”只要有“大部头”的书在写，即使只在心里写着，就是生存，就是幸福；不写，心里也不写，就等于死亡。因此，2003 年《中国鲁迅学通史》完成，获得国家图书奖后，他立即开始了《鲁迅全传·苦魂三部曲》的创作。张梦阳热爱祖国，赤诚地希望国家富强兴盛，长治久安，衷心拥护中国共产党的领导，但感到自己生性散漫，孤独，组织性差，所以没有加入任何党派。而每投入“大部头”的写作，他都能切身感受到党组织的有力支持，社科院老干部局收到张梦阳的科研申请，每次都及时给予相应的资助。

张梦阳在陕西师范大学讲学

别看香山房子的主卧室，也就是“孤静斋”，只是20多平方米、四壁书城的小屋，却是张梦阳的梦想之地。在这里他陪伴着鲁迅先生，“心事浩茫连广宇”，博览群书，深入思考。在“孤静斋”中，又苦写苦校十年，完成了《鲁迅全传·苦魂三部曲》（116万字），2016年8月由华文出版社出版。出版后好评如潮，《光明日报》《中华读书报》《北京日报》《北京青年报》《上海文汇读书周报》《中国新闻出版报》《中华英才》等报刊发表书评、采访等20余篇，在2016年上海书市上，摆入了优秀出版物（十万种图书仅选十种）橱窗，重点推荐。张梦阳还写了大量的论文、散文、随笔、诗歌，又完成了《中国鲁迅学百年史（1919—2019）》（60余万字），华南理工大学出版社作为新中国成立70周年献礼，将在2019年9月出版。现在张梦阳正致力于院老干部局资助的科研项目《长篇小说艺术美学》的研究与写作，同时创作构思已久的反映中国五代学人百年心灵史的诗化随笔式多卷长篇小说《清江梦忆》。做到研究与创作双向互动。

张梦阳在中外鲁迅研究界的人脉较广，威望较高，他从2009—2017年担任了两届中国鲁迅研究会副会长。卸下学会职务后，又接受鲁迅故乡——绍兴大学鲁迅研究院的邀请，担任该院的特聘研究员，策划了大型《鲁迅通传》的写作工程。这些项目足够张梦阳在“孤静斋”里写作终老，不会再有什么明显的“空白”了！他感到无限的充实、愉快，充满诗意和自由。

张梦阳从来不吃什么保养品，而且违反“养生规则”，始终夜以继日地读书、写作，闭门谢客，一心一意在“大部头”中获取无穷的快乐和幸福。他不但没有疲惫之感，反倒身心愉悦。尤其是思维力和记忆力，不仅没有弱化，反而更强了。讲课不拿稿，写书不打草。100多万字的书清清楚楚记在心中，写了谁，没写谁，全书的结构布局，详略轻重，有条不紊，丝毫不乱。这更增强了他坚持写下去、越写越好的信心。

2017年6月21日，《光明日报》“光明学人”用整版的篇幅推出了计亚男、杜羽写的文章《张梦阳：陪了鲁迅一辈子》。文中赞叹道：张梦阳这样自称“笨人”的人，“才是真正意义上能做大事的聪明人嘞!”

2012年7月，在《中国文化》通知张梦阳本刊将发表他25000字长文时，国学大家刘梦溪顺便写了一段话——

梦阳兄文思泉涌，大笔如椽，山不可挡，海不能淹，浊世文坛，有此奇观，岂不异哉，岂不异哉!

2010年3月元宵节，散文家韩小蕙女士给张梦阳题诗道——

出手皆文章，字字呕心血。
香山一写翁，万松株株铁。

如今，张梦阳的女儿、女婿和外孙、外孙女一家四口早已定居美国，住在最宜人居的休斯敦海边。他们有医生的稳定职业和宽敞的湖畔楼房。女儿屡次劝父亲到美国养老，都被他婉言谢绝。

一些“发小”问他：为什么有福不享?

张梦阳回答：因为我离不开“孤静斋”，离不开我在斋内的写作——包含着我人生全部幸福的“大部头”。活着写，写到老，就让我在“孤静斋”写下去，一直写到安静地终老为止吧……

（沈哲）

薛克翘（1945 年 4 月— ）

生年遇盛世　老来发青枝

薛克翘，辽宁大连人。1969 年毕业于北京大学东方语言文学系；1982 年毕业于中国社会科学院研究生院南亚系，硕士学位。2005 年 5 月退休。退休前，他已经出版有《剪灯新话及其他》（1992）、《佛教与中国文化》（1995）、《中国与南亚文化交流志》（1998）、《西洋记》（1999）、《印度教育与科技发展》（合著，第二作者，2003）和《中印文学比较研究》（2003）等 6 种专著；《檀香树》（长篇小说，1986）、《普列姆昌德传》（合译，1989）、《还我相思债》（长篇小说，1991）、《肮脏的裙裾》（长篇小说，合译，1994）等译著 4 种，主编大型工具书 1 部，并发表论文和调研报告 60 余篇。

薛克翘退休后，仍以积极的态度奋进的精神从事科研工作，丝毫不曾懈怠。用他的话说，“退休之年，学术青春才刚刚开始”。他认为，老有所为是一种社会责任，在有生之年应尽一己所能，为社会做贡献。在中国进入老年社会的今日，他的这种态度和精神十分可贵。最近，他认真学习了习近平主席给中国社会科学院成立历史研究院的贺词，认为那是对全院科研人员的激励，也是对离退休科研人员的激励。他说，习主席说得好，“立足中国，放眼世界，永立时代之潮头”，退休科研工作者也应有所担当，为中华民族伟大复兴尽绵薄之力，贡献余生。

正是本着为社会做贡献的理念，薛克翘退休以后在社科院和北京大学等单位，承担和主持了几个院级、教育部级项目，如“中印文化交流史”“印度民间文学”“印度中世纪宗教文学”“印度近现代文学史”“印度密教与中国神怪小说研究”（以上均已结项），以及参与北京大学社科基金重大项目“东方文化史”（撰稿任务已完成，待结项）。

2010 年 12 月，中印两国总理温家宝和曼莫汉·辛格发表联合公报，提出两国学者合作编写出版《中印文化交流百科全书》。2011 年 4 月，胡锦涛主席与曼莫汉·辛格总理再次确认此项目。任务经外交部、新闻出版署下达至中国大百科全书出版社。2012 年，社方明确由薛克翘担任主编，组织编委会和撰稿人队伍，与印度专家合作，共同编写。该合作项目已于 2014 年完成。翌年，中方又单独完成了两卷本的《中印文化交流百科全书》详编本。2014 年 5 月，李克强总理访印时，又与印度总理达成两国五年互译经典作品 25 种的协议，任务仍然下达到中国大百科全书出版社，出版社又明确由薛克翘担任主编之一，参加策划、实施与翻译。该项目有望于2019年结项。其间，他还将有3部新的译作出版。

他的科研成果丰硕。14年来，发表论文50余篇，一般文章30余篇，主编工具书一部，翻译小说若干种，电影剧本和专题片撰稿2种。

薛克翘退休后出版的专著有：《佛教与中国文化》（增订本），昆仑出版社2006年；《中国印度文化交流史》，昆仑出版社2008年；《印度民间文学》，宁夏人民出版社2008年；《印度中世纪宗教文学》（合著，第一作者），昆仑出版社2011年；《印度近现代文学》（合著，第一作者），昆仑出版社2014年；《神魔小说与印度密教》，中国大百科全书出版社2016年；《印度文化论辑》（论文集），中国大百科全书出版社2016年；《中印文化交流史》（再版），中国大百科全书出版社2017年；《印度密教》，中国大百科全书出版社2017年；《中国与南亚文化交流志》（再版），中国大百科全书出版社2018年。

薛克翘退休后出版的普及读物有：《象步凌空：我看印度》，世界知识出版社2010年；《中印文化交流史话》，中国国际广播出版社2010年；《中国围棋史话》，中国国际广播出版社2010年；《佛教与中国古代科技》，中国国际广播出版社2011年。

一分耕耘，一分收获，薛克翘的辛勤努力也获得了一系列的奖励：2007年1月，他的《佛教与中国文化》获中国社会科学院亚洲太平洋研究所优秀科研成果一等奖；2007年4月，他的《中印文化交流健康稳步发展》获中国社会科学院2006年优秀决策信息对策研究类三等奖；2007年4月，他主编的《简明南亚中亚百科全书》获第六届中国社会科学院优秀科研成果工具书类二等奖；2009年12月，《佛教与中国

薛克翘的著作

文化》获第三届中国社会科学院离退休人员优秀科研成果三等奖；2012 年 10 月，他的《印度中世纪宗教文学》（上下卷）获第十二届北京市哲学社会科学优秀成果一等奖；2013 年 4 月，《象步凌空——我看印度》获第五届中国社会科学院离退休人员优秀科研成果三等奖。

薛克翘认为，获奖不是目的，评奖也未必完全公正，他做的是一流的工作，获得的是二三等奖，因此从 2013 年以后便不再申请奖项。

总之，薛克翘不忘初心，退休以来人不解甲，马不卸鞍，秉烛夜游，刻苦学习，夜以继日，勤恳著述，他说：“不敢说为后来者开辟路径，但愿为后来者垫脚承足。愿老天假我天年，让我做得更多，行得更远，来得安然，去得自在，少给自己留下遗憾，少给亲友留下悲哀，少给社会增加负担。”

唐宝才（1945 年 4 月—　）

以科研成果报效伟大祖国

唐宝才，江苏东台市人，1964 年 7 月从上海市宜山中学高中毕业。时逢党中央首次决定从北京、上海等地应届高中毕业生中挑选约 600 名学生派往世界各国学习外语。1969 年埃及开罗大学毕业，1970 年被派往中国驻南也门使馆任翻译，后又在我国驻伊拉克和沙特阿拉伯使馆任一等秘书，在使馆共工作 8 年。1981 年，随西亚非洲研究所从中联部转到了中国社科院，其研究方向是中东政治、经济。1992 年被编入《当代中青年社会科学家词典》。1993 年任所党委委员，负责宣传与学习，获社科院颁发的组织知识竞赛个人奖。2001 年研究所考核时被评为优秀，2001 年 8 月晋升为研究员，任中国中东学会理事、中国伊斯兰研究中心教授。2005 年退休。在职期间，各类科研成果 200 多万字，撰写了几十篇调研报告，部分得到了中央有关部门书面好评与肯定。应国内有关单位邀请做讲座并应邀到多国进行学术访问，接受中、外多家媒体采访。个人专著是《冷战后大国与海湾》（获所优秀成果奖），合著主要有《海湾战争后的中东格局》（获社科院优秀成果奖）及《现代海湾国家政治体制研究》（获国家社科基金优秀成果奖）。2018 年担任院老专家协会理事和国际学科片负责人。

退休后坚持研究，取得重要科研成果

唐宝才牢牢铭记 1965 年 6 月周恩来总理在开罗接见赴埃及留学生的讲话，弘扬其精神，并努力践行了半个世纪。在退休后不断给自己“充电”，选择了继续做学问，努力寻求解决重要现实问题，继续走以“科研成果报效祖国”之路。

退休后，他主持完成了中国社科院 A 类重大课题和国家社科基金项目，出版了两本专著（均为主编）。其中专著《伊拉克战争后动荡的中东》在理论方面有所创新，具有较高的理论价值和现实意义。此书获得安维华教授等三名国内知名专家的肯定与好评，获得社科院离退休人员优秀科研成果三等奖。另一本专著《伊斯兰世界的今天和明天》具有重要的现实意义与理论价值。此专著得到唐继赞高级编辑等三名国内知名专家的肯定与好评。获得社科院离退休人员优秀科研成果二等奖。

2013—2014 年，唐宝才完成了伊朗总统大选后伊内外政策调整、伊拉克总理马利基的有关情况及建议（供亚信峰会用）、叙利亚总统大选结果预测等 8 篇调研报告。2015 年通过中国社科院《要报》向中央报送了《“一带一路”布局对策建议》《解决台湾问题的对策建议》及遏制日本军国主义复活和日本核材料的对策建议4篇调研报告，其中3篇已突破了本人所研究的中东范围，但努力攻坚克难，得到西亚非所党委书记的赞扬，以及社科院离退休干部工作局局长刘红在全院老干部工作大会上的表扬，在西亚非所和社科院老干部中产生了积极的反响。2015年，为进一步当好党和国家的思想库和智囊团，作为创新工程的重要内容，社科院规定了各单位完成上报《要报》正刊的任务。当时西亚非所在职科研人员完成了目标任务10篇中的8篇，加上前面提到的前2篇唐宝才的文章，恰好10篇。由于他为创新工程做出了重要贡献，得到了西亚非所党委书记、所长的赞扬。2016年，他继续通过社科院《要报》向中央提供关于我国民间对日索赔、关于改善中菲关系及特朗普上台后的研判与对策建议等4篇调研报告。研究写作过程是艰苦和需要付出努力的。2017年，通过社科院《要报》向中央提供《有可能影响我十九大召开的风险点及对策建议》《印度入侵我洞朗地区事件的启示与建议》及对中、美在亚太博弈的研判、伊朗核协议执行前景和朝鲜半岛危险局势的对策建议5篇调研报告。其中前2篇《要报》文章于2018年11月被中国社科院评为优秀对策信息奖。当时《要报》领导与他谈及撰写有可能影响我十九大召开的风险点报告时，他马上意识到它的难度，要在4天内交稿也同样是相当困难的，但他随即表示，就是不睡觉，也要按时完成任务！在连续奋战后按时交稿，经社科院领导审定同意上报。事后他补了两天的觉。第二篇报告是他自己选的课题。当印度在我国边境地区制造事端时，他敏锐地意识到中央可能会需要，就及时写出报告并被院采用。这两篇报告被社科院评为优秀成果奖，他感到很欣慰。2018 年，他依然继续这方面的研究工作，通过院《要报》向中央提供《对美朝首脑会晤研判及建议》及《伊朗当前局势研判及建议》两篇调研报告。

可见，唐宝才退休后持续把自己的兴趣与党和祖国的需要紧密结合在一起，他的科研成果质量要高于在职期间成果，所获得奖项也多些，为把中国社科院建设成为党和国家重要思想库、智囊团做出了贡献，这在全院离退休干部中比较突出。

研究的艰辛历程及发挥传帮带的作用

唐宝才在回首 50 年工作的心路历程时，深感科研工作充满了艰辛与坎坷，在党的培养教育与前辈、同事们的帮助下，以执着、顽强的毅力去克服各种困难，经历过许多次失败、挫折，才逐渐成长起来。

他在研究中注意选题从小到大、从一个学科到多个学科、由一国到多国再涉猎到更大地区，这是一个循序渐进的过程。他一步一个脚印，甘于坐冷板凳，十年磨一剑。由于长期在研究中努力用马克思主义的立场、观点、方法来客观、具体分析中东等地区的各种问题，使其所得出的结论、预测基本上经受住了实践的检验。例如，2002 年 9 月在上报中央的报告中，他比较准确地预测到了伊拉克战争的爆发、规模及结果、影响等并提出相关建议，就是一个突出的例子。经过多年的研究后，他逐渐把研究扩大到整个中东地区和包括 57 个国家的伊斯兰世界。之后又把研究范围进一步扩大到南亚与亚太地区。他通过实践尝试了新的路径：学者专

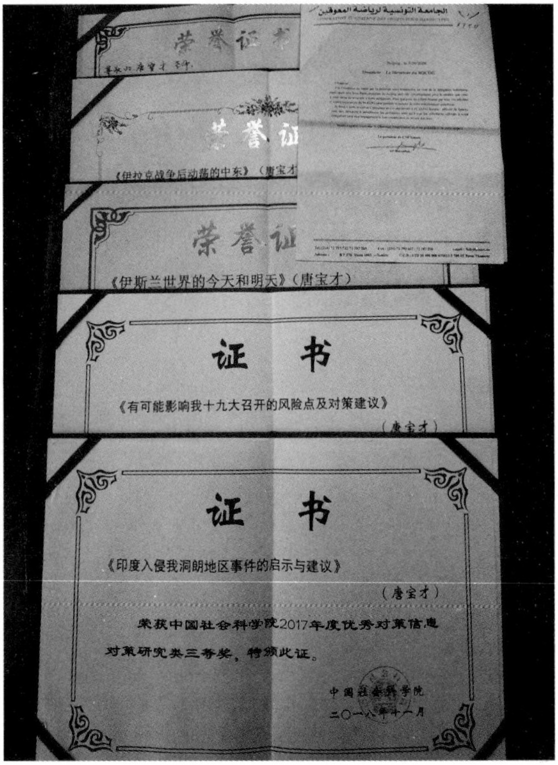

中国社科院、中央电视台给唐宝才颁发的5个荣誉证书，
突尼斯残奥团给北京奥组委的表扬函

家经过努力是有可能逐步成为跨地区跨学科的学者专家，可以就重大现实与理论问题为党和国家决策提供更有参考价值的报告的。

唐宝才在研究中注意学习钉钉子的精神，真正把自己的研究工作抓实抓好。授人以渔与授人以鱼间有着很大不同，前者更显得重要。一年树谷，十年树木，百年树人，培养人才是根本之道、长久之计。他努力践行着老专家的传帮带作用，努力通过到各大学与单位讲学、给研究生上课、修改论文及参加论文答辩会、做集体项目等方式提高年轻人的科研水平。他强调做人先于做学问，强调实事求是、调查研究。他现在已 74 岁，面对云谲波诡的国际形势和复杂敏感的周边环境，要及时寻找到有效破解难题、化解各种风险的对策，要花更多精力去为培养年轻人做点事，为所从事的事业再添砖加瓦！

为 2008 年北京奥运会做出积极贡献

在中国成功举办一届国际奥运会是 13 亿多中国人民的百年梦想。唐宝才在 2008 年北京奥运会组委会担任联络员工作，奥运会后又负责接待残奥会突尼斯 49 人的代表团，得到团长阿里的书面表扬，为国家和中国社科院争得了荣誉。

对于 2008 年北京奥运会，他早做好了准备，经过审查考核，成为中国社科院第一位北京奥组委邀请的志愿者。当他知道奥运会还缺少小语种的志愿者时，又告知社科院离退休干部工作局，经工作局与有关所联系，在北京奥组委考核后，社科院又有十多位精通小语种的老专家成了志愿者。当时社科院社科报杲文川记者在 2008 年 8 月 21 日头版，以《可敬的社科院奥运志愿者》醒目标题对此作了详细报道，在《人民日报》海外版（2008 年 9 月 5 日第 7 版），以《担任奥运志愿者的专家们》为题目也作了采访报道。经过培训，从各个外事单位调来的老同志成为各国体育代表团的联络员，每个团再配备一定数量的大学生任助理员。他积极帮助突尼斯代表团解决残奥会期间开会遇到的难题，从代表团生活琐事到训练比赛等做到了零投诉等，突尼斯残奥代表团团长阿里对联络员工作很满意，特致函北京奥组委主席，对他提出表扬。2008 年 9 月，王伟光、武寅等社科院领导接见了院奥运志愿者，对所做出的贡献给予了充分肯定。

为我国对外宣传工作发挥老专家作用

自2009年8月担任中央电视台阿拉伯语频道中方审稿专家至今约10年，鉴于唐宝才为频道发展做出了杰出贡献，阿语频道播出五周年时特向他颁发荣誉证书。唐宝才通过自己的奉献，也为社科院争得了荣誉。

中央电视台阿拉伯语频道于2009年7月开播，当时阿语频道年轻人居多，急需老专家审稿把关。第一天上班时，频道领导交谈时就明确他的工作一是把住政治关，二是把住语言关，审定从中文、英文稿译成的阿文稿。近10年来，许多节假日照常上班，他没有与家人一起逛公园、休息，但是却与他的同事们一起让上千万阿拉伯观众和伊斯兰国家的人民看到了诸如我国60周年大庆、纪念中国人民抗日战争暨世界反法西斯战争胜利70周年、2016年G20杭州峰会、2017年“一带一路”北京峰会等重大活动与报道，为增强我国在国际上的话语权默默工作着奋斗着。他家离中央电视台老台较远，在4年多时间里，上早班时，冬天天还没亮；下晚班时，冬天寒风刺骨，有时还不得已带病上班。10年来，在审稿过程中，包括政策上和语言上的不少错误被他纠正过来，保证了译稿质量和后续工序顺利进行。在老台，他多次为频道做节目、接受采访乃至给视频配音。2014年4月搬到新台址后，作为阿语频道的嘉宾，就伊拉克议会和黎巴嫩总统选举及伊朗核问题等做了多次直播，得到频道领导肯定。他帮助年轻人提高业务水平，就频道工作提出的建议被领导采纳。

2005年退休后，西亚非所老干部党员推选他担任老干部支部工作至今14年，他为维护所老干部队伍思想稳定和基层支部建设做出了贡献。2016年西亚非所老干部支部、所党委向社科院推荐唐宝才为院离退休干部先进个人。

唐宝才退休14年来，在科研、党的对外宣传工作等方面做出了突出成绩，为2008年北京奥运会做出了积极贡献。他表示，只要身体情况允许，就要把培养年轻人和科研等方面工作继续做下去，努力为党和人民多做点工作！

单光鼐（1945 年 10 月—　）

踏遍青山人未老　风景这边独好

单光鼐，重庆市人。1979 年进入中国社会科学院研究生院学习，1982 年毕业，获哲学硕士学位。先后在中国社会科学院世界宗教研究所、青少年研究所、社会学研究所工作，研究员。1993 年 10 月，享受国务院政府特殊津贴。研究方向：青少年问题、社会问题和社会运动。曾任社会学所青少年及社会问题研究室主任、期刊《青年研究》主编、中共社会学所党委委员、社会学所工会主席。兼任中国警察学会学术委员会委员、中国青少年犯罪研究会副秘书长、中国社会学会青年社会学专业委员会会长、北京市委市政府信访办信访矛盾分析研究中心专家组成员、人民日报人民网舆情监测室顾问、生态环境保护部宣教中心专家组成员等。2005 年退休。

1998 年，单光鼐承担了院 A 类重大课题后，开始全面、系统、公开地研究我国的群体性事件，迄今为止“退而不休”，一直坚持活跃在这个领域的最前沿从事调查研究。

在我国现实的社会环境里，涉足群体性事件这一领域是十分艰难的。囿于研究对象本身的特殊性、敏感性，公开报道极少，收集资料难，大规模建立数据库，寻找一般性规律更难。他迎难而上，面向紧迫的社会现实需求，在这一领域锲而不舍一干就是二十余年。在长期的社会调查中，他使用社会学质性研究方法，积累了丰富的现场调查经验。

他是一个理论与实践集于一身的学者。他多次赶赴事发现场展开“田野调查”，不知疲倦地奔走在群体性事件的发生地。诸如，四川万州、汉源、泸州、广安、大竹、什邡、邻水，重庆万盛，贵州瓮安，浙江杭州、东阳，安徽池州，湖北黄石、大冶、石首，广东南海、潮州、增城、东莞，安徽马鞍山，江苏南京、启东、连云港，云南绥江，上海港，海南乐东，云南昆明，天津，北京京温商城、木樨地，等等，都留下了他的足迹。他亲临一线，就各地发生的不同类型的群体性事件展开即时性的调查，走访事件当事人及其家属、参与者、现场目击者、围观者、现场值勤民警、地方基层干部、领导干部，等等，力图尽可能地了解和掌握事件的全过程，探究事件发生的背景和原因，分析地方政府的应对得失，寻找社会治理的良策。他坚持正确的政治立场，严守党的政治纪律，长期坚持深入实际、深入现场的研究实践使他对我国发生的多个大规模群体性事件总有自己独到的发现和见解，以及有异于他人的研究成果，他亦因此在业界内获得了好评，相关政府部门亦时常就群体性事件以及相关问题征询他的看法和意见。他亦因此而成为国内少数长期专注研究群体性事件的学者。

2003 年 7 月，香港发生大规模游行示威。遵从中央领导指示，社科院组织由法学、经济学、香港史、社会学领域 4 位学者组成中国社会科学院香港问题课题组赴香港调查，他是其中的一员。依凭他多年来调查群体性事件的实践经验，他和同行的香港史专家拟定了周密、详细的调查方案，在 2003 年下半年至 2004 年的第一季，数次赴香港对香港左、中、右不同政治派别的各界 50 余位著名人士进行了密集的、面对面的单个访谈，认真仔细听取他们的意见、诉求，将他们的谈话记录写成详细的、直白的、原汁原味的报告不断上送上报中央。2004 年 4 月 24 日、25 日，江泽民同志和中央港澳工作领导小组全体领导同志连续两天在中南海怀仁堂听取课题组汇报，时任院长陈奎元和副院长王洛林也出席。会议议程规定 4 位学者每人发言 40 分钟。单光鼐第一天的发言内容丰富、重点突出、结论中肯，且能提出问题、引发思考，引起在座的中央领导同志很大兴趣，感到“言犹未尽”，破例让他在第二天的会议上单独又做了近一小时的发言，且回答了领导们的插话询问，为中央调整对港政策提供了客观、准确、鲜活的第一手材料。

2007 年 6 月上旬，他应邀参加香港特区政府为庆祝香港回归十周年而举办的“香港历史与社会”国际学术研讨会。利用在港会议期间，他与多位香港知名学者进行了交谈，收集到港人特别是香港知名学者对吴邦国委员长 6 月 6 日在“纪念香港《基本法》实施十周年座谈会”上的反映，他写成报告《香港知名学者对吴邦国委员长“6·6”讲话的反映》，送我院《要报》，由于事关重要，经时任院长陈奎元同志签发，印三份，送达中央。真正发挥了思想库、智囊团的作用。

2012 年，单光鼐在讲解群体性事件现状

2008 年的贵州“瓮安事件”中，冲在打砸抢烧前列的多是未成年人，事发后，共青团贵州省委在瓮安的工作组知悉他也在瓮安调查，找到他针对青少年违法犯罪以及帮教挽救交换意见，他也就如何调查涉嫌犯罪的学生的家庭背景、亲子关系、生活经历的“个人生活史”谈出了自己的看法，亦就此提出了一个学术概念“县域青年”。这些对策性研究成果以及其后以“瓮安事件”为典型案例在各地给地方政府干部的讲课，对新世纪地方政府处置群体性事件发挥了积极的作用。

2009 年春节后，中央政法委将前几年在河北、贵州、云南、甘肃4省发生的大规模群体性事件挑选4例准备编制电视政论片《群体性事件启示录》。为此专门成立编制组，由中央政法委牟君发同志主持，从学界学者里邀请他一人担任学术顾问，且由他执笔撰写片首的“导言”。经过三个多月的努力，《群体性事件启示录》四集，终于编辑制作完成。经时任中共中央总书记的胡锦涛同志和政治局常委全体领导同志审看，一致评价编制得很好，并决定该片“绝密”“发至省军级”，作为教育全党干部的教材。

他是不仅迈开双腿做“田野调查”，更是一位善于思考的学者。他提出“新群体性事件观”，具体化为：其一，亲临现场；其二，就事论事，以群众诉求为中心解决实际问题，不对群体性事件作“过度政治化”解读；其三，信息公开；其四，反思，自责；其五，“切割”、问责；其六，慎用警力；等等。其后，这些原则不断为其他省处置类似事件仿效，成为具有推广意义的范本。他在社科院《要报》《研究报告》《领导参阅》上发表多篇建言建策方面的文章，如《大规模群聚事件对社会稳定造成的危害及其思考》《2008年群体性事件评估及2009年防范建议》《当前群体性事件特点及其相关思考》《当前我国群体性事件值得关注的动向》等。他的不少文章受到中央领导的关注。2013年5月18日中共中央总书记习近平同志就中国社会科学院社会学所研究员单光鼐论群体性事件的一个材料做出重要批示。2013年5月29日时任国务委员、公安部长郭声琨同志主持公安部会议，公安部党组全体成员和公安部各厅、局长参加，单光鼐和我院社会学所时任所长李培林、国家行政学院龚维斌教授三位学者应邀出席，讨论落实习总书记“5·18”批示。2016年8月30日，环保部办公厅彭德富同志电话告知，单光鼐在同年7月22日在国家网信办会上针对2016年上半年我国环保类群体性事件所作的分析报告被网信办编成舆情快报上送，时任中共中央政治局常委、副总理张高丽就此有批示给环保部。

退休以后十余年，他利用熟悉国外社会运动理论和方法，熟悉国内群体性事件发生发展历史，结合自己多次在事发现场实地考察的鲜活事例，还在国家信访局、公安部、环保部、国家行政学院、中央纪检监察学院、浦东干部学院、清华大学、南京大学等，以及在近十余个省、市领导干部的多种培训班上就群体性事件讲课二百余次（场）。他还曾连续三年应邀在国防大学武警军师级干部高级班授课。他利用国际学术界通用的“抗议事件分析”方法收集案例，并在此基础上建立群体性事件数据库。经过不断努力探索、修正和完善，克服多重困难，终于建成了相对固定成形的基本框架，借此可以勾勒和描述出当年群体性事件的基本状况。

目前，他正在课题结项报告的基础上撰写专著：《当代中国群体性事件：2004—2018》。单光鼐像一艘永不停歇的航船乘风破浪勇往直前。

胡广翔（1945 年 12 月—　）

退而不休　笔耕不辍

胡广翔，中国社科院图书馆研究馆员。河北省东光县人。1968 年毕业于中国人民解放军外国语学院。1984 年 7 月调入中国社科院文献情报中心（现中国社科院图书馆）工作。研究方向为图书馆学与信息化应用，曾任联机编目协调部主任。退休前的主要成果有：作为著者、译者、主编或编委出版专著 11 部、主持或参加科研课题 10 个、在国内发表的学术论文、研究报告和文章 34 篇、在国外学术刊物或学术著作中用韩文或英文发表的论文及文章 4 篇、从英文和韩文翻译成中文发表的论文和文章 10 篇，主编的《联机编目与数字图书馆》获中国社科情报学会 2006 年年会优秀科研成果三等奖；《中国社会科学院系统联机联合编目业务建设——历史、现状与未来展望》一文于2006年4月在第一届全国文献编目工作研讨会上获优秀论文三等奖。2006年退休。

2005年底，胡广翔年满60周岁，该退休了。由于工作需要，组织上决定让他再干一年，2006年底才正式办理手续。曹操的“老骥伏枥，志在千里”这句诗，胡广翔年轻时就很熟悉，退休了则更是喜欢。他说，作为一名研究馆员，自己应该老有所为，充分运用积累的学识和经验，为图书馆界的科研和学术建设略尽绵薄之力。

退休之后，胡广翔的学术成果源源不断。他先后出版了《普通图书著录指南》《联机联合编目与Z39.50标准协议应用研究》《〈GB/T 3792.2—2006普通图书著录规则〉应用指南》《中国哲学社会科学发展历程回忆（综合卷）》《图书馆学与信息化应用研究》等5本学术专著，另外《分类法研究与修订调研报告》书中的A马列主义毛泽东思想类、B哲学类、C社会科学类、D政治类、F经济类等社会科学类目，也是由他负责组织编写的。其中，《普通图书著录指南》和《联机联合编目与Z39.50标准协议应用研究》分别于2011年、2015年荣获中国社科院离退休人员优秀科研成果三等奖。

对于《普通图书著录指南》，北京市社科院原图书馆馆长王超湘这样评价：胡广翔编著的《普通图书著录指南》，介绍了《普通图书著录规则》的修订背景和过程以及修订原则和依据，阐述了新版国家标准的使用与MARC机读目录的应用。该书不仅为中国社科院图书馆系统，也为国内广大的图书编目工作者提供了一本非常标准、全面、实用的工作手册和指南。胡广翔长期笔耕不辍，能将图书著录和文献标准化工作总结升华到理论高度，确实令人感佩。

《联机联合编目与 Z39.50 标准协议应用研究》一书，得到了中国社科院学部委员、社科院图书馆原馆长黄长著的好评。黄长著在本书的序中写道：胡广翔在全院图书馆自动化建设几乎为零的情况下受命担任联机联合编目协调室主任，边学习、边摸索，凭着他长期的工作经验、勤奋学习和刻苦探索的执着精神，在全院图书馆系统工作人员的共同努力下，经过几乎 9 个寒暑的不懈探索和实践，成功建立起了中国社会科学院联机联合编目系统，使全院的图书工作自动化、网络化向前迈出了最基本的然而却是最不可或缺的一步。他并没有就此止步，后来，胡广翔又挑起了建立全国社科院图书馆联机联合编目系统的重担。在网络技术和信息通信技术飞速发展的今天，我们回顾文献信息自动化发展历程，胡广翔和他的团队早些年所做的工作，可能只是最基础的一部分，但正是这一基础性的工作，为今后信息化更好和更快地发展（比如数字图书馆的建设）奠定了必要的基础，更重要的是，可能为我们今后的知识管理与知识服务提供了一些带有启发性的思考。

退休之后，胡广翔的研究课题接连出新。作为课题组负责人，他继续带领课题组成员完成了两个研究课题。一是文献信息中心重点研究课题“应用 Z39.50 标准协议实现异构图书馆系统间的资源共享与业务合作的研究”，2011 年 3 月完成研究任务，结项时被专家鉴定组评为优秀。其后还由社会科学文献出版社出版了他组织撰写的《联机联合编目与 Z39.50 标准协议应用研究》一书，共计 34.4 万字。二是中国社科院信息化建设项目“全国社会科学院图书馆系统联机联合编目建设”，2011 年 12 月完成研究任务，结项时被课题鉴定组评为优秀。该项目的主要成果是建成了全国社会科学院联合编目中心，为全国各省市自治区社科院图书馆系统搭建了一个书目信息资源共建共享的数据库平台。各省市自治区社科院图书馆可利用联合编目中心的 200 多万条海量数据，共享中国社科院图书馆和各省市自治区社科院图书馆的全部数据，同时使一批原来用手工方式进行图书编目的图书馆利用这些数据快速、高质量地完成了回溯建库工作，在全国社科院图书馆系统取得了很好的社会效益和经济效益。

退休之后，胡广翔的社会兼职还有不少，比如全国信息与文献标准化技术委员会第六分技术委员会委员、《中国图书馆分类法》编委会委员、中国图书馆学会学术研究委员会标引与编目专业委员会委员等。他担任社会兼职有一个突出的特点，那就是不挂虚名，真抓实干。

担任中国信息与文献标准化技术委员会第六分技术委员会委员，他主持并主笔修订了图书馆业务工作的两项国家标准。其中《中华人民共和国国家标准·普通图书著录规则》，经国家质量监督检验检疫局暨中国国家标准化管理委员会批准，于 2007 年 2 月 1 日实施。在此基础上，应中国标准出版社之邀，又编写了《普通图书著录指南》一书，并于 2007 年 8 月出版；4 年后，又应国家图书馆的要求，编写了《〈GB/T 3792. 2—2006 普通图书著录规则〉应用指南》一书，并于 2011 年 10 月出版。两年后，胡广翔主持并主笔修订了《中华人民共和国国家标准文献著录第 1 部分：总则》，经中华人民共和国国家质量监督检验检疫局暨中国国家标准化管理委员会批准，于 2010 年 2 月 1 日实施。

担任国家图书馆《中国图书馆分类法》编委会委员，胡

胡广翔退休后的著作

广翔负责组织对《中国图书馆分类法》（第四版）中社会科学20多个类目进行调研和修订，写出的15.5万字的调研报告收入了《分类法研究与修订调研报告》一书中。其最终成果为《中国图书馆分类法》（第五版）、《〈中国图书馆分类法〉第五版使用手册》、《中国图书馆分类法简本》（第五版）、《中国图书馆分类法·期刊分类表》（第三版）。这些成果已于2010年至2012年分别出版。

2012年10月的一天，胡广翔突然接到北京大学信息管理系段明莲教授的电话，段教授告诉他关于开展李炳穆交流合作奖评奖活动的消息，并希望胡广翔参加评奖。原来这是为纪念中韩建交20周年，为鼓励中韩两国图书馆的学术交流与合作，中国图书馆学会特别设立的“李炳穆交流合作奖”。李炳穆是韩国延世大学著名的图书馆学教授，该奖由他出资，于 2012 年至 2024 年间实施，每逢双年评出获奖者 1 名，评选及颁奖工作由中国图书馆学会交流和合作委员会负责。胡广翔的专业外语是韩语/朝鲜语，他通过多年的努力和大量的工作，使得中国社科院图书馆与韩国图书馆界的交流与合作顺利开展，成绩卓著，有目共睹。所以，后来胡广翔获此大奖的确也是实至名归、众望所归。尽管如此，他仍然激动不已，因为这毕竟是该项国际学术基金第一次在中国评奖，全国图书馆界只有一个名额，而且是在他已退休 6 年之后获得的。胡广翔接受中国图书馆学会的邀请，于 2012 年 11 月在广东省东莞市参加了 2012 年度中国图书馆学会年会，并在会上接受了国家图书馆陈力副馆长的颁奖。

“退而不休，笔耕不辍”，这是胡广翔退休后的基本生活状态，其中饱含着他孜孜不倦的学术追求，也体现着他甘于奉献的精神境界。熟悉他的人，老的，少的，都很佩服他，并给他以美好的祝愿：广翔，希望你就像雄鹰一样，继续在广阔的天空中展翅翱翔吧！

闵大洪（1946 年 10 月—　）

“卓越学术奖”获得者的黄昏颂

闵大洪，籍贯江苏南汇（今上海市浦东新区）。1968 年以“老三届”知青身份到北大荒插队，后回京在工厂做车工。经过 10 年体力劳动之后，于 1978 年考上中国社会科学院研究生院新闻系的首届研究生。1981 年毕业，获硕士学位。同年进入中国社会科学院新闻与传播研究所工作，曾任网络与数字传媒研究室主任，副研究员，研究方向为网络与数字传媒。著作有《传播科技纵横》《数字传媒概要》等。2006 年 10 月退休。

花甲之年，闵大洪退休了。然而，他依然保持着在职时的工作热情与活力，继续在科研领域耕耘，在社会活动中忙碌。

刚退休时，他起的网名“年过花甲”，现在已改为“七十翁老闵”。叶剑英元帅 80 岁时有：“老夫喜作黄昏颂，满目青山夕照明”诗句。他以此激励自己，以更乐观的心态过好每一天，向 80 岁迈进。

2017 年 1 月 8 日，由中国传媒大学媒体法规政策研究中心等单位主办的表彰会上，他荣获“首届中国传媒法影响力人物”称号。同年 8 月 19 日，他获得中国新闻史学会第三届学会奖——“卓越学术奖”。退休后，于 2016 年出版《中国网络媒体 20 年 1994—2014》（电子工业出版社）。此书获奖后，评委会的颁奖词称：“闵大洪先生是中国新闻传播学界从事互联网信息传播研究的一位标志性学者，也是中国互联网信息传播最早的关注者、研究者、参与者。闵大洪在职时，出版有《传播科技纵横》（警官教育出版社，1998 年）和《数字传媒概要》（复旦大学出版社，2003 年）两本书。近 20 年来，他每年年末撰写的中国网络媒体年度发展报告，已经成为新媒体领域学界、业界瞩目的研究成果。在上述三部代表性著作中，闵大洪先生以他对互联网多年的深度参与和深刻洞察为基础，从多元的视角，记录了中国网络媒体发展历史上的重要节点、重大事件和关键性的变革，其对于后人研究中国网络媒体的发展历程及其演变规律的工作具有重要的文献价值。”在网络传媒领域，一人独获两大奖项，这是不多见的。

闵大洪为人谦虚低调。他常以学养有限，知识结构先天不足，鞭策自己，不断学习进取。凭着对新事物的高度敏感，自 20 世纪 80 年代报业开始采用计算机编辑、激光照排技术时，他的研究兴趣，开始从新闻史转至传媒业新技术变革方面。1994 年，随着中国接入国际互联网，他几乎将全部精力集中在网络传播与网络媒体这一新领域。

勤奋学习，持之以恒是他奉行的信条。为了对实时新闻与互联网技术保持密切联系，他至今仍然坚持每天在计算机上连续工作数小时的习惯。在研究互联网等新媒体的过程中，将传统媒介史研究方法与新媒体的特点相结合，形成了自己独特的研究方法。他概括为：眼观八方，把握重点；仔细辨析、一再求证；同步观察、全景记录；心有定力、不激不随。

他在写作方面的成果还包括：除连续 25 年撰写的《中国网络媒体与网络传播》年终专稿（最新已至 2018 年）外，每年写有一两篇高质量的研究文章。例如，近年来撰写的《台湾“太阳花学运”中的新媒体运用》《香港“占中”事件中的新媒体运用》《对中国网络舆情监测工作的观察与思考》《互联网“暗传播”（dark communication）探析》等，对网络媒体、网络传播的新现象、大事件进行了深入分析，甚至提出新的学术概念，如“暗传播”（dark communication）。他在写作中坚持全面、客观、真实、准确的原则。他曾请人刻印章一枚，印文为“用心记录”，以示对严谨治学态度的追求。他一再强调：“恪守专业精神和操守，是我们的本分、我们的职责、我们的价值所在。”

作为一名专家学者，他还通过授课的方式传播自己的研究成果。诸如，向政府官员、企业领导讲授网络舆情与危机应对，向新闻记者讲授新媒体形态与新媒介素养，向一些来华访问的外国新闻官员及媒体主管介绍中国互联网的发展与管理。从 2003 年起，国家新闻出版署对要取得记者证的媒体人员制订了全员培训计划，他被聘为授课教师之一。授课对象为在北京的中央媒体的从业人员，每年至少授课2—3次，每次听课人员在200人以上。仅此一项，十多年间，有数千名媒体人员听过他讲课。在备课中，他注重一线工作同志的需求，认真挑选案例，以便更好地结合实际。而且，每次授课都要结合业界的新情况、新发展安排授课内容，及时对PPT课件进行更新。

2006年，他刚一退休，就被国务院新闻办公室聘为中国互联网新闻研究中心客座研究员。同年，担任北京网络媒体协会（2012年更名为首都互联网协会）副会长。2007年至2011年，担任协会第二任会长。2011年至2016年，担任协会名誉会长。由一位学者且仅具有副研究员职称，却担任业界领军人物，完全是能力与水平的结果。他在这一期间，对推进互联网行业的自律、网络媒体的专业规范运作等，做了大量建设性的工作。因此，获得“国内少数贯穿学术界和互联网业界活跃人物”的赞誉。

他认为，生老病死是人生规律，应该乐观、从容地对待。人生的各种境遇都是宝贵体验，应该做到宠辱不惊，顺其自然。他认为，步入70岁后，势必与学界、业界渐行渐远。因此，要留更多时间给自己和家人。面对日益衰老，要保持内心的充实。

行万里路，放眼看世界，成为他退休后一大乐趣。他65岁时，在青海、西藏游历半个多月，实现了走遍中国全部行政区划的夙愿。特别令他感到自豪的是，到达过海拔5200米的珠峰大本营。截至目前，他已去过30多个国家，至今仍保持着一年至少出国旅游两次的频率。

目前，收集家族史资料，成为他的工作重心。近来，完成了三项实地寻根之举。他说：在寻访先辈足迹的过程中，

闵大洪的著作

了解他们为推翻封建帝制、争取民族独立和人民解放奋斗的历史，从而使自己更深刻地体会到“前人辛苦，后人享福”这句话的内涵。在这一过程中，也使自己对辛亥革命史、国共合作史、中共建党史、中共统战史、中共情报史等领域有了更全面、更具体、更客观的了解。在2018年10月，他到台湾游历时，特地去国史馆和国民党党史馆查找档案资料。回京后，撰写《台北查档记》一文，图文并茂地介绍了如何利用台湾档案库，特别是如何利用台湾在线历史档案数据库的经验，以方便后人。他认为，家族史与国史紧密相连。梳理家族史是为了传承一份家国情怀。

随着年事渐高，他考虑的是如何以奉献的精神来告别。近几年来，他将父母留下来的几件具有文物价值的物品，分别捐赠给了博物馆、纪念馆。例如，2017 年，正值纪念抗日战争全面爆发 80 周年，他将家藏的 1939 年郭沫若在重庆写给其父的七言诗书法作品，无偿捐献给了中国人民抗日战争纪念馆。他还耗费很多精力，对这首诗的历史背景及内容细节进行了资料收集与考证，并撰写《抗日意志坚如磐　民族气节重如山》一文，以彰显当时重庆一批爱国志士抗战的心路历程。捐赠郭老作品时，将文稿一同提供给纪念馆收藏。郭沫若作为抗战时期的文化旗手，这件弥足珍贵的文物，对抗日战争纪念馆意义重大。

他常说，一代人干一代人的事。他历经了中华人民共和国 70 年的全部历程，在改革开放的 40 年中，作为一名不断成长的新闻传播学者，始终保持与时俱进的姿态，为国家做出了贡献。

杨立华（1947 年 3 月—　）

为霞尚满天

杨立华，女，祖籍河北涿州，北京大学国际政治系硕士研究生毕业（1981 年），获得法学硕士学位。毕业后，留在中国社科院西亚非洲研究所从事科研工作近 40 年。主要研究领域包括三个方面：南非和南部非洲国别和区域综合研究、非洲政治经济发展和区域一体化、非洲国际关系（含中非关系）。1993 年晋升研究员，同年获得国务院政府特殊津贴。1998 年被评为中国社会科学院中青年有突出贡献专家。1998—2003 年期间担任西亚非洲研究所副所长。2002 年起担任中国社科院研究生院博士生导师。1995—2016 年担任西亚非洲研究所南非研究中心主任。曾担任中国非洲问题研究会（2000—2012 年）、中国世界民族研究会（1998—2003 年）、中国非洲史研究会（2002—2017 年）等学术团体的副会长。2012 年退休。

杨立华从事非洲研究近 40 年，始终以科学和严谨的态度治学，注重系统积累资料、跟踪研究和实地考察，把握重大现实问题的动向，并注意使自己的研究成果为我国的外交政策和发展战略服务，就非洲发展的热点问题、我国与非洲关系的敏感问题，呈报多项研究报告和政策建议，得到相关部门的肯定。

踏实严谨做学问，结出累累硕果

2012 年 5 月，65 岁的杨立华办理了退休手续，但学术研究的工作却是退而不休，研究不停，笔耕不辍。

她先后主持完成了院监察局研究报告《南部非洲国家反腐败制度研究》（内部报告）；《非洲发展报告 2013 卷》主题报告“非洲一体化背景下中非经贸合作的新机遇和新路径”（社科文献出版社，2013 年 7 月出版）；院重大课题成果《中国非洲经贸合作发展总体战略研究》（专著，中国社会科学出版社 2013 年 10 月出版），已列入社科院文库。发表了《非洲联盟十年：引领和推动非洲一体化进程》（《西亚非洲》双月刊，2013 年第 1 期）、《世界格局变化与中非合作》（《当代世界》，2013 年第 8 期）、《曼德拉的政治遗产：南非发展的制度基础》（《当代世界》，2014 年第 2 期）、《南非的民主转型与国家治理》（《西亚非洲》双月刊，2015 年第 4 期）以及英文论文 *China, South Africa and the Continent: Political and Economic Perspectives*（中国、南非与非洲：政治经济展望，南非非洲研究所 2015 年出版，书号 ISBN：978 -

0 –7983 –0462 –7）等多篇论文和专著。

杨立华曾于 1988 年出版了介绍曼德拉的专著《南非黑人领袖——纳尔逊·曼德拉》（社科文献出版社）；1995 年在补充大量新资料的基础上又出版了《南非民族团结之父——纳尔逊·曼德拉》（长春出版社）。该书是国内第一部全面介绍南非民族领袖曼德拉在争取民族解放和新南非民族国家建设进程中的独特贡献的专著。2013 年 12 月 5 日南非前总统曼德拉逝世，应中国央视新闻约稿，杨立华撰写了《伟人已去，理想犹存——悼念曼德拉》一文。12 月 9 日，杨立华和南非研究中心同人前往南非驻华使馆吊唁曼德拉，并代表南非研究中心在吊唁簿签字留言“曼德拉精神永存!”。

积极参与学术研讨，促进非洲学科发展

1995 年西亚非洲研究所建立南非研究中心后，杨立华就任中心主任。她坚持进一步加强对策研究，带领中心人员有针对性地扩大与南非知名学者和机构的交流，纠正对方在台湾问题上的偏颇认识，促进我国与南非建交和经贸合作。

退休后，杨立华继续担任南非研究中心主任至 2016 年。作为非洲问题研究方面的专家和南非研究中心主任，她多次应邀参加各类学术交流会议，接受各类媒体的采访。例如，2012 年 10 月，应邀出席由中国社科院西亚非洲研究所、国际货币基金组织和社科院国际合作局共同举办的非洲经济发展前景及中国对非洲投资战略国际论坛，并作题为《中非合作形势分析和建议》的发言。2013 年 9 月，应邀为中联部举办的非洲非政府组织培训班做“中非合作关系 50 年的发展”学术报告；应南非驻华使馆邀请，就中国南非建交 15 周年做

“中南全面战略伙伴关系的进展”报告；10 月，参加中非智库论坛第三届会议，做主旨发言。2014 年 7 月，参加中国经济网采访座谈，就习主席访拉美和金砖国家首脑第六次峰会成果分析评论；6 月，接受电视纪实片《南非华人的历史记述》采访；12 月，南非总统祖马访华，央视英文频道采访杨立华，谈中国与南非经济合作前景；2015 年 4 月，应邀在北京外国语大学做学术报告，“世界文化荟萃系列讲座举办第四讲：新南非多元一体国家的建构与治理”。此外，杨立华还十分关注现实问题的研究，捕捉前沿动态，从事政策方面的研究，例如跟踪和探讨了金砖国家合作机制的发展前景。2014 年 7 月 23 日，在习近平主席出席金砖国家领导人第六次会晤之际，杨立华接受中国经济网采访，阐述了发展中国家联合自强，在多极、多元的世界当中，推动平等包容发展的现实意义。2016 年，中国画报英文版为配合金砖国家峰会

杨立华参加北大 2018 博雅非洲论坛作发言

的专刊，就南非经济和中南合作议题向南非研究中心约稿，杨立华提供英文稿：China-South Africa Cooperation Enhances BRICS《中国南非合作，增强金砖机制》。2017 年 5 月，广东工业大学金砖国家研究中心举办“金砖国家产业合作与全球价值链建设”金砖国家智库研讨会，杨立华应邀出席并作《金砖发展战略与非洲议程》发言；同月，赴上海参加由金砖研究上海学术共同体举办的“转型时代的全球化：金砖国家的机遇、挑战与责任”研讨会，作《金砖国家集团在世界多极化与区域一体化发展中的作用》发言；6 月，在京参加国务院参事室举办的金砖国家智库国际研讨会。2018 年 7 月，习近平主席访问南非等非洲四国并出席金砖国家首脑峰会期间，杨立华接受中央电视台、人民日报、新华社等多家媒体采访，并为媒体撰写了相关中英文文章。

对外交流宣传国策，努力提高我国国际话语权

杨立华非常注重通过对外交流来提高自己的研究能力和水平。退休后，杨立华仍积极参加各类国际会议，注重在涉外学术活动中宣传中国的对外政策，特别是对非政策和中国的发展经验，介绍中国的非洲研究情况，维护国家利益，提高我国国际话语权。

2012 年 5 月，她应邀参加中国驻埃塞俄比亚使馆和埃塞非洲安全研究所共同举办的“非洲安全与中非合作研讨会”，并作主旨发言。2013 年 5 月，应邀出席非洲国家驻华社团“庆祝非洲统一组织和非盟 50 周年大会”并作专题发言。2016 年 3 月，出席中国现代国际关系研究院主办的“当前非洲安全形势与中非安全合作”国际研讨会，外方代表来自南

非安全研究所，杨立华就“中国与南非安全合作”以及“南非私人安保公司及其对我启示”等问题作专题发言。2018 年 12 月，应邀参加亚非学会举办的非洲重点国家学术研讨会，作《南非如何走出治理困局，再现发展活力》发言。

中非智库论坛是经中国外交部、商务部批准设立的中非学术交流的高端平台，在外交部支持下已经纳入中非合作论坛框架，作为中非民间对话的固定机制，每年在中国和非洲轮流举行。自 2011 年第一届开始至 2016 年间，杨立华出席了中非智库论坛历届会议并做主旨发言或提交专题论文，涉及的现实和前沿问题包括：《排除外部干预，坚持自主发展——非洲和平发展的关键》（2011）、《多极化世界中的非洲与中非合作前景》（2012）、《促进中非发展战略和产业链的对接——提升中非经济合作质量》（2013）、《非洲的发展与多极世界格局》（2014）、《创新型发展合作——2015 年后中非战略伙伴关系优先考虑》（2015）。2016 年中非智库论坛会议，杨立华主持了分议题“中非产业对接和产能合作、加快非洲工业化的机遇、挑战和对策建议”的讨论，并就非洲工业化与创新发展、非洲产业结构调整和非洲国家国内市场和区域市场的开拓等方面提出观点和建议，探讨了加快推进落实中非合作论坛约堡峰会的相关战略举措。

2015 年 9 月，杨立华应邀访问南非，其间除参加中非智库论坛会议，还参加了多项学术交流活动，包括：访问南非非洲研究所和南非人文科学研究院，就南非与非洲一体化发展做学术报告，与南非学者交流座谈；采访南非国民议会前议长麦克斯·西苏鲁；会见南非国际问题研究所副主席莫莱西·姆贝基，讨论中国与南非产能合作，以及相关合作研究问题。

退休7年来，杨立华始终抱有坚定的信念和强烈的事业心，为国家发展和外交战略服务，为保持西亚非洲研究所在南非和南部非洲研究领域在国内位居前列，不断扩大在南非和南部非洲学界的影响，促进非洲学科发展，继续做着坚持不懈的努力。

莫道桑榆晚，为霞尚满天。

（汪丽萍）

杜晓山（1947 年 5 月—　）

关注弱势群体，躬耕小额信贷和普惠金融

杜晓山，籍贯江苏江都。中国社会科学院农村发展研究所研究员（二级）、教授。享受政府特殊津贴。中国人民大学商业经济学专业本科生毕业，经济学学士学位；中国社科院法学系宪法学与行政法学专业研究生班学习结业。1982 年后，曾分别在中国社科院农村发展研究所和中国社科院科研局工作，于 2010 年退休。退休前历任：助理研究员、副研究员、研究员和副处长、处长、所长助理、科研局副局级学术秘书、所党委副书记、党委书记兼副所长。曾获院优秀成果三等奖、优秀对策和研究类特等奖、优秀决策信息二等奖和三等奖等。2004 年和 2009 年作为负责人的扶贫小额信贷试验项目

课题组两度获“中央国家机关五一劳动奖状”。2004年获由国务院扶贫开发领导小组办公室批准，中国扶贫基金会和人民日报等举办的“中国消除贫困奖”。主要社会兼职有：陕西省政府扶贫开发工作顾问；中国社科院贫困问题研究中心副主任；中国县镇经济交流促进会会长；中国小额信贷联盟理事长。主要研究领域：小额信贷、扶贫、农村金融。发表《小额信贷原理及运作》《中国小额信贷的实践和政策思考》《小额信贷：告别贫困的希望之路》《小额信贷：扶贫攻坚成功之路》等多部专著或文章及内部报告，开展扶贫小额信贷试验实践试点，推动小额信贷在我国的发展。

一 中国公益性制度主义小额信贷引路人

1982年，杜晓山从中国人民大学恢复高考制度后第一届商业经济专业毕业生，分配到中国社会科学院农村发展研究所，最初的研究领域之一就是农村扶贫。他在研究工作中发现我国扶贫领域的资金扶贫效率低、效益差，尤其扶贫贷款长期存在的主要问题是资金难以到达穷人，还贷率低，以及扶贫贷款机构严重依赖外部补贴或资金支撑才能生存。

杜晓山一直致力于研究探寻符合中国国情的贷款扶贫的有效路径。20世纪80年代，杜晓山在一个国际研讨会上获悉了“穷人银行家”尤努斯的感人事迹，从最初27美元贷款成功帮助45名贫困妇女脱贫的实验，到后来创办孟加拉乡村银行（格莱珉银行，Grameen Bank），覆盖了全国93%以上的农村地区，帮助全国成千上万的贫困人群尤其是农村妇女脱贫。尤努斯的故事深深触动了杜晓山，杜晓山经过进一步研究，认为或许孟加拉乡村银行模式是解决中国扶贫贷款难题的一个“好招儿”。杜晓山与刘文璞、张保民等社科院农发所的领导和同事在对我国农村贫困地区调研的基础上，还是决定在贫困农村试试，并成立了中国社科院扶贫小额信贷试验研究课题组，选定离北京最近的国家级贫困县之一河北易县作为课题组的扶贫小额信贷试验基地。

1993年10月，杜晓山到孟加拉乡村银行（格莱珉银行）实地学习考察，还带去他们课题组的申请项目初步方案并与尤努斯教授等人进行了座谈和讨论，争取到了孟加拉乡村银行信托基金（Grameen Trust）的5万美元分期拨付的低息贷款，同时，也申请获得福特基金会5万美元的课题研究无偿资助。之后不久，社科院课题组与国定贫困县河北省易县政府协商确定实验项目具体事宜。在河北易县成立了第一个扶贫经济合作社（即扶贫社）。由此，我国开始了与国际规范接轨的公益性制度主义小额信贷扶贫的探索。一直到退休后已近10年的今天，杜晓山仍不忘初心，牢记使命，一如既往在为社会企业类型的公益性制度主义小额信贷在我国的健康可持续发展呼吁、倡导和践行。

杜晓山的普惠金融之路正是由“扶贫经济合作社”（简称“扶贫社”）开始的。扶贫社小额信贷项目结合我国实际，把孟加拉乡村银行全套操作模式借鉴了过来。杜晓山带领课题组先后在我国中西部6个贫困县20多年的实践试验，初步证明孟加拉乡村银行的模式在中国农村贫困地区是可行的，是可以持续的为弱势和贫困群体服务，并自身达到保本微利、可持续发展的，进而证明了“穷人没有信用”和“扶贫小额信贷不可能自负盈亏”的逻辑是错误的。总体来看，在几个贫困县开展的扶贫小额信贷试验是成功的，试验研究项目取得了显著的经济绩效和社会绩效。

杜晓山在新疆农村考察

杜晓山2011年退休后，仍然在一如既往地主持扶贫小额信贷试验项目的进行。主要做的工作一是继续保证这些试点项目的正常运作；二是寻找能保证这些项目长期可持续发展的路径，因为是自筹资金试验的公益小额贷款研究与实践活动，社科院农发所缺少长期专职专业管理团队和固定制度性资金来源。终于在2013—2015年期间，杜晓山课题组与中国扶贫基金会所属的小额信贷组织“中和农信”达成协议，由其全面接管了基层“扶贫社”小额信贷组织；另外一部分不愿意并入“中和农信”的地方试点项目，根据人民银行总行的要求，转由当地地方政府监管。正是杜晓山和“小额信贷人”多年的辛苦奔走与试验，让我们了解了格莱珉的核心思想，也让我们更加清醒地认识到中国农村金融特别是扶贫金融的痛点。

从1996年起，由政府或社会组织开展、国际机构援助的小额信贷项目也纷纷效仿社科院扶贫小额信贷项目，学习孟加拉乡村银行模式开展扶贫活动，在我国先后有约300个项目试点。很多机构和人士到杜晓山课题组在各处的试验点进行考察、学习和调研。从2004年起，中央每年的一号文件都是谈如何搞好“三农”工作的，也多要求发展农村小额信贷。

二 中国普惠金融的推动者和践行者

在开展“扶贫社”扶贫小额信贷试验的同时，杜晓山着眼于如何实现中国小额信贷行业的健康可持续发展，为此，他发起并参与组建小额信贷联盟。2005年，社科院农村发展所、商务部国际技术经济交流中心和全国妇联妇女发展部于2005年共同发起建立了中国小额信贷联盟（当时称为“中国小额信贷发展促进网络”）。2010年正式更名为“中国小额信贷联盟”，杜晓山一直担任理事长。

杜晓山退休后直到现在，仍然在理事长的岗位上忙碌工作，同时也在为“联盟”考虑物色合适的接班人。这是我国第一个小额信贷行业自律协会类组织，从最初成立时的以公益性小贷机构为主，到目前涵盖了从事小额信贷业务的各种类型的金融机构和服务类中介组织。中国小额信贷联盟成立近15年以来，在开展行业自律、行业机构交流、行业机构素质提升、为政府建言献策以及为成员筹资等方面发挥了重要作用，推动了我国小额信贷和普惠金融发展。

从2005年至今，杜晓山与同事带领联盟积极配合政府有关部门促进普惠金融体系的建设。在推进普惠金融方面，小额信贷联盟在成立之初就引入联合国和世界银行建设普惠金融体系概念，进行国内推广，发起组织了联合国《普惠金融绿皮书》的翻译出版。2006 年，杜晓山在《中国农村经济》学术杂志上发表了系统介绍普惠金融体系的学术理论文章。在十几年的发展时间里，小额信贷联盟的宗旨和使命始终就是致力推动我国小额信贷和普惠金融的健康可持续发展，并组织相关的行业协会类活动、学术活动和科研成果的撰写。国务院 2015 年底正式发布的《推进普惠金融发展规划（2016—2020 年）》，意味着普惠金融在中国有了顶层设计，小额信贷联盟和退休后的杜晓山也受邀参与制定《规划》时的意见征求和制定后的宣传推广及科研文章的撰写。

杜晓山认为“普惠金融根在农村”，农村普惠金融，应该是建立一个满足或者适应农村多层次金融需求、功能完善、分工合理、产权明晰、管理科学、监管有效、竞争适度、优势互补、可持续发展的完整性农村金融体系。中国普惠金融的发展应是“道”与“术”的结合。所谓“道”，是指农村普惠金融的发展需要一些情怀或价值观，需要站在客户而不是机构或个人的角度考虑；所谓“术”是指技能和风控。普惠金融应坚持逐利与弘义的平衡与统一。杜晓山强调，发展普惠金融就要不忘初心，牢记使命，初心就是实现社会的公平正义，使命就是让穷人也可以过上有尊严的生活。

三 不忘初心、发挥余热的小额信贷人

退休后，杜晓山依旧不辞辛劳奔走在中国乡村田间一线，把脉普惠金融发展的新问题，依旧在相关会议和论坛发声呼吁关注小额信贷和普惠金融，依旧笔耕不辍，撰写了百

余篇文章及与他人共著了几本专著，为国家发展普惠金融建言献策。他在退休后还继续提供若干篇上报内部报告和建议，并在2013年获得了院里颁发的优秀对策信息对策研究类特等奖。如今杜晓山虽已是72岁高龄，却一直坚持为中国小额信贷和普惠金融事业发展、为改善中国农民和小微企业"贷款难"的问题鼓与呼。回顾杜晓山身体力行的25年小额信贷扶贫路，他与课题组撰写的调研报告、研究论文和科研专著成果十分丰富，引起了中国政府及社会各界对小额信贷的关注。

杜晓山26年呕心沥血，功不可没。2019年1月，杜晓山被《银行家》杂志评选为2018十大普惠金融人物之一，并这样评价杜晓山：从小额信贷到普惠金融，杜晓山教授一直致力于如何满足中国弱势群体的金融需求，尤其是农村弱势群体的金融需求。25年的普惠金融路，他以济世的情怀、满腔的热血投入到底层群众的金融救助与扶贫小额信贷工作中去。他影响和带动了一大批机构和人员加入到中国小额信贷行业中来，帮助成千上万的农户、小微企业等弱势群体通过小额信贷模式获得贷款并逐步脱贫，共同推动了中国小额信贷和扶贫事业的发展。

（宁爱照）

唐　钧（1948 年 2 月—　）

"七零后"专家的两个未了心愿

唐钧，上海人，1996 年毕业于香港理工大学应用社会科学学系，获硕士（M. Phil）学位。1998 年到中国社会科学院社会学所工作，研究方向为社会政策和社会保障。任研究员、社科院研究生院教授、MPA 导师、民政部政策研究中心博士后导师。兼任中国经济社会理事会理事、国家民政部专家咨询委员会成员、北京市老龄委专家咨询委员会成员、北京义德社会工作发展中心理事长、中国社科院老专家协会副会长。主要论著有《社会政策：国际经验与国内实践》《中国城市居民贫困线研究》《中国社会福利》《非营利机构评估》《中国社会保障制度的再选择》《市场经济与社会保障》《农村社会养老保险模式选择》《社会保障教程》等。2008 年 2 月退休。

早在退休前两三年，唐钧就对退休生涯做好了充分的心理准备。他对自己提出了三点要求：研究兴趣和好奇心不变，研究成果和工作量不变，社会参与和积极性不变。在《社会治理与社会保护》一书的《后记》中，他总结道：“那些用电脑键盘一个一个地码字的日日夜夜，让我得以依然沉浸在努力工作的氛围中。所以，10 年后回首，似乎难以区分退休前后的工作和生活有什么明显的不同。”

他经常把自己从事的社会政策研究比作“给社会看病的医生”。医生经常会提醒他的服务对象要注意健康。在进行检测和诊断后，医生会指出服务对象的病症所在，然后提出治疗的方案并付诸实施。如果，医生一味地见人就恭维对方身体非常健康，他很可能不是一个好医生。另外，因为经常与党政领导干部和工作人员打交道，他也清醒地认识到两者之间的差异。学者多为理想主义者，挂在嘴上的总是“我们应该怎么做”。而党政领导干部大多比较谨慎、务实，通常会说“我们只能怎么做”。

作为社会政策研究者，他主要是以做课题的方式为中国社会做检测和诊断，并提出治疗方案。盘点一下，退休 11 年来，他为中央部委、地方政府、国际组织和社会组织做了 20 多个研究项目。其中由他主持的中央部委的研究项目有：国家老龄办委托的“马工程”课题“人口老龄化进程和老年服务”（2018），民政部委托课题“中国城乡困难家庭社会政策支持研究”（2015），人社部委托课题“中国长期照护保障需求研究”（2016），财政部和欧盟的合作课题“中国老年服务和长期照护制度的发展”（2017），等等。此外，他主持的地方政府委托课题有：北京市老龄委的“北京市长期照护保险制度研究”（2016），“广东省残疾人社会服务研究”（2009）

唐钧在人口老龄化会上

社会组织的有“中国法律援助基金会项目评估”（2013），等等。作为中国经济社会理事会的理事，他还参与理事会历年的调研活动，如“上海、成都、南通三市长期照护保障试点调研”（2018），等等。

有以上这些调查研究作基础，11 年间，他发表了将近 700 篇文章，有 552 篇为“知网”收录。其中发表在期刊上的论文有 335 篇，发表在核心期刊上的 72 篇，占期刊发表论文的 19.20%；发表在 CSSCI 的有 44 篇，占期刊发表论文的 11.73%。同时也出版了 5 本专著，包括《广东省残疾人社会服务体系研究》（研究出版社）、《中国社会》（五洲传播出版社）、《博文中的社会政策》（社科文献出版社）、《中国城乡困难家庭社会政策支持研究》（中国社会出版社）、《社会治理和社会保护》（北京大学出版社）。其中《中国社会》被翻译成英语、法语、阿拉伯语和西班牙语对外发行。

从理论上说，社会政策一般会被看作是一个动态的过程。2008 年至今，涉及面广泛的社会政策或民生保障问题始终是社会关注的热点。退休后，他的研究大致可以分三个阶段：第一阶段，2008—2011 年，研究的重点是社会组织的发展和社会治理；第二阶段，2011—2013 年，研究的重点是养老保险和社会救助；第三阶段，2013—2018 年，研究的重点是老年服务与长期照护；最新的关注点是健康社会政策。

他的研究在“圈内”有时被看作“另类”。唐钧认为，社会政策应该被定位为社会科学学科，因此他常以社会科学中的“工科”比喻之。从理论上说，公众参与是社会政策的基石。因此，作为专业的研究者，他把自己的社会角色定位于“第三方”，致力于在政府和公众之间搭起一座沟通和交流的桥梁。他既对政府的政策提出意见和建议，也对坊间和新媒体上流传的一些对社会政策和社会保障的认识误区耐心地进行解读和说服。他利用新媒体致力于社会科学和社会政策的“科普”，受到网友的欢迎，在 2011 年编辑出版了《博文中的社会政策》一书，现在正在编辑续集。

他的研究有三个特点。一是强调实事求是。他认为，如果一种涉及民生保障的政策人民群众不满意，那就要深入基层去调查，倾听群众的意见。因为既然社会政策是为了民生保障而制定的，那么人民群众就是“用户”，“用户”就是“上帝”。对调查得来的资料和数据，用社会科学的理论和方法进行分析、研究，在此基础上再设计方案并付诸实施。他反对说大话、空话、套话，搞形式主义，反对为了“政绩”而文过饰非甚至阿谀奉承。二是要尽可能地打开视野，着重关注当今世界，尤其是联合国与国际组织关于社会政策的共识性理念、理论变化和国际经验，但决不生吞活剥，而是注重与中国的传统文化、本土性知识和实际国情相联系。三是尝试进行“跨界研究”。虽然社会政策在中国被归为社会学的范畴，但他不愿为学科的“界限”所束缚。他同时也关注其他的相关学科，譬如经济学、法学、管理学、保险学乃至医学，等等。他试图将这些相关的知识融为一体，为中国的社会政策研究服务。

退休以来，唐钧在研究生教育方面也收获颇丰。他在南开大学带了2位博士，在中国社科院研究生院带了15个社会工作专业硕士（MSW）和35个公共管理专业硕士（MPA）。他讲授“社会政策”课程，融入了自己的研究心得，能直面诸多社会热点进行解读，很受学生欢迎。他也很关心年轻教师和研究人员的成长，并以社会组织的方式组建调研队伍，提携年轻人。只要有时间，几乎是有问必答，因此在年轻人中人缘甚好。

他很重视职业精神和专业精神，并将此作为自己的道德底线。他经常给学生讲他父亲留下的一个故事：三年自然灾害时，他父亲的一位同事到地处郊区的“自由市场”买菜，回家后一算账，卖菜的老农多找了他1分钱。这位先生心里很不爽，一连几个星期都去市场守株待兔地等这位老农，后来终于找到并还了钱。当时唐钧对父亲讲的故事十分不解，不就是一分钱，值得吗？他父亲解释道：“他是做财务的啊！”长大后，唐钧才悟出，这故事的主角可能就是他父亲，其实质并不是还了一分钱，而是做财务的绝不能算错账。唐钧说：“也许我对职业精神和专业精神的理解，就是这个储存在记忆中大半辈子而实际上对我已经潜移默化的故事造就的。”

年届“七〇后”的唐钧，现在经常被称呼为“唐老”，他对此不忿而又无奈。他自嘲道：“就叫我唐老师，挺好。虽然现在官场上流行‘简称’，以突出级别上的差异，局长、副局长就称‘某局’，处长、副处长就称‘某处’。可这老师简称‘某老’，这是哪儿跟哪儿？不合逻辑啊！”他也会在背地里测测自己的心理年龄，通常的答案是35—40岁。因此，他对自己今后的研究还挺看好。在中央党校的一次会议上，他在发言中说：“我现在还有两个愿望，就是要实现习近平总书记说的两句话：第一句话是要‘建立一个相关保险、福利及救助相衔接的长期照护保障制度’。第二句话是‘要把以治病为中心转变成以人民健康为中心’。要是能把这两件事做成了，那就此生无憾了。”根据唐钧的经验，建立一项民生保障制度以10年为期。10年后，唐钧81岁，到那时会不会又有什么新的“幺蛾子”，谁知道呢！

（赵卫华）

王晓晔（1948 年 10 月—　）

反垄断法研究未有穷期

王晓晔，女，河北张家口人。1984 年获中国人民大学法学硕士学位，1993 年获德国汉堡大学法学博士学位。1984 年 12 月到中国社会科学院法学研究所工作，2010 年被聘为二级研究员，2002—2011 年任经济法室主任、法学所学术委员会委员，1999 年被聘为中国社会科学院研究生院教授、博士生导师。研究方向为经济法、国际经济法，主攻竞争法。出版学术专著21 部，其中独著9 部；发表学术论文近300 篇，其中《中国社会科学》5 篇，《法学研究》10 篇，英文、德文论文 40 多篇。主持国家哲学社会科学基金重大项目、中国社会科学院重大项目等国家级和省部级项目近 20 项。2002 年 5 月，为第 9 届全国人大常委会作题为《反垄断法律制度》的法制讲座；2005 年 10 月，为第 10 届全国人大常委会作题为《反垄断法是维护市场经济国家秩序的基本法律制度》的法制讲座。兼任中国经济法研究会副会长兼竞争法专业委员会主任、国务院反垄断法委员会咨询专家组成员等；曾任国务院反垄断立法顾问、全国人大反垄断立法顾问、商务部（多哈议程）贸易与竞争政策议题谈判专家咨询组组长等。2005 年，获国务院特殊津贴。2009 年获“当代中国法学名家”称号。2011 年 4 月退休。

王晓晔退休后，继续潜心科研，笔耕不辍，成果丰硕，出版个人学术专著 3 部，主编 3 部。2011 年法律出版社出版的《反垄断法》，是中国第一部全面、系统阐述反垄断法的学术专著，是反垄断法研究、教学和实务工作者的主要参考书和高校教科书。2014 年应英国 Edward Elgar 出版社约请出版的 The Evolution Of China’s Anti-Monopoly Law 一书，是第一部中国学者撰写的关于中国反垄断立法和实践的著作，在国际上有很大影响。该书得到国家社科基金中华外译项目的资助，并获2017 年第四届中国法学优秀成果奖二等奖。她主编的 Competition Law in China 是 Kluwer Law international 出版的《法律国际大百科全书》的“竞争法中国卷”，先后出了 3 版。

她退休后发表中外文法学论文共 57 篇。其中中文的 39 篇，很多发表在国内重要的法学 C 刊，如《标准必要专利的反垄断诉讼问题研究》（《中国法学》）《论滥用“相对优势地位”的法律规制》（《现代法学》）《我国反垄断法中的经营者集中控制：成就与挑战》（《法学评论》）《国际卡特尔和中国反垄断法的域外适用》（《比较法研究》）《相关市场界定在滥用行为案件中的地位和作用》（《现代法学》）《中国反垄断执法十年：成就与挑战》（《政法论丛》）《论市场界定在反垄断并购审查中的地位与作用》（《中外法学》）。已交付出版社即将刊行《王晓晔论反垄断法（2011—2018）》，是她退休后所发表的学术论文结集。

她退休后，在国际有影响的期刊和论文集发表了 18 篇英文论文，如 China's Anti-Monopoly Law：Agent of Competition Enhancement or Engine of Industrial Policy? （In：The Goals of Competition Law，edited by Daniel Zimmer，Edward Elgar 2012）；Reflections on the Antitrust Case against China Telecom and China Unicom（In：The Chinese Anti-Monopoly Law：The First Five Years，edited by Emch & Stallibrass，Kluwer Law International 2013）；Five years of implement of China's Antimonopoly Law- achievements and challenges（Journal of Antitrust Enforcement，2/2013）；Chinese merger control eight years on（European Competition Law Review，2/2017）；Why SEPs have been involved in Antitrust cases-From a Chinese Scholar's Perspective（ZWeR 1/2017）。

2012 年底，她作为首席专家获得国家社科基金重大招标课题《垄断认定过程中的相关市场边界划分原则与技术研究》（12&ZD200）。这是全国哲学社会科学规划办在反垄断法领域设立的第一个重大课题，跨法学和经济学两大学科。她主持撰写的课题研究报告（50 万字）填补了我国在这个领域的很多空白。在课题进行过程中，她的研究团队在国内外发表了 60 多篇学术论文。该课题已于 2018 年 6 月顺利结项，研究报告即将公开出版。

作为把维护市场竞争秩序的法律制度——反垄断法介绍

到中国，并为中国反垄断立法奔走呼号的学者，她在国内被公认为中国反垄断法第一人。2012 年和 2015 年，她被聘为国务院反垄断委员会第一届和第二届专家咨询组成员。她的科研活动与成果在国内受到高度评价。除 The Evolution Of China's Anti-Monopoly Law 一书于 2017 年获第四届中国法学优秀成果奖二等奖。《滥用知识产权限制竞争的法律问题》（《中国社会科学》）于2012 年获第四届钱端升法学研究成果奖的论文一等奖。国内很多反垄断大案专门征求过她的意见。国家发展和改革委员会2016 年对××公司做出处罚决定后，写给她的感谢信中指出，“××公司垄断案情复杂、全球关注，调查处理需进行大量的法学、经济学分析和论证。在我局对××公司一年多的反垄断调查工作中，王晓晔教授以扎实的专业知识、严谨的工作态度，为该案研究论证和处理提供了大量有益的专家意见和建议，为该案的调查处理工作做出了重要的积极贡献。”鉴于她在竞争法领域的贡献和声望，上海交通大学凯源法学院竞争法律与政策研究中心聘她为名誉主任，武汉大学竞争法与竞争政策研究中心聘她为首席学术顾问，多家高校聘她为兼职教授。2013 年她获得 China Law & Practice “Outstanding Achievement Winner” 称号，2017 年入选《影响中国法治建设进程的百位法学家》。

她的学术成就在国际上也有很大影响。2014 年出版 The Evolution Of China's Anti-Monopoly Law 是应 Edward Elgar 出版集团的邀请。该集团负责人 Elgar 先生给她的邀请信中写道：“我们咨询过很多人，大家一致认为您是中国竞争法研究领域的顶尖学者，在国际上享有很高的声誉。您知道，中国竞争法的发展引起了很多人的关注。我相信，您的研究成果是有兴趣了解中国法律制度的国际学者们的基本读物。”该书

王晓晔 2016 年 4 月在新加坡召开的亚洲竞争法大会

出版后得到了国内外学者的高度评价。美国反托拉斯法国际权威 Eleanor Fox 教授评价："本书是国际社会了解中国反垄断立法的背景、目的、理论基础以及法律适用的必读之物。作者是中国反垄断法的国际权威，没有其他任何学者能够完成这样一部有思想、内容清晰且理论和实务兼具的论文集。"欧洲竞争法泰斗 Ernst-Joachim Mestmäcker 教授指出："中国的市场化转型是一个世界奇迹，反垄断法的制定是产生这个奇迹的一个必要且很艰难的部分。如果没有学者为这部法律的制定提供法学和经济学的基础，如果没有学者了解市场竞争秩序并为这个秩序呼叫呐喊，中国不可能制定这样的法律制度。王晓晔教授就是这样一位学者。她的学术生涯记载了她是一位在中国和世界负有盛名的竞争法学者。这本书展示了她的学术成就，也展示了她服务于中国反垄断立法的勇气、智慧和独立思想。"南京大学的方小敏教授也指出："虽然已有一些论文和专著尝试把中国反垄断法介绍给国际社会，但还缺乏对这部法律的理论和实务进行全面和深入阐述的权威著作。国际一流学术和专业出版社 Edward Elgar 出版的 The Evolution of China's Anti-monopoly Law 填补了这个空白。这部著作是我国反垄断法学和世界反垄断法学平等对话的一个重要标杆，代表了我国当前反垄断法研究的最高水平。”

她退休后还一直活跃在国际竞争法舞台。2014 年 9 月，她应邀在首尔国际竞争法论坛作讲演；2015 年 10 月，在南澳大学竞争法国际会议作为唯一的 keynote Speaker 介绍中国反垄断法的实施；2016 年 10 月，作为中国唯一的代表受邀参加了北海道举办的日本经济法年会并作演讲。2013 年，她受邀在台北中央研究院访学研究三个月；2017 年，她应邀在德国汉堡马普协会外国与国际私法研究所访学研究三个月；2018 年受日本关西大学的邀请在大阪访学研究三个半月。她担任多家国际学术机构的咨询委员，如美国反托拉斯学会（AAI）国际咨询委员，国际消费者联盟与信用社会竞争、投资和经济管制研究中心（CUTS Centre for CIER）国际咨询委员等。她还是牛津大学 Journal of Antitrust Enforcement 和德国 Zeitschrift fuer Wettbewerbsrecht（ZweR）两个国际著名竞争法期刊的编委，并被 Antitrust & Competition Policy Blog 评为全球最有影响的 16 位女教授之一（Best of the Best）。

王晓晔已年逾七旬，但她精力充沛，精神矍铄，退而不休。2011 年，她受聘在中国科学院研究生院做特聘教授一年，2012 年 7 月至今在湖南大学做特聘教授。在反垄断法学术研究之路上，她仍继续进行着不懈的努力。

侯惠勤（1949 年 2 月—　）

我国意识形态研究的领军人物

侯惠勤，生于安徽安庆市，原籍广东湛江，1975 年本科毕业于华南师大政教系，1981 年研究生毕业于南京大学哲学系，获哲学硕士学位。1988 年晋升为副教授，1993 年晋升为教授，1996 年开始任博士生导师。2005 年被调中国社科院工作前曾任南京大学马克思主义理论研究中心主任、校务委员会委员。2005 年—2008 年任中国社科院马克思主义研究院副院长（正局级），2008 年—2012 年任中国社科院马克思主义研究院党委书记。卸任党委书记后任中国社科院国家文化安全与意识形态建设研究中心主任、中国历史唯物主义学会会长、中国社会科学院大学特聘讲席教授、马克思主义学院学术委员会主任至今。是中央马克思主义理论研究和建设工程首席专家，担任国家社会科学基金评委、国家出版基金评委、中宣部“四个一批人才”评委等，1993年起享受国务院政府特殊津贴。主要研究方向为马克思主义基本原理与当代中国，社会主义核心价值体系与当代中国意识形态建设，马克思主义发展史，马克思主义经典著作研究等，出版《马克思的意识形态批判与当代中国》等专著十余部，在《人民日报》《光明日报》《求是》《中国社会科学》《历史研究》《马克思主义研究》《哲学研究》等报刊上发表学术论文200多篇，多次获得中国社会科学院优秀科研成果奖、江苏省哲学社会科学优秀成果奖等。

2014年6月，成立8年来的马克思主义学部，第一次产生了一位学部委员正式候选人（也是当时社科院六大学部仅有的六位正式候选人之一）。尽管由于一些意外的情况，他未能顺利当选，并于第二年退休。但他的学术成果和学术影响力却不仅没有因此而消退，反而绽放出更加绚丽的光彩。在2009年、2012年连续获得国家社科基金重大课题和重大委托课题后，于2015年、2018年又接受了中央马克思主义理论研究和建设工程、国家社科基金的两项重大委托课题。在中宣部主持的中央马克思主义理论研究和建设工程的46种重点教材中，他作为第一首席专家主持了《马克思恩格斯列宁哲学经典著作导读》，作为唯一的首席专家主持了全国博士生唯一必修的公共理论课教材《中国马克思主义与当代》。出版了《马克思的意识形态批判与当代中国》《马克思主义意识形态论》《新中国意识形态史论》《马克思主义中国化理论创新30年（1978—2008）》《国外马克思主义意识形态研究著作评析》《马克思恩格斯列宁论意识形态》《马克思主义哲学的历史和现状》《正确世界观人生观的磨砺》《冲突与整合：如何认识我国社会主义改革开放实践过程对人们思想的影响》以及《侯惠勤自选集》等十多部著作，在意识形态研究方面形成了系列、权威、全面和前沿的成果，被公认为我国意识形态研究的重要领军人物。因为对马克思主义研究的重大贡献和良好影响，他不仅成为我国2015年抗日战争胜利70周年大阅兵的观礼嘉宾，2016年中共中央、国务院春节团拜会的受邀嘉宾，而且获得众多荣誉。他就是中国社科院马克思主义研究院原党委书记、博士生导师侯惠勤教授。

始终不渝为建设中国社科院马克思主义坚强阵地而奋斗不息

侯教授在退下来后虽然接受了上海交大等多所高校的兼职教授，但谢绝了所有的实职高薪聘任，戏称是“卖艺不卖身”，而始终坚守中国社科院的马克思主义理论阵地。他致力于国家重大委托课题研究和马克思主义理论骨干博士人才的培养，受邀为中共中央办公厅、中央组织部、中央统战部等部委及一些省区市党委中心组学习辅导。所有的重大成果及重要问题的发声，都冠以中国社科院的名义。2017年中国社科院大学创办，他欣然接受了特聘讲席教授的聘任，并兼任马克思主义学院的学术委员会主任。除了亲自给本科生讲授“马克思主义哲学”，并已经指导了两届共8名本科生，其授课和师德在学生中深受欢迎。

正确而富有特色的治学理念

侯教授始终秉持的治学理念是：知信相长、文为心声；

注重源头、立足当代；虚实相兼、学用结合；博采众长，独树一帜。第一层意思指治学的态度，要把做学问和做人、求知求真和信仰信念统一起来，所说所著要表达自己的真实思想；第二层意思指治学的内容，要从自己的专业特点出发，面对今天的时代问题，注重从马克思恩格斯所完成的哲学变革及其当代价值上加以阐明；第三层意思指治学的方法，力争做学问要有深邃的目光、宏观的视野，同时要做得细致踏实，能够真正解决问题，收到厘清思想、释疑解惑的功效；第四层意思指治学的根基，要不断充实自己的学术积累、开拓学术视野，“只有了解人类创造的一切财富以丰富自己的头脑，才能成为共产主义者”，同时要努力形成自己的特色和风格，只有富于创造性的研究才能无愧于马克思主义理论工作的使命。

侯惠勤在学术活动中发言

独树一帜的学术研究风格

侯教授充分体现了坚定正确的政治方向与精湛深厚的学

术功力的有机统一。他的理论研究正统而不僵化，旗帜鲜明而不空洞无物，联系实际而不就事论事，因而极具吸引力、影响力。他的研究特色在于对为人们所公认的马克思主义理论特点进行深层次的追问，以求学理上的深度发掘。人们都熟知马克思主义哲学区别于其他哲学就在于："哲学家们只是用不同的方式解释世界，而问题在于改变世界。"但问题是其他哲学就只满足于解释世界吗？而作为哲学，解释世界本身是否就在改变世界呢？这就需要在学理上深入研究和阐发。侯惠勤坚决否定了这些年流行的、把认识世界和改变世界对立起来的"实践哲学转向"，坚持辩证唯物主义世界观方法论，充分阐明了改变世界必须以正确认识世界为前提，以发现改变世界的社会实践力量为基础。他发表了《马克思的哲学变革和我们的哲学坚守》《危险的误导：卢卡奇的〈历史与阶级意识〉何以被捧为理论创新的典范》等系列成果，在马克思主义哲学世界观上发挥了正本清源的作用。在这一基础上，深入揭示了作为改变世界的哲学，马克思主义理论所具有的"理论的内在紧张"这一特质。概括出科学和意识形态、工人阶级及其阶级意识、历史和逻辑、个人和社会、理论和实践这五大理论的"内在紧张"关系，并在此基础上得出马克思主义基本原理既不是单纯的方法，也不是现成的结论，而是一系列基本理论关系的具体的历史的阐发。其一系列的意识形态研究专著就是围绕着这一思路展开的。

他还坚持从学界、思想理论界长期争论的重大问题中寻找学术突破口，努力形成既服务于现实又较为前沿的理论研究方向。长期以来，马克思主义作为科学和作为意识形态的关系就争论很多。当时似乎有一种定论，即马克思是否定意识形态的，将其视为"虚假的观念"，因此科学与意识形态根本对立，不能统一。这一倾向成为日渐流行的“非意识形态化”思潮的所谓“马克思学”依据，并制造了马克思和列宁在意识形态上的所谓对立。这一问题不仅关系到马克思主义在意识形态领域的话语权，而且关系到构建中国特色社会主义哲学社会科学学科体系、学术体系和话语体系。侯教授抓住这一重大争论展开深入研究，明确了马克思所说的“虚假的观念”，是指统治思想和统治阶级的分离，其实质是剥削阶级阶级意识的阶段性特征。因此，意识形态并不注定就是“虚假的观念”，即便是剥削阶级阶级意识，在其作为革命阶级的时候，也不是虚假的观念。而以工人阶级的阶级意识为基础的社会主义意识形态，就可以把意识形态和科学统一起来。在此基础上，他出版了《马克思的意识形态批判与当代中国》《马克思主义意识形态论》《新中国意识形态史论》《冲突与整合》等系列专著，发表了关于马克思主义学术话语权的系列论文，站到了我国意识形态理论研究前沿。特别是70多万字的专著《马克思的意识形态批判与当代中国》有理有据回应了国内外一些人对于我国主流意识形态的种种歪曲和责难，廓清了国内外一些人在意识形态问题上散布的层层迷雾，正本清源地系统阐明马克思主义的意识形态理论，为在新的历史条件下坚持和发展马克思主义的党性原则、建构当代中国的富有活力的意识形态阵地提供丰富、有力的理论支撑，不仅是一部深入辨析和系统阐明马克思主义意识形态理论的精品力作，更是众多意识形态研究者选定的必读、必备的权威参考书。

从实践中的重大思想争论中寻找理论服务于现实的结合点，发挥马克思主义理论的释疑解惑作用，是侯惠勤教授的又一治学风格。理论研究服务于现实，最为根本的是给中国特色社会主义以学理上的支撑，关键是说明其创新性和继承性的关系。如果只讲创新、不讲继承，那就是改旗易帜；如果只讲继承、不讲创新，那就是走老路。批判抵制西化和僵化的偏向，并通过学理上的阐发努力与错误思潮划界，达到释疑解惑，是真正的理论创新。侯教授在《人民日报》《求是》《光明日报》等发表了许多有影响的论文，尤其是批判“普世价值”的文章产生了重大的社会影响，获得了广泛的好评。

侯教授不仅为学生们树立了最好的榜样，还培养了一支优秀的意识形态研究队伍。他培养的博士、博士后逾百人，大都在高校、党政部门和企业从事意识形态工作；当今我国意识形态研究领域的优秀中青年学者大部分都接受过他的言传身教，并且大都继承了他的研究风格，形成了堪称马克思主义意识形态理论研究的学派特色。

李世愉（1949 年 5 月—　）

在科举制度与土司制度研究上继续耕耘

李世愉，江苏镇江人，出生于上海。1982 年毕业于北京大学历史系，获硕士学位，同年到中国社科院历史研究所工作，历任助理研究员、副研究员、研究员、博士生导师。研究方向清史、典章制度。尤其在科举制度、土司制度研究中成果丰硕。曾组织编纂《中国历史大辞典》，获国家图书奖。撰有《清代土司制度论考》《清代科举制度考辨》《清代科举制度考辨续》《科举生活掠影》《中国古代官制概论》等专著，发表论文百余篇。2010 年完成国家清史工程项目《科举志》的撰写工作。2011 年 2 月退休。

退而不休　再创佳绩

退休后，李世愉仍坚持工作在史学研究的第一线。现任《清史论丛》主编、《辞海》分科主编、中华炎黄文化研究会科举文化专业委员会主席团主席、土司文化专业委员会主席团主席，以及遵义师范大学、吉首大学、云南师范大学特聘教授。并以严谨的学风、强烈的责任感、为现实服务的意识，在科举制度、土司制度的研究上取得了丰硕成果，为史学的发展与普及做出了应有的贡献。

2011 年，他与张希清、毛佩琦共同主持国家社科基金重点项目《中国科举制度通史》，他担任清代卷（195 万字）主编及主要撰稿人。这部通史是迄今最全面、系统阐述中国科举制创立、发展、演变、衰亡全过程的巨著，填补了制度史研究的空白，于 2015 年 9 月出版。2016 年获华东地区图书一等奖，2018 年获第四届中国出版政府奖图书提名奖，郭沫若奖三等奖。

2013 年 10 月，任国家社科基金重大招标项目“中国土司制度史料编纂整理与研究”首席专家，组织全国 20 余名研究人员共同奋斗了 6 年，于 2018 年 8 月完成，最终成果为《中国土司制度史料集成》，1000 万字，是目前收集土司制度史料最全面、最系统，规模最大的一部专题史料集。全书按史料类别分为六卷：档案，实录，政书，正史，地方志与地方文献，奏议、文集、笔记。其中第一历史档案馆所藏清代档案即有 4000 余件，近 500 万字，是十分珍贵的第一手资料。对这批档案的处理，他坚持全部标点整理，而不采取通行的影印方式，一切从使用者的方便出发。土司制度对中国古代边疆治理、开发，对多民族国家的形成、发展和巩固产生了深远的影响。然而对土司制度的研究起步较晚，影响不大。21 世纪以来，特别是随着土司遗址申遗活动的展开，各地对土司制度、土司文化的研究热潮迅速兴起，但由于受史料限制，影响了这一研究的深入。《中国土司制度史料集成》的完成，对深化土司制度的研究具有重要的学术价值和现实意义。在 2018 年 12 月 14 日由社科院科研局项目处代表国家社科基金办公室组织的专家会评上，这一成果得到了与会专家的充分肯定和一致好评。目前，此成果已交上海人民出版社，计划 2020 年底全部出版。

8 年间，李世愉在科举制、土司制的研究中共撰写论文 21 篇，这些文章充分体现了他扎实的学风和前瞻性眼光，受到科举与土司研究者的高度赞扬。其中《土司制度基本概念辨析》(《云南师范大学学报》2014 年 1 期)《改土归流与国家治理》（《遵义师范学院学报》2018 年 2 期）分别被被《新华文摘》《人大报刊复印资料》全文转载。另外，《研究土司制度应重视对清代档案的利用》《试论“土司文化”的定义与内涵》《期待“土司学”的实至名归——论构建“土司学”的必然性与必要性》等论文，被《新华文摘》《中国社会科学文摘》做要点摘录。上述文章被学者转引超过百次。

在此期间，受商务印书馆委托，他担任第三版《辞源》的分科主编，负责中国古代史辞条的修订，为此组织了历史所的 7 位研究人员，按计划，按要求，于 2013 年完成。在 2015 年出版后的总结表彰大会上，李世愉受到了编委会的表彰。

2014 年，受上海辞书出版社委托，任《辞海》中国古代史分科主编，承担了2019年版《辞海》的修订工作，至2016年完成。

作为中华炎黄文化研究会科举文化专业委员会、土司文化专业委员会主席团主席，他先后发起、组织了“科举制与科举学国际学术研讨会”（已召开15届），“中国土司制度与土司文化国际学术研讨会”（已召开8届），在海内外产生了积极的影响。与此同时，他为推动土司研究的深入做了大量的工作，先后在中央民族大学、云南大学、云南师范大学、云南文山学院、广西师范大学、广西民族大学、吉首大学、遵义师范学院、长江师范学院、三峡大学等高校，为本科生、研究生、青年教师讲授土司制度和土司文化，帮助培养研究生，辅导青年教师申报国家社科基金课题。在他的帮助指导下，有4名硕士研究生在校期间发表了学术论文，有3位青年教师获得社科基金课题。2018年提供社科基金重大选题《中国土司制度通史》，得以立项，并指导吉首大学成功中标。

2015年，建议并帮助《遵义师范学院学报》创办了“土司研究”专栏，并担任栏目主持人，亲自选稿、审稿。这一专栏已坚持了4年，反映很好。2016年又帮助《吉首大学学报》开设了“土司研究”专栏，同样担任栏目主持人。这两个专栏发表的文章，有6篇被《新华文摘》《中国社会科学文摘》或全文转载，或摘要转载。

在历史普及方面成绩卓著

在历史的普及以及为现实服务方面，他也做了大量工作。如湖南湘西州永顺县在土司遗址申遗过程中即得到了

李世愉在旅游中

他的帮助，他多次赴永顺指导申遗文本的撰写，为该县乡镇以上干部讲授土司制度、土司文化的基本知识，在国家文物局三次召开的研讨会上献言献策，为土司遗址的申遗成功提供了有力的学术支持。2015 年，土司遗址（三处）申遗成功后，他又为永顺县在土司遗址的保护利用方面提出了一整套方案，包括建立土司博物馆、土司资料库、土司碑林、土司文化研究中心、开发多种旅游产品等。特别提出，永顺县要打造成土司遗址保护中心，土司文化展示中心、土司制度研究中心，被湘西州确定为永顺县的工作方向。其后，又联系中国第一历史档案馆及台北故宫博物院，将两馆所藏涉及永顺土司的清代档案近 200 件复制，供永顺县保存使用。为表彰李世愉对永顺土司遗址保护与利用工作的大力支持，2018 年 10 月 18 日，永顺县人民政府特授予他为永顺县“荣誉市民”。对于其他地区土司遗址的保护利用，李世愉同样关注。他先后受邀赴遵义海龙囤、广西忻城县、云南梁河县、景东县、湖南桑植县、保靖县、湖北唐崖县讲课、座谈，提出了许多建议，得到了当地政府的肯定。这些社会活动占了他很多时间和精力，但他一直表示，这是作为一个史学工作者应尽的责任。土司研究从默默无闻，到今日已渐成显学，与李世愉的努力与付出是分不开的。

2016 年 5 月，受历史所所长卜宪群委托，李世愉组织所内外专家（以退休人员为主）撰写以反腐倡廉为主题的电视片《大国治道》（10 集）及《廉吏传》（10 集）的脚本。该片已由中央电视台拍摄完毕，且获得电视片奖。

2016 年 3 月，受历史所委派，李世愉参加院科研局期刊处组织的对院内期刊的审读工作。三年来认真负责，每次写的审读意见都得到期刊处的肯定。

退休后，他仍继续担任《清史论丛》的主编，每年两辑的稿件都是亲自审定，从不马虎，确保了刊物的学术质量。同时关注青年学者的成长，帮助他们选题并修改论文。在社科文献出版社组织的集刊评比中，《清史论丛》连续四年获奖，这是对他主持的《清史论丛》工作的充分肯定。

他还多次参加社会上各种形式的讲座。2011 年为中央办公厅组织的干部培训班讲“关于中国古代教育的几个问题”；2014 年为中央组织部举办的各省厅局级干部培训班讲“中国古代的科举取士”；2015 年和 2017 年两次为国家图书馆组织的文化讲堂讲“清代科举文化的特点”“土司文化的独特魅力”2016 年为北京市东城区图书馆举办的文化讲堂讲“一代廉吏于成龙”。他的讲座深入浅出，生动活泼，受到听众的一致好评。

杨　团（1949 年 6 月—　）

为社会公平投身三农
为乡村振兴殚精竭虑

杨团，女，籍贯江苏淮安，出生于北京。1982 年毕业于北京经济学院（今首都经贸大学），1998 年底到中国社会科学院社会学所工作。研究员，研究方向为社会学。任中国社会科学院社会政策研究中心顾问、中国社会科学院研究生院教授、硕士生导师。兼任中国社会学会社会政策研究专业委员会专家组组长、国家民政部特聘专家、人力资源与社会保障部社会保障专家组成员、北京农禾之家咨询服务中心理事长、北京农禾之家农村发展基金会理事长以及中国灵山公益慈善促进会、中华少年儿童慈善救助基金会、NPO 发展中心等机构理事。获得 CCTV 2013 年度十大慈善人物，2014 年度责任中国公益盛典致敬大奖。长期致力于社会保障、慈善公益与非营利组织、综合性农民合作组织、社区公共服务、老年人长期照护等领域的社会政策研究，曾多次主持国家社科基金课题和重点课题，出版多部专著、发表论文和研究报告200多篇，曾获国家社科基金优秀成果奖及省部级研究优秀成果奖。主编年度丛书13卷本《当代社会政策研究》（2005—2017）、10卷本《中国慈善发展报告》（2009—2018）、4卷本《综合农协：中国“三农”改革突破口》（2013—2017）。2009年7月退休。

退休后，杨团的工作比退休前还要繁忙。除了继续从事社会政策研究外，大量心血用于“慈善公益”“长期照护”和“综合农协”这三个领域。她带领团队推动政策实践，而实践反过来又挑战了政策本身和背后的依据，倒逼自己带领团队不断地苦苦思索，寻求可行之路。她经常感到时间不够用，连节假日都不舍得休息。

这十年间，她主要是带队伍集体攻关，尤其在三农探索方面——乡村综合性农民合作组织的试验和研究上付出的较多。早在2002年，她就开始探索“三农”问题。曾参加中央党校在社科院举办的学习班，前往延安农村考察。当时的延安农村十分落后，比1966年她步行串联时见到的状况强不了多少。农民生活困苦，而且公共卫生和医疗问题极为严重。她向当地卫生局的领导提出做社区卫生服务试点，组建农民医疗合作社的建议。而后，选定洛川县旧县镇做了6年的试点工作，即“洛川试验”。在资金方面，利用英国国际发展部委托的中国社会保障课题资金，组织社会学所内外研究力量与当地政府合作。试点初期效果很好，农民很满意。

然而，随着时间推移，也暴露了一些问题。如体制冲突、理念冲突、政策冲突等。正是“洛川试验”的举动，使她一往无前地走上了一条探索农民如何组织起来，才能振兴乡村，成为和城里人一道共进的社会主体的道路。

在“洛川试验”之后，她接连搞了“建始试验”“内丘试验”等，一直在探索改变农村的途径。从最初张爱萍将军提出的“农民共富、集体发声”的理念，以后又增加了“城乡平等、互补共荣、社会和谐”内容。为了积累更多的经验，拓展视野，她开始从国外寻求成功的做法。于是，东亚农协即日本、韩国和中国台湾地区（简称日韩台）的农业协同组合与农会百多年的历史实践就这样进入了她的视野。为此，她先后 12 次赴中国台湾地区，5 次去韩国，4 次抵日本进行实地考察。经多年考察与研究，她发现东亚经验的核心就是以乡镇“综合农协”为本的一整套三农治理模式。这是一种法定机构、公法社团模式，农协是法律支持的农民组织，是按照一整套规范由专职农协人提供给小农户做不了、做不好的综合性服务。这套服务既包括农技推广、互助金融、合作运销等经营性公共服务，还要用农协经营获利来支持卫生、教育、福利、文化、环境等社区公共服务。东亚农协的成功经验，结合中国农村特点，她又开始了新的征程，即“综合农协”的探索。

从 2008 年成立新农协试点，试验持续了 8 年，终因政府换届、政策环境改变、缺乏经济实力的农协难有内生动力而失败。然而，失败并未使她停步不前，反而更激发了她的斗志。她把工作重心转移到创办“农禾之家”上。2010 年，进行注册机构，与社科院课题组的成员一起创建“北京农禾之家咨询服务中心”。次年，农禾之家以山西永济蒲韩乡村社

杨团在云南做社会调查

区的综合农协实践为基础，编制教材，启动培育乡村社区工作者（乡工）和乡土培训师（乡师）的“禾力计划”。至今，在全国已经培育了600多名乡工，其中80多名是品牌乡工，还有30多名乡师。此后，在《南方周末》开设《综合农协纵横谈》专栏，出版著作《综合农协：中国三农改革的突破口》（目前已经出版4册），并启动“禾趣计划”，从乡村儿童自然教育入手，汇合乡工、乡师力量，支持乡村农民组织，提升社区凝聚力。在她及团队的努力之下，现在全国已有300多家合作社，遍布27个省市自治区，成为“农禾之家”联盟成员。

抓住契机，再创辉煌。2015年，中央《关于深化供销合作社综合改革的决定》出台，她与河北省供销社合作，带领农禾之家综合农协研究组奔赴内丘县做金店镇试点。在该镇成立了供销社为主导、农户全员参与、选聘分立、权能分开的新农村综合发展协会（新农协）。党的十九大“乡村振兴”国家战略的提出，带来农村发展的大好机遇。她敏锐地看到这一机会，施展抱负，准备大干一场。2018 年 2 月，她和机构成员一起进行农禾之家方向、策略的调整，以求跟上十九大乡村振兴的大战略。农禾之家邀集企业和社会组织，以及有需求的县乡政府，搭建了称为“百乡工程”的一个社区集群，将政、产、学、研、社、农六界全拉进来形成乡村振兴的一个开放平台。同年 5 月，在社会学研究所的大力支撑下，“百乡工程”新闻发布暨乡村振兴供需对接会在社科院大报告厅启动。百乡工程社区集群虽然不是正式组织，却通过互联网和大数据创造网上网下为乡村振兴的信息、资源、人才、资本的互联互通渠道，形成“做规划、好产品、卖好价、搭平台、建组织、推人才”的生态链。所以，它是超越地域、界别的新时代的新平台和新结构。12 月，农禾之家联络政产学研多方力量，于四川蒲江召开“乡村振兴百乡工程首届论坛”，推出与乡村振兴需求对接的产业、科技、人才、社区营造等 16 个项目，采取供需双方当场洽商和议定合作意向。进入 2019 年以来，农禾之家推动百乡工程的各类工作围绕基地 + 两条产业线（人才 + 流通）全方位展开，越来越多的机构、企业、团体积极联络农禾之家寻求合作，共同参与乡村振兴的伟大工程。

她不像是坐在书斋的学者，更像一个思想者、一个实践者。确切地说，她是将理论与实际相结合的典范。如果说，农禾之家较之其他机构更快速地响应和进入乡村振兴国家战略的轨道，那应该归功于她做社会政策研究，又亲身倡导和组织三农组织化和人才培育，多年养成的政策视角、政策敏感和跨界的学术思考。她认为，举全党、全国、全社会之力的乡村振兴，势必成为今后33年最大规模和最大价值的中国公益，予以高度重视和进行理论联系实际、既有历史纵深又有未来创新方向的学术研究，正是中国社科界的历史性责任。她是一位始终把乡村的发展放在心中最重要位置的学者。

萧伯纳说："人生不是一支短短的蜡烛，而是一支由我们暂时拿着的火炬，我们一定要把它燃得十分光明灿烂，然后交给下一代。"杨团就像一团火，不辞辛劳地奔走于农村进行改革探索，她想传给后代的正是光明灿烂的美好生活。

赵智奎（1950 年 1 月—　）

推动中国特色社会主义理论“走出去”

赵智奎，蒙古族，祖籍内蒙古。早年插过队，当过兵，从过政，教过书，搞过研究。1994 年 6 月，毕业于中国社会科学院研究生院哲学系，获马克思主义哲学专业博士学位，并就职于中国社科院马列主义毛泽东思想研究所。研究方向：邓小平理论。2002 年被评为研究员，2004 年被聘为社科院研究生院博士生导师，2005 年获国务院特殊津贴。2006 年 1 月至 2011 年 1 月任马克思主义研究院马克思主义中国化研究部主任；2011 年 2 月至 2015 年 1 月，任马克思主义研究院创新工程首席研究员，社会兼职：长期担任中国少数民族哲学及社会思想史学会法人代表、常务副理事长、秘书长（换届后续任副理事长）和多所高校兼职教授。

赵智奎从事中国特色社会主义理论研究，至今已有25年；从事对马克思主义理论的教学和研究，亦近40年。退休前，他曾主编《改革开放30年思想史》（上、下卷，108万字，人民出版社2008年12月出版），该著荣获中国社会科学院第八届优秀科研成果三等奖（2014年）。主持中国社会科学院重大课题并出版《马克思主义中国化的基本经验及规律性研究》（70.6万字，中国社会科学出版社2015年12月出版）。担任中国社会科学院马克思主义研究院创新工程首席研究员时，主持并完成了重大项目《以社会主义核心价值体系引领社会思潮》，完成了25万字的研究报告和《当今中国社会思潮资料选辑》（11卷本，450万字，内部印刷，2016年）。

赵智奎于2015年2月正式退休。退休后继续以中国社会科学院研究生院博士研究生导师身份，带马克思主义骨干博士研究生；继续担任马克思主义研究院博士后流动站合作导师；新担任中国社会科学院大学督导、中国社会科学院大学马克思主义学院教授及一些高校社会兼职教授。已先后招收10名博士研究生（毕业4人），合作博士后3名，访问学者多名。

赵智奎坚决贯彻落实党中央的指示精神，努力推动马克思主义中国化、时代化、大众化。他特别主张和践行中国特色社会主义“走下去”和“走出去”，例如他主张在社会主义新农村建设中，践行邓小平关于中国农业改革发展实行“第二个飞跃”的思想，他主持撰写《史来贺精神与刘庄村之路》，阐述中国农业发展走集体化道路是唯一正确的路径选择。他的团队（同事、学生、博士、博士后）常年与农业部农广校合作，多次到全国农村培训基地去讲课，主要讲中央一号文件和培育职业农民创业精神。赵智奎积极推动中国特色社会主义理论“走出去”，他撰写的通俗读物《什么是中国特色社会主义？》（*What is socialism with Chinese characteristics?*）（中英文，湖南人民出版社），获得理论界好评。还相继出版了《中国特色社会主义》（*Socialism with Distinct Chinese characteristics*）（中英文）；《中国特色社会主义导论》（*Introduction to Socialism with Chinese Characteristics*）（中英文）；主编通俗读物《我们的核心价值观》（4 卷本，黄山书社 2016 年 12 月出版），荣获 2017 年安徽省五个一工程奖；出版了个人专著《理论自觉与规律探索》（23.6 万字，人民日报出版社 2018 年 6 月出版）。此外，应北京时代华文出版社邀请，他还组织撰写了中国特色社会主义理论主题出版物《新时代中国特色社会主义探索丛书》（12 卷，中英文版，待出版）。

赵智奎在学术上的主要贡献，一是坚持对中国特色社会主义理论的学理性研究，阐述其理论体系的科学性、真理性、彻底性、开放性。他对马克思主义中国化基本规律的研究，提出“结合律”“正反律”“创新律”；他关于中国特色社会主义是科学社会主义新形态和邓小平理论范畴体系的研究，得到理论界关注，具有启发意义。

二是坚持调查研究，深刻理解和把握中国特色社会主义的实践形式。强调“走下去”了解和把握实际情况，尽力获得充分的第一材料，从实践中认识和反思中国特色社会主义理论自身。多年来，他始终强调把坚持调查研究，当作马克思主义中国化学者的基本素质和“看家本领”，主张在课堂上列举亲身参与和感悟的事例，主张在论文中用亲身调研的案例佐证观点，强调以理服人，以事实服人。他曾带队十几次到同一村庄反复调研，写成专著。还专程把河南省新乡县

2017 年赵智奎访问哈佛大学时与约瑟夫·奈教授合影

刘庄村的带头人刘名宣（史来贺原班子成员）和黑龙江省甘南县兴十四村的带头人付华廷书记，请到中国社会科学院做报告。把社会主义新农村的典型介绍给马研院老干部党支部，组织大家先后去天津蓟县毛家峪村和河北省邢台内丘县岗底村进行考察。

三是坚持理论和实践结合，强调原则不是研究的出发点，而是它的最终结果，坚持从第一手材料中，研究各种社会思潮的发生和发展，从中总结社会思潮发展的特点和规律性。坚持对各种社会思潮的代表人物进行访谈，探索社会主义核心价值体系对各种社会思潮的有效引领。强调团结和引领各种非马克思主义思潮，揭露和反对极少数反马克思主义思潮。他的团队整理选编的《中国当今社会思潮资料选辑》，得到学界好评，供不应求。

四是坚持践行中国特色社会主义理论“走出去”，他以身作则，笔耕不辍，创办英语论坛，出版了多部中英文著作，还到国外进行学术演讲。2016 年 8 月，赵智奎应邀赴比利时马克思主义研究所访问，到马克思主义大学讲授专题课“什么是中国特色社会主义”。他是比利时马克思主义大学创办多年来第一个讲马克思主义中国化的中国教授。开课前，校方特意在比利时《马克思主义研究》杂志上，介绍了多名讲座教授，赵智奎名列其中。赵智奎认真准备了英文课件，用英语讲了 3 个多小时，回答了学员提出的近 20 个问题，得到了听众和校方的好评。英语并不是赵智奎的第一外语，能够完成讲课任务，实属不易，这一尝试使他颇有成就感。紧接着，9 月初，赵智奎又动身到德国，在波恩的东亚研究院进行了演讲。他在国外的演讲，可以视为是对中国特色社会主义理论“走出去”的先行探索。回国后，赵智奎积极创办“新时代新探索”英语论坛（原名中国特色社会主义论坛，党的十九大之后更名），旨在会聚致力于中国特色社会主义“走出去”的学者，在此平台上开展学术交流。迄今为止，赵智奎已主持七届论坛。2017 年 11 月党的十九大召开后，赵智奎参加了中国学者代表团赴美国进行学术交流。这是十九大之后第一时间中国学者来到美国。代表团先后在加州伯克利大学、哈佛大学、萨福克大学、纽约城市大学进行交流。其间，赵智奎几次用英语演讲，得到了同行的赞誉和鼓励。

2018 年是中国改革开放 40 周年，赵智奎带领一个新的学术团队，应邀接受了撰写《中国改革开放 40 年思想史》的任务。5 月，在马克思诞辰 200 周年之际，赵智奎应邀到中共山西省晋城市委讲述马克思的生平及其理论贡献，强调中国的改革开放和中国特色社会主义建设事业，是对马克思主义的继承和发展。6 月，为纪念中国共产党成立 97 周年，赵智奎在网站《今日头条》发表了《中国共产党为什么能?》的文章，向网民阐述中国共产党历经百年而不衰的原因。此文先后被人民网和光明网等多家媒体转载，7 月 1 日当天的点击量达到 20 万人次。

学无止境，生命不息，研究不止。赵智奎坚信，人生道路不进则退，只有始终向上攀登，才能见到更美的风景。他把“攀登”作为一种常态，乐此不疲。他决心在有限的余生中，努力做好两件事情：一是继续深入研究社会思潮，探寻社会思潮发生、发展的规律性，研究社会思潮与思想史的关系。二是继续把中国特色社会主义“走出去”做好，不断引向深入。为此，他仍在努力提高自己的外语水平，继续办好英语“新时代新探索论坛”。他调侃自己每天背单词和观看英语 TED 演讲视频，是为了有效地防止老年痴呆。在年轻学者看来，赵老师积极向上的学习工作态度已形成了良性循环，不仅思想上跟上时代步伐，学术上有新的建树，身心也比同龄人健康，真是可喜可贺！当好中国特色社会主义理论“走出去”的铺路石，这是赵智奎晚年的夙愿。在年轻学者看来，他不只是铺路石，可以说是中国特色社会主义理论“走出去”的开拓者。这种创新精神值得学习和点赞。我们祝他实现自己的愿望，并不断取得丰硕的成果。

（吕志成）

刘光明（1950 年 1 月—　）

视千秋笔墨画天地　听万里江河奏华章

刘光明，杭州人。1971 年杭州七一钢厂任宣传处干事，1978 年入杭州商学院学习，1992 年为中国人民大学博士，1995 年为中国社科院工经所博士后，1995 出站留所。研究方向是企业管理、企业文化、企业形象设计（CI）。著有《企业文化》(第五版)、《企业文化案例》、《企业形象导入》、《集团公司企业文化》、《诚信：企业品格的力量》等。曾获中国八五科学技术成果奖、中国企业文化理论创新奖、中国九五科学技术成果奖、中国十五科学技术成果奖、第十届布拉格国家企业文化 CI 导入创新一等奖、第十九届多伦多国际企业品牌设计创新一等奖。担任社会团体职务有中国企业形象设计委员会企业文化中心主任、中国书画家协会常务理事、国际企业形象设计委员会（柏林）常务理事。2011 年 1 月退休。

国家发改委宏观院课题组在《光明日报》2016 年 3 月 22 日撰文指出：由经济管理出版社出版、中国社会科学院刘光明研究员主编的《工业文化》《新企业伦理学》和《企业文化与地域文化：13 种观点的碰撞》表明：工业制造业是国民经济的主体，是立国之本、兴国之器、强国之基，工业文化是国家工业制造业的灵魂。

中国“十二五科学技术成果奖”评审委员会颁给《工业文化》的作者刘光明，旨在表彰他 40 多年来在工业文化、企业文化研究和实践中做出的杰出贡献。

刘光明撰写的《工业文化》这部开山之作，向人们昭示：工业文化的引领，是现代工业企业转型升级的灵魂工程。

鉴于《工业文化》《新企业伦理学》和《企业文化与地域文化：13 种观点的碰撞》等著述的影响力，中央电视台发现之旅邀刘光明担任 CCTV《工业旅游 · 美丽中华行》节目企业类的总策划、总顾问。

该著述其科研成果的意义及影响还体现在：实施制造强国战略，工业文化建设已成为推动我国成为世界制造业强国和实现中华民族伟大复兴的精神力量和内在动力。

作者在撰写《工业文化》等书的过程中，先后考察了几十个国家和地区，调研了数百家国内外工业企业和工业设计协会，收集了大量第一手资料，极大地丰富了著述的内容。

《工业文化》是作者多年的学术积累的成果，是国内外第一部工业文化专著，它不同于一般的企业管理著作，也不同于一般的工业设计或工艺美术设计书籍，它是管理心理学、经济伦理、文字学、音乐、美学、书法、绘画等学科的知识体系在工业设计、企业管理中的具体应用，对新时期企业转型升级，具有特别重要的意义。科学和艺术是相通的，同样也表现在管理学的微观层面——把一大批中国艺术家的成就，他们在视觉识别系统（Visual Identity，VI）和听觉识别（Audio Identity，AI）中的创造性智慧，应用到企业中去，是刘光明对工业文化、工业设计和 CI 创新的一大贡献。

自从进入工经所博士后流动站的研究开始，刘光明研究员就致力于 CI 的创新研究，他把国内外能够收集到的中外文 CI 书籍、资料，全部收入到自己专设的“CI 资料库”，把著名音乐家盛中国在 AI 中的艺术探索，中国国学大师马一浮，著名书画家沙孟海、潘天寿、徐悲鸿、靳尚谊、徐庆平、吴作人、启功、黄胄、叶浅予在 VI 中的突出贡献和创新成果，统统汇集起来，进行系统开发，并根据不同企业的不同特点，因地制宜地运用到各个企业的工业设计、企业形象工程之中，开创了工业文化、新工业设计和 CI 再造的先河。

他特别注重从基础理论到方法论的创新，并把这种新时代的创新落地到荣事达、雅戈尔、鸿雁电器、珠房、洛钼集团、江苏电力、东方通信、西子控股、万向集团、解百、中石油塔里木油田、青岛港、海尔、卧龙、杭供、天工艺苑、华茂、圣达、宁纺、金誉、芒果之恋、杭邵笔庄、富达、瑞福、兖矿等中、大、小各类企业之中，使企业的平均投入产出超出 1∶227 的经济效益。

中央电视台、《人民日报》等 200 多家媒体纷纷报道了荣事达等上述公司，在刘光明指导下，通过实施 CI 系统工程，实现了这些企业经济效益和社会效益双丰收。

近年来，刘光明与中央电视台《发现之旅》合作中，不仅写作出版了《新商业伦理学》《企业文化理论的新发展》等颇具影响力的著作，而且还推出了《工业旅游》——《中国工业文化的先驱张之洞》《中国工业文化的先驱张謇》《美丽乡村》和《特色小镇》系列节目，通过 CCTV《发现之旅》和《香港卫视》在 150 多个国家和地区同时播出。

作者的多部著作还被翻译成英、法、日、韩文作为国外著名大学管理学教材。刘光明被中国科学院心理所、韩国成均馆大学、英国曼彻斯特大学聘为管理学心理教授、博士生导师。

由中央电视台 2 套摄制、中国科学文化音像出版社出版，作者主讲的 8 小时光盘《如何创建自己的企业文化》近年来再版了五版。

刘光明的多部著述，顺应了我国作为世界工厂，企业转型升级、绿色管理的国际潮流，进一步推动中国制造由“量”的优势向“质”的优势转变。

作者对国内外特别是中国的工业文化、企业管理、企业文化的发展进行了 40 多年系统跟踪，发现了一些极其重要的规律性现象：国内外大多数企业经营者都逐步认识到工业文化、工业设计、MI（企业理念）、BI（企业行为）、VI（企业视觉系统）、AI（企业听觉系统）对企业管理、企业品牌、企业创新和企业转型升级的重要价值。

刘光明的 CI 创新——全新的企业视觉系统、企业听觉系统与工业设计、企业管理、工业文化的融合，作为一种崭新的信息传递系统，业已成为新时代工业文化、企业管理、工业设计的重要标志。

经刘光明创新的 CI 信息传递系统，不仅使企业得到信息增值，而且大大提升了各企业的品牌影响力。他与中央乐团、中央美院、徐悲鸿纪念馆、中国人民大学艺术学院合作，在企业视觉系统、视觉效应（VI）、听觉系统、听觉效

刘光明的业余爱好

应（AI）等方面，进行了深入的探索和实验，并与龙德、荣珍、洪峰、德传、继兴、建成、玉贤、如成、水连、冠球、沈谷、崇信、新华、建新、中灵、桂福、米成、瑞福、鹏凯、红林、庆良、水福等企业家联手开展全新的企业视觉系统（VI）和企业听觉系统（AI）的成功实验，在这个过程中，得到了各级领导龙永枢、吕政、京飞、长慧、及伟、李源、正飞和各界朋友陈波、明星、克凌、学俭、戴宁、美霖、高静等人的大力支持。通过CI创新实践活动，为我国的企业适应新时代的转型升级、企业品牌提升做出了积极的贡献，得到参加多伦多国际企业品牌设计委员会评审专家的高度评价。

刘光明把管理心理学、工业设计、艺术美学、企业VI、AI研发相结合，并把这些科研成果运用到上述公司的CI导入工程之中。2012 年 2 月出版的《企业社会责任报告的编制、发布与实施》，2015 年 1 月出版的《新企业伦理学》，分别获得了联合国企业社会责任委员会（UCCS）和欧洲企业伦理学会（EBEM）授予的优秀著作一等奖，在 2018 年 10 月 22 日举行的多伦多第 19 届国际企业文化与企业品牌年会上获 CI 创新一等奖。

蔡　震（1950 年 2 月—　）

桑榆未晚　夕阳正红

蔡震，祖籍安徽，生于北京，曾作为知识青年赴陕北延安插队务农。1977 年恢复高考，考入陕西师范大学中文系就读本科，1982 年考取北京广播学院（现中国传媒大学）硕士研究生，攻读中国现代文学史专业，1984 年 12 月毕业，在中国社会科学院研究生院获得文学硕士学位。毕业后即进入中国社会科学院郭沫若著作编辑出版委员会（后改为郭沫若纪念馆），从事郭沫若研究、中国现代文学史研究，与学术刊物《郭沫若研究》及相关书籍的编辑工作。1997 年至 2002 年调任文化艺术出版社《传记文学》杂志主编。2002 年调回郭沫若纪念馆，历任编研部主任、副馆长，研究员。同时，一直担任中国郭沫若研究会负责人，主持研究会工作，兼任四川郭沫若研究中心学术委员。主要学术成果有研究专著《郭沫若与郁达夫比较论》《文化越境的行旅——郭沫若在日本二十年》《郭沫若生平文献史料考辨》等，学术论文140余篇。2010年2月退休。

2010年春节甫过，郭沫若纪念馆为蔡震办妥了退休手续。退休，似乎是人生行旅中一个带有标志性的时间节点，但是蔡震说，他没有意识到退休的变化，学术研究和相关工作的脚步甚至没有停顿一下。“不必每天去办公室了，仅此而已。”这就是他对于退休的唯一感受。事实上，因为馆里科研工作的延续，他承担的研究课题和学术工作仍需要继续进行。当时主要有两项工作：一是参与主持的院A类重大课题《郭沫若年谱长编》尚未完稿、结项。二是当年在日本冈山要举行有关郭沫若研究的国际学术讨论会，应邀和准备参会的中国学者由蔡震负责（以中国郭沫若研究会名义）筹备组织。后一项工作，于当年圆满完成。前者《郭沫若年谱长编》的编撰出版仍然进行了数年。

《郭沫若年谱长编》（以下简称《长编》）是第一部记述郭沫若生平的年谱长编。全书即为一部全面、真实、详尽地记述郭沫若一生经历、活动、创作、著译、思想演进变化、人际交往关系的文献资料，据此，可以对于郭沫若的生平做出基本完整、客观的历史叙述。同时，《长编》也为郭沫若研究提供了一部最基本的、翔实可靠的学术资料。这一课题，由蔡震与林甘泉共同主持，任主编。初稿完成以后，通稿、修改、定稿还有大量工作要做。林先生年事已高，蔡震承担了主要工作。2012年《长编》以“优秀”结项，之后做进一步补充定稿，交付出版。从通稿到校改清样，五卷

230余万字的书稿，他校改、校看了三遍。《长编》作为“国家出版基金资助项目”，由中国社会科学出版社2017年10月出版。

与此同时，蔡震先生从退休的当年起，受聘四川郭沫若研究中心特聘研究员，受邀参与主持四川省哲学社会科学研究“十一五”规划项目《郭沫若研究汇要（1920—2008）》（以下简称《汇要》）的编辑出版工作。他与杨胜宽共同任总主编，同时负责编选《总论卷》《研究之研究卷》，并为全书撰写了长篇《导言》。《汇要》分为“总论”“诗歌”“小说”“戏剧”“历史”“考古”“思想文化”“研究之研究”等总计14卷600余万字，由上海书店出版社2012年7月出版，获四川省社会科学优秀成果二等奖。这部学术资料是近90年郭沫若研究史料的集大成，为郭沫若研究的学术史研究，提供了一个比较完备的文献资料的平台。

学术研究不是轰轰烈烈之事，而是日复一日、不间断地阅读、思考、写作。研究的成果，则凝聚在一本本学术著作和一篇篇学术论文中。从退休起至今的9年间，他还出版、发表的科研成果有：专著《郭沫若生平文献史料考辨》，纳入“中国社会科学院老年学者文库”，社科文献出版社2014年7月出版。专著《郭沫若著译作品版本研究》，东方出版社2015年1月出版。这是第一本对于郭沫若著译作品版本进行研究的学术专著。选编本《郭沫若作品新编》，由人民文学出版社2010年12月出版。在《新文学史料》《郭沫若学刊》《中国社会科学报》《文艺报》《鲁迅研究月刊》《陕西师范大学学报》《当代文坛》《东岳论丛》等报刊发表研究论文等60余篇。

“学术不应该只是象牙塔里的东西，应该也可以走进社会，助力优秀文化的传承。”这是他一直以来的一个认知。他觉得退休之后可以用更多的时间和精力，从这一方面延展自己的学术研究。开展各种学术讲座，是学术普及的很好方式。蔡震先生借参加学术会议和文化活动之机，在北京、成都、乐山、西安等地针对不同的听众，多次做学术讲座，有对研究生、本科生、中学生的，也有面向社会大众或特殊社会群体的。讲座都以郭沫若研究为主题，以通俗的方式讲述郭沫若的生平、创作、学术活动，让听众对于郭沫若，并通过郭沫若对于近现代以来中国优秀的文化有更深入的了解和认识。受聘为“乐山沫若书院”院士，也是利用在书院举行学术讲座、发表文章或参与各种文化活动的方式，普及郭沫若研究。

蔡震退休后的著作

文学性传记的写作，是郭沫若研究和现代文学史研究学术普及的另一个途径。学术研究为撰写人物传记提供了坚实的史实、史料基础，传记作品的写作和出版，则有着更广大的社会受众面。退休后蔡震先生先后撰写出版有：《郭沫若的青少年时代》《茅盾的青少年时代》，这是专为青少年撰写的普及性传记读物，由河北出版传媒集团河北人民出版社 2010 年 7 月出版。《郭沫若画传》是以文字配历史照片形式的郭沫若传记，由江西人民出版社 2011 年 3 月出版。《丁玲：情若初春火焰》，由河南文艺出版社 2014 年 12 月出版。其中《郭沫若的青少年时代》《茅盾的青少年时代》两本传记，出版后不久即列为“新闻出版总署向全国青少年推荐百种优秀图书”，由河北人民出版社 2012 年 12 月再版印行。

退休后，他继续担任中国郭沫若研究会会长、执行会长，主持研究会的各项工作。每年研究会都会组织有关郭沫若研究的学术研讨会，以及各种形式的学术活动。2015 年起特别举办了以郭沫若研究为主题的“青年论坛”，以学术会议的形式专门为青年教师、学者们搭建了一个学术交流研讨的平台，至今已经举办了四届。这为青年研究者们提升自己的学术水平、发表研究成果，提供了更多的机会。同时，定期举办的论坛，也吸引到更多的青年研究者走进郭沫若研究领域，壮大了这一领域的学术队伍，推进了这一学术领域的深入发展。

2010 年，蔡震先生参与组织了《郭沫若研究年鉴》的编辑出版，任主编。《郭沫若研究年鉴》是一部郭沫若研究年度优秀学术成果的汇编，精选年度内发表的研究论文，辑录郭沫若佚文、文献、研究史料，汇集有关郭沫若研究的学术会议、学术动态、文化活动、研究成果目录索引等各个方面信息。这是郭沫若研究 90 年学术史上首次以年鉴的形式汇集、精选、积累每一年度的学术成果和学术资料。他主编了《郭沫若研究年鉴》的 2010 卷、2011 卷、2012 卷。

2017 年，蔡震先生主持了《郭沫若研究》的复刊。《郭沫若研究》是中国郭沫若研究会的会刊，曾是代表着这一学术领域研究水平的学术专刊，后因经费等原因停刊。在郭沫若纪念馆大力支持下，《郭沫若研究》以集刊形式复刊出版。蔡震与赵笑洁馆长共同任主编。这一学术集刊为郭沫若研究提供了一个很好的学术园地。

目前，他仍在参与郭沫若纪念馆创新工程《郭沫若全集补编》的编辑注释工作，承担旧体诗词等卷的整理、注释，负责佚文编的组织编辑工作。他说自己还有一个继续进行郭沫若研究的“五年计划”：撰写论文，修订《郭沫若传》（旧作），继续收集整理郭沫若生平史料，以备补充修订《郭沫若年谱长编》，做郭沫若研究史的思考和学术准备……“五年之后还可以有新的五年”。正所谓：桑榆未晚，夕阳正红。

刘迎秋（1950 年 8 月—　）

退而不歇　坚守良知　甘于奉献

刘迎秋，中国社会科学院研究生院研究员。河北省深泽县人。1991 年毕业于南开大学，获经济学博士学位。1992 年调入中国社科院经济研究所，曾任宏观研究室主任等职，1997 年任中国社科院科研局副局长，2007 年任研究生院院长。1993 年起享受国务院特殊政府津贴。研究方向为中国经济的运行和发展，研究领域包括中国经济运行与发展、民营经济理论与实践，以及期货交易理论与实务等。先后发表学术论文和理论文章近 500 篇，出版学术专著（含译著和辞书）近 30 部，其中多篇（部）获国家和省部级优秀成果奖。现任中国社科院民营经济研究中心主任兼理事长、中国城市发展研究会副理事长、中华全国工商联智库委员会委员等。2013 年退休。

2013 年 8 月 2 日，刘迎秋从中国社科院研究生院院长的岗位上离任了，同年 12 月正式退休。退休后，他卸掉了行政管理的重担，重新享受起专门从事经济理论研究的轻松和快乐。如今，五年多的时间过去了，刘迎秋已年近古稀，但依然面色红润，步履矫健，精力充沛。他每天伏案 8 小时甚至 10 小时以上，阅读经济文献、撰写学术论文，还经常出席京内外重要经济理论和政策学术报告与研讨会，忙得不可开交。

退而不歇 笔耕不辍

刘迎秋酷爱经济理论学习与研究。从 20 世纪 70 年代初到现在，他从未离开过经济理论和实践的调查与研究。退休后，他没有回归养生之堂，也没有踏上旅游之路，而是更加专注地致力于中国经济运行与发展和民营经济理论研究。

六年多来，他先后公开发表（出版）各类经济理论文章和著作近 80 篇（部），年均发表（出版）成果篇（部）数都超过了退休前。此间，他的学术研究成果主要集中在三个方面：

一是中国经济结构调整与中高速增长和中高端发展。内容涉及中国经济大转型及其新支点，中国经济质量上台阶需要以一定增长速度做支撑，正确认识和处理供给侧改革与需求侧管理的关系，稳增长调结构是实现中国制造 2025 目标的必要前提，体制机制创新是科技创新和经济高质量发展的根本推力，加快发展先进制造业是推动实体经济更好发展的关键以及中国经济运行与发展的逻辑及走向经济强国面临的挑战，等等。

二是“两个毫不动摇”与中国民营经济持续健康发展。内容涉及习近平关于地区“民营经济支柱论”和全国“民营经济基础论”思想的总结与阐述，涉及新时期新阶段推动民营经济健康发展必须打破各种形式垄断观点的解析，涉及发展混合所有制是推动我国生产力实现更大发展的必然要求以及加强法治、依法治国是民营企业持续健康发展的重要基石的论证，也包括制造业民企要抓住机遇、着力用好供给侧改革加减法的分析，包括对改革先驱步鑫生创新精神及其时代意义的阐释以及对民营企业走向更加广阔的舞台、实现高质量发展需要优质制度建设和供给支撑，等等。

三是主持完成了国家工信部委托的三项调研课题并主编出版了《中国中小企业蓝皮书》2014 年至 2016 年卷，主持并主笔完成了社科院重大项目《中国梦与浙江实践（总报告卷）》和国家社科基金重大项目《走向经济强国之路》最终成果的统编和正式出版，收集整理并出版了专题性学术文集《中国经济运行与发展的逻辑》，编辑和出版了英文学术专著 *New Interpretations on the Development of China's Non—Governmental Enterprises*，等等。

上述研究成果的突出特点是理论联系实际，既具较强分析与说理性，又具较强实战与操作性，受到政界、学界、企业界的广泛关注和好评。

坚守良知　实事求是

在中国经济问题调查与研究过程中，刘迎秋始终坚守良知，实事求是，不图虚名，坚持做到尊重实践，尊重发展，尊重规律。

例如，对近年来我国经济增长出现持续下滑，学术界有各种不同的看法，其中较有影响的认为，即使我国经济从两位数的高增长降至6%、甚至4%都不可怕，经济增量仍相当于欧洲一个中等规模国家的全年产出。刘迎秋则从我国经济发展阶段及其二元经济结构，人口大国特点与发展内在要求，以及体制机制改进仍具有较大空间等角度分析论证，指出，我国经济社会发展不仅迫切需要实现质的大幅度提升，而且仍然迫切需要量的进一步增加；不仅如此，就是经济发展质量上台阶本身，也同样需要有国民经济中高速增长的强力支撑。经济增长速度过低，不仅会影响国民经济发展迈向中高端，而且会导致大规模国民失业，影响和损害国民经济长期均衡协调和健康发展，甚至还会诱发其他各种不测。

再如，对于如何解决我国民营企业，特别是中小微民营企业融资难等问题，占主导地位的看法是要求政府多出优惠政策，给民营企业多“输血”，包括设立纾困基金和给民营企业提供更多低息贷款，等等。刘迎秋则较早指出，政府政策倾斜与优惠虽然重要，但是完善法制、依法治国、创造平等竞争与发展环境更为重要，它才是有助于民营企业家形成发展恒心和更好支撑民营企业长期健康发展的根本与基石。他还明确提出了鼓励与加快发展区域性中小民营银行的政策主张和建议。

又如，针对新型政商关系构建过程中大量政府官员“宁可清也远离亲”，从而给民营经济发展带来巨大负面影响的问题，刘迎春指出，当前出现的政商“清而不亲”与当初出现的“亲而不清”具有内在同质性。解决之道，一是要加强制度建设，强化制度管理，切实用制度监督、指导和规范好政商两方行为；二是要遵从马克思的历史唯物主义观点，研究制定有助于调动公务员积极性、创造性和牺牲精神，从而乐于为民营企业多办好事、多做实事的制度与行为规范，奖励贡献、惩罚懒惰，并由此构建新型的政商关系。

显而易见，刘迎秋的上述理论观点和政策建议是符合客观实际并且具有“超前性”和敢于“碰硬”的。他在自己的学术研究之路上，践行着“俯首甘为孺子牛”、不忘“忠贞为国酬”的夙愿。

不枉天职　甘于奉献

刘迎秋退休后积极参加和主持有关中国经济运行和发展问题研讨等学术活动。作为社科院民营经济研究中心主任，他带领团队与新华社《经济参考报》等单位合作，长期坚持组织举办有政府部门、民营企业和学界三方专家和代表参加的“中国民营经济发展双月座谈会”，并做到每次会议主题均与党中央、国务院同期中心经济工作和要求密切相关并臻于深化。很多次座谈会成果在媒体报道后曾受到党中央和国务院有关部门和领导重视，指示将研讨成果修改充实，在中央有关媒体发表推介。民营经济研究中心也因此被誉为中国民营经济理论与政策研究的思想库、智囊团。2014 年 7 月 15 日，李克强总理主持召开《分析当前经济形势听取下半年经济工作意见建议座谈会》，刘迎秋受邀出席并就区间调控定向调控指标选择、鼓励和激活民间高质量投资和促进民营经济健康发展等问题发言，提出了改善供给管理和增加制度性、机制性、市场性供给以及大

刘迎秋在出席2014年李克强总理主持召开的分析当前经济形势、听取下半年经济工作意见建议座谈会上

力发展民办中小型银行等政策建议，成为国务院实施宏观经济管理与调控的重要参考。

刘迎秋曾针对2015年中上海、深圳股市出现暴涨暴跌的关键诱因及其主要推动机制——股指期货，于2015年8月24日连夜起草并于25日一早递交至李克强总理办公室一项《关于停止股指期货交易的建议》。针对股市存在的突出问题，《建议》明确提出了暂停股指期货交易的决策主张和若因有关法律不便全面暂停则需立即做出大幅提高交易保证金和只允许从事与实际持有股票数量相同但方向相反的“套期保值”交易的决定。对此，国务院很快做出了反应：2015年8月25日晚中金所着手宣布自8月26日起，三大股指期货平仓交易手续费标准上调至成交金额的万分之1.15，即提高五倍；8月28日进一步宣布自8月31日结算时起，沪深300和上证50股指期货各合约的非套期保值持仓及中证 500 买入持仓的交易保证金从 20% 提高到 30%；9 月 2 日晚再进一步宣布自 9 月 7 日起将期指非套保持仓保证金提高至 40%，平仓手续费提高至万分之 23，同时非套期保值客户的单个产品单日开仓交易量不得超过 10 手。至此，沪深股市弥漫多日的“大崩盘”恐慌开始告一段落。2016 年 6 月，中国社科院将此项成果评为“2015 年优秀对策信息对策研究类二等奖”。

2018 年 8—10 月间，刘迎秋针对中国经济运行和发展过程中遇到的改革与发展取向、民营经济发展困难、房地产市场严重萎缩、地方债务风险上升以及有关党的领导等问题，多次提出防控意见和改进建议，得到有关部门和领导的高度重视与肯定，称之为“忧国忧民拳拳之心可见”。

刘迎秋还作为中国经济社会理事会代表团成员，赴保加利亚出席了第十六次中欧圆桌会议。他所提交的有关调研成果曾得到中共中央政治局常委、全国政协主席俞正声和中共中央书记处书记、全国政协副主席杜青林以及经社理事会同人的肯定和好评。

梁满仓（1951 年 1 月—　）

衣带渐宽终不悔

梁满仓，河北省涿州市人，1969 年参加工作，1978 年考入北京师范大学第一分校历史系。1984 年考入中国社会科学院研究生院攻读硕士学位。毕业后留在中国社会科学院历史研究所，历任助理研究员、副研究员、研究员。曾担任两届历史所职称评定委员会委员，中国社会科学院研究生院兼职教授。在职期间多次参与或独立承担院所重大研究项目，项目成果《魏晋南北朝社会生活史》（合著）、《魏晋南北朝五礼制度考论》（独著）、《礼与中国古代社会》（合著）在学术界影响很大，其中《魏晋南北朝五礼制度考论》获得历史研究所优秀成果一等奖、中国社会科学院优秀成果二等奖。曾兼任中国魏晋南北朝史学会副会长、《人大复印报刊资料·魏晋南北朝隋唐史》编委、重庆僚学研究中心高级顾问、陕西省三国文化研究中心顾问、四川省诸葛亮研究中心首席专家及学术委员会主任。2011 年退休。

退而不休的选择

退休以后，梁满仓面临着两个选择，一个是“既退便休”，从此放弃研究，旅游、会友、看孙子……自由自在地过悠闲日子。另一个是“退而不休”，继续在科研的山路上攀登。他选择了后者，其理由：一是作为国家培养起来的专业科研人员，从 1968 年中学毕业后，就分配到工厂当工人，直到 1977 年恢复高考制度，考入大学读本科。以后又读了研究生。在本科和研究生期间，一直拿着工资或助学金，衣食无忧地完成了学业，以后又进入了研究所从事专门研究工作。他觉得培养出一个专业工作者，国家要花费多少人力、物力、财力，老师要花费多少心血和精力，所以不能因为退休就轻易放弃了从事 20 多年的科研工作。二是从 1987 年进入历史所算起，到退休，已从事专业科研工作 24 年。他觉得自己的研究方法和经验刚刚成熟，研究路数和风格刚刚形成。参照现在人们寿命不断延长的现实，对于从事脑力劳动的科研工作者来说，60 岁正是年富力强的黄金时期，怎能因为退休就将几十年的学术经验、知识、方法轻易丢掉呢？三是研究所里许多退休或没退休的老前辈，年龄都比他大，却仍然孜孜不倦地在科研的园地里耕耘，并取得了丰硕的成果。他们的榜样行为对他产生强劲的激励。

知难而上，开辟新领域

退休之后，他的学术研究工作主要分成两部分：个人计划研究的课题和社科院的重大科研项目。在所承担的社科院重大科研项目中，最深的感受就是需要有知难而上的精神。2015年，他参加了社科院重大科研项目《中华思想通史》，负责魏晋南北朝卷。思想史一向被认为是抽象的哲学思辨的研究领域，而他长期从事的历史学是具体的实证性的研究。如何在具体的政治、经济、哲学、军事、教育、法律、民族等领域中，抽象出中华民族一以贯之的思想，或具有优秀文化特质的思想，这是他面临的一个难点。以前的历史研究，着重在习俗、礼仪、人物等方面，现在研究思想史，特别是哲学思想，要接触玄学、佛经、道教典籍等方面的材料，这是他面临的第二个难点。以前搞研究，或是自己承担课题，或是作为普通参加者。现在参加的思想史研究，是魏晋南北朝卷的负责人，不但要承担写作任务，而且还要做组织协调工作，这是他面临的第三个难点。研究领域新、材料新、工作内容新，同时也构成了必须要克服的困难。面对这些困难，他选择了知难而上，与合作的专家学者组成了课题组，一起开会研讨，分析问题，确定任务。目前魏晋南北朝卷已经完成了350万字的资料收集工作，其中包括他亲自动手的哲学、军事、社会、科技等方面的研究资料150万字。

如果说参加思想通史是较新的研究课题，那么100集电视片《中国通史》对他来说则是一个更加生疏的工作。这是他退休前参加的社科院重点项目，所负责撰写魏晋南北朝的十集。魏晋南北朝是他几十年研究的专业，对这段历史可以说是非常熟悉。但是，如何在短短时间中把这段300多年的历史比较全面典型地反映出来，把其中的历史经验和教训总结出来，是需要费不少脑筋的。这还不算困难，最难的是电视片的解说词和学术论文差别太大了。前者偏重形象思维，

梁满仓在河南进行学术考察

后者偏重逻辑思维；前者随着一帧帧画面一去不返，因此需要简洁、跳跃、鲜明、生动，后者则可捧在手里反复玩味；前者不仅要反映最新的学术成果，而且要有文学艺术的反映形式，后者只要把研究成果，严谨、科学、有条理地反映出来即可。这些差别，对于长期从事学术研究的人来说，简直就是一个重新学习的过程。他经过多次与影视专家座谈研讨，数易解说词文稿，总算摸到了一些写作的门道和规律。如总结三国历史这样写道："魏蜀吴三国鼎立，达成了暂时的平衡。打破平衡需要时间，历史只能等待。然而这种等待不是消极的，在此期间，三个国家都各自在追求政治清明、经济繁荣、军事强大、文化昌盛的道路上不懈地努力。这种努力是奔腾的暗流，是涌动的岩浆，终将冲垮暂时的平衡，形成新的统一局面。"又如总结梁武帝治国这样写道："历史是一面镜子，梁武帝曾用这面镜子汲取前朝的教训，取得治国的成就。时间把梁武帝推向历史深处，他也成了一面镜子，生动地反映着政权之所以兴，之所以亡。”就在这个时候，年届退休的他突然得了一场大病，心脏做了搭桥手术。出院后接到了退休通知。基于这种情况，他完全有理由把手中的工作交出去，但是，考虑到这项工作正进入关键阶段，如果换了新人，还要重新学习，很可能使整个项目不能按时完成。于是他决定继续完成此项工作。由于手术的影响，在一段时间内不能正常行走，也不能垂腿坐，有几集的电视片解说词，是坐在电脑前，把腿平放在另一张椅子上完成的。他并没有因为退休和生病而影响工作，一百集电视片顺利完成和播出，取得了良好的社会效果。

苟利学术发展，何分院内院外

退休之后，经常有学术界的朋友找上门来邀请他合作完成国家重大项目。由于他在礼仪制度研究方面的学术成果和影响，上海师范大学汤勤福教授相约他参加国家社科基金重大招标项目《中国礼制史及其现代价值研究》。他觉得这虽然是社科院外的项目，但为推进学术研究是不分院内院外的。如能把对中国礼仪制度的思考贡献给这个项目，对推进礼仪制度的研究是有意义的。于是承担了秦汉魏晋南北朝部分，不仅完成了30余万字的书稿，还在《中国史研究》《求是学刊》《史学集刊》《社会科学（沪）》等核心期刊发表了十余篇学术论文。其中《从魏晋南北朝复仇现象看“礼”对“法”的影响》《论秦汉魏晋南北朝书信的类别及其构成的变化》《论魏晋南北朝“礼”与“法”的结合》被人大复印报刊资料全文转载。

梁满仓退休以来部分学术成果

去年四川省诸葛亮研究中心在成都揭牌成立，他受聘为该中心的学术委员。不久，中心主任沈伯俊突然病逝。四川省社会科学院诚邀他出任中心主任。目前，中心已出版沈伯俊遗著两部，完成了五项研究课题招标工作，召开了一次学术研讨会。中心的各项工作在有条不紊地向前推进。

退休 9 年来，他在学术研究方面取得了丰硕成果。这些成果包括社科院重大科研项目，55 万字。个人科研项目，专著四部，《诸葛亮大传（合著）》70 万字，2007 年中华书局出版，2015 年第二次印刷，并被台湾买去版权，更名为《一代军师诸葛亮》，出版后短短三个月，就重复印刷九次之多。《隋文帝大传》70 万字，2016 年中华书局出版。《人物志注译》19 万字，2014 年中华书局出版。此外还出版了该书的简本，已经再版了九次以上。《新译三国志（合著)》台湾三民书局2013年出版。以上著作因《新译三国志》无法统计字数，不包括在内，共计119万字。在学术期刊发表学术论文30余篇，即35万字。在《光明日报》《中国纪检监察报》等发表文章24篇，计6万字。以上成果总字数在200万字以上。

杲文川（1951 年 2 月—　）

发挥最大余热是最愉快的

杲文川，原籍江苏邳州市，出生于重庆，1967 年上山下乡到黑龙江七星农场，历任农工、机工、黑龙江生产建设兵团 25 团宣传股新闻干事。回城后毕业于中国人民大学新闻学院。1979 年进入中国社会科学院，历任中国社会科学出版社实习编辑、读者服务部主任、出版发行经理部副经理、总编室主任、生产办公室主任、综合编辑室主任，《中国社会科学院院报》副刊部主任兼通联部主任，社科院工会常委，中国散文学会会员，曲阜孔子学院特聘研究员。退休后担任中国社会科学院老专家协会副秘书长、秘书长，中国国际文化书院副秘书长、顾问，中国老教授协会理事。曾在 100 多家报刊上发表新闻作品及图片 8000

余篇（张），有多篇文章获奖。主编或执行主编《七星情思》、《感动中国年度人物》（2010—2018 年每年一本）、《中国社会科学发展历程回忆》（9 卷）、《卅载回眸社科院》等多种图书。参与写作编辑《奥林匹克与集邮》《我与奥运同行》《学问人生》《社科老人谈健康》《社科老人谈快乐》《北大荒新闻系》《我在现场》《学术名家自述——高莽》等多部图书。先后被《中国青年报》4 次评为“优秀通讯员”，被《工人日报》7 次评为“优秀通讯员”并获“五连冠优秀通讯员”奖杯一座，被《集邮》杂志评为“好作者”；荣获中国人民大学牡丹奖，全国韬奋新苗奖；有关事迹被多家报刊十余次刊登，并被收入《名记者的成功之路》一书。2011 年退休。

杲文川从 2007 年开始担任中国社会科学院老专家协会副秘书长，2015 年开始担任秘书长，在会长的领导下，负责协会各项工作的筹划和落实。十多年来，社科院老专家协会多次受到中国老教授协会的大会表彰，2018 年社科院老专家协会获得中国老教授协会“科教兴国优秀项目”先进集体奖。

2008 年，由杲文川策划提出，经老专家协会集体讨论通过，开始编辑《中国哲学社会科学发展历程回忆》（8 卷）。此书是我国社科界第一次全面回忆各个学科发轫、发展、成长、壮大的历史过程，是社科院各个学科的一次大检阅，全方位展示。全院 321 位专家参与写作，历时 5 年完成（中国社会科学出版社 2014 年出版）。丁伟志等为主编，刘培育、杲文川为执行主编。出版后，李培林副院长出席首发式，在社科院 40 周年院庆时展出，得到院领导的表扬。之后，他与刘培育又主编了《中国哲学社会科学发展历程回忆》续编 1

集，已出版。现在正在编辑续编2集。

杲文川担任副主编的《我在现场——亲历改革开放30年》（社会科学文献出版社2009年出版），记述了社科院的专家们在改革开放30年中的突出贡献。他采访了中央党校副校长、社科院哲学所原所长邢贲思，写出了回忆真理标准大讨论的专访文章。他参与编写的《学问人生》（4册），获得了中国社会科学院优秀科研成果奖。

2017年社科院院庆40周年前夕，院办公厅组织为学术名家写自述。杲文川与外文所翻译家、俄罗斯文学研究家、画家、散文家高莽是忘年交，比较熟悉高莽的事迹，但那时高莽已经91岁高龄，身体一天不如一天，记忆力也减退了，这给杲文川完成任务带来了困难。杲文川广泛阅读了高莽的各种著作，查阅了与高莽相关的人和事以及历史背景，在高莽子女的帮助下，第一个完成了这套书的《学术名家自述——高莽》，经高莽老师仔细审改，2017年由社会科学文献出版社出版。不久，高莽因病不幸溘然辞世。

从2010年开始，杲文川每年组织人编写一本《感动中国年度人物》，已经在中央党校出版社和中宣部领导的学习出版社出版8本，第9本也已交稿。他克服各种困难，先后采写了力学泰斗钱伟长、氢弹之父于敏、核武器帅才朱光亚、核潜艇之父黄庆华（合写）、甘祖昌夫人龚全珍、铁榔头郎平、音乐家阎肃、战略科学家黄大年、临危不惧化险为夷的英雄机长刘传健以及塞罕坝机械林场、陇海大院、志愿者等，受到传主和读者的好评。

近年来，杲文川热心组织以社科院为主的专家学者近200人，为国家图书馆公开课作讲座。因为各位专家学者都很忙，往往要找三四个人才能落实一人，每组织一次周六周日的8人连续讲座，往往要打几十位学者的电话。有时候，图书馆方面提出需要某一专题讲座，杲文川就充分发挥他朋友多、对社科院各个学科学者比较熟悉的优势，及时联系该学科的学者，都能在短时间里找到相应的专家学者。参加讲座的学者都是长期研究某个学科且有重要研究成果的专家，能够让他们的成果在更大范围发挥作用，让他们在提高中华民族科学文化素质中贡献力量，他们都很高兴。有的学者讲完后对杲文川说，你做了一件大好事。

杲文川采访俄罗斯文学翻译家、研究家、画家高莽后合影

杲文川多次在协会策划组织学术研讨会。比如，2018年春，中美贸易战爆发初期，杲文川立刻策划组织社科院美国研究所、财经研究院、世界经济与政治研究所等单位的专家举行改革开放40年后的中国如何应对美国发起的贸易战研讨会，老专家们深入分析了美国挑起贸易战的国内外深层原因，战略动机，并对美中贸易战的前景做了预测。2018年是我国改革开放40周年，根据中央和社科院党组的具体部署，老专家协会和院离退休干部工作局共同主办了“庆祝改革开放40周年学术报告会”。2019年，他邀请中国国际文化书院，并邀请俄欧亚研究所、美国研究所、世界经济与政治研究所学者联合举办“一带一路的成就与问题研讨会”，都收到了比较好的效果。杲文川爱读书，喜欢思考问题。他不仅组织学术研讨会，有时也应邀作学术发言。比如在精神文明建设研讨会上，他做《必须破除影响生态文明建设的错误观念》的学术发言；在台海问题研讨会上，他做《发展民间交流，做好台湾人民工作》的学术发言；在新媒体研讨会上，他做《逐步掌握新媒体特点为新时代服务》的学术发言。应中国老教授协会副会长江树人教授的邀请，杲文川与哲学所陈瑛教授一起，还为吉利学院师生做学术报告，杲文川演讲的题目是《学习前辈大家的优良品质扎实做好学问》。

为了推动院校老专家、老教授协会的交流，杲文川于2016年策划并组织了社科院老专家协会与北京化工大学老教授协会的互访。9月22日，北京化工大学老教授协会常务副会长、原副校长丁巨元教授带领50多位老教授到中国社会科学院老专家协会进行访问。社科院离退休干部工作局高度重视这一活动，薛增朝原副局长到会致欢迎词，介绍社科院离退休干部工作情况，社科院老专家协会会长刘培育研究员介绍老专家协会的工作情况，考古所科研处处长巩文研究员介绍考古学的发展和考古所近年来的重大发现。化工大学的教授们参观了考古陈列室和社科院老年活动中心等。交流参观后，化工大学的老教授们感触很深，他们对社科院老专家坚持“学术养生”，离退休后继续搞科研，积极为党和国家建言献策，高度钦佩。他们了解了社科院几代考古人几十年的艰辛历程，看到了国宝，开阔了眼界，增长了知识。他们对社科院的细心安排十分满意，希望这样的活动继续开展。10月14日，社科院老专家协会带领40多位老专家对北京化工大学进行了回访。化工大学的党政领导出面迎接，魏寿鹏教授作了《化学化工与我们》的报告，学校开放了多个国家重点实验室让大家参观。2017年5月17日，社会科学院老专家协会、书画协会与北京化工大学老教授协会在社科院老年活动中心联合举办老年书画笔会，双方进行了进一步交流。院校协会之间的互访，既学习了对方的经验，又开阔了眼界，增进了友谊。

2019年是中华人民共和国成立70周年，经协会商量、杲文川具体策划，并得到院离退休干部工作局和院领导的同意，决定编撰《皓首丹心——中国社会科学院老专家的风采》一书，展示老专家们离退休后的学术贡献。时间紧，任务重，杲文川和刘培育、李志江、韩志远、李毅一起负责编辑工作。由于部分学者对写人物通讯不太熟悉，他就撰写供稿细则，多次同作者沟通，提供样稿，耐心说明。他和其他编辑一起细心读稿，精心修改，终于在规定时间内把全部书稿交给了出版社。

杲文川属于实干型的人才，老专家协会的工作，他干得最多。比如组织建设，有的理事年纪大了，或是生病干不动了，他就多方打听，物色刚刚退休、有工作能力、热心公益的学者，征求该单位领导的同意后，加入协会成为新的理事，而年老多病的原理事改任荣誉理事。经过不断的更新调整，老专家协会的工作状态越来越好。协会开研讨会，从策划设计，到组织学者发言，组织听会人员，写报告申请会议，到会后写宣传报道，样样工作他都积极去做。协会出书，从论证选题、邀请作者，到编辑审稿、统一体例、配上图片，到发送样书、计算和汇付稿费等，全都认真仔细地去做。刘培育会长说：“杲文川是老专家协会的功臣！”加上他还承担着知青中的许多社会工作、公益工作，为此他一年到头没有节假日的概念，每天都在忘我的工作，常常要工作到午夜之后。

杲文川就是这样一位老年学术工作的组织者、服务者，一位积极从事公益事业而又不计较报酬不惜力的社会活动热心人，一位写作、编辑、拍摄、策划、组织等多面手型的实干家。杲文川这几年的身体并不太好，而他自己却说：“能够发挥自己最大的余热，就是最愉快的事儿。”

周　见（1951 年 3 月—　）

在比较经营史研究中继续奋力前行

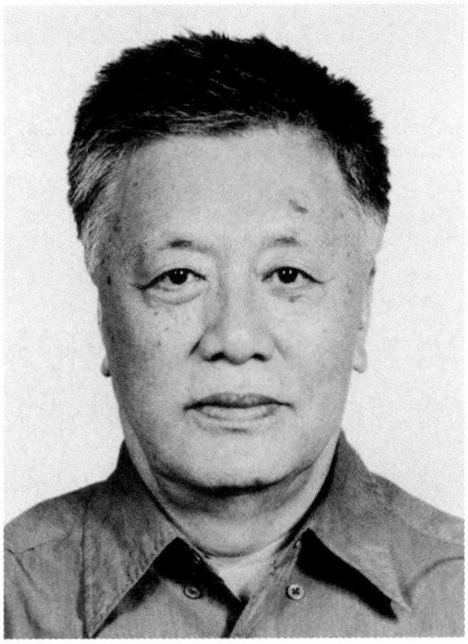

周见，辽宁沈阳人。1975 年辽宁大学经济系政治经济学专业毕业，1978 年考取中国社会科学院研究生院世界经济系首届研究生，1981 年毕业获硕士学位，留本院日本研究所工作，任助理研究员。1985 年至 1995 年，作为访问学者曾先后应日本爱知大学、神户大学、东京大学、青山学院大学的邀请赴日从事研究和学术交流活动。1996 年由亚太日本研究所转入世界经济与政治研究所，主攻研究领域由现代日本经济改为比较经济史和日本经营史，同年评为副研究员，1999 年任世界产业结构研究室副主任，2000 年入选日本学术振兴会论文博士资助计划，2002 年被评为正研究员，2004 年获日本神户大学经济学博士学位，

2008 年 9 月至 2009 年 8 月任国际日本文化研究中心客座教授，2010 年代表作《近代中日两国企业家比较研究——张謇与涩泽荣一》日文版由日本经济评论社在日本出版发行。在职期间曾获中国社会科学院首届青年研究成果奖（1984 年）、世界经济与政治研究所 2005 年度优秀科研成果一等奖、2006 年度优秀科研成果一等奖。2011 年退休后主要研究成果有：《涩泽荣一与近代中国》（社会科学文献出版社 2015 年，日本版 2016 年由日本现代史料出版）、《中日经营史比较研究》（社会科学文献出版社 2017 年）、译著《日本的对外战略（1853—1937 年）——帝国主义思想的演变》（社会科学文献出版社 2018 年）、论文《近代日本财界巨头涩泽荣一的对华经济扩张活动》（科学出版社《产业与科技史研究》第一辑 2017 年）。

近 20 年来，周见主要从事的是比较经营史方面的研究。长期跋涉在这样一块至今仍会令人感到陌生的学术土地上，周见虽饱尝了探索和开拓中的艰辛与苦恼，但也极大地锤炼了自身的学术意志，并体会到了锐意进取、孜孜以求带给人的愉悦和收获。2004 年周见的含辛之作《近代中日两国企业家比较研究——张謇与涩泽荣一》一书终于问世，并受到相关学界的关注和好评，日本问题专家、中国社会科学院研究生院院长黄晓勇在院报上撰文称该书为“填补我国学术领域空白的开山之作”。2007 年，周见应邀在中央电视台制作的大型电视纪录片《大国崛起（第 7 集）》中，对日本近代资本主义之父涩泽荣一在近代日本经济崛起中起到的作用做了讲解。2008 年，应日本国际文化交流中心的邀请，周见赴日本做了为期一年的学术交流访问，其间以《涩泽荣一与张謇》为题，在京都市内做的大型公开讲演受到了非常热烈的欢迎。2010 年，《近代中日两国企业家比较研究——张謇与涩泽荣一》一书被译成日文由日本经济评论社出版发行，随即受到日本相关学界的高度关注，先后有 6 位学者在阅读之后撰文做了评述，分别发表在《周刊·读书人》《社会经济史学》《日本经济思想史研究》《涩泽研究》《经营史学》等杂志和期刊上。日本经营史学会会长、一桥大学橘川武郎教授在书评中说："应该肯定该书是比较企业家史研究中的一大优秀成果（《周刊·读书人》2010 年 7 月 23 日）。"对周见这样的专门从事日本研究的学者来说，著述的学术价值得到日本同行的诸多认同当然是一件值得高兴的事，但他说更让他有成就感的是通过著书立论为比较经营史这门外来的新学问在我国的"安家落户"做出了一份贡献。

记得有人曾说工作与个人兴趣的一致是人生最为幸福的事情，而对于周见来说也正是如此。2011 年周见退休了，但对以往从事的研究工作他依旧兴趣盎然，因此如果说退休前后生活有所变化的话，那就是他有了更多的时间、更为专心地去考虑和从事那些需要继续研究和探索的问题。周见先是用了近两年的时间完成了《涩泽荣一与近代中国》一书的写作，该书是《近代中日两国企业家比较研究——张謇与涩泽荣一》的姊妹作，也是我国有关涩泽荣一研究的第一部专著，它系统地论述了日本近代资本主义之父涩泽荣一这位著名的历史人物与近代中国之间的各种关系。它的问世同样受到了中日两国相关学界的高度关注和好评。周见说，特别令他感到荣幸和受之惶恐的是，日本近代经济史学界的著名学者、他在研究生时代的老师西川博史先生认为该书可为日本的涩泽研究提供必要的参考，故不顾繁忙将它译成日文在日

周见的科研成果

本出版发行（日本现代史料出版社 2016 年）。该书在日译本出版之后，除了有学者在《涩泽研究》杂志上刊文对该书各章的内容做了详细的介绍之外，周见还收到了一些来自日本方面的信件，东京涩泽史料馆井上润馆长来信说，该书对他与中国学界开展的国际交流有很大的帮助，日本经济史学界的著名学者、大阪大学经济学部名誉教授阿部武司告诉周见，在他文章中引用了周见在书中的论述，这些对周老师的研究来说仍是一个很大的鼓舞，也使他第一次感受到了老有所为带来的精神愉悦。

《涩泽荣一与近代中国》一书出版后，周见又用了近三年的时间完成了两项成果。一项是把他近20年来发表的主要文章汇集在一起，经修改补充出了一部名为《中日经营史比较研究》的论文集；另一项是翻译出版了《日本的对外战略（1853—1937年）——帝国主义思想的演变》一书。该书作者东京大学名誉教授石井宽治先生是日本经济史学界的大家，他在2012年出版的这部著作中，运用新的研究方法和丰富的史料，对诸如近代日本帝国主义思想形成演变过程；“日本型资产阶级”精神伦理特征；各类资产阶级在对华扩张战略上的思想路线分歧；日本政府、军部和财界三者之间的关系等一系列重要问题进行了实证性的考察和分析，明确地主张日本应该正视近代对外进行侵略扩张的历史事实和责任。周见认为该书不仅对他的涩泽研究很有参考价值，而且对中国读者更为细致、深入地了解和认识近代日本会有很大的帮助，故此一鼓作气将这部近30万字的著作译成中文。在翻译过程中，周见经常就遇到的问题向作者提出请教，从中学到了许多新的东西，既开阔了研究思路又提高了翻译水平，让他感到为之付出的辛苦和疲劳是值得的。当然，周见对这两个成果的社会效果如何也非常关心，而从社会科学文献出版社反馈回来的销售信息来看让他感到鼓舞。

除了完成上述这些成果之外，这几年周见一直在积极地参加中日学界之间的学术交流活动，曾多次出席外国经济史学会、清华大学与日本佐贺大学联合主办的传统知识历史学国际研讨会，每次都在会上发表专题讲演；在日本学术振兴会的资助下，到日本北海商科大学做了为期一个半月的学术交流访问。此外只要时间合适，周见还尽可能地参加国内相关学会举行的各种形式的学术活动，并几次自费赴日本收集资料进行学术考察。他深知，时代在不断地向前发展，新的学术成果层出不穷，但由于各种原因退休之后是很容易把自己封闭在家里的，这对了解国内外学界的发展动态和最新研究成果是很不利的，所以他不时在提醒自己要不间断地走出去，只有这样才能保证研究成果的质量，使学术水准得到进一步的提升。

周见说，虽然退休后研究生活依旧比较繁忙，身体不时还会出现故障，但在精神上却是非常轻松的，名利地位等世俗性的诱惑和追求已经完全与己无关，可以远离浮躁，在一种纯净平稳的心态下去完成自己设定的课题，这样不仅在研究上多有收获，内心倍感充实，同时对今后也充满了激情和信心。去年，在译著《日本的对外战略（1853—1937 年）——帝国主义思想的演变》出版后，周见又制定了一个新的目标，他打算在身体状况允许的条件下，在 70 岁前争取完成两件事情。其一，把他的老师、已故日本东京大学中川敬一郎教授所著《比较经营史序说》译成中文在国内出版。该书是比较经营史研究领域中具有代表性的先驱之作，它系统地阐述了比较经营史学科的基本理论和研究方法，并以英国、美国、日本等国为主要的比较对象，多视角地考察和分析了先进国和后进国企业家活动所采取的不同方式及其对近代产业革命和工业化发展过程产生的不同影响。国内至今尚无此类专著出版，故这一译著如能顺利问世，对促进比较经营史学在我国的发展将起到很大的作用。目前翻译工作已进行了一多半，估计过一段时间即可完成。其二，在涩泽荣一研究方面再写一部专著，周见认为尽管日本学界的涩泽荣一研究由来已久成果丰富，但仍然存在一些尚未涉猎或需要进一步讨论的问题，很有必要再进行一番新的探索。周见是这样说的：其实我自己也很清楚，要实现这个愿望并不容易，故诩称其为“鸿雁工程”，用以自我鞭策，愿自己能像鸿雁那样在比较经营史这片学术天地中不畏艰辛继续展翅飞翔。

张友云（1951年7月—　）

从国际交流向学术传播的华丽转身

张友云，生于北京市。首都师范大学外文系本科毕业。中国社会科学院研究生院法学专业研究生班毕业。1981年进入中国社会科学院国际合作局（原名外事局）工作，从事社科院国际学术交流活动的规划、组织、协调、管理和服务，共计33年。曾长期主管社科院与美洲大洋洲地区、亚非地区、国际组织和国际机构及我国香港、澳门、台湾地区学术研究机构的交流与合作项目。2013年退休之前，任国际合作局副局长，并主持全局工作。在合作局工作期间，除完成规划、组织、协调、管理等多项相关工作任务外，还从事了许多学术翻译工作。正式出版的译著、文章涉及历史、经济、法律、国际政治、民族学、社会学、政治学等多个学科领域。1998 年获得译审职称，2009 年获国务院政府特殊津贴奖励。从原工作单位退休后，受聘于中国社会科学杂志社，任学术顾问，参与创办了《中国社会科学报》英文数字报，并负责报纸的三审定稿工作。

2013 年，张友云老师从中国社会科学院国际合作局副局长的位置上退休，随即被中国社会科学杂志社聘请为学术顾问，开始参与《中国社会科学报》英文数字报的创办和试刊工作。用他自己的话说，“原本只是想退休后找点事做，丰富一下生活内容，以免衰老太快”，但不曾想，到中国社会科学杂志社工作却是他学术传播事业的又一个新的起点。他以极大的热情和相当的精力投入到这份新的工作当中。

经过一段时间的积极筹备和试刊，《中国社会科学报》英文数字报于 2015 年 1 月 1 日正式创刊上线，张老师不仅是见证人，更是重要参与者。他今天回忆起当时创刊的情景和这份报纸的诞生，依然掩饰不住内心的兴奋之情，他相信中国社会科学界出现这样一份向国外学界传播中国学术声音的报纸，恰逢其时，有辛勤耕耘，就一定有收获。

创办《中国社会科学报》英文数字报是中国社会科学杂志社 2014 年重大创新工程项目，是中国社会科学杂志社实施“走出去”战略和英文报刊网一体化运作的重大举措。美国历史学会执行主席詹姆斯·格罗斯曼表示，《中国社会科学报》英文数字报的创刊，为国际学术界了解中国同行的学术思考以及学者在历史学和其他人文社会学科中的作用提供了重要平台。

站在这样一个重要的平台之上，《中国社会科学报》英文数字报的编辑记者们感到责任重大。创刊之后，张老师担任这份英文报的学术顾问和三审工作。对外交流，他并不陌生，在中国社会科学院国际合作局工作了30多年，积累了大量与国外学术界的交流经验，可以说是当时报纸团队中对外交流经验最为丰富之人。学术对外传播某种程度上也是国际学者间的交流与合作。他对此作了深入思考，利用自身经验，为办好这份报纸贡献自身的力量，成了他的一份新的追求。

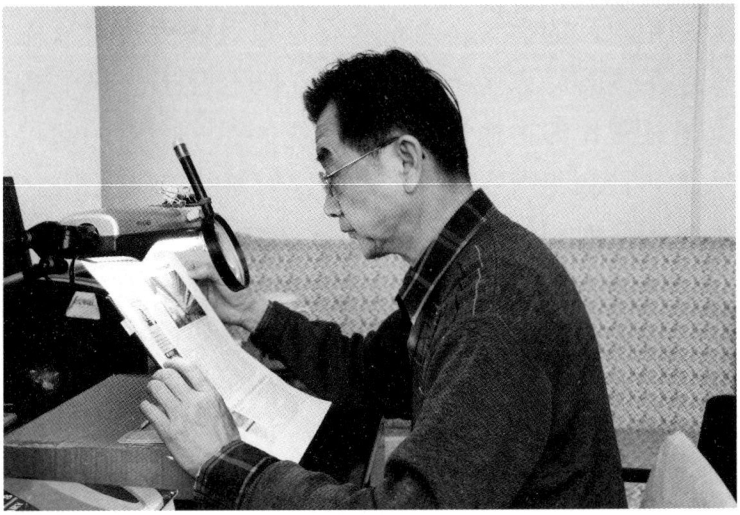

张友云在工作

张老师把多年工作中养成的严谨认真的工作习惯完全带入到这份新的工作中，对于拟翻译稿件中的争议不确定之处，他都会查阅大量资料，甚至联系社科院的专家学者直接咨询。对外传播即是讲好中国故事。关于如何讲好中国故事，张老师认为首先要深刻理解中国故事。他说，讲好中国故事需要准确的理解和细致的表达，如果我们自己都没有搞清楚，肯定无法给外国人讲清楚，他因此提出翻译者一定要吃透原文。他还强调一定要理解中外文化的差异。他说，讲好中国故事不是自说自话，要面对读者来讲，首先要了解读者的文化和心理。

张老师密切关注国家及社科院的大事，他说他每天都会准点收看新闻联播，以便了解掌握相关的重要政策。在对外传播的重点、途径乃至具体措辞方面，张老师常常对年轻的编辑进行悉心指导与帮助。在视力有较大下降的情况下，他仍然坚持用放大镜等辅助工具认真读书、读报，查阅资料，给年轻人树立了榜样。

张老师对于人文社科界的主要人物及研究成果如数家珍。尽管编辑人员在选择准备翻译稿件的时候尽量优中择优，但是如果对该学科研究的来龙去脉缺乏深入了解，可能不易察觉到个别文章所列事实或所谈观点有失偏颇之处。而张老师常常会在这个方面提出宝贵建议。有位编辑记得有一篇考古学的文章，文章梳理了某些考古学家的观点。张老师告诉她，文中所提不同的考古学派在某些方面曾经存在“论战”，应该在措辞上尽量客观呈现各派观点，不可以偏概全。有时候，一些学科出现新动态、新名词，张老师会认真查阅有关资料，还时常跟相关学者切磋，然后将结果告诉大家。编辑们也因此不断增长学识，提高了学科素养。

张老师知识之渊博，绝不仅仅体现在他对于书本知识及理论方面的掌握，还体现在具体实践之中，可谓“读万卷书，行万里路”。例如，英文报也经常涉及很多中国古代的概念、诗词或名句。在介绍古代蹴鞠之时，对于蹴鞠运动中球杆的长度及上部的球门直径，原文用到丈、尺等古代长度单位，张老师仔细核实，严格把关翻译的准确性。

张老师重视更新知识，不故步自封，不断与时俱进。有的稿件涉及新兴事物，例如共享单车、高科技手环、网购、大数据、云计算等，张老师也饶有兴趣地与编辑们进行探讨。记得有一篇文章谈到互联网企业利用大数据杀熟，即网上同样的商品或服务，老客户看到的价格反而比新客户要贵出许多的现象。张老师认真记下我们自己在网上订餐的相关经历，说要和该领域专家就这一现象进行深入探讨。我们都很钦佩张老师这种活到老学到老的精神。

如今，虽然互联网为我们查阅资料、搜索信息提供了极大便利，但是网上信息往往鱼龙混杂，有时令人莫衷一是。而张老师以他渊博的学识，常常马上提供宝贵信息和见解。很多时候，在网上不易查阅到或是令人感到疑惑的信息，经过张老师的提示，立刻豁然开朗起来。

《中国社会科学报》英文数字报的编辑们大多都很年轻，他们把张老师当作良师益友。他为人谦虚热情，经常会高兴地说从年轻人身上学到了很多，当然年轻人从他身上学到的更多。他鼓励年轻人努力学习人文社会科学知识，开拓知识面，在工作中不断提高自己；他还很关心年轻人的生活状态，告诉他们要热爱工作，更要热爱生活。“玉渊潭的樱花，海棠花溪的海棠，就要开了，你们周末别总闷在家里，一定要去看看，特别漂亮。”张老师在北京长大，对北京的风俗地理了如指掌，大家都爱根据他的建议选择出行。

张友云老师视力不是很好，需要借助放大镜才能审读报纸清样。在他的办公桌正中央的位置摆放着一个台灯，台灯架上固定着一个五倍的放大镜。需要他三审的每一个报纸版面，都是在这个放大镜下完成的审读。每当有人来找他谈事情，他都会先迟缓一下才把头从办公桌上抬起来，因为眼睛已不敏捷，如果不能一口气把完整的一段看完，停顿之后再想回到原来读到的地方就有些费力了。有时他看累了会用双手在疲倦的眼皮上搓弄几下，接着会笑着告诉身边的同事，“老眼昏花了，也许哪天就不能给你们打工了”。同事们希望他每次都只是在开玩笑。

（姜红、王建峰）

谭秀英（1951 年 9 月—　）

编者睿智　辑者仁心

谭秀英，女，祖籍山东掖县（今莱州市），1951 年 9 月生于沈阳市。1980 年入职中国社会科学院世界经济与政治研究所，编审（三级研究员），2011 年退休。

2012 年，谭秀英受聘于国际关系学院学报编辑部主编；2013 年以来，担任国际关系学院《国际安全研究》期刊主编。2016 年被聘为中国国际关系学会中国国际关系期刊研究会会长，2017 年被聘为上海政法学院、中国上海合作组织国际司法交流合作培训基地特聘专家，2018 年被聘为中国社会科学院评价研究院期刊评价专家委员会国际政治学科主任委员。

谈笑风生时，展露学识与智慧；一颦一笑间，尽显性情与韵致。春华秋实，始终葆有非凡的气度和井然的章法；年逾花甲，仍为所爱之事业孜孜以求，精益求精。“落花无言，人淡如菊。”谭秀英正如这雅菊一般，于纷繁世事之中坚守初心，历经岁月的沉淀，散发出更加迷人的清香。

勇于改革　独具慧眼

谭秀英的一生与学术期刊结下了不解之缘，在30年的编辑生涯中先后打造两本学术期刊，在国际关系学界赢得好评。对她而言，编辑，不仅仅是一份普通的职业，更是她毕生追求的事业。

2012年1月，已经从中国社会科学院退休的她被国际关系学院聘为《国际关系学院学报》主编，开启了期刊改革的进程。谭秀英认为，国际关系学院的教学和研究具有鲜明的特色，安全研究是其主要内容；期刊的生命力与核心竞争力也在于高水准的特色与学术影响力。基于多方调研和研究，谭秀英提出将综合性学报改为专业性学术期刊的改革方案。在国际关系学院领导的批准和支持下，《国际关系学院学报》于2013年1月1日正式更名为《国际安全研究》。

在谭秀英的带领下，《国际安全研究》编辑部在期刊求变、求进、求解、求索中，不断探索改革与发展路径，历经五年的艰难变革与转型发展取得显著成效，实现了零的突破与跨越式发展。2017年《国际安全研究》入选南京大学中文核心期刊引文索引扩展版，2018年先后入选北京大学《中文核心期刊要目总览》国际政治类核心期刊、中国社会科学院《中国人文社会科学期刊综合评价报告（2018年）》国际政治类 A 刊，2019 年入选南京大学中文社会科学引文索引（CSSCI）来源期刊目录（2009—2020 年），成为国际关系和国际安全研究的重要方阵，受到学界广泛赞誉。

责任担当　不忘初心

既为职业，便当其职责；既为事业，便不舍初心。在《国际安全研究》转型初期，谭秀英就对它有了明确的定位，即成为国内一流、国际知名的学术期刊，为此，对杂志进行了一系列的变革。

首先，建立一整套期刊管理的规章制度。推行双向匿名审稿制度，编审稿件的每个环节都做到有章可循。其次，实行年度选题策划制度。谭秀英特别强调期刊的引领性和前瞻性，她说："作为一个编辑，你的政治敏锐性和嗅觉是很重要的，国家需要什么，你应该能够有感知、有预知。《国际安全研究》要站在学科建设前沿，挖掘国际安全研究新的'增长点'。"她结合国内外传统安全与非传统安全理论与实践，并以前瞻的视野策划编辑出版了大批反映国内一流研究水平、具有创新性和重大学术价值的优秀论文，在国际关系学界产生了较大的学术影响和社会效益。最后，观念的创新和作者队伍的建设。谭秀英认为"一流期刊要从培养青年学者做起"，既能够为这些中青年学者提供帮助，也能为杂志创造潜在的稿源，达到双向共赢的效果。

构建平台　引领前沿

谭秀英担任《国际安全研究》主编后，从中国视角、中

谭秀英做学术报告

国立场出发，汲取中国传统思想中的理论精髓，抓住传统安全和非传统安全领域中的重大问题进行理论探索和议题研究，期刊发表的文章提出全新的、具有中国特色的安全研究理论范式，如“共享安全”“可持续安全”“国家安全学”等理论观点，充分发挥了学术导向功能，在国际安全理论研究中发挥了引领示范作用。2013 年，谭秀英带领编辑部创立“国际安全研究论坛”，构建中国国际安全研究学术共同体，吸引了国内从事国际安全研究的百余名专家学者，拓展了中国国际安全理论和现实问题研究的深度与广度，得到国际关系学界的一致好评。

2016 年，中国国际关系学会中国国际关系期刊研究会成立，谭秀英任会长。在中国国际关系学会的领导下，在全国国际关系期刊的支持下，中国国际关系期刊研究会通过举办国际关系期刊研究会年会和年度中国国际关系研究青年学者论坛，使之成为向社会和学界传播知识的载体和平台，在知识创新体系中促进学术交流、加快科技成果转化、培养和开发创新人才，增强了中国国际关系期刊的学术影响力，在国际关系学术共同体的构建中发挥了重要的组织和推动作用。

在国际关系和国际安全研究的前沿问题上，谭秀英预见性地看到，大数据国际关系分析的时代已然来临，未来十年的国际关系研究和外交决策分析大数据介入已成必然趋势。2018 年，《国际安全研究》编辑部与对外经贸大学国际关系学院合作，启动“国际安全大数据年鉴”科研项目，并于 2019 年编辑出版《国际安全大数据年鉴（2018）》，为中国学者进行国际安全和外交决策研究、为适应大数据时代学术期刊的转型与发展，提供了重要参考。

中国立场　国际视野

谭秀英致力于构建国际安全研究学术共同体，积极助推期刊的国际化。她认为只有确立期刊的主体意识，拓展国际视野，秉承“选题本土化、理论前沿化、学术规范化、作者国际化”的办刊理念，才能使期刊成为与世界对话的窗口、国内外学者交流的平台，创立权威期刊品牌，实现学术期刊国际化的目标。她在期刊国际化的进程中，将《国际安全研究》作为国内外学者交流的重要纽带，与国内外学术期刊进行交流与合作。自 2014 年起，编辑部建立年度国际研讨会制度，为国内外学者搭建学术研究和交流的新平台；为加强国内外学术期刊交流，先后邀请国外著名学者巴里·布赞（Barry Buzan）等学者及全球顶尖期刊《国际安全》《当代中国研究》主编斯蒂芬·米勒（Steven E. Miller）和赵穗生等人出席国际会议，并与国内期刊编辑和青年学者对话与交流。

随着中国国际关系期刊主体意识的增强，谭秀英于2015年创办国际安全英文期刊 International Security Studies，引导和推动中国从知识消费型大国向知识生产型大国的转型，提供中国的公共产品，把中国学人对国际事务的理论思考和实践经验呈现给全球学术共同体。她认为“国际关系期刊国际化在路上，我们要排除困难，砥砺前行!”

心明如镜　上善若水

谭秀英做起事业来有板有眼、一丝不苟。她认为“做一个正直、有修为的人，心中要有追求”。她不仅关注国际关系期刊的发展变化和媒体动态，而且博览群书，上海人民出版社惠赠的国际政治丛书、译著和作者的新著都是她的精神食粮，使她“在学习中找到前进的动力”。谭秀英非常尊重每一位作者，给予青年作者很多的帮助，认为“在青年学者成长的起步阶段给予其鼓励和支持，能够增强他们的学术自信”。在她看来，做人做事最重要的就是“与人为善，能帮定要帮”。当然，“善”也是有原则，有灵活性的。

谭秀英在本该安享晚年的时间仍葆有对事业的初心，每天都能以旺盛的精力和极大的热忱投入工作中，为《国际安全研究》杂志入选核心期刊，实现跨越式发展做出了巨大的贡献，在国际安全学科建设领域取得突出的成就。她锲而不舍的精神和积极向上的态度给人以力量，有人问她累不累，她莞尔一笑，“人活得要有精神、有韧性，不能轻易放弃，心中有所热爱，有所追求，便不觉得累”。

（刘思懿）

钱　津（1951 年 9 月—　）

持续学术研究的责任与本分

钱津，浙江金华人，生于天津市，1968 年 12 月到河北省承德市围场县插队落户。1993 年 6 月毕业于中国社会科学院研究生院，获经济学博士学位。1993 年 7 月到中国社会科学院经济研究所工作，2003 年 8 月被聘为研究员，曾任政治经济学研究室副主任，中国大百科全书（第二版）经济学分支学科主编，中国经济学名词审定委员会委员，中国《资本论》研究会副秘书长，中国经济思想史学会法定代表人、常务副会长兼秘书长，主要研究方向为经济学基础理论、经济思想史、宏观经济与行业经济、企业经营与管理、区域经济发展战略研究等，发表学术论文约 250 篇，出版个人学术专著 19 部，个人编著 3 部、合著 20 部，作为执行编委编辑《政治经济学大辞典》1部，《政治经济学研究报告》13部，主编《企业文化沙龙》丛书11部。代表作《劳动论》代表了当代人类对于自身和自身历史认识的最新成果。2011年11月退休。曾任北京大学2014年经济学院评估工作评审专家，教育部2015年人文社科优秀成果评审专家。

退休之后，钱津认为60岁至70岁是哲学社会科学研究人员的黄金老年期，虽已年老，但仍可以在此期间充分地保持工作的状态，一如既往地从事学术研究，持续学者的责任，维持学者的本分，不骄不躁，用自己深厚的专业积累继续以服务社会为己任。所以，退休7年来，其科研工作没有松一根弦，如同在职期间一样努力，截至2018年底，共发表学术论文53篇，撰写了个人学术专著5部（已出版3部），主编《企业文化沙龙》丛书7部。取得了丰硕的研究成果。

《坚持国有企业改革与坚持社会主义制度》是其退休后撰写的第一篇论文，发表在《河北经贸大学学报》2012年第1期。这是在长期跟踪国有企业改革研究之后发表的一篇重要论文，特别强调国有企业是中国社会主义制度的经济基础，国有企业改革是社会主义公有制性质的企业改革，不能学习新加坡国家资本主义性质的公营企业改革。该文指出："中国必须始终坚定不移地依靠社会主义公有制性质的国有企业发挥主导作用，不能混同国有企业与公营企业，以国有企业的名义发展公营企业，必须毫不动摇地尽最大的努力推进国有企业的改革和发展，在未来的岁月铸就越来越强大的社会主义国有经济力量。"

2013年，在中国社会科学院出版基金的资助下，钱津撰写的《经济学基础理论研究》一书由社会科学文献出版社出版。这是一部反映学科前沿思想的政治经济学专业的理论著作，以20世纪中叶新技术革命之后的社会经济发展实际为时代背景，阐述了现代经济学基础研究的十一个重要理论，包括对常态劳动、生产劳动、复杂劳动进行全面考察的劳动理论，建立在马克思科学确定的劳动整体性基础上的价值理论，经过2018年国际金融危机挑战给予创新认识的价格理论，研讨引发21世纪国际金融危机根本原因的效用理论，探讨市场经济的性质、特点、体系以及市场分配问题的市场理论，现代经济学研究最为前沿领域的产权理论，解决微观经济组织基本运行制度及治理结构问题的企业理论，具有二次分配性质的有关中央财政和地方财政实际运作需要的财政理论，不同于实体性货币时代的已进入虚拟性货币时代的货币理论，以及具有鲜明的时代创新特色的资本理论和发展理论。这些方面的基础理论研究开启了新时代的认识视野，可为广大学习者提供一个较为系统地了解现代经济学前沿思想的认识平台。

2015年，钱津撰写的《管理经济学》一书在北京大学出版社出版。管理经济学又称企业经济学，这部著作对于管理经济学涉及的基本经济理论问题作了全面的研究，具有鲜明的思想超前性和实际工作的针对性。相比同类著作，具有理论的系统性和周全性优势，因为目前的同类著作基本上都是将微观经济学的一部分和投资经济学的一部分拼在一起构成管理经济学，缺乏对于企业管理必要的经济学理论的全面阐述。因此，本书的出版具有开创性的引领作用，填补了管理经济学学科独立研究的空白。

发表在《中州学刊》2016年第4期的《论政治经济学的研究基点》一文，充分地体现了钱津在政治经济学专业研究

钱津 2012 年向台湾大学赠送《劳动论》一书后留影

方面的执着和努力，这篇论文研究了政治经济学的最基本问题，指出研究基点是政治经济学研究的第一个扣子，这个扣子扣不好，将影响整个学科认识的科学性。论文阐明：马克思在《资本论》中界定的具有整体性的劳动范畴应是政治经济学科学的研究基点。这是马克思留给后继的研究者们特别是21 世纪的经济学者最重要的学术财富之一。传承这一学术思想对于建设中国特色社会主义政治经济学具有重要的指导意义。

2016 年，根据当前高等教育改革的迫切需要，在经济学研究的时代背景下，钱津深入实际，倾心实践，撰写了一部教育学专著《智能教育——领先全球的高等教育改革探讨》。该著指出：中国的高等教育改革必须走本体性的高等智能教育改革之路，这是中国高等教育改革能够取得重大成效的突破口。智能教育改革主要分为两个方面：一是开设专门的智能教育通识课程，二是探讨新的高等智能教育教学方式。专门的智能教育通识课程分基础课程模块、主干课程模块和实践课程模块三大部分。新的高等智能教育教学方式要求实现由课件教学向软件教学的提升，由学生被动地接受性学习的教学方式向学生主动地发现性学习的教学方式转变。实施这一改革，可实现中国高等教育的跨越式发展，领先于全球，为推进当代世界高等教育发展做出重大贡献。这部著作有望于 2019 年上半年由武汉大学出版社出版。

2017 年，钱津在多年的积累基础上撰写了《中间效用理论》一书，得到了中国社会科学院离退休人员学术出版资助，于 2018 年 8 月由社会科学文献出版社出版。2018 年 11 月 22 日，由社科院离退休干部工作局和社会科学文献出版社共同主办的《中间效用理论》发布暨研讨会在京举行。这是入选中国社会科学院老年学者文库书籍第一次举办新书发布会，中国人民大学马克思主义学院孙宗伟教授、北京师范大学政府管理学院王华春教授、社科院经济研究所袁钢明研究员与会研讨。会议指出：《中间效用理论》的理论创新主要体现在八个方面。第一，否定了传统的主观效用理论，提出了自然效用与社会效用相统一的客观效用理论。第二，进行了终点效用与中间效用的划分和定位。第三，把效用理论由微观经济范畴发展成为宏观经济范畴。第四，提出了中间效用适度性假说，也就是提出了一个供宏观主体指导调节国民经济结构的系数。第五，提出经济学不能笼统地讲追求效用最大化，而只能讲追求终点效用最大化。第六，揭示了中间效用畸形增长的动力、形式、危害和控制途径。第七，创新了经济人假定，阐述了社会经济人的经济行为的重要性和经济行为的范围。第八，明确提出要制止和消除对于现代人类社会经济极具破坏性的金融衍生品市场交易和世界军火贸易。

2018 年，钱津撰写了《生命的真谛——社会的分工与整合》一书，这是其 2001 年由中国社会科学出版社出版的《生存的选择——人类的历史与未来》的续篇。这部研究社会分工理论的著作阐明：在新技术革命之后，计算机成为延展人的脑力作用的劳动工具，由此人类社会的发展进入智能时代，有一部分劳动者已经成为智能型劳动者，并将形成智能型劳动者群体，即智劳阶层。在此基础上，未来还将形成拥有或运作知识产权的劳动者群体，即知产阶层，这是随着知识经济时代的到来，新的社会分工形成的两个新兴的劳动者阶层。这两个阶层将在推进知识经济全球化发展和人类社会向前进一步发展中发挥重要的历史作用。这部著作已申请 2019 年中国社会科学院离退休人员学术出版资助，如获批准，将于 2019 年下半年出版面世。

黄燕生（1952 年 2 月—　）

游穹苍兮意琅嬛

黄燕生，女，中国社会科学出版社编审。祖籍云南省鹤庆县，出生于北京。1979 年 1 月调入中国社会科学出版社做编辑工作，1984 年考入中国社会科学院研究生院世界宗教系，师从任继愈、杨曾文、杜继文诸先生研习佛学，获硕士学位。毕业后回社科出版社工作（1997—2003 年曾调到社会科学文献出版社），1999 年评为编审。曾任编辑室主任，兼任中国社科院佛教研究中心特邀研究员。2012 年退休。

自从调入中国社会科学出版社做编辑工作，黄燕生就担负起为中国的社会科学研究服务的责任。她把发掘、组织那些独创性的、能够填补研究空白的、具有里程碑意义的学术选题作为最高目标，努力编辑出版高端的学术精品。数十年如一日，乐此不疲，悦在其中。她密切联系宗教学、历史学等学科的学科带头人，广交朋友，虚心学习，培养出较强的学术判断力。由于得到专家学者的信任与支持，黄燕生经常在第一时间了解到国家重点科研项目、社科院重点课题的立项和进展情况，于是及时与作者约稿，制订选题计划。作者交稿后，又认真地做好编辑工作。黄燕生在社科出版社这个优秀平台上为科研服务，奉献汗水与辛劳，她担任责编的图书先后有几十种获得国家级和省部级优秀图书或优秀成果奖。

黄燕生是2012年退休的，退休对她的编辑工作似乎没有什么影响。一本图书从组稿到交稿，再到编辑校对出版，有一个时间过程。她觉得，本着对作者负责、对出版社负责的态度，继续编辑加工手中未完成的书稿，那是理所当然的应尽之责。为了出版更多的学术精品，也为帮助年轻编辑打下一个好的基础，她一如既往，继续参加各种学术研讨会，密切关注学术界动态，仍旧广泛联系学者，还经常利用节假日拜访作者，与退休前没什么两样，甚至比退休前还忙，同事们说她是“不待扬鞭自奋蹄”。

就以《世界佛教通史》的编辑工作为例吧！

2007年，当该书的主编，即世界宗教研究所研究员、学部委员魏道儒刚刚开始筹划申报国家重点项目的时候，黄燕生就得到了消息，她敏锐地意识到这套书的重大学术价值和出版影响，马上向社长兼总编辑赵剑英汇报，赵剑英指示一定要将这个选题抓住。黄燕生随即与魏先生联系，约定完稿后交由社科出版社出版，从此开始了长达八年的不懈追踪。

2014 年底，参编的 20 余位作者终于陆续完成了初稿。在正式交稿前的编写工作会议上，黄燕生根据多年的编辑经验，以书面形式详列本书的写作规范，并附上出版社的“编辑加工体例要求”，以便作者在统稿过程中按此体例完善书稿。

《世界佛教通史》共十四卷十五册，800 余万字，全面介绍了佛教的形成、发展、演变以及当代佛教在世界的传播和特点。其论述时间跨越 2600 年，地域遍及亚、欧、美、非、大洋洲的几十个国家，文献资料涉及汉、梵、巴利、藏、西夏、傣、日、韩、越、英、法、德等十几种语言文字，内容包括原始佛教、部派佛教、大乘佛教、南传佛教、汉传佛教、藏传佛教等上百种教派及其教义、教规。这样一个时空交错的庞大的宗教知识体系，对编辑来说无疑是一个巨大的挑战。为了出好这套书，赵社长调动了全社人员，组织起强大的编校队伍，多次开会布置工作，检查进度。在这个团队里，黄燕生除了努力做好自己的编辑工作之外，还不断地与主编、作者沟通交流，保证作者方、出版方的联络通畅。

编辑《世界佛教通史》的时候，正逢黄燕生 96 岁高龄的母亲生病住院。老人的子女中，只有黄燕生在北京。她每天奔波于出版社和医院之间，疲惫不堪，但始终没有放下工作，尽量做到工作、家事两不误。《越南佛教》卷的作者是越南在京留学生，中文水平相对差一些，加上交来的书稿为扫描件，其中的错别字俯拾即是。黄燕生看校样时，发现虽然之前已有外编和校对看过、改过，但遗留的问题仍然很多。黄燕生设法与原作者取得联系，要来原始电子文本，与校样对照，并将书中引文与中国古籍一一核对，纠正了其中的错误，保证了编校质量。在审阅其他卷的时候，她也如此悉心查核，遇有各卷相互重复的内容，就与主编商量删改，调整全书结构。同时注意各卷之间的呼应，特别是人名、时间、地点等问题，要求作者统一处理，达到前后一致。

《斯里兰卡与东南亚佛教》卷涉及东南亚多个国家的多种佛教教派，内容庞杂，资料来源是多种多样。作者郑筱筠工作繁忙，书稿是分章甚至分节发到黄燕生信箱的，加上有些章节交稿后，作者自己不满意又否定了，重新发来新稿，这给编辑加工带来了很大困难。为了保证出版时间，黄燕生不厌其烦地看了一遍又一遍，有几次为了文稿中的疑问，她径直跑到宗教研究所找郑筱筠当面商讨、核对资料，两人从中午一直干到晚上 10 点多。

黄燕生参加汝信主编《中国古代科技文化及其现代启示》定稿会

《世界佛教通史》于 2015 年底出版。出版后得到学术界、佛教界和广大读者的好评。2018 年获得第四届中国出版政府奖图书奖，2019 年获得北京市第十五届哲学社会科学优秀成果特等奖。黄燕生也受到该书主编和作者的表扬。主编魏道儒在全书的“后记”中感谢中国社会科学出版社，感谢赵剑英社长和出版社所有参与此项工作的员工，特别提到：“黄燕生编审从本课题立项开始就不间断跟踪，在最后的审校稿件过程中，她让丈夫在医院照顾96岁高龄患病的母亲，而自己到出版社加班加点编辑加工书稿。”作者郑筱筠在第十二卷《斯里兰卡与东南亚佛教》的“跋”里写道：“在此还要深深感谢中国社会科学出版社的黄燕生编审，这位学识渊博、善弹古筝的老大姐自2007年开始就坚持不懈地‘守望着这块麦田’，她亲切的笑容和真诚相待为这本书的写作增添了动力。”

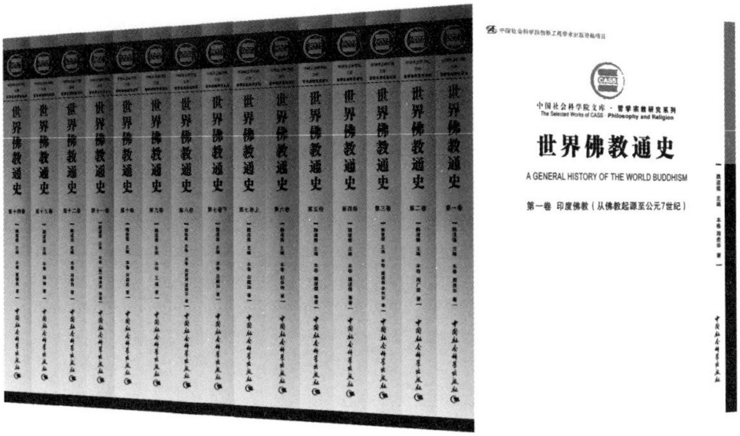

《世界佛教通史》

黄燕生退休以后，组稿、编辑出版了大量的学术著作。除了《世界佛教通史》之外，获得国家级和省部级奖的还有：宋镇豪主编《商代史》（十一卷）获第三届中国出版政府奖图书奖（2013年）；张践著《中国古代政教关系史》获新闻出版总署第四届“三个一百”原创出版工程奖（2013年）；王希恩主编《20世纪的中国民族问题》入选第二届向全国推荐百种优秀民族图书（2013年），获第五届中华优秀出版物奖提名奖（2015 年），获中国社会科学院优秀成果奖（2016 年）；吴元梁主编《马克思主义哲学形态的演变》获中国社会科学院优秀成果奖（2016 年，该书于 2011 年获新闻出版总署第三届“三个一百”原创出版工程奖）；何耀华主编《云南通史》获云南省优秀成果特等奖（2013 年）；段自成等整理、校勘《清代河南巡抚衙门档案》获河南省社会科学优秀成果一等奖（2013 年）；邢莉、邢旗著《内蒙古区域游牧文化的变迁》获教育部第七届高等学校科学研究优秀成果奖（人文社会科学）二等奖（2015 年），获第十二届民间文艺山花奖·民间文学艺术著作奖（2015 年）。冯时著《文明以止》2018 年获全国文化遗产十佳图书奖。

黄燕生退休以后，还撰写了许多文章。其中《与大师同行》记述了著名学者任继愈、徐梵澄高尚的品格、严谨的学风，谆谆教诲、提拔后生的感人事迹，再现大师风范（载于《中国哲学社会科学发展历程回忆》综合卷）。《旷世之作——商代史》简要记述了获得第三届中国出版政府出版奖的《商代史》立项、写作，组稿、编辑加工的过程（载于《中国社会科学发展历程回忆》续编）。《我和〈中国佛教史〉》记述了《中国佛教史》的主编任继愈和作者杨曾文、杜继文等先生在艰苦的工作条件下撰写传世之作的过程，以及黄燕生在编辑过程中学习的心得体会（载于佛教协会组编的《杨曾文八秩寿庆文集》）。

由于一向注重图书的社会、经济双效益，黄燕生编辑的图书每年都有三到四种重印，如《中国佛教史》等。这也让她甚感欣慰，获得感油然而生。

黄燕生长期在出版社做编辑，在工作中结识了不少大家耆宿，饱览人类思想精华，身受其教。她在退休之年曾感赋一首《壬辰抒怀》（发表于《中国社会科学报》），表达了对出版事业的无比热爱：

抚秦筝兮发清商，
五音会兮声飞扬。
缓击节兮抒浩唱，
歌咏志兮慨而慷。
登泰山兮众山小，
览沧海兮寰宇茫。
乘云气兮归何所，
游穹苍兮意琅嬛。

（注："琅嬛"，中国古代传说中天帝的藏书之所。）

细心的读者可能发现了，《世界佛教通史》的作者之一郑筱筠曾写道，黄燕生是一位学识渊博、擅弹古筝的老大姐，而黄燕生自己的《壬辰抒怀》的首句就是"抚秦筝兮发清商"，莫非她还是古筝高手？果然，黄燕生不仅痴迷于图书编辑，弹奏古筝是她从小的业余爱好。她参加过演出，还先后带过八个学生，水平可见很不一般了。

我们祝黄燕生生命之树常青，为琅嬛再添新花。

（周用宜）

李　周（1952 年 9 月—　）

老牛亦解韶光贵　不待扬鞭自奋蹄

李周，出生于上海。1968 年 12 月至 1978 年 3 月在云南省景洪县（今景洪市）橄榄坝农场务农；1978 年 4 月至 1982 年元月在北京林学院学习，获学士学位；1982 年 2 月至 1984 年 8 月在中国林业科学院林业经济研究所工作，任研究实习员；1984 年 9 月至 1986 年 7 月在北京林业大学学习，获硕士学位；1986 年 7 月到农村发展研究所工作，历任助理研究员、副研究员、研究员，研究室副主任、主任，研究所副所长、所长。其间，1989 年 10 月至 1993 年 7 月在中国社会科学院研究生院在职学习，获博士学位。主要从事农村政策和生态经济研究。退休前在中外学术刊物上发表论文近 400 篇。其中英文 30 篇。获第十三届孙冶方经济科学奖，第七届中国经济理论创新奖，省部级奖十余项。1994 年被评为中国社会科学院有突出贡献中青年专家，同年享受国务院政府特殊津贴，1996 年被评为中国社会科学院优秀共产党员，2010 年被评为中国社会科学院 2007—2009 年度先进个人。2015 年 11 月退休。2017 年被中国社会科学院聘为“登峰战略”资深学科带头人。

2015 年 5 月李周退出领导岗位时，他的同事谭秋成研究员邀请他做一次总结性学术讲座。他在准备这个讲座的过程中发现，可以分享的东西并不多，需要完善的地方却不少。这些不足激起了他的研究冲动，于是他婉拒了两个学校要他退休后去兼职的邀请，把时间留出来做自己最想做的事情。1998 年担任副所长后，他的时间的破碎化，使他难以针对某个特定问题系统地阅读学术文献并进行深入的思考；而由此带来的视域的广阔化，则使他退休后的研究目标更明确，定位更精准，思路更清晰。三年来，他的研究集中在生态经济和农村发展两个领域。前一个领域撰写了《论中国特色的生态文明建设》（《企业经济》2016 年第 4 期）、《中国农村生态治理的进展》（《全球生态治理与生态经济研究》，中国社会科学出版社，2016 年 4 月）、《中国经济学如何研究绿色发展》（《改革》2016 年第 6 期）、《推进生态文明建设，努力建设美丽乡村》（《中国农村经济》2016 年第 10 期）、《以生态法治“红线”硬约束守住增长“绿线”》（《中国生态文明》2016 年第 5 期）、《完善草地管理体系，扭转草地退化趋势》（*China Economists* 2017 年第 1 期）、《论生态经济研究视野的拓展》（《企业经济》2018 年第 1 期）和《用绿色理念引领山区生态经济发展》（《中国农村经济》2018 年第 2

期）8 篇论文。后一个领域撰写了《坚持农地集体所有的思考》（《财经问题研究》2016 年第 4 期）、《全面建成小康社会决胜阶段农村发展的突出问题及对策研究》（《中国农村经济》2017 年第 9 期）、《乡村振兴战略的主要含义、实施策略和预期变化》（《求索》2018 年第 2 期）、《乡村振兴战略下的现代农业发展》（2017—2018 年《绿皮书》，社会科学文献出版社）、《农村经济体制改革进程》（《中国金融》2018 年第 7 期）5 篇论文和《以新理念拓展农业现代化道路》与《深入理解乡村振兴战略的总要求》（《人民日报》2016 年 2 月 14 日、2018 年 2 月 5 日）2 篇文章。此外，还撰写了《做好农业减排，促进 PM2.5 治理》《减少汽车尾气排放量的对策建议》《半干旱地区的城市建造防风发电网体系的建议》《促进我国现代农业发展的改革建议》《粮食主产区生态安全的战略思考》《构建我国粮食主产区生态安全体系的建议》6 篇要报。

其间李周出版了两本专著。他在《中国农业改革与发展（中英文）》（社会科学文献出版社，Springer，2017 年 5 月和 9 月）一书中概述了中国农业发展历程，总结了农业改革的背景和基本经验。他认为中国农业改革实际上是沿着两条线索同时展开的：一是应对贫困的挑战实行家庭联产承包责任制，二是应对周边地区发展更快的挑战实行对外开放。中国农业改革的经验是：经济发展的巨大能量蕴藏在农村，市场导向是农业增长的重要因素，向农民赋权是挖掘他们的潜力的关键举措。他认为，20 世纪 80 年代前的农业基本经营制度旨在集中农业剩余，加快工业化进程；20 世纪 80 年代和 90 年代的农业基本经营制度旨在激发亿万农民的生产积极性，解决温饱问题；现阶段的农业基本经营制度旨在促进各

李周在第三届北大经济国富论坛上演讲

类农业经营主体充分竞争，消除农业经营规模过小对农业技术应用的制约和农业比较效益偏低对农民从事农业生产积极性的制约。改革极大地促进了农业增长。按不变价格计算，改革前我国平均每公顷耕地生产力和人均劳动生产率年均增长分别为 1.58% 和 0.26%，改革后这两个指标分别为 4.86% 和 6.40%；改革前农业占国民生产总值的份额平均每年减少 0.23 个百分点，改革后平均每年减少 1 个百分点；改革前各地区农业生产结构相似性较强，改革后农业生产结构差异性变大，农产品生产的集中度不断提高；改革前，农业增长是以生态系统逆向演替为代价的，改革后通过天然林保护、退耕还林、退牧还草、退田还湖等一系列重点生态工程的实施，森林、草地和湿地三大生态系统逆向演替的局面已初步得到扭转。这种变化是农业政策由集中农业剩余向支持农业发展转型，由发展生产到保护生态转型的结果。他从产品、资源、生态和消费四个层面论述了粮食安全，从耕地非农化、非粮化、低效化、耕作强度下降和农业竞争力下降五个方面论述了中国农业发展面临的挑战。他的农业愿景是：建立一个包括生产、技术、制度、组织和管理现代化的农业，一个消除了弱质性、具有自生能力和国际竞争力的农业，一个能同第二产业、第三产业竞争的农业，一个市场在资源配置中发挥决定性作用的农业。唯有实现了这个目标，农业方能真正成为国民经济和国家现代化的基础，农民方能真正成为体面的职业，农村方能真正成为安居乐业的家园。

他在《农业供给侧结构性改革研究》（社会科学文献出版社，2018 年 10 月）一书中介绍了经济学解决短缺、过剩和滞胀三个问题的研究进展。其中：应对短缺的策略是发挥人的自利性、分工、比较优势和竞争优势的功能。应对有效需求不足的策略是增加公共支出，刺激消费需求和投资需求；调节收入分配，提高消费倾向，增加消费；建立社会保障体系，降低货币流动性偏好，促进消费。应对滞胀的策略是稳定货币供应量和减少政府干预，减轻税负、缩减福利开支，福利支出同技术教育、劳动力再培训相结合；开发新能源和推进绿色革命，制止化石能源和农产品价格上涨引发通货膨胀。他认为我国农业供给侧的主要变化是：雨养农业向灌溉农业转型，种植业主导向养殖业主导转型，分散养殖向规模养殖转型，捕捞渔业向养殖渔业转型；粮食生产空间集中度逐渐提高，平均经营规模逐渐扩大；主要问题是大宗农产品国际竞争力下降，替代要素成本份额下降而被替代要素成本份额上升，农业就业严重不足和农用化学品投入过量。他认为农业供给侧结构性改革的主要任务是：以培育现代农业为抓手，促进农业转型升级；农业具有显著的外部性，要重视社会效益、生态效益、长期效益和全局效益，而不宜片面强调经济利益，近期利益和局部利益，协调这些关系需要区际补偿政策和生态补偿政策与其配套；要引导农业企业和农户走出去，充分利用两种资源两个市场的作用，让我国水土资源和生态系统休养生息。他认为作为一个拥有十几亿人的人口大国，中国必须打造一个微观经营组织具有自生能力、就业具有产业竞争力、产品具有国际竞争力的现代农业。其中：产业举措是优化产业体系、发展适度规模经营、拓展农业多功能和提高农业永续水平；改革举措是向农民赋权、加强人力资本投资和促进职业农民合作；管理举措是实行最严格的耕地保护制度和农业用水总量控制制度，守住水土资源红线；确定和实施农地耕作强度和农用化学品投放标准，守住生态红线。现代农业要用总要素生产率的贡献率来衡量，使我国不同阶段的农业发展具有可比性，同其他国家农业发展具有可比性，同其他产业发展具有可比性。他认为农业政策要超越产品数量、农民收入和农村稳定等短期目标，将保障超小规模农业稳定性的政策调整为追求适度规模经营的政策，将帮助农户规避风险的政策调整为激励农户追求效益的政策，将黄箱政策调整为绿箱政策，将实物形态的产权政策调整为价值形态的产权政策，将农业方针政策转为农业法律法规。

在《论生态经济研究视野的拓展》这篇论文里他从产生的时代背景，关注的基本问题，研究的核心内容三个方面论述了生态经济学与主流经济学的差异。生态经济学家应根据现实中可观察到的新现象增多、可获得的新信息增多和识别趋势的视野增大的时机，勇于创新、善于创新，构建新的理论体系、经济范畴、经济目标、生产方式、市场体系、核算体系和制度体系，实现经济学理论体系的超越。

李周退休后还参加了国家重大项目实施效果评估、博士论文初评和学术论文匿名评审，提出的建设性意见得到了有关部委、研究生和编辑、作者的好评。

赵　英（1952 年 9 月—　）

经世致用　实事求是

赵英，籍贯江苏徐州，生于辽宁省沈阳市。1969 年到黑龙江生产建设兵团。1971 年参军到济南军区通讯团。1974—1978 年任中国科学院大气物理所团委书记。1982 年毕业于北京广播学院，获文学士。1982—1984 年，中国教育报记者。1984—1991 年，中国汽车工业公司政研室新闻发言人。1991 年到中国社会科学院工业经济研究所。1993—1994 年，任科研处长。1995—1998 年，任《经济管理》杂志常务副主编。1998—2013 年，历任工业发展室主任，研究员，博士生导师，国家经济发展与经济风险研究中心主任。享受国务院特殊津贴。2013 年退休。2000—2001 年在日本亚洲经济研究所当访问学者。

主要研究领域：国家安全，产业经济。主要学术成果：在国家安全研究方面，在国内首先提出了综合安全观，提出了建立综合国家安全管理体制，撰写了第一本阐述综合国家安全观、安全战略及安全体制的专著；撰写了国内第一本国家经济安全专著，是国家经济安全研究的开拓者；撰写了国内第一本中国古代谍报史专著；从产业发展角度对大国政治做出了新解释，论述了大国国家安全战略。在产业经济研究方面，从利益博弈角度对产业政策进行了实证研究；参加了国家中长期科技规划的制定，对我国重大科技、军工政策问题及重大项目进行了研究。对汽车工业进行了长期深入研究，对中国汽车工业产业政策、技术进步、产业组织结构、经营管理、企业战略、对外开放诸方面问题有深入研究，是研究汽车工业的权威。单独撰写、主编专著14部，合作撰写专著40余部，发表论文200余篇。获得国家级学术奖2项，省部级学术奖16项。

自1991年进入中国社会科学院工业经济研究所，赵英一直从事研究工作。回顾既往，他认为在中国社会科学院从事研究，是他一生中最喜欢的工作。他前半生当过兵团战士、解放军战士、研究所团委书记、记者、中国汽车工业公司新闻发言人。他觉得这些历练，仿佛都在为进入中国社会科学院做准备。在中国社会科学院既可以参与政策制定、咨询，对国家有所贡献；也可以探讨学问，教书育人，为学术传承添砖加瓦。

2013年办理退休手续，对赵英来说只是学术生涯中画了一个逗号，因为退休后虽然工作节奏放缓，但仍然做学问，仍然带学生，仍然关心国家命运。“先天下之忧而忧，后天下之乐而乐”，是他们这代人铭刻心间的使命感。

赵英认为，退休后做学术工作，与退休前相比，有利有弊。有利的是，由于没有考核，可以慢工出细活，可以自行选择喜欢的研究题目；不利的是，毕竟离开了一线岗位，与现实结合不那么紧密了。他的对策是：选择需要从较长时间段研究的课题，从历史、现实结合的高度；从跨学科的角度；进行研究。这样既避开了退休的短处，又发挥了退休的长处，还增加了研究的厚重感。

退休后，他在研究方法上的改变，总结起来是“三个深入”：利用外出调查研究，深入社会基层，深入企业了解情况；利用参与各种会议，深入听取有关专家及政府官员意见；利用网络收集相关学术资料，转变既往仅依靠书本和实地调查了解情况的传统路径。他强调说，网络上学习、搜索，可弥补实践之不足，但不能代替实践。做学问必须利用网络，但不可依赖网络。

赵英的学术生涯特点是，同时在两个研究领域进行探索：国家安全研究；产业经济研究。退休后，仍在这两个研究领域继续深入研究。

在国家安全研究方面，他侧重于从大历史演变进程，全球技术革命的影响，对全球战略演变的根本动因和中国在全球的战略利益、安全战略进行研究。其中对东亚局势的演变，尤其是政治、安全态势的演变成为研究重点。其成果形成了《东亚地区的双重海权结构》《“防卫装备转移三原则”对日本政治、经济的影响》等5篇文章，另外还撰写了研究报告。在国际关系研究中，他逐步形成了产业—财政—国家能力—战略与政策选择的研究新路径，努力使国际关系研究建立在更加科学、坚实的基础上。他还参与了国家有关部委

赵英在旅游中

对国家经济安全的定期评估。对1990年撰写的中国第一部间谍史进行修订，增加了20万字，2016年再版，产生较大反响。

在产业经济研究方面，他依旧重点关注军工产业、汽车产业的发展。

作为中国国际工程咨询公司专家学术委员会专家，他参加了军工产业有关规划、政策的讨论；参加了有关重大项目的论证、评选、考察；参加了国家有关部委文件起草的咨询。

在汽车产业研究方面，他主要做了三个方面的工作：

学术研究。在社科院支持下，他完成了《中国汽车工业自主创新实证研究》离退休干部课题，提出了中国汽车工业“自主开放创新模式”。这一结论，对中国汽车工业迄今为止的自主技术创新探索，予以总结、提高，得到行业普遍认可。中国汽车工业“自主开放创新模式”，也引起了外国学者的兴趣。对中国汽车工业产业政策，他也进行了深入研究。对中国汽车工业面临的新能源、智能化技术革命，进行了深入调研，发表了看法。

政策咨询。他参与了工信部、科技部、中国汽车工业协会、中国国际工程咨询公司等机构就汽车工业相关政策制定，召开的有关会议，就中国汽车工业对外开放、技术路线、市场政策等提出了建议。他还以行业协会专家的身份，参与、主持了很多课题的讨论、评审。

为掌握第一手资料，满足企业需求，制定相关政策，他参与了对产业、企业的大量调研。退休后调研的企业在60家左右。其中，汽车整车生产企业20余家。通过调研，基本掌握了汽车产业自主研发的状况。

2018年末在《中国汽车报》举办的“纪念改革开放40年”座谈会上，赵英提出了今后中国汽车工业发展需要特别予以注意的三个方面：

其一，随着国际环境日益恶化，中国汽车工业企业通过在全球兼并重组、合作研究，获得技术的空间受到压缩，产业安全形态趋于严峻，中国汽车产业及政府有关研究机构尤其要注重汽车新能源、智能化方面关键技术和关键零部件的自主开发；其二，中国政府在推进新能源汽车产业政策时，要注意防止由于在某一方面用力过猛，忽视其他方面新技术、新产品的进展，导致方向偏差；其三，在国内汽车市场低速增长的情况下，汽车企业要把开拓国际市场，作为消化过剩产能的战略方向。这些观点引起了行业的热烈讨论。

经济评论。进入 21 世纪，赵英说自己“重操旧业”，与时俱进参与、利用新媒体，传播研究成果，评论经济现象，分析汽车工业发展趋势。退休以来，他已在新媒体上发表了 200 余篇评论。内容涉及经济发展趋势分析，汽车产业发展评论。对某些错误言论即便与经济、汽车产业无关，他也予以批评，激浊扬清。应新媒体之邀，他还开设了专栏，产生较大影响。他还对文化创意产业进行了研究，从产业经济学角度提出了一些新见解，并出版了专著。

退休 6 年来，他总共撰写专著及其他评论文章约 50 万字。撰写文章讲求质量，不再追求数量。减少工作量，也便于腾出时间看书，放松身心。

除研究、写作外，他还承担了本院培养 MBA 及大学生的任务。参加与日本帝京大学的合作学术研究项目，出版了专著。到日本北海道大学做学术访问。

退休前，赵英认识到财政、金融对维护国家安全和产业发展起着重要作用。退休后，他花很多时间系统学习了财政学、金融学，并在此基础上对国家安全和产业经济的相关问题，进行再思考和再认识。

现在学术界新观点、新方法层出不穷。但赵英在研究中仍秉持经世致用、实事求是的学风。经世致用、实事求是是工业经济研究所马洪等老一辈学者的治学传统。赵英继承和发扬了这一传统，把调查研究作为研究的出发点。在研究工作中，以辩证唯物主义、历史唯物主义为指针，对经受时间考验的经典（例如，毛泽东的《实践论》《矛盾论》）反复阅读，不追时髦，不务虚名。

赵英感慨地说：“光阴如白驹过隙。回顾在中国社会科学院的学习、工作，感恩中国社会科学院。中国社会科学院学养深厚、有风骨的老学者，帮助我走上治学之路。中国社会科学院宽松包容的治学环境，使我这个新闻专业的人，不仅在经济研究领域登堂入室，成为博导、二级研究员，而且在国家安全、产业经济两个领域从事研究，并取得些许成就。感谢中国社会科学院为老学者继续从事学术活动创造了良好条件，感谢工业经济研究所的关心、照顾。”

他一直以“驽马致远”激励自己，希望为国家、人民继续有所贡献。下面这首诗是他对自己的勉励。

自　励

白首望穹苍，
莫怨山路长。
临渊观衰影，
长剑起秋霜。

刘小玄（1953 年 1 月—　）

与改革共成长同命运

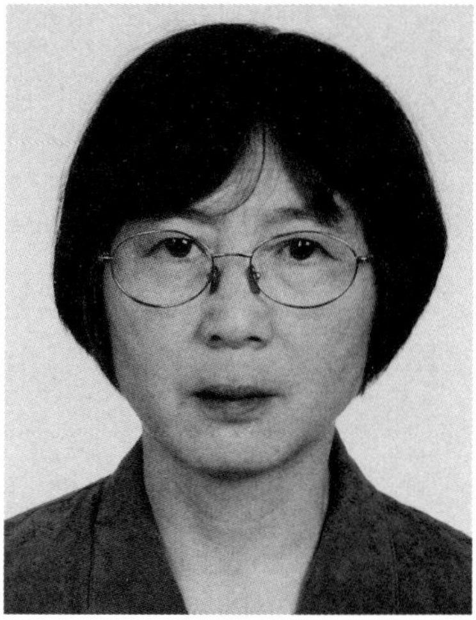

刘小玄，女，祖籍江西，出生于南京。1969—1978 年在江苏农村插队劳动，南京大学经济学本科（1978—1982），中国社会科学院研究生院经济系研究生（1982—1985）。研究方向为微观经济学，企业和产业理论，转型经济学。1985 年进入中国社会科学院经济研究所工作，在职期间，担任微观经济学研究室副主任，二级研究员，博士生导师；主持若干国家社会科学基金和自然科学基金研究项目，并负责若干中国社会科学院重点研究课题和创新工程项目；多次赴英国牛津大学，英国诺丁汉大学，英国阿斯顿大学和瑞典哥德堡大学等地学习并进行合作研究。2005 年获得孙冶方经济科学奖。1994 年、2000 年、2004 年、2014 年分别获得中国社会科学院第一届、第三届、第五届和第八届优秀科研成果奖。在国内外经济学期刊发表论文数十篇，出版专著六本。2013 年退休。

刘小玄进入社科院经济所工作之际，正值经济改革席卷中国大地，她在这个过程中做了大量的经济研究工作，为改革贡献了绵薄之力。即使在退休之后，刘小玄仍然坚持改革的历史使命，秉承过去 30 多年来的研究经验，持续不断地进行经济改革领域的研究。当经济改革发展的深水期时，她发现存在的重大问题在于，市场化的步伐明显放慢，存在着垄断不断强化的趋势，出现严重的不公平竞争及其结果的现象，因此造成了经济发展停滞，腐败不断，社会严重不公。为此，她收集了相关的大量数据和资料，进行了深入研究并有所发现，完成了论文《可竞争市场上的进入壁垒》，发表在《中国工业经济》2014 年第 4 期。在与凯恩克劳斯基金会的国外专家合作的过程中，完成了相关的研究报告，发表在《以竞争促增长》一书中（William Kovacic 等编著，中信出版社 2017 年）。

她与英国阿斯顿大学的经济学教授合作，继续不断地进行中国经济学的研究，完成了相关论文，分别发表在国外经济学期刊 *Journal of Law and Economics*（Aug. 2015）和 *China Economic Review*（April 2014）。此外，她与所带的博士生与博士后合作，完成了一系列论文，主要有：《资源配置，垄断力量与制造业的市场壁垒》，发表在《改革》2015 年 6 月。《自然垄断的测度模型及其应用》，发表在《中国工业经济》2014 年第 8 期。

退休之后，刘小玄仍然作为中国社会科学院研究生院的

刘小玄导师参加北师大经管学院博士学位论文答辩

研究生指导教授，完成了好几届 MBA 研究生的学术指导工作。同时，她被聘为南京财经大学兼职教授，积极参与该校的学术活动，指导该校的年轻教师做学术研究，力求把自己所学的平生经验，传授给更多的后来人。在此期间，与该校年轻老师合作完成了论文《为什么僵尸企业能够长期存在》（中国工业经济 2018 年 10 月）。

在 2018 年的改革开放 40 年的纪念活动期间，刘小玄应出版社的稿约，完成了 50 万字的专著《新兴市场经济下企业发展 40 年》（上海格致出版社/上海人民出版社，2018 年 12 月），该书系统总结了改革开放 40 年以来，中国的各类企业，包括国有、民营和外资企业的发展历程，提供了大量的数据和文字资料，为改革开放提供了宝贵的历史性经验和对现实的启迪。据财新网对此书的评论：“持续对企业改革和发展做精深研究，罕有其匹!”“除了一贯的严谨，也有动人的激情。”

实际上，刘小玄已经把过去几十年来的改革热情融入到了自己的学术生涯，不辱使命，持续地发扬光大，这个历史使命将伴随着她的全部生命。

万　明（1953年3月—　）

书山有路　学海无涯

万明，女，生于北京。1988年北京大学历史系明清史专业研究生毕业。同年进入中国社会科学院历史所工作。任明史研究室主任、二级研究员、社科院创新工程第一批首席研究员、所学术委员会委员、中国社会科学院研究生院教授、博士生导师。享受国务院政府特殊津贴。曾任中央纪念郑和下西洋600周年办公室顾问、交通部中国航海日办公室顾问。兼任北京大学明清史研究中心研究员、故宫博物院明清宫廷史研究中心客座研究员、上海中国航海博物馆学术委员会委员、中国南海研究协同创新中心研究员；并兼任中国中外关系史学会副会长、中国明史学会副会长、中国海交史研究会副会长、（全国）郑和研究会副会长。曾派赴葡萄牙里斯本大学进修葡文，赴美国、意大利、葡萄牙、荷兰、日本、马来西亚等十多个国家访问，参加国际学术会议。主要研究领域为明史和中外关系史。在明代中外关系史、政治史、货币史、财政史、社会变迁史、国家转型史、改革史、中西文化交流史、海上丝绸之路史等方面都有深厚学术造诣，对推动明史与中国中外关系史学科发展发挥了重要作用。曾承担院所、国家社会科学基金项目主持人，论文《明代中葡两国的第一次正式交往》、专著《晚明社会变迁：问题与研究》（主编，第一作者）、论文《白银货币化视角下的明代赋役改革》均获社科院优秀成果奖。在国内外学术刊物上发表论文百余篇（包括中文、英文、意大利文、日文、韩文等）。2014 年退休。

2014 年退休后，万明是退而未休，一直在专业领域工作不辍。现担任中国中外关系史学会会长，（全国）郑和研究会副会长，中国明史学会首席顾问，国际郑和学会顾问，在相关领域的科研成就突出，学术贡献在国内外具有很大影响。近 5 年（2014—2018 年）发表论文 53 篇（包括报刊文章），其中 1 篇以英文在英国出版，2 篇在韩国发表（1 篇译为韩文发表）；著作 2 部，主编与合作主编中国中外关系史学会学术论文集 5 部；反映出她在学术领域披荆斩棘不断进取的精神。

2015 年，出版明代《〈万历会计录〉整理与研究》（与徐英凯合著，中国社会科学出版社）。该书共分为 43 卷，100 多万字，超过 4.5 万个数据，是迄今为止唯一留存于世的中国古代国家财政会计总册，是一部古代大型数据文献资料。这部专著是国家社会科学基金项目，2015 年被列入“十二五”国家重点出版物出版规划项目、中国社会科学院文库出版，3 册，401.8 万字，是史学与数学工作者首次合作的国内外第一部对《万历会计录》全面系统的创新性整理与研究的成果，耗时十余年方得完成，包含表 555 个、图 28 个，印刷达 2293 页；全书绪论是研究的归纳总结，主体内容分为三篇：整理篇、统计篇、研究篇，每篇都有其独特的价值。

她不仅仅坐在书斋中研究学问，还活跃在国际学术交流的舞台。在 2015 年第 22 届国际历史大会的主旨会议《全球视野下的中国》上，作为第一位发言人，发言题目《白银货币化：明代中国与全球的互动》（英文稿，3 万字符），在国际历史科学大会上发出中国学者的声音。此英文稿已收入会议论文集，2017 年在英国出版。

退休后，她先后发表了多篇很有影响的论文。《中国藏李朝档案孤本〈朝鲜迎接天使都监都厅仪轨〉再探》，论文是作者发现于明朝档案中的朝鲜李朝档案孤本的研究成果。由于此档案在韩国已不存，故此文发表后在韩国译为韩文，2014 年发表于韩国成均馆大学《大东文化研究》。《明代历史叙事中的中琉关系与钓鱼岛》，发表于《历史研究》2016 第 3 期。此文是科研任务，基于迄今为止关于钓鱼岛历史文献的遗存始于明代，论文从明朝海洋政策的视角出发，系统收集了明代文献，全面论证了明代中琉官私文书中的国家叙事与民间叙事的层累，构成了钓鱼岛归属于中国的完整证据链。

退休后，她还花费大量的时间做学术普及工作。2015 年参加部级领导干部历史文化讲座，题目：白银货币化：明朝与全球的互动；配合院老干部局工作，2016 年、2018 年两次在社科大讲堂讲座，题目：一是明朝白银货币化：中国

500 年白银时代的开启；二是“一带一路”：讲好明代丝绸之路的故事。

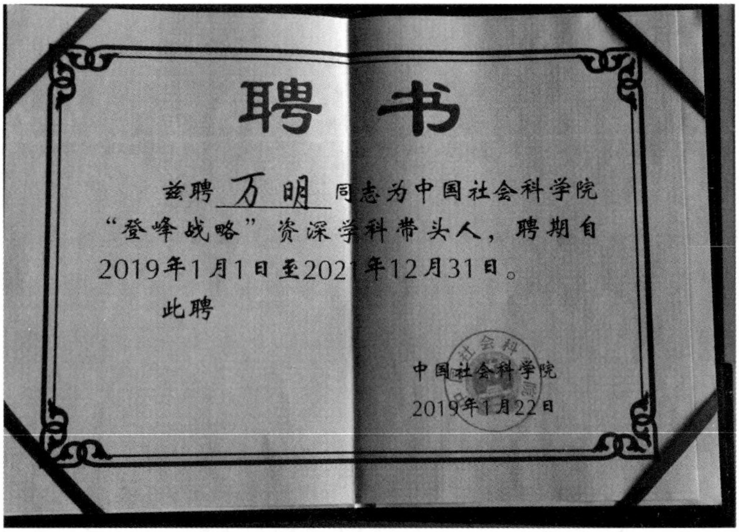

万明作为资深学科带头人的聘书

2019 年被聘为院“登峰战略”资深学科带头人。目前研究主要集中在以下方面：

明代白银货币化研究，关注明代中国国家与社会的互动，中国与全球的互动，2017 年承担中国社会科学基金后期资助项目：明代中国白银货币化研究，致力于全面系统的明代白银货币化研究。

丝绸之路研究。倡导关注整体丝绸之路互动研究，关注全球视野下郑和下西洋研究，以及东北亚丝绸之路，丝绸之路河北段研究等。2018 年在德国发表论文：《聚焦印度洋：解读 15 世纪初国际体系》；组织中国中外关系史学会与俄国科学院远东分院远东所合作召开“永宁寺石碑研究问题”会议，发表论文确认与郑和七下西洋同时，有亦失哈七上北海；并发表论文：《丝绸之路的文化传承：筚篥在中国——明代以来霸州胜芳镇音乐会渊源考》，将古代史研究与今天冀中民间音乐会相联系，推动“一带一路”视野下京津冀区域文化研究，促进农村文化治理与振兴发展。这些研究将持续下去。

中国中外关系史研究。坚持研究一直站在国际学术前沿上，在国际会议上发出中国学者的声音；组织与中国中外关系史学科建设有关的学术活动：会议与讲座等，主持编写《当代中国中外关系史研究》等书，为中国中外关系史学会成立40周年做准备，同时努力为建构中国中外关系史学科知识体系、话语体系和理论体系做出贡献。

林燕平（1954年3月—　）

海归博士与骆驼巷村的情缘

林燕平，女，生于北京市。中国社会科学院数量经济与技术经济研究所研究员，日本东京大学大学院综合文化研究科国际社会科学专业客座研究员。恢复高考之前，曾经在部队当过兵、在工厂当过工人。1982年本科毕业于北京师范大学经济系，1993年硕士毕业于日本东京大学大学院综合文化研究科国际社会科学专业，1999年获博士学位，同年到数技经所工作。2002年至2004年，作为“西部博士服务团”成员赴宁夏社会科学院挂职副院长，从此开始关注西海固的农民生活，常年深入农村一线做实地调查研究，记录记述农民生活以及村庄的变迁，先后走访了上千家农户，撰写的多篇调研报告受到国务院领导、社科院领导以及地方领导的批示。并先后荣获中央国家机关“五一劳动奖章”、全国先进工作者的荣誉称号。她的事迹被《人民日报》等十数家媒体报道后，引起强烈反响。2014 年退休后，一如既往地在西海固村庄做入户跟踪调查研究。主要研究地区差距问题、贫困问题、现实社会经济问题等。

林燕平，出生于北京，成长于北京，从小住的是高楼，走的是平路。

她，12 岁时遇上了“文革”，24 岁时圆了“大学梦”，36 岁时考进日本东京大学大学院攻读硕士。

她，东渡十年，自费苦读，完成学业后没有留恋异国的繁华，义无反顾地回到祖国。

骆驼巷村，一个有 5 个汉族自然村和 2 个回族自然村的行政村，隶属于宁夏回族自治区固原市原州区张易镇。

它，地处黄土高原，山大沟深，自然环境恶劣，1972 年被联合国粮食开发署确定为“最不适宜人类生存的地区之一”。

它，雨水稀少，土地贫瘠，十年九不收，曾以“苦瘠甲天下”的西海固地区著称。

它，交通不便，信息闭塞，落后贫穷，曾是 20 世纪五六十年代远近闻名的“要饭村”。

林燕平和骆驼巷村，原本就生活在两个“世界”，原本就走着两条“平行线”。然而，2002 年，她作为“西部博士服务团”成员被派往宁夏社科院挂职副院长，没有想到，却与骆驼巷村结下了不解之缘。

2003 年春节前夕，她前往宁夏社科院扶贫点黎套村慰问，一场大雪阻断了去路，只好留在了骆驼巷村。曲折的黄

林燕平的著作

土小路，小路上挑担子的妇人；一眼望不到头的黄土坡，坡上放羊的男娃儿；灶房犄角旮旯堆放着冻黑的洋芋，锅灶下用柴草点燃炊火的女娃儿；土炕上编织袋子拼接的垫子，身患绝症躺在炕上呻吟的“光棍儿”；小炕桌上晃动着微弱的蜡烛光亮，坐在旁边写作业的娃儿和纳鞋垫的媳妇子……

初到骆驼巷村的林燕平，被这一幕幕震撼，好似一夜之间来到了一个未知的世界。然而，比起骆驼巷村农民的生存现状，更令她震惊的是农村统计数据的失真。当她看到不识字的农民，甚至是患有残疾和智力障碍的农民，其户口簿文化程度一栏上盖着“已脱盲”的小红章时，不禁回想起博士论文答辩时日本学者对中国统计数据真实性的质疑带给她的困惑与尴尬。她开始对自己从理论到理论、从数据到数据的研究方法反思，下决心走进骆驼巷村的家家户户，用第一手数据解读骆驼巷村的农民生活。

2003 年冬季，林燕平挨家挨户走访了 2 个回族自然村 120 多户农家。带路的村支书马存义说：“一户一户地走到农民家里头，她是头一个；耐着性子听一个一个农民说自己家里头的事儿，她是头一个；见到哪家子有困难就帮助哪家子，她是头一个。”

她的宿舍被盗过，她的调查资料被偷过，她的住处失过火，她乘的车出过车祸……她做的实地调查研究被当地质疑过、冷落过、非议过，甚至被欺骗过……然而，这一切，都没有动摇过她的决心。

2009 年，《山村的守望——西海固骆驼巷村实地考察》一书出版，书中以翔实的第一手数据和大量鲜活的事例，真实地记述了西海固村庄的农民生活，再现了西北偏远山区农民的生存现状。这本书一经出版，在社会上引起了震动。宁夏党委和政府把这本书作为了解农村社会经济发展的参考书；陆学艺、张晓山等专家认为，这本书为清醒认识把握我国的基本国情开了一个好头；《我向总理说实话》的作者李昌平说：这是一本难得的好书，改变了他对“海归”的看法，改变了他对“三农”问题的认识和思考方法；骆驼巷村的农民争相传看这本书，他们说：写得太实了，写得太好了……

2014 年，林燕平到了退休的年龄，但是在她的“人生字典”里没有“退休”二字，她依然一如既往地往返于北京和骆驼巷村。在骆驼巷村的田间地头，在骆驼巷村的房前屋后，经常可以看到手拿一支笔、一个笔记本、一个傻瓜照相机的她。冬季，火炉子上的烤洋芋，火炕上油光发亮的枕头和被头；春季，田间地头冒出的苦苦菜，不打招呼就来的冰雪和寒流；夏季，地埂上鼓肚的豌豆角儿，赶都赶不走的苍蝇和跳蚤；秋季，刚出土的红皮洋芋，盼着停就是不停的“烟雾尿尿”（当地土话，指阴雨连绵）……早已成为她生活的一部分。

林燕平退休以后，开始更加专注地撰写《山村的守望》第二部书稿，为了反映西海固村庄的发展变化，2014 年春节前后她在骆驼巷村走访了一个月，村民不解地问：“林老师，人家过年都往家里头走，你咋的不往家里头走？放着城里的路平平的你不走，走到这个沟头里下这个苦做啥嘛？”

从骆驼巷村调研回来，林燕平没有回北京，一头扎在了固原临时的宿舍里开始执笔，当她撰写完书稿第二章“骆驼巷村过春节”时，在宁夏遇到了一桩难以预测的横祸，犹如天塌地陷，不知所措。自认为意志很坚强的她，被塌下来的天压垮了，被陷下去的地摞倒了……

为了保证在骆驼巷村实地考察的连续性，林燕平常年在外，平时很少关心家人，对家人充满愧疚的她，把在宁夏遇到的困难全部藏在了心底。2015 年，退休后的她很难再申请到研究项目，在没有研究经费的情况下，她克服了物质上和精神上的双重困难，完成了骆驼巷村第三次入户跟踪调查，获取了宝贵的第一手数据。

一直在努力调整陷入写作低谷的林燕平，于 2017 年 6 月开始继续撰写第二部书稿。面对搁置 3 年多的书稿，面对 500 多户农家 20 余项的微观数据，面对 7 个回汉自然村 150

余张统计图表，她踌躇过，也茫然过。为了争取第二部书稿尽快问世，从6月到9月，她几乎每天都在宿舍里焚膏继晷，和时间赛跑。

2019年初，《山村的守望》第二部由社会科学文献出版社出版，当林燕平看到这部长达65万字的新书时，她流泪了。从2003年春节前第一次走进骆驼巷村，到2009年《山村的守望》问世，再到2019年《山村的守望》第二部问世，整整16年。一个“海归”博士，就这样把生命的后半交给了骆驼巷村。16年来，骆驼巷村的土坯房变成了砖瓦房，骆驼巷村的黄泥小路变成了柏油马路，骆驼巷村的水窖变成了自来水，骆驼巷村的土锅灶变成了煤气灶、电饭锅……

出版社在推荐这本书时写道：作者着重记录记述骆驼巷村农民的生产生活、人口、教育等现状和村庄的社会经济变迁，从关注农民的柴米油盐、喜怒哀乐入手，重点考察当事人的家庭生活、生产方式、健康状况等多个层面以及他们的精神诉求，对进一步落实我国反贫脱贫政策、加快行政村基层组织建设具有重要的参考价值；该项实地调查研究还在继续，并且重视追踪记录入户调查过程中遇到的事件及其发生的背景、时间、地点等，具有重要的史料价值。

固原二中语文老师张俊奎，在第一时间给学生选读了新书的片段，他说：“学生们和我都被深深地打动，希望能有机会亲耳聆听您讲骆驼巷村的人和事。”他还有感而发道：“一篇初读多哽咽，学堂上下几失声，亲生娘病外孙怨（亲生指女儿临产），谁解家国博士情。”

目前，《山村的守望》第二部还没有正式上市，很多人在看了社会科学文献出版社制作的链接后纷纷发出点赞和感慨。一位读者说：“拜读了新书的链接，窥一斑而知全豹。

作者熬尽心血，做出了常人难以理解和企及的研究，用十余年的守望去倾听山村的声音，撰写出触摸灵魂的文字。更令人敬佩的是，作者没有做匆匆的过客，实实在在帮助了那么多社会底层的问题孩子，这些孩子可能不是传统意义上的好学生、好孩子，缺少家庭教育，缺少社会关爱，如果不是作者为他们打开一扇窗，他们的命运就很难想象。”

社会科学出版社特约编辑孟宪范说：“真诚的爱、深深的悲悯，是这项研究的底色。它温暖着西海固人的心，使那里的人知道，这里不光是金钱世界的冰冷，还有关爱在流淌。”

林燕平说，或许这首她写的“守望”，道出了她为什么还要在骆驼巷村一直坚持走下去的理由。

守　望

有不少人问我，
什么，是守望？
我反复思考过，
守望，是什么？

守望，是一落村？
守望，是一扇门？
守望，是一个生命？
守望，是一段故事？

我，走进了一落落村，
我，迈进了一扇扇门，
我，靠近了一个个生命，

我，讲述了一段段故事。

或许，这就是山村的守望？
或许，这就是生命的守望？
或许，这就是生命对生命的守望？
或许，这就是思考寓生命的守望？

如果守望是一片蓝天，
我愿是蓝天的一片云彩；
如果守望是一席大地，
我愿是大地的一粒尘埃；
如果守望是一脉六盘山，
我愿是山下的一棵兰草①；
如果守望是一道六盘水，
我愿是水中的一帆小船②。

守望着蓝天，
守望着大地，
守望着六盘山，
守望着六盘水，
守望着一个个村落，
守望着一个个生命，
守望着岁月的变迁，
守望着生命的流转……

①“兰草”的兰字，借用林燕平外孙女的名字“吴听兰”中的兰。
②“一帆小船”的帆字，借用林燕平女儿的名字“王帆”中的帆。

郑真真（1954 年 12 月—　）

退休后的另一种工作方式

郑真真，女，祖籍四川省沐川县，出生在昆明。北京大学人口学博士，本科毕业于中国科技大学电子学系，曾留学美国并获统计学和医学信息学硕士学位。1993—2003 年在北京大学人口研究所任教，先后任讲师、副教授、副所长。2003 年到中国社会科学院工作，任人口与劳动经济研究所研究员、人口统计研究室主任，社科院研究生院教授、博士生导师。主要研究领域：统计学和人口分析技术的应用，人口与社会性别研究，生育健康的社会科学研究。在职期间发表学术论文及专著章节 70 余篇，编著专著 4 部、译著 1 部。两篇调查报告分别获得第四届和第五届中国人口科学优秀成果奖一等奖，政策报告获得社科院优秀对策信息二等奖一次、三等奖两次；2011 年获国务院政府特殊津贴，2011 年获中国社科院研究生院“优秀教学奖”。2015 年 1 月退休。

作为社会科学研究者，研究和学习是延续和积累的过程，研究成果的完成和发表也需要足够长的时间，因而学术生涯不会因为退休在某个时间点戛然而止。虽然退休之后的工作安排会发生变化，但如果有兴趣和精力的话，知识的学习和经验的积累仍可延续。有所不同的是，在时间安排上可能较为灵活，在研究内容上可有较大自己选择的空间。

郑真真在退休后的学术活动主要有几个方面，一是继续此前的研究，二是学术交流，三是相关的社会服务。自退休以来，研究成果中本人为第一作者或独立作者的有中文论文 15 篇和英文论文 2 篇，主编专著 3 部，提交要报/政策报告 8 篇。在学术交流方面，2015 年以来共参加国内学术研讨会 22 次，国际学术研讨会 15 次，做了至少 37 次发言（在有些比较大型的研讨会上有两次发言，如亚洲人口学会和中国人口学会的研讨会）。相关的社会服务工作与退休前比较占了更大的比重，主要是参与了英文期刊 *China Population and Development Studies* 的创刊工作，担任该刊的学术主编；此外还担任了三个学术期刊的编委，为这些期刊以及其他人口学和社会学方面的期刊做审稿工作；作为专家或顾问参与了三项全国范围重要调查的设计和分析；每年为国际培训班做讲座；参加全球经济论坛的理事会（2016—2018）并参加或主持在中国举办的夏季达沃斯论坛的分论坛。

退休后发表的主要研究成果，一部分是在退休之前开始的工作，延续数年后得以完成，其中比较重要的是郑真真主持的研究项目成果《生育意愿与生育行为：江苏的现实》，这本书于2017年由社会科学文献出版社出版。该项目由原江苏省人口和计划生育委员会和中国社会科学院人口与劳动经济研究所合作，于2006年底启动，历时7年，在江苏开展了“江苏群众生育意愿与生育行为研究”的基线调查和两次跟踪调查，为中国首次研究生育意愿和生育行为中对相同调查对象的跟踪调查。研究力图回答与生育和政策相关的问题，包括生育意愿和生育政策之间的关系；生育意愿与生育行为之间的关系，例如：当夫妇满足生育二孩的政策时，有多少夫妇希望生育两个孩子？又有多少夫妇会真正生育两个孩子？影响生或不生的主要原因是什么？由于此前中国缺乏相关研究，尤其缺乏对生育意愿和行为的跟踪调查，难以对这些问题有确切的回答。通过研究者和当地实际工作部门的密切合作，项目团队在苏南、苏中、苏北选择了社会经济发展水平不同状态的六个县/市开展了生育意愿和生育行为基线调查和跟踪调查（2007年和2010年）。调查方式包括问卷调查、组织座谈会和深入访谈，了解符合不同生育政策群众的生育观念、生育意愿、生育计划以及生育行为，了解社会、经济、家庭以及政策等因素对生育的影响。问卷调查规模近2万人，跟踪率达到85%；项目团队在两次问卷调查结束后均组织了实地调研，与育龄群众和社区干部、计生干部等200余人进行了深入访谈。2014年课题组对2010年调查时已生一孩、符合二孩生育政策的3588名妇女进行了电话跟踪调查，了解她们的生育情况以及未来的生育打算。在生育政策调整后，项目团队分别于2013年11月和2017年9月回访部分调查点，了解生育政策调整对当地夫妇生育行为的影响。

“江苏群众生育意愿与生育行为研究”通过问卷调查和

郑真真的著作

实地调研等定量与定性相结合的混合式研究方式，阐述了符合各类生育政策群众的生育观念、生育意愿、生育计划以及生育行为，了解社会、经济、政策/制度等因素在宏观、家庭和个人层面对生育意愿的影响；通过跟踪研究，厘清了在中国当时的社会经济和生育政策背景下生育意愿与生育行为之间的关系及其影响因素，分析了生育行为对未来生育水平可能产生的影响。书中的主要研究成果被人口学界相关研究广泛引用，为中国生育政策调整的研究提供了实证参考，并为近年开展的全国生育意愿调查设计提供了依据。该书于

2018年获得第七届中国人口科学优秀成果奖一等奖。生育政策调整后，更多的生育意愿调查在全国和地方开展，将来如果有条件还会继续这方面的研究。

还有一部分研究是退休后开展的，但和退休之前的研究基础和知识积累密切相关。中国人口在21世纪上半叶的主要变化特点是人口老龄化和持续低生育率，从而导致持续到21世纪末的人口负增长。人口变化的影响具有滞后性和长期效应，而中国的人口变化与社会经济变化同时发生，各种因素及其变化的作用交织，在宏观和微观层面都会产生影响。因而在国家和地区的社会经济发展规划中，应当纳入人口因素，充分认识和科学判断人口变化及其影响。由郑真真主持的社科院创新项目《中国人口快速老龄化的原因、后果与应对策略》和《人口结构变化的宏观经济影响研究》曾围绕这些问题进行了系统的研究，包括劳动力数量和年龄结构变化的可能影响并提出相关对策建议。基于当前中国老年照料主要由家庭成员完成，由于家庭结构变化和人口老龄化发展速度，仅靠家庭成员难以承担这项责任，未来老年照料的劳动力需求将是极大挑战。2015年郑真真承担了社科院陆家嘴研究基地的研究项目《上海市老年照料劳动力需求研究》，与同事共同完成了至2050年老年照料服务的劳动力需求分析和预测，提出当前老年照顾服务发展不健全、滞后于老年人需求，而未来老年人口规模的持续增长始终是需求加深的因素，据估计至2050年老年照料产业的劳动力占比将仅次于工业与批发和零售业。面对未来挑战必须及早应对，既要解决当前老年照料服务供给跟不上需求的增长、产业发展滞后造成的照料可获性较低的问题，也要考虑在老龄化加剧和劳动力人口数量下降的未来，以释放劳动力潜力、提高劳动参与率、优化人力资本配置的策略应对需求。研究团队根据澳大利亚老年照料行业的发展和改革，提出了可供借鉴的经验，与澳大利亚学者的合作研究成果《老年照料劳动力需求的估计与预测——来自澳大利亚的经验（封婷、肖东霞、郑真真)》于2016年在《劳动经济研究》发表，并于2018年获得第七届中国人口科学优秀成果奖二等奖。目前研究团队正在和日本的同行合作，根据中、日、韩的人口变化趋势，估计和比较三国未来的老年照料劳动力需求。

在学术研究和基层调查的基础上，郑真真先后就中国的生育政策调整和计划生育改革、中国及全球人口变动趋势、“全面两孩”政策实施后的分析与未来政策取向、从社会性别和发展的视角探讨扭转低生育现状的政策导向等问题提出了政策建议。2017年提交的政策报告《中国人口发展现状与政策前瞻》于2018年获中国社会科学院优秀对策信息奖三等奖。随着时间的推移，生育政策调整对生育率的影响逐渐减弱，还需要继续关注相关变化，并加强对低生育率社会的政策研究。

中国改革开放40年以来发生了巨大变化，中国人口也在这40年中快速完成了转变，在21世纪将呈现低生育率、老龄化和负增长的特点。人口变化具有其自然规律，人口变化趋势是可以预测的，但如果对人口变化趋势缺乏科学判断、不能敏锐及时地意识到人口变化及其长期效应带来的挑战，将可能对中国的社会经济发展带来负面影响。充分估计到人口变化对中国社会经济发展的挑战、未雨绸缪、及早准备应对策略，人口研究在其中的作用至关重要，当前诸多研究都围绕相关问题开展。但是，由于中国的人口转变是在时间和空间上高度压缩的，目前对很多历史变化及其驱动要素缺乏全面和深入的认识，甚至有简单化解读的倾向。正确认识历史有助于更准确地把握未来，因而有必要将中国的人口转变过程真正“说清楚”。但这方面的研究目前还很有限。中国的生育转变以及当前的生育水平是中国人口转变进程和未来人口变动的关键决定因素，郑真真的近期努力目标将是借助可能获得的资料，认真回顾和分析中国的生育转变过程；更长远的目标则是尽量发挥作用、为社会和学科建设多少做些贡献。随着年龄的增长，每个人都可能要不断地根据能力和精力调整和安排工作方式，不过无论以何种方式，持续在个人层面践行“积极老龄化”也是对社会的贡献。

魏明孔（1956 年 9 月—　）

学术生涯的后半场刚刚开始

魏明孔，甘肃皋兰人，先后师从金宝祥、宁可先生获得历史学硕士、博士学位。1997 年来到经济研究所，先后任副研究员、研究员（二级）、博士生导师，兼任国家社科基金评委、中国经济史学会会长、中国唐史学会副会长、北京市社科系统高级职称评委、中国历史文化名街专家组成员、澳门科技大学讲座教授。曾任《中国经济史研究》编辑部主任、主编、社长，经济史研究室主任，《中国经济史研究》院创新工程首席专家，院重点学科经济史学科带头人。主要研究方向为中国中古历史、传统经济、区域经济。先后在《历史研究》《中国史研究》《中国经济史研究》《文史哲》《社会科学战线》《学术月刊》《光明日报·理论版》等发表学术论文近 200 篇，出版《隋唐手工业研究》《西北民族贸易研究：以茶马互市为中心》《中国国家资本的历史分析》等专著，主编《中华大典·工业典》《中国手工业经济通史》等十余部，整理出版古籍《铜政便览》等。先后主持国家社科基金3项（内含重点课题1项）、国家教委社科规划项目1项、国家古籍整理出版专项资助1项、中国社会科学院等省部级科研项目多项。研究成果入选国家哲学社会科学成果文库，获得霍英东青年教师奖、有突出贡献的硕士学位获得者、国家图书奖、院优秀成果奖等省部级多项奖励，系享受国务院特殊津贴专家。

魏明孔老师退休两年多了，而他对学术的追求更执着。他的口头禅是："自己在学术上先天营养不足，再加上天资驽钝，如果不勤奋必将一事无成。"除了读书和进行学术研究，他似乎没有别的兴趣。魏老师出生于西北地区的一个农民家庭，8周岁才开始上学，小学三年级便遇上"文革"，由于学制缩短，草草9年就算高中毕业了。回乡务农近5年后，1978年3月上大学，虽然学的历史专业，从小学到高中却没有上过一节历史课，其历史知识可谓一张白纸。与七七级其他同学一样，他非常珍惜这次机会，上大学4年非常用功，毕业时顺利考取了著名经济史、中古史名家金宝祥教授的研究生。金先生系陈寅恪、钱穆的学生，蔡东藩系金先生的私塾老师，金先生手不释卷的精神一直激励着魏明孔，金先生对学生读历史名著和基本史料的要求，对魏明孔的影响非常大。研究生毕业后，魏明孔留在西北师大历史系任教。1994年，魏明孔负笈北京，成为著名经济史专家、历史学家宁可教授的博士生。

41岁时，魏明孔分配到经济所《中国经济史研究》编辑部工作。魏明孔将自己定位为研究型的编辑。2016年10月魏明孔老师退休后，因为工作需要，他仍然担任《中国经济史研究》主编兼社长，2017 年下半年，他恳辞编辑部工作，主动为年轻同志让贤，成为该杂志的顾问。

魏明孔在孙冶方像前留影

退休后，魏老师的科研工作并没有放松，一点也不比在职时悠闲。他说，自己学术生涯的下半场刚刚开始，应该说下半场没有生活和各个方面的压力，可以轻装上阵，更加自在。他正在全力从事“隋代经济史研究”国家社科基金重点课题的撰写工作。隋代虽然只有短短38 年，却与历史上的秦代一样是一个非常重要的朝代，对我国历史的影响非常深远。科举制度滥觞于隋代、隋代大运河奠定了我国经济南北易位的基本格局，“轻税之法”为后世经济改革所遵循，三省六部制出现于隋代。如此重要的一个朝代，却没有一部专门的经济史，这不能不说是一个缺憾。学术责任感使得魏老师知难而上，他要撰写一部隋代经济史，难度之大超过了他的预料，而学术界对此却有期盼，大家深切地为他鼓劲加油。

魏明孔在退休的当月，被推选为中国经济史学会会长，2017 年又被选为中国唐史学会副会长。现在我国经济史学界非常活跃，魏老师积极参加有关活动，乐此不疲，按他的话说，只要有利于推动经济史学科的活动，学会都要给予全力支持。由魏明孔主编的中国经济史学会会刊《中国经济史评论》每年定期出版两期，已经成为经济史学界的重要平台。为了给青年学者提供研究的平台，由魏老师发起并组织的全国经济史博士后论坛，连续进行了 5 届，第 6 届也在积极筹备中。

魏老师退休时，还有 3 位博士后流动站研究人员和 4 位在读博士生。3 位博士后均申请到博士后基金和国家社科基金青年项目，1 位博士后出站报告入选博士后文库。教书育人，是魏老师一以贯之的追求。魏老师在学生身上花费的心血，令人感动。

经济所建所 90 周年前夕，经济所对老专家进行了采访。魏老师认为，自己赶上了改革开放的好时代，如果没有恢复高考，他今天会是一个地地道道的农民。作为一个经济史学人，踏着改革开放的步伐，一路走来，见证了我国经济史研究的风风雨雨。他感恩改革开放时代，感恩经济所，感恩关心培养自己的师友和亲人。为了歌颂改革开放，他主编了上下两册的《经济史研究之跨世纪历程：〈中国经济史研究〉创刊卅年论文精选》（社会科学文献出版社 2016 年 10 月），发表了《改革开放 40 年中国经济史研究的回顾与展望》（《中国经济史研究》2018 年第 5 期）、《改革开放 40 年来的中国古代经济史研究述评》(《中国史研究动态》2018 年第5期)。这一方面是对自己经历的学术进行总结，另一方面也是作为以后前行的一个起点。

魏明孔认为，经济史学有经世致用的学术传统，中国经济学想要构建属于自己的话语体系，必须从史学中吸收养分。中国经济史理论和方法，从改革开放初期的复制国外理论在向中国理论模式、中国经济史话语体系过渡。经济史理论和方法在不断向国外学习的同时，要特别注意发掘中国传统的经济史理论和方法，构建具有民族特色的经济史话语体系，才能在世界学术界取得更多的话语权。要建立中国经济史话语体系，我们可以考虑从资料、研究范式和建立中国经济史研究的标准等方面入手，逐步确立中国经济史话语体系的整体框架。历史早就证明并将继续证明，越是民族的则越是世界的。我们之所以如此强调中国经济史研究的话语权，既是我国学术界对经济史理论和经济发展规律认识的必然体现，又是目前中国经济史国际学术地位的迫切要求。构建科学而有“中国气派”的经济学理论，基础在于经济史研究。中国经济史研究对于探索中国经济发展道路的不可或缺，而中国经济史学科的话语权及中国特色的经济史体系的构建，对提高中国的软实力无疑大有裨益。

随着中国不断崛起，联系现实的经济史研究日益受到重视，关注现实经济问题，从历史中总结经验，并更好地服务于现代社会，当是史学研究的最终归宿。我们要更多关注现实，整理发掘更多经济史资料，加强理论与实证的结合，逐步建立中国经济史话语体系，中国经济史学的未来有赖于在座及后继研究者们的持续不懈努力。

站在观察现实经济问题的视角，瞄准中国经济发展中的重大理论问题进行研究。当前，我们正在构建中国的话语体系，而话语权的基础是中国历史。中国有5000 年文明史，我们不能数典忘祖，而且也应该认真汲取世界其他国家的理论以及经验教训。

刚刚步入学术生涯后半场的魏老师学术活动丰富而精彩，他依然笔耕不辍，情系桑梓，仍在为中国经济史学界贡献着自己的力量。

（陈茜）